Uni-Taschenbücher 1833

Eine Arbeitsgemeinschaft der Verlage

Wilhelm Fink Verlag München
Gustav Fischer Verlag Jena und Stuttgart
Francke Verlag Tübingen und Basel
Paul Haupt Verlag Bern · Stuttgart · Wien
Hüthig Verlagsgemeinschaft
Decker & Müller GmbH Heidelberg
Leske Verlag + Budrich GmbH Opladen
J. C. B. Mohr (Paul Siebeck) Tübingen
Quelle & Meyer Heidelberg · Wiesbaden
Ernst Reinhardt Verlag München und Basel
Schäffer-Poeschel Verlag · Stuttgart
Ferdinand Schöningh Verlag Paderborn · München · Wien · Zürich
Eugen Ulmer Verlag Stuttgart
Vandenhoeck & Ruprecht in Göttingen und Zürich

Lewis White Beck

Kants
„Kritik der praktischen Vernunft"

Ein Kommentar

Ins Deutsche übersetzt von
Karl-Heinz Ilting

Wilhelm Fink Verlag · München

Die Deutsche Bibliothek – CIP-Einheitsaufnahme

Beck, Lewis White:
Kants „Kritik der praktischen Vernunft": ein Kommentar /
Lewis White Beck. Ins Dt. übers. von Karl-Heinz Ilting. –
3., unveränd. Aufl. – München: Fink, 1995
  (UTB für Wissenschaft: Uni-Taschenbücher; 1833)
  Einheitssacht.: A commentary on Kant's Critique of practical
  reason < dt. >
  ISBN 3-8252-1833-3 (UTB)
  ISBN 3-7705-3038-1 (Fink)
NE: UTB für Wissenschaft / Uni-Taschenbücher

Deutsche Ausgabe von: Lewis White Beck. A Commentary on Kant's 'Critique of Practical Reason' (© 1960 The Chicago University Press, Chicago)

3., unveränderte Auflage 1995

© 1995 Wilhelm Fink Verlag GmbH & Co. KG
Ohmstraße 5, 80802 München
ISBN 3-7705-3038-1

Das Werk, einschließlich aller seiner Teile, ist urheberrechtlich geschützt. Jede Verwertung außerhalb der engen Grenzen des Urheberrechtsgesetzes ist ohne Zustimmung des Verlages unzulässig und strafbar. Das gilt insbesondere für Vervielfältigungen, Übersetzungen, Mikroverfilmungen und die Einspeicherung und Verarbeitung in elektronischen Systemen.

Printed in Germany.
Einbandgestaltung: Alfred Krugmann, Freiberg am Neckar
Herstellung: Ferdinand Schöningh GmbH, Paderborn

UTB-Bestellnummer: ISBN 3-8252-1833-3

INHALTSVERZEICHNIS

Vorwort zur deutschen Ausgabe 9
Vorwort zur englischen Ausgabe 11
Zitierweise 15

TEIL I

I DIE ENTSTEHUNG DER „KRITIK DER PRAKTISCHEN VERNUNFT"
1 Einleitung 16
2 Der aufgeschobene Plan, eine Metaphysik der Sitten zu schreiben 18
3 Die Entscheidung, die *Kritik der praktischen Vernunft* zu schreiben 24

II DIE GRENZEN DER THEORETISCHEN VERNUNFT
1 Einleitung 29
2 Das Problem der *Kritik der reinen Vernunft* . . . 29
3 Die „Kopernikanische Wende" 31
4 Theoretische und spekulative Vernunft 33
5 Die dritte Antinomie 35
6 Der Übergang vom problematischen zum assertorischen Urteil der Freiheit 37

III DENKEN, HANDELN UND PRAKTISCHE VERNUNFT
1 Zwei Aspekte des Verhaltens 39
2 Konative und kognitive Elemente des Handelns . . 42
3 Praktische Vernunft und Wille 47
4 Reine praktische Vernunft 50

IV NAME, ABSICHT UND STRUKTUR DER „KRITIK"
Kommentar zu Vorwort und Einleitung
1 Einleitung 52
2 Der Titel des Buchs 52
3 Absichten des Buchs 55
4 Die Einheit von theoretischer und praktischer Vernunft 57
5 Wie ist ein synthetisches praktisches Urteil a priori möglich? 60
6 Das Verhältnis zur *Metaphysik der Sitten* 62

7 Die Struktur des Buchs	64
8 Die Polemik im Vorwort	65

TEIL II

V ÜBERBLICK ÜBER DIE ANALYTIK DER PRAKTISCHEN VERNUNFT

1 Bedeutung des Ausdrucks „analytisch"	69
2 Die Struktur der Analytik	70
3 Die Probleme der Analytik	72
4 Gliederung des Kommentars zur Analytik	73
5 Zusammenfassung des ersten Hauptstückes, §§ 1–8	74

VI DIE ANALYTIK DER EMPIRISCHEN PRAKTISCHEN VERNUNFT
I. FORMALE ÜBERLEGUNGEN
Kommentar zu § 1

1 Empirische praktische Vernunft	79
2 Praktische Prinzipien	80
3 Regeln	82
4 Maximen	84
5 Gibt es empirische praktische Gesetze?	85
6 Hypothetische Imperative	87
7 Ergebnisse	92

VII DIE ANALYTIK DER EMPIRISCHEN PRAKTISCHEN VERNUNFT
II. INHALTLICHE ÜBERLEGUNGEN
Kommentar zu §§ 2.3 und Teilen von § 8

1 Einleitung	93
2 Begierde	93
3 Lust	94
4 Das untere Begierungsvermögen	96
5 Maximen des unteren Begierungsvermögens	97
6 Glückseligkeit	99
7 Egoismus	102
8 Heteronomie	104

VIII DIE „METAPHYSISCHE DEDUKTION" DES SITTENGESETZES
Kommentar zu §§ 4–7 und zum Rest von § 8

1 Die Idee einer „metaphysischen Deduktion"	109
2 Charakteristik der sittlichen Erfahrung	112
3 Erste Annäherung an das Prinzip	116
4 Die drei Maximen der sittlichen Entscheidung	117
5 Definition des Prinzips	120
6 Autonomie	121

IX PRAKTISCHE BEGRIFFE UND URTEILSKRAFT
Kommentar zum zweiten Kapitel der Analytik

1 Einleitung 125
2 Prinzip, Begriff und Urteil 126
3 Begriffe des Guten und Bösen 128
4 Kategorien der praktischen Vernunft 134
5 Die Tafel der Kategorien der Freiheit 142
6 Die Kategorien der Quantität 143
7 Die Kategorien der Qualität 144
8 Die Kategorien der Relation 145
9 Die Kategorien der Modalität 146
10 Die Typik der reinen praktischen Urteilskraft . . . 151

X DIE „TRANSZENDENTALE DEDUKTION" DES PRINZIPS DER REINEN PRAKTISCHEN VERNUNFT
Kommentar zu § 7 und AK.-A., V 42–50

1 Einleitung 158
2 Das „Faktum der reinen Vernunft" 159
3 Die Deduktion 163

XI FREIHEIT

1 Einleitung 169
2 Zwei Begriffe von Wille und Freiheit 169
3 Kants Zusammenfassung des Arguments der ersten *Kritik* 173
4 Freiheit als theoretische Idee 175
5 Die Auflösung der dritten Antinomie 177
6 Praktische Freiheit 179
7 Kritische Erörterung dieser Lehre 181
8 Freiheit als Begriff des Handelnden. Spontaneität . . 184
9 Freiheit als oberste Gesetzgebung. Autonomie . . . 185
10 Die Synthesis dieser beiden Begriffe 187
11 Zusammenfassung 191
12 Das moralisch Böse 192
13 Freiheit und Schöpfung 193
14 Freiheit als Postulat 195

XII DIE „ÄSTHETIK" DER REINEN PRAKTISCHEN VERNUNFT
Kommentar zum dritten Kapitel der Analytik, zu einem Teil der Dialektik und zur Methodenlehre

1 Das psychologische und das ethische Problem . . . 197
2 Ein anderes hierher gehöriges Problem 200
3 Einige frühere Lösungsversuche 201
4 Triebe 203
5 Begierde und Lust 205
6 Die Genese des Gefühls der Achtung 206

7 Eine angebliche Inkonsistenz 208
  8 Das moralische Gefühl 210
  9 Pflicht und Persönlichkeit 212
 10 Tugend 214
 11 Moralische Befriedigung 215
 12 Moralische Erziehung 218

TEIL III

XIII DIE DIALEKTIK DER REINEN PRAKTISCHEN VERNUNFT
Kommentar zur Dialektik, Kapitel I und II ohne Abschn. IV und V
  1 Was ist Dialektik? 222
  2 Der dialektische Schein der reinen praktischen Vernunft 223
  3 Der Begriff des höchsten Gutes 225
  4 Die Antinomie der reinen praktischen Vernunft . . 228
  5 Der Primat der reinen praktischen Vernunft . . . 230
  6 Die Postulate der reinen praktischen Vernunft . . . 232
  7 Glaube und Nichtwissen 236

XIV DIE POSTULATE DER REINEN PRAKTISCHEN VERNUNFT
Kommentar zur Dialektik, Kapitel II, Abschn. IV und V, und zum Schlußabschnitt
  1 Einleitung 239
  2 Die Struktur eines moralischen Arguments . . . 239
  3 Ideen und Postulate 243
  4 Die Unsterblichkeit der Seele 244
  5 Die Existenz Gottes 250
  6 Moralität und Religion 256
  7 Die zwei Gegenstände der Ehrfurcht 258

ANMERKUNGEN 260

BIBLIOGRAPHIE
1. Ausgaben der „Kritik der praktischen Vernunft" 308
2. Sekundär-Literatur 308

INDICES
1. Zitate aus der „Kritik der praktischen Vernunft" 314
2. Personen und Sachen 316

VORWORT ZUR DEUTSCHEN AUSGABE

Im Vorwort zur englischen Ausgabe dieses Buchs habe ich die Vernachlässigung der *Kritik der praktischen Vernunft* in der philosophischen Literatur bedauert. Ich dachte dabei vor allem an englische und amerikanische Philosophen. Als Außenstehender bin ich nicht vollkommen mit der gegenwärtigen deutschen Forschung bekannt. Ich habe indes den Eindruck, daß Kants Ethik im ganzen, nicht nur die zweite *Kritik,* in der philosophischen Forschung seiner Landsleute nicht dasselbe Maß an Beachtung gefunden hat wie die übrigen Teile seines Werks.

Es wäre gewiß unangebracht, wenn ich als Außenstehender mir die Freiheit nehmen wollte, dem deutschen Leser eins der klassischen Werke seiner eigenen Sprache zu empfehlen. Aber wenn es wahr ist, daß die *Kritik der praktischen Vernunft* nicht zu den besonders intensiv studierten Kant-Werken gehört, so wird diese Übersetzung vielleicht ein wenig zur gerechten Würdigung einer der bedeutendsten ethischen Schriften beitragen, – eines Werks, das der deutsche Leser in der Originalsprache zu benutzen den Vorzug hat.

Das Erscheinen dieser Übersetzung gab mir Gelegenheit, einige kleinere Veränderungen an der englischen Fassung, wie sie 1960 in der University of Chicago Press veröffentlicht wurde, vorzunehmen. Sie sollen der Genauigkeit und Klarheit des Ausdrucks dienen und lassen den philosophischen und historischen Gehalt meiner Darlegungen unangetastet. In die Bibliographie habe ich einige weitere Hinweise auf Bücher und Aufsätze aufgenommen, die seit 1960 erschienen sind.

Daß mein Freund Karl-Heinz Ilting bei seinen wichtigen Studien über Hegels politische Philosophie sich die Zeit zur Übersetzung meines Buchs nahm, erfüllt mich mit großer Befriedigung. Durch seine Kenntnis der englischen Sprache, der Kantischen Philosophie und meiner Kant-Auffassung ist eine vorbildliche Übersetzung entstanden, für die ich ihm herzlichst danke.

Lewis White Beck

VORWORT ZUR ENGLISCHEN AUSGABE

Die *Kritik der praktischen Vernunft* ist ein vernachlässigtes Werk. Dies mutet seltsam an, und doch gibt es keine Abhandlung in irgendeiner Sprache, die mit den Kommentaren von Kemp Smith, Paton oder Vaihinger zur *Kritik der reinen Vernunft* verglichen werden könnte. Nicht einmal kürzere Kommentare, wie die von Cohen, Ewing oder Weldon zur ersten *Kritik*, besitzen wir für die zweite *Kritik* in englischer Sprache. In deutscher Sprache scheint nur eine Arbeit dieser Art zu existieren, der Kommentar von Stange. Eine Untersuchung wie der unvollendete Kommentar Baeumlers zur *Kritik der Urteilskraft*, die im einzelnen den historischen Hintergrund für die Entwicklung der Kantischen Ethik sichtbar machte, gibt es nicht. H. W. Cassirer hat zwar Kommentare zur ersten und zur dritten *Kritik* geschrieben, nicht aber zur zweiten. Soweit ich feststellen konnte, ist seit dem 18. Jahrhundert nie ein Buch veröffentlicht worden, das sich im Titel als Kommentar zur *Kritik der praktischen Vernunft* ausweise.[1]

Natürlich geht jedes Kantbuch und jedes Werk über die Kantische Ethik irgendwie auf sie ein, und Zusammenfassungen oder Überblicke über dieses Werk als Ganzes finden sich gewiß im Rahmen umfassenderer Darstellungen. Aber niemand hat bisher, scheint es, mit einigem Anspruch versucht, die *Kritik der praktischen Vernunft* als literarische Einheit und abgeschlossene philosophische Abhandlung zu behandeln.

Mindestens zwei Gründe erklären diese weitgehende Vernachlässigung eines der größten Werke Kants. Im Gegensatz zu den anderen *Kritiken* ist zum Studium der *Kritik der praktischen Vernunft* ein Kommentar nicht vollkommen unentbehrlich. Nur in geringer Zahl enthält sie jene stilistischen und philosophischen Schwierigkeiten, wie man sie aus den beiden anderen *Kritiken* kennt. Verglichen mit der umwerfenden Kompliziertheit der ersten und der dritten *Kritik* nimmt sich die zweite *Kritik* geradezu einfach aus. Oder vielmehr: so erscheint sie beim ersten Lesen, und mehr gönnen ihr vielleicht die meisten Leser auch nicht.

Der zweite Grund liegt in dem begreiflichen Vorzug, den die *Grundlegung zur Metaphysik der Sitten* bei vielen findet. Allein in den letzten zwanzig Jahren sind zu diesem kleinen Werk in englischer Sprache vier Kommentare (von Duncan, Paton, Ross und Liddell) erschienen. In England und Amerika dürfte es Kants meistgelesenes Werk sein. Es liegt zur Zeit in nicht weniger als sechs englischen Übersetzungen (von Abbott, Beck, Friedrich, Liddell, Manthey-Zorn und Paton) vor. Wenigstens in ihren beiden ersten Teilen setzt die *Grundlegung* keine Bekanntschaft mit Kants übrigen Schriften voraus, wie sie ja auch für solche Leser geschrieben ist, die in Kants System nicht zu Hause sind. Als Beitrag zur philosophischen Ethik muß dieses Werk aus sich selbst heraus verständlich sein, und dadurch ist es wenigstens didaktisch gegenüber der breiter angelegten *Kritik der praktischen Vernunft* im Vorteil. Während einige Themen der *Kritik* in der *Grundlegung* fehlen, gibt es auch viele Überschneidungen. In solchen Fällen hat man gewöhnlich die einfachere Darstellung in der *Grundlegung* vorgezogen, leider aber auch in bedauerlichem Ausmaß die offensichtlich systematischeren und teilweise abweichenden Darstellungen der *Kritik* übersehen. Nur die in der *Grundlegung* überhaupt fehlenden Lehren der *Kritik der praktischen Vernunft* sind in den meisten Darstellungen und Erörterungen der Kantischen Philosophie berücksichtigt. Man hat geistreich bemerkt, ein Leser der Kant-Literatur, der immer wieder auf dieselben wenigen isolierten Zitate aus der *Kritik der praktischen Vernunft* stößt, könnte zu der Auffassung gelangen, diese *Kritik* sei ein verlorengegangenes Kantwerk, von dem nur wenige Fragmente gerettet wurden.

Gleichwohl hat die *Grundlegung* als Systemteil in Kants kritischer Philosophie nicht dieselbe Bedeutung wie das hier behandelte größere Werk. Erst in der *Kritik* werden die vielfachen Stränge der Gedanken zum vollständigen Webmuster seiner praktischen Philosophie verwoben. Dieses Muster seinerseits kann erst im größeren Zusammenhang seiner kritischen Philosophie voll gewürdigt werden, und deren nuancenreicher Entwurf kann nur demjenigen klar werden, der ihre drei Hauptteile begriffen hat. Ihre Hauptteile aber sind die drei *Kritiken* und nicht so kurze und populäre Werke wie die *Prolegomena* und die *Grundlegung*.

Das Fehlen eines Kommentars zur *Kritik der praktischen Vernunft* ist ein Zeichen der Vernachlässigung dieses Werks, – teils eine ihrer Folgen, teils vielleicht auch eine ihrer Ursachen. Zur Beseitigung dieser Ursachen hoffe ich hier einen Schritt vorwärts tun zu können. Mein Kommentar hat eine doppelte Absicht. Er ist zunächst eine hermeneutische Studie, die den Ort der *Kritik der praktischen Vernunft* im Zusammenhang der Kantischen Philosophie und der Moralphilosophie des 18. Jahrhunderts, soweit Kant auf sie antwortete und sie zu korrigieren suchte, ermittelt möchte. Die *Kritik* ist ein Werk für Fachleute und von einem Philosophen geschrieben, der den Zusammenhang aller Systemteile und Fragen miteinander im Auge hatte und seinen Lesern verdeutlichen wollte. Kants Architektonik ist oft als pedantische Exzentrizität eines alternden Barock-Philosophen verspottet worden. Es ist indes falsch zu glauben, daß ein Leser mit Recht vernachlässigen darf, was für den Autor von der größten Bedeutung war. Wir können nicht mit Stillschweigen über Parallelen und Unterschiede im Inhalt, in der Struktur und in der Terminologie zwischen dieser *Kritik* und den beiden anderen hinweggehen, wenn wir mehr als nur die Oberfläche eines dieser Werke kennenlernen wollen. Bei meinem Versuch zu zeigen, gegen welchen Hintergrund sich die *Kritik der praktischen Vernunft* abhebt, werde ich dem Leser, der diesen

Hintergrund nicht deutlich genug wahrnimmt, immer wieder die Lehren von Kants Zeitgenossen und Kants eigene revolutionäre Thesen aus seinen anderen Werken in Erinnerung zu rufen haben, deren Kenntnis er stillschweigend voraussetzte, als er diese *Kritik* schrieb. Die wesentlichen Informationen hoffe ich mit hinreichender Kürze und Genauigkeit gegeben zu haben, ohne den Kant-Gelehrten abzuschrecken, einen legendären Menschentyp, der für die Tiefe seiner Bildung ebenso berühmt ist wie für die Ungeduld seines Temperaments und der der Kant-Literatur von fast zwei Jahrhunderten den Stempel notorischer Herbheit aufgedrückt hat. Ich hoffe indes, die nötigen Informationen zugleich mit hinreichender Vollständigkeit und Einfachheit gegeben zu haben, um denen eine Hilfe zu bieten, deren Erinnerung an die erste *Kritik* bestenfalls zu sporadischer Einsicht und unsicherer Leitung ausreicht. Ich kann mir nicht mit dem Glauben schmeicheln, stets den Ansprüchen des Kant-Forschers wie des Anfängers Genüge getan zu haben, sondern nur hoffen, daß ich nicht gleichzeitig jenen ermüde oder irritiere, wo ich diesen verwirre oder entmutige.

Meine zweite Absicht besteht darin, den Inhalt dieses Werks im Hinblick auf seine philosophische Bedeutung zu betrachten. Wir scheinen uns gerade in einer Periode zu befinden – in der englischen Philosophie zum dritten Mal, in der amerikanischen zum zweiten Male – in der das Kant-Studium neue, schöpferische Ansätze in der Philosophie anregt und befruchtet. Die letzten Jahre haben einen beachtlichen Fortschritt im Umfang und in der Qualität der Kant-Studien in Frankreich, England, Italien und Amerika gebracht. Selbst in Deutschland, wo die Anzahl und die Qualität dieser Studien stets hoch gewesen ist, scheint sich das Interesse an Kant zu verstärken. Es scheint, als ob auf eine Periode schöpferischen und kritischen Denkens im Geiste eines David Hume, wie wir sie in Amerika und England haben, eine Periode des Kritizismus und der (vielleicht nicht als solcher anerkannten) Rekonstruktion im Geiste Kants folgen soll. Dieses Buch möchte daher die Kant-Darstellung mit einer philosophischen Würdigung vereinigen, soweit diese nicht eine eigene Abhandlung erfordern würde.

Die erste Aufgabe ist indes festzustellen, was Kant gesagt hat, wie er es gesagt hat und warum er es gesagt hat. Erst dann kann die wertende Stellungnahme sich auf einen fixierten Gegenstand beziehen, statt auf eine amorphe Masse, die ihr Aussehen nach dem Maße der ihr entgegengebrachten Sympathie oder Feindseligkeit verändert. In der Vergangenheit sind Diskussionen darüber, ob Kant recht oder unrecht hatte, allzu oft durch den Mangel einer wenigstens elementaren Übereinstimmung darüber, was Kant nun eigentlich gesagt und gemeint hat, verdorben worden.

Es ist mir eine aufrichtige Freude, mich mit Dankbarkeit derer zu erinnern, die mir die Abfassung dieses Buchs ermöglicht haben. Die Universität Rochester befreite mich 1957/58 von allen akademischen Pflichten, so daß ich das Buch zu Ende bringen konnte. Ich verbrachte dieses Jahr in

Deutschland und Italien mit der Unterstützung der John Simon Guggenheim Memorial Foundation und der großzügigen Hilfe des Committee on Grants in Aid for Research des College of Arts and Science der Universität Rochester. Während meines Deutschland-Aufenthalts konnte ich die reichhaltige Bibliothek des philosophischen Seminars der Albertus-Magnus-Universität in Köln benutzen. Kollegen und Mitglieder meiner Familie gaben mir Ermunterung, Rat und Hilfe; Seite für Seite wird jeder von ihnen Beweise für das Ausmaß des Danks finden, den ich ihnen schulde. Besonders möchte ich Professor C. B. Earp vom Wake Forest College für die Hilfe danken, die er mir bei den lateinischschreibenden Autoren des 18. Jahrhunderts gewährte.

San Domenico, Florenz

L. W. B.

ZITIERWEISE

Einfache Seitenangaben wie „(213)" beziehen sich auf den Text der *Kritik der praktischen Vernunft* (= KpV) in Bd. V der sog. Akademie-Ausgabe [1].

Stellen aus der *Kritik der reinen Vernunft* (= KrV) werden, wie üblich, nach der ersten, bzw. zweiten Auflage der Originalausgabe zitiert, z. B.: A 74 = B 99. Bei allen übrigen Kant-Zitaten sind Band und Seitenzahl der Akademie-Ausgabe angegeben. Die bibliographischen Angaben von Werken, die in Fußnoten mit Kurztiteln zitiert werden, finden sich in der Bibliographie am Schluß des Buchs.

I DIE ENTSTEHUNG DER „KRITIK DER PRAKTISCHEN VERNUNFT"

1. Einleitung

Nur wenige philosophische Abhandlungen sind in solcher Hast geschrieben worden wie die *Kritik der praktischen Vernunft*. Gleichwohl zeigt dieses Buch nur wenige Spuren jener Eile, durch die manche andere Schrift von Kant so verwirrend geworden ist. Die kurze Zeit, die Kant der Ausarbeitung und Niederschrift gewidmet hat, mag vielmehr der Grund für einen seltenen Vorzug sein, der z. B. der *Kritik der reinen Vernunft* fehlt. Denn an diesem Werk arbeitete er zwölf Jahre lang und „brachte es in etwa vier bis fünf Monaten zu Stande", vermutlich indem er mehr oder weniger umsichtigen Gebrauch von Manuskripten machte, die zu verschiedenen Zeiten innerhalb dieser zwölf Jahre entstanden waren.[1] Die zweite *Kritik* folgt, anders als die erste, einem einzigen Gedankengang; sie entwickelt ihn, ohne in Sackgassen zu geraten, und sie verläuft sich fast nie auf Nebenpfaden. Wir sind hier nicht Zeugen, wie Kant gleichsam laut denkt und zuerst diesen, dann jenen Weg versucht, um sich verständlich zu machen. Das Buch hat den lehrhaften Ton und den direkten Stil eines Mannes, der die Gedanken zu Ende gedacht hat, die er mitteilen möchte, bevor er das erste Wort zu Papier bringt.

Es handelt sich, wenigstens wenn man mit Kants Maßen mißt, um ein extrem gut geschriebenes Buch. Dies könnte als ein abwertendes Urteil und als ein denkbar schwaches Lob erscheinen. Denn Kants Stil behagt nicht jedem, er gefiel nicht einmal ihm selbst.

Aber nur wenige hatten ein gerechteres Urteil über ihren Stil als Kant, und sein Verzicht, allgemeinverständlich zu schreiben, war durch die Natur seines Gegenstandes und die Ansprüche gerechtfertigt, die er mit Recht an diejenigen stellt, die sich darauf einlassen, philosophische Texte zu lesen.[2] Kants Stil ist, wenn eine Entschuldigung vonnöten ist, zu entschuldigen mit der Zeitnot, die die literarische Tätigkeit seines Alters geprägt hat. Wer Anstoß an ihm nimmt, sollte sich daran erinnern, daß alle bekannten Werke Kants in unbegreiflicher Hast geschrieben worden sind, von einem schnell alternden Mann, der seine Botschaft an die Welt erst in vorgerückten Jahren entdeckte, der nie über eine robuste Gesundheit verfügte und der, gemessen an den Normen einer modernen Universität, eine drückende Last akademischer Pflichten zu tragen hatte.

Unter diesen Umständen ist es überraschend, wie gut dieses Buch geschrieben ist. Man kann den Stil nicht getrennt vom Inhalt beurteilen, und der sehr männliche, enzyklopädische und sachliche Stil dieses Denkens erlaubt und erfordert [3] vielleicht sogar Kants oft verurteilte Art zu schreiben. Schopenhauer nannte sie „brilliant trocken". Dies schließt weder gelegentliche Eloquenz noch pointierte Ausdrucksweise aus und verbietet es, aus einer gehobenen Tonlage herauszufallen. So hohe Tugenden schließen indes leider nicht aus, daß Kant sich nicht selten seinen schlechten Gewohnheiten überläßt: Pedantische Unterscheidungen werden erst eingeführt und dann nicht sorgfältig beachtet; auf sehr dicht geschriebene Abschnitte [4] folgen unnötige Wiederholungen; eine durchsichtige Gliederung des Textes vermißt man nur allzusehr.

Diese Schwächen sind nicht zu leugnen. Aber sie werden häufig von Philosophen, die selbst nicht besser schreiben, übertrieben. Wenn ein Kant-Kenner nach zähen Anstrengungen an den Kern eines verwirrenden Satzes oder Abschnitts kommt, so stellt sich oft genug heraus, daß der vorliegende Text nicht wegen der Unfähigkeit des Schriftstellers kompliziert ist, sondern wegen der Ansprüche des dargestellten Gedankens. Oft wird ihm klar, daß es schwierig, wenn nicht unmöglich wäre, genau das, was Kant sagt, besser zu sagen, und daß jede Vereinfachung des Stils fast unvermeidlich eine Übervereinfachung des Gedankens nach sich ziehen würde. Vereinfachungsversuche haben gewöhnlich nur ein schwaches oder verzerrtes Echo von Kants Gedanken hervorgebracht, und wenn es gelang, Kant einfach darzustellen, so war das Ergebnis meistens nur, daß seine Ansichten einfältig zu sein schienen.

Vereinfachung des Stils ist, wenn man von wenigen Abschnitten absieht, in der *Kritik der praktischen Vernunft* nicht erforderlich. Es gibt nur wenige Abschnitte, bei denen ein aufmerksamer Leser wirkliche Schwierigkeiten haben wird, um herauszufinden, was Kant meint. Graphische Darstellungen von Sätzen – nach akademischen Legenden sollen sie bei der *Kritik der reinen Vernunft* erforderlich sein – sind hier nicht erforderlich.

Wir wissen nicht viel über das Zustandekommen des Buches. Aber angesichts der Daten, die sogleich vorgeführt werden sollen, ist es wahrscheinlich, daß es im Frühjahr 1787 begonnen, im Juni nahezu beendet und im September abgeschlossen wurde. Ich spreche nur von der Niederschrift; der Inhalt des Buchs stand Kant spätestens 1785 zum größten Teil klar vor Augen. Aber der Plan, eine *Kritik der praktischen Vernunft* als ein einziges abgeschlossenes Werk zu schreiben, reifte nicht langsam. Er wurde auch nicht lange aufgeschoben, und Kant entschloß sich vielmehr plötzlich, vermutlich sogar mit Bedauern, ihn auszuführen. Um diesen Entschluß zu verstehen, ist es notwendig, bis zu den Anfängen von Kants literarischer Laufbahn zurückzugehen, und zu sehen, was für ein Buch er zu schreiben entschlossen war.

2. Der aufgeschobene Plan eine Metaphysik der Sitten zu schreiben

Kants Schriften aus den 50er Jahren des 18. Jahrhunderts behandeln fast ausschließlich Probleme aus dem Gebiet der Naturwissenschaft. Aber sein Interesse an diesen Gegenständen war philosophisch; es bezog sich vor allem auf Fragen der Methode und des Erkenntnisziels. Aber auch in diesen Werken äußert sich Kant, wenn sich die Gelegenheit dazu bot, zu ethischen und religiösen Fragen, soweit sie mit der kosmologischen Spekulation seiner Zeit verbunden waren. Am klarsten ist diese Ausrichtung seines Denkens in seinem wichtigsten naturwissenschaftlichen Werk, der *Naturgeschichte des Universums und Theorie des Himmels* (1755).

Die sogenannte *Preisschrift "Untersuchung über die Deutlichkeit der Grundsätze der Theologie und Moral"*, die 1764 von der Berliner Akademie veröffentlicht wurde, ist Kants erste Schrift, die sich nicht nur gelegentlich mit Fragen der Moralphilosophie beschäftigt. Aber auch hier stehen, wie man an dem Titel erkennen kann, die Grundlagen und Methoden der Ethik im Mittelpunkt seines Interesses. Am Ende dieser nicht sehr umfangreichen Schrift – sie wird oft als eine offenkundige Zustimmung zur Moral-sense-Theorie Shaftesburys und Hutchesons, folglich auch zum Empirismus in der Moralphilosophie interpretiert – findet sich die Frage, deren Beantwortung seiner gesamten späteren Arbeit auf dem Gebiet der Moralphilosophie die Richtung weist. Kant sagt dort: „Es muß allererst ausgemacht werden, ob lediglich das Erkenntnisvermögen oder das Gefühl ... die ersten Grundsätze der Moralphilosophie entscheide".[5]

Die Metaphysik gilt in der *Preisschrift* als „Philosophie von den letzten Gründen unserer Erkenntnis", als Philosophie „angewandt auf die allgemeineren vernünftigen Einsichten". Kant weist die angebliche Identität der Methoden der Mathematik und der Metaphysik zurück. (Die Lehre von ihrer Identität beherrschte die Metaphysik seiner Zeit.) Er setzt dagegen seine eigene Methode einer Analyse der Erfahrung, und nimmt für sie in Anspruch, daß sie zu unbeweisbaren Grundsätzen führt, die ebenso gewiß seien wie diejenigen der Mathematik.[6] Diese unbeweisbaren Grundsätze der Metaphysik sind zwar nicht Definitionen oder intuitiv gewisse Axiome – wie in der Mathematik –, aber jedenfalls evidente rationale Prinzipien. Die Metaphysik soll so als strenge Wissenschaft begründet werden können, – für die natürliche Theologie schien dies bereits geleistet zu sein. Die metaphysischen Grundlagen der Moral sind indes noch zu finden:

> „Die ersten Gründe der Moral sind nach ihrer gegenwärtigen Beschaffenheit noch nicht aller erforderlichen Evidenz fähig."[7]

Kant muß wenig später geglaubt haben, er könne diesen Mangel beheben. In einem Brief an Lambert aus dem nächsten Jahr kündigt er jenen schicksalhaften Plan an, der ihn in der einen oder anderen Form durch die folgenden Jahrzehnte und fast über den Rest seines Lebens anziehen und zuweilen sogar verfolgen sollte. Es war der Plan, ein Werk „über die metaphysischen Grundlagen der praktischen Philosophie" zu schreiben.[8] Der genaue Titel dieses Werks und ein Bericht über den Fortgang der Arbeit findet sich in einem Brief an Herder aus dem Jahr 1768. Hier erklärt Kant, er arbeite an einem Werk über die „Metaphysik der Sitten" und hoffe, dieses Werk innerhalb eines Jahres zu vollenden.[9]

Man kann nur Vermutungen darüber anstellen, welchen Inhalt und welche Struktur dieses Werk erhalten hätte, wenn es zu jener Zeit vollendet worden wäre. Für unseren gegenwärtigen Zweck ist es indessen nicht erforderlich, solche Vermutungen zu äußern. Denn obwohl Kants Gedanken über die Ethik in dieser Periode zweifellos einen Wandel durchmachten, vollzog sich der wichtigste Wandel in dieser Zeit doch in seinen Auffassungen über den Charakter der Metaphysik selbst. Hier sind seine Ansichten, anders als in seiner gleichzeitigen Moralphilosophie, gut bezeugt und zuverlässig wiederzugeben.

Der Wandel ist deutlich sichtbar in seiner *Inaugural-Dissertation „De mundi sensibilis atque intelligibilis forma et principiis"*, die 1770 bei seiner Ernennung zum Professor in Königsberg erschien. Die Schrift ist eine kurze systematische Abhandlung über die Metaphysik. Die sinnlichen und die intellektuellen Elemente in der Erkenntnis werden nicht nur unterschieden, sondern sogar scharf getrennt. Der „reale Gebrauch" des Intellekts in der Metaphysik, durch den Wahrheiten entdeckt werden, wird dem „logischen Gebrauch" gegenüber gestellt, bei dem nur Schlüsse aus gegebenen Urteilen gezogen werden. Kant erhebt den (später wieder fallengelassenen) Anspruch, über eine eigene Methode der Metaphysik zu verfügen. Er betrachtet die Metaphysik als Erkenntnis der intelligibelen Welt, die nichts von der sinnlichen Erkenntnis der Erscheinungen entlehnt. Metaphysik als reine Erkenntnis soll es mit Begriffen zu tun haben, die nicht von der Erfahrung abgeleitet, sondern „durch den reinen Verstand selbst gegeben" sind. Möglich und gültig ist diese reine Erkenntnis nur aufgrund der Regel, daß die Prinzipien der Sinnlichkeit „ihre Grenzen nicht überschreiten und mit den intellektuellen nicht vermischt werden dürfen".[10] Diese Regel beruht natürlich auf der klaren und systematischen Unterscheidung des verschiedenen Ursprungs unserer Vorstellungen. Auch als Kant später zu dem Schluß kam, daß Metaphysik so, wie er sie in der Inaugural-Dissertation konzipiert hatte, unmöglich ist, stellte er diese Unterscheidung nicht mehr ernsthaft in Frage.

Die Metaphysik der Sitten mußte unter diesen Bedingungen ein gänzlich anderes Aussehen erhalten. Während „Metaphysik" zuvor kaum mehr bedeutet hatte als die allgemeinste begriffliche Erkenntnis, die aus einer Analyse unserer Erfahrung zu gewinnen ist, erhält sie jetzt die Bedeutung einer systematischen Philosophie, die nichts empirisches enthält, sondern sich auf eine Welt jenseits der Erfahrung bezieht.[11] Metaphysik ist die Erkenntnis der Dinge, wie sie sind, und die Begriffe von Erscheinungen der Dinge, d. h. Raum und Zeit, gehören nicht in die Metaphysik. Daher konnte die Metaphysik der Sitten nicht mehr eine Fortsetzung der empirisch-anthropologischen Untersuchungen Shaftesburys sein. Fortan besteht Kant darauf, daß die Metaphysik der Sitten von aller Anthropologie unabhängig ist, unabhängig auch von aller „pragmatischen Anthropologie", der Lehre von dem richtigen Verhalten des Menschen im alltäglichen Leben. Die Metaphysik der Sitten hat vielmehr ihre Grundlage im Platonismus einer nicht-phänomenalen Welt:

> Die Moralphilosophie wird, sofern sie die ersten Grundsätze der Beurteilung an die Hand gibt, nur durch den reinen Verstand erkannt und gehört selber zur reinen Philosophie.[12]

Sie enthält keine empirischen Begriffe der menschlichen Natur.

Daß Kant, wenigstens eine Zeitlang, mit diesem neuen Ansatz und dieser Zielsetzung zufrieden war, zeigt ein Brief an Lambert aus demselben Jahr. Dort schreibt er:

> Ich habe mir vorgesetzt, um mich von einer langen Unpäslichkeit die mich diesen Sommer über mitgenommen hat zu erholen, und gleichwohl nicht ohne Beschäftigung in den Nebenstunden zu seyn, diesen Winter meine Untersuchungen über die reine moralische Weltweisheit, in der keine empirische Principien anzutreffen sind und gleichsam die Metaphysic der Sitten, in Ordnung zu bringen und auszufertigen.[13]

Beide Disziplinen sollen keine empirischen Prinzipien enthalten. Ganz im Gegensatz zu dieser stillen Hoffnung bezeichnet die *Inaugural-Dissertation* indes den Anfang der „Dekade des Schweigens", in der Kant fast nichts veröffentlichte, sondern die Herkules-Arbeit bewältigte, die *Kritik der reinen Vernunft* auszuarbeiten. Die „Metaphysik der Sitten" wurde zwar wiederholt in Aussicht gestellt, doch immer wieder aufgeschoben.

Ein Jahr später schreibt Kant an Marcus Herz, er arbeite an einem Buch, das den Titel „Grenzen der Sinnlichkeit und Vernunft" erhalten sollte, – die Welt kennt dieses Buch jetzt unter dem Titel *Kritik der reinen Vernunft*. Nach Kants damaligen Plan sollte dieses Buch nicht nur die Theorie der Erscheinungen („Phänomenologie"), sondern auch die Grundzüge einer Theorie der Moral, des Geschmacks und der Metaphysik enthalten.[14] Am 21. Februar 1772 erläutert Kant in einem zweiten Brief an Herz den Plan dieses Werkes. Der Teil über die Metaphysik sollte einen Abschnitt enthalten, der die „letzten Gründe der Moralität" enthielt. In drei Monaten hofft er das Werk vollenden und veröffentlichen zu können.[15] In einem weiteren Brief an Herz kündigt Kant den Plan an, „meine Transcendentalphilosophie, die ... welche eigentlich eine Kritik der reinen Vernunft[16] ist," zu beenden und dann zur Metaphysik überzugehen, „die nur zwey Theile hat: die Methaphysik der Natur und die Metaph. der Sitten wovon ich die letztere zuerst herausgeben werde und mich darauf zum voraus freue".[17]

Der Brief vom 21. Februar 1772 zeigt Kants Unzufriedenheit mit der Methode der *Inaugural-Dissertation* und ihrer Zielsetzung, die Möglichkeit einer Erkenntnis a priori in einer reinen intelligibelen Welt sicherzustellen; aber es gibt noch kein Anzeichen dafür, daß Kant die Hoffnung und Erwartung aufgegeben hatte, eine Grundlegung der spekulativen Metaphysik zustande bringen zu können. In der Folgezeit weckt ihn indes die „Erinnerung Humes" aus seinem „dogmatischen Schlummer", und er gibt für immer den Traum einer spekulativen Metaphysik der intelligibelen Welt auf. Gleichwohl scheint ihm die Transzendentalphilosophie oder Kritik der reinen Vernunft, wie er sie in der *Kritik der reinen Vernunft* ausarbeitet, die Voraussetzungen für eine „Metaphysik der Sitten" zu enthalten, und zwar in ihrer doppelten Funktion einer systematischen Darstellung der Gesetze a priori der Sittlichkeit und einer nicht mehr spekulativen, sondern praktischen Antwort auf die traditionellen metaphysischen Fragen.

In der *Kritik der reinen Vernunft*, wie sie endlich 1781 veröffentlicht wurde, spricht Kant daher immer noch von einer Metaphysik der Sitten. Er unterscheidet zwei Teile der Philosophie: Kritik (propädeutische Philosophie), „welche das Vermögen der Vernunft in Ansehung aller reinen Erkenntniß a priori untersucht" und Metaphysik (das „System der reinen Vernunft"), „die ganze (wahre sowohl als scheinbare) philosophische Erkenntniß aus reiner Vernunft im systematischen Zusammenhange".[18]

Das ganze Vermögen der Vernunft, unter Einschluß des praktischen, ist Gegenstand der Kritik; die *Kritik der reinen Vernunft* soll eine Propädeutik zur Metaphysik in ihren beiden Abteilungen sein.[19]

Obgleich die Metaphysik der Sitten ein Teil der reinen Philosophie ist, stellt Kant in der ersten Auflage der *Kritik der reinen Vernunft* nicht ein solches Werk in Aussicht; er plant lediglich eine „Metaphysik der Natur".[20] Die Transzendentalphilosophie, das System aller Grundsätze der Vernunft, soweit sie die Erkenntnis von Gegenständen betreffen, enthält nur reine Begriffe und Grundsätze a priori. Sie schließt daher die Ethik aus; denn obgleich die höchsten Prinzipien der Ethik auch in der ersten Auflage der *Kritik der reinen Vernunft* schon als Erkenntnisse a priori gelten, „so gehören sie doch nicht in die Transscendental-Philosophie, weil sie die Begriffe der Lust und Unlust, der Begierden und Neigungen etc., die insgesammt empirischen Ursprungs sind, zwar selbst nicht zum Grunde ihrer Vorschriften legen, aber doch im Begriffe der Pflicht als Hinderniß, das überwunden, oder als Anreitz, der nicht zum Bewegungsgrunde gemacht werden soll, nothwendig in die Abfassung des Systems der reinen Sittlichkeit mit hineinziehen müssen."[21]

Anstelle einer „Metaphysik der Sitten" haben wir daher in der *Kritik der reinen Vernunft* einen „Kanon der reinen Vernunft", d. h. eine Lehre von den Grundsätzen a priori des richtigen Gebrauchs der reinen Vernunft. Dieser Vernunftgebrauch ist gänzlich und ausschließlich praktisch, nicht spekulativ. Der Kanon gibt keine Antwort auf die praktische Frage als solche, die Frage „Was soll ich tun?", sondern auf jene Frage, die Kant

„theoretisch und praktisch zugleich" nennt: „Was darf ich hoffen, wenn ich meine Pflicht tue?" Zur Beantwortung dieser Frage werden die Unsterblichkeit der Seele und die Existenz Gottes eingeführt, zwei Ideen der reinen theoretischen Vernunft, die dialektisch und für die theoretische Erkenntnis leer sind. Kants These ist, daß diese Ideen nur in Beziehung auf den Willen des Menschen notwendig sind, als Leitideen oder regulative Prinzipien im Zusammenhang mit dem Streben des Menschen nach Glückseligkeit und ihre Bedingung, der Glückseligkeit würdig zu sein.[22]

Aber auch ein Kanon der reinen Vernunft konnte Kant nicht lange befriedigen. Bald nach der Vollendung der *Kritik der reinen Vernunft* kehrte er zu dem lang aufgeschobenen, wenn auch in der *Kritik* selbst nicht erwähnten Plan zurück, ein systematisches Werk über die Ethik zu schreiben, das vermutlich eine Metaphysik der Sitten einschließen sollte. 1783 berichtet er, er arbeite an dem „ersten Teil meiner Ethik".[23] Man weiß nicht, ob sich Kant hier auf die *Grundlegung zur Metaphysik der Sitten* bezieht oder nicht. Aber als er die *Grundlegung* im April 1785 veröffentlicht, erwähnt er abermals diesen inzwischen zwanzig Jahre alten Plan einer „Metaphysik der Sitten", zu der die *Grundlegung* nur den Vorbau bilden sollte.[24]

Die *Grundlegung* unterscheidet sich genügend von dem Kanon der reinen Vernunft, um Kants Entscheidung, eine zweite Propädeutik zu der immer wieder im Hintergrund verschwindenden „Metaphysik der Sitten" zu schreiben, verständlich zu machen. Der Kanon hatte eine Auffassung der moralischen Probleme vorgestellt, in der der Begriff der Autonomie noch keine Rolle spielte und die von der Lösung des Freiheitsproblems unabhängig war, obgleich diese bereits in der ersten *Kritik* vorlag. Dies sollten jedoch bei seiner gesamten späteren Arbeit an der praktischen Philosophie die beiden Grundsteine bleiben.

Fragment 6 der *Losen Blätter*,[25] das ich in die Zeit zwischen 1781 und 1784 datieren möchte, zeigt den Übergang zu der neuen Position. Es stellt die Frage, die in der *Kritik der reinen Vernunft* im Hinblick auf theoretische Sätze gestellt worden war, nun auch für praktische Sätze: Wie sind synthetische Urteile a priori möglich? Denn zu jener Zeit war sich Kant darüber klar geworden, daß Moralität synthetische Urteile a priori verlangt, daß diese Urteile nicht in genau derselben Weise begründet werden können wie ihre theoretischen Gegenstücke und daß ihre Rechtfertigung einen positiveren Begriff der Freiheit erfordert, als er ihn im Kanon benutzt hatte. Eine Rechtfertigung synthetischer Urteile a priori verlangt bei Kant das, was er stets eine „Deduktion" genannt hat, nicht einen Kanon des Gebrauchs. Eine Deduktion aber hat ihren richtigen Platz in einer Kritik.

Anstelle einer Kritik präsentiert Kant 1785 die *Grundlegung zur Metaphysik der Sitten*. Und doch:

Zwar gibt es eigentlich keine andere Grundlage derselben, als die Kritik einer reinen praktischen Vernunft, so wie zur Metaphysik die schon gelieferte Kritik der reinen speculativen Vernunft. Allein theils ist jene nicht von so äußerster Nothwendigkeit als diese, weil die menschliche Vernunft im Moralischen selbst beim gemeinsten Verstande leicht zu großer Richtigkeit und Ausführlichkeit gebracht werden kann, da sie hingegen im theoretischen, aber reinen Gebrauch ganz und gar dialektisch ist: theils erfordere ich zur Kritik einer reinen praktischen Vernunft, daß, wenn sie vollendet sein soll, ihre Einheit mit der speculativen in einem gemeinschaftlichen Prinzip zugleich müsse dargestellt werden können, weil es doch am Ende nur eine und dieselbe Vernunft sein kann, die bloß in der Anwendung unterschieden sein muß. Zu einer solchen Vollständigkeit konnte ich es aber hier noch nicht bringen, ohne Betrachtungen von ganz anderer Art herbeizuziehen und den Leser zu verwirren. Um deswillen habe ich mich, statt der Benennung einer Kritik der reinen praktischen Vernunft der von einer Grundlegung zur Metaphysik der Sitten bedient.[26]

Gleichwohl trägt der dritte Teil der *Grundlegung* die Überschrift „Übergang von der Metaphysik der Sitten zur Kritik der praktischen Vernunft". Dieser Abschnitt enthält vermutlich alles, was Kant bei einer kritischen Prüfung der reinen praktischen Vernunft für wesentlich hielt. Denn in einem fünf Monate später geschriebenen Brief an Schütz erklärt er, er wolle nun unverzüglich mit der Niederschrift der „Metaphysik der Sitten" beginnen.[27]

Seltsam ist jedoch, daß Kant im zweiten Teil der *Grundlegung* eine Metaphysik der Sitten entwickelt hat und dann einen Übergang zur „Kritik der reinen praktischen Vernunft" macht. Die Erklärung liegt im folgenden. In den beiden ersten Teilen der *Grundlegung,* war Kants Methode analytisch, d. h.: Er begann mit den „moralischen Tatsachen" und analysierte diese, um zu finden, was wahr sein muß, wenn sie nicht illusorisch sein sollen. Das Sittengesetz und die Achtung vor dem guten Willen sind „chimärisch", wenn nicht der Gedanke der Pflicht eine Triebfeder des Handelns sein kann, und dies ist nur möglich, wenn der Wille frei ist. Aber ist der Wille frei? Dies ist eine Frage, die nur mit einer synthetischen Methode beantwortet werden kann, d. h. durch eine Deduktion ihrer Möglichkeit. Diese allein kann kategorische Urteile über Moralität begründen; ohne sie müssen alle unsere Aussagen hypothetisch und problematisch bleiben. Die *Grundlegung* ist daher als ganze eine Propädeutik zur „Metaphysik der Sitten", auch wenn die innere Struktur, die eine Metaphysik der Sitten haben muß, lange vor dem Ende des Buches bereits dargestellt ist; der letzte Teil hat das Ziel, die in den beiden ersten Teilen nur problematisch vorgetragenen Auffassungen in den Rang begründeter Thesen zu erheben.

Es gibt die Hypothese, Kant habe in dieser Zeit geplant, nach der *Grundlegung* zunächst seine „Metaphysik der Sitten" und erst dann eine „Kritik der reinen praktischen Vernunft" zu schreiben. Erst diese hätte sein System abschließen sollen, indem sie beweist, was weder die *Grundlegung* gezeigt hatte, noch die erst zu schreibende „Metaphysik der Sitten" zeigen sollte, nämlich die Einheit von theoretischer und praktischer Vernunft.[28] Mir scheint, die Daten, die diese Hypothese stützen sollen, sind äußerst dürftig. Wahrscheinlicher ist, daß die *Grundlegung zur*

Metaphysik der Sitten für Kant genau das darstellte, was der Titel anzeigt, und daß keine weitere „Kritik" geplant war. Noch im April 1787, als er die Revision der *Kritik der reinen Vernunft* abgeschlossen hatte, sprach Kant davon, er wolle Zeit gewinnen für seinen „Plan, die Metaphysik der Natur sowohl als der Sitten, als Bestätigung der Richtigkeit der Kritik der speculativen sowohl als praktischen Vernunft, zu liefern",[29] ohne diejenige Arbeit zu erwähnen, die ihn tatsächlich in jenem Sommer beschäftigen sollte: die Niederschrift der *Kritik der praktischen Vernunft*.

3. Die Entscheidung, die Kritik der praktischen Vernunft zu schreiben

1786 veröffentlichte Kant die *Metaphysischen Anfangsgründe der Naturwissenschaft*, dann wandte er sich der schwierigen Arbeit zu, eine zweite Auflage der *Kritik der reinen Vernunft* vorzubereiten. Er begann damit im April 1786 und vollendete das Werk im April 1787. Mit seinem in solchen Dingen üblichen Optimismus hatte er gehofft, die Revision innerhalb von sechs Monaten beenden zu können. An Bering schrieb er, sein „System der Metaphysik" müsse er noch zwei Jahre zurückstellen, da er auch ein „System der praktischen Philosophie" plante, das vor dem Buch über Metaphysik veröffentlicht werden sollte.[30]

Was war das für ein „System der praktischen Philosophie"? Wir wissen es nicht, dürfen aber vermuten, daß es sich um die „Metaphysik der Sitten" handelte, die so oft versprochen und so oft aufgeschoben worden war. Sicher war es nicht die *Kritik der praktischen Vernunft*. Kant unterscheidet fast immer zwischen den Ausdrücken „Kritik", „System" und „Metaphysik", auch wenn ihre Gegenstandsbereiche sich tatsächlich weitgehend überschneiden. Wir wissen folglich, daß wenigstens im April 1786 eine *Kritik der praktischen Vernunft* als solche nicht geplant war.

Von der „Kritik der reinen praktischen Vernunft" als einem besonderen literarischen Projekt hören wir zum ersten Male am 8. November 1786. In der Beantwortung eines verlorengegangenen Briefes von Kant erwähnt Born das neue Werk als eine *Ergänzung zur Kritik der reinen Vernunft*.[31] In einer Ankündigung der zweiten Auflage der *Kritik der reinen Vernunft* schreibt die *Allgemeine Literaturzeitung* in Jena am 21. November 1786:

> Auch wird, zu der in der ersten Auflage enthaltenen Kritik der reinen speculativen Vernunft, in der zweyten noch eine Kritik der reinen practischen Vernunft hinzukommen."[32]

In den Jahren 1786 und 1787 muß sich Kant daher zu verschiedenen Zeiten mit den folgenden Plänen getragen haben:

(a) eine „Metaphysik der Sitten" auf der Grundlage der *Kritik der reinen Vernunft* und der *Grundlegung zur Metaphysik der Sitten* zu schreiben,

(b) ein „System der praktischen Philosophie" zu schreiben, sobald die Neubearbeitung der *Kritik der reinen Vernunft* beendet war,

(c) eine „Kritik der reinen praktischen Vernunft" als Anhang in die zweite Auflage der *Kritik der reinen Vernunft* aufzunehmen,

(d) eine *Kritik der praktischen Vernunft*, so wie sie uns jetzt bekannt ist, zu schreiben.

Die beiden ersten Projekte waren ohne Zweifel im wesentlichen identisch.[33] Uns interessiert der Übergang von (a) und (b) nach (c) und der schließlich gefaßte Entschluß, Plan (d) zu verwirklichen. Es wird sich zeigen, daß Kant nicht direkt von (c) nach (d) überging.

Der Schritt von (b) nach (c) spiegelt Kants Entwicklung vom Kanon der reinen Vernunft zur *Grundlegung* wieder. Zur Zeit der Abfassung der *Kritik der reinen Vernunft* sollte dieses Werk eine Propädeutik zu beiden Teilen der Metaphysik darstellen; aber um 1785 erkannte Kant als die Grundlage einer Metaphysik der Sitten den Begriff der Autonomie, – ein Begriff, der in der ersten *Kritik* nicht einmal erwähnt war. Er ließ Plan (c) indes nicht fallen, um direkt zu Plan (d) überzugehen, sondern um zu Plan (a) oder (b) zurückzukehren. Dies lehrt das Vorwort der zweiten Auflage der *Kritik der reinen Vernunft*.

Es muß äußere Gründe gegeben haben, warum Kant Plan (c) fallenließ. Der Erfolg der *Grundlegung* hatte das Interesse an einer neuen Auflage der ersten *Kritik* geweckt, und Kant befand sich unter beträchtlichem Zeitdruck, diesem Bedürfnis zu entsprechen. Im November 1786 waren die sechs Monate, die Kant für die Neubearbeitung vorgesehen hatte, bereits verstrichen. Er sollte noch weitere sechs Monate brauchen, bis er das Werk vollendet hatte. Alle Veränderungen hatten keine oder keine direkte Bedeutung für die Fragen der praktischen Philosophie. Abgesehen vom Paralogismen-Kapitel blieb der Rest der transzendentalen Dialektik unverändert, – mit der überraschenden Erklärung, er habe in den übrigen Teilen keine ernstlichen Mißverständnisse gefunden.[34] (Als er sich 1787 mit den Kritikern beschäftigte, die die Unvereinbarkeit der *Kritik* und der *Grundlegung* behaupteten, stellte Kant Mißverständnisse in Fülle fest.) Aber die Unterschiede zwischen den Lehren des Kanons und der *Grundlegung* waren bereits zu groß; der geplante Anhang hätte die Architektonik des Gesamtwerks gesprengt. Kant hätte größere Teile neu schreiben müssen, und die architektonische Struktur der Methodenlehre der *Kritik der reinen Vernunft* wäre vollends zugrunde gegangen. Kants Lösung seiner Schwierigkeiten war, daß er ein neues, längeres Vorwort zur zweiten Auflage schrieb, das seine Gedanken über das ethische Problem darstellte und den Kanon unverändert ließ.

Im übrigen war die ursprüngliche *Kritik* viel zu lang, als daß man es um ein weiteres größeres Werk hätte erweitern können, selbst wenn es sonst in seinen Rahmen gepaßt hätte. Zu dem ursprünglichen Umfang von 850 Seiten waren bei der Umarbeitung weitere 30 Seiten hinzugekommen. Im Winter 1786/87 war Kant außerdem Rektor der Königsberger Universität, und wenigstens in diesem Falle war das nicht einfach eine Sinekure oder ein Ehrenamt. Als Rektor hatte Kant bei den Zeremonien zum Tode Friedrichs des Großen im August 1786 und bei der Thronbesteigung Friedrich Willhelms II. eine gewisse Rolle zu spielen.[35] Alle diese Umstände machen Kants Wunsch begreiflich, die Änderungen an der *Kritik der reinen Vernunft* auf das absolut Notwendige zu beschränken. Auf der anderen Seite hielt seine Ungeduld an, mit Plan (a) oder (b) voranzukommen, die inzwischen nahezu 20 Jahre lang aufgeschoben worden war.

Wir dürfen mithin vermuten, daß der Plan, eine besondere *Kritik der praktischen Vernunft* als ein besonderes Werk zu schreiben sich erst nach dem April 1787 (dem Datum des Vorworts zur zweiten Auflage der ersten *Kritik*) formte. Erst zu diesem Zeitpunkt gab Kant den dort erwähnten Plan, mit einer „Metaphysik der Sitten" fortzufahren, auf. Welche Gründe führten zu diesem endgültigen, bedeutungsvollen Entschluß?

Ich werde verschiedene Gründe geltend machen. Zunächst hatte Kant bereits 1785 eingesehen, daß die *Grundlegung* eine vollständige Kritik der praktischen Vernunft nicht enthielt. Zwei zentrale Themen fehlten in jenem Werk, und wenigstens eins davon war an sich bedeutend und in Kants Augen faszinierend: der Beweis für die Einheit von theoretischer und praktischer Vernunft. Das zweite betraf den Zusammenhang zwischen dem Gesetz, das für Vernunftwesen im allgemeinen gültig ist, und dem Menschen; diese Verbindung durfte nicht anthropologisch begründet werden, sondern sie mußte nach Kants Auffassung als eine Verknüpfung a priori zwischen Wille und Gefühl erkannt werden. Dieser Übergang von einem Vernunftwesen überhaupt zu einer spezifisch menschlichen Vernunft war in der *Grundlegung* nur skizziert worden. Für die Pläne (a) und (b) war es wesentlich, daß dieser Übergang voll ausgearbeitet war. So entstand die Notwendigkeit dessen, was jetzt als drittes Hauptstück in der Analytik der zweiten *Kritik* vorliegt.

Ein zweiter Grund muß der Kant naheliegende und seinem Publikum willkommene Wunsch gewesen sein, seine Idee des „Schlußsteins von dem ganzen Gebäude eines Systems der reinen, selbst der speculativen Vernunft", (3), d. h. den Begriff der Freiheit, systematischer zu entwickeln, als es bisher geschehen war. In der ersten *Kritik* war dieser Begriff nur als möglich, d. h. als nicht widersprüchlich, hingestellt worden. Auf eine vertiefte Diskussion des Freiheitsproblems hatte Kant verzichtet, weil sie für die praktische Philosophie als solche unnötig erschien. Im dritten Teil der *Grundlegung* hatte Kant diese Diskussion vertieft, aber nicht systematisch durchgeführt. Was noch fehlte, war eine umfassende, kritische Erörterung.

Einen weiteren Grund schuf der Einwand, Kant habe in der *Grundle-*

gung die Grenzen, die er in der ersten *Kritik* der spekulativen Erkenntnis gesetzt hatte, selbst überschritten. Pistorius, den Kant sehr schätzte, hatte ihn erhoben. War dieser Einwand stichhaltig, so bedrohte er die gesamte kritische Philosophie, sowohl in ihrem theoretischen wie in ihrem praktischen Teil. Mit diesem Einwand mußte sich Kant auf jeden Fall auseinandersetzen.[36] Die Postulatenlehre, die Kant im Kanon vorgetragen hatte, führte leicht zu solcher Kritik. Kants Methode, unerlaubte Anmaßungen aufzudecken, bestand stets darin, eine Antinomie zu entwickeln und sie erfolgreich aufzulösen. Es lag daher nahe, eine Antinomie im Begriff des höchsten Guts zu entwickeln, um zu zeigen, daß er in Wahrheit mit seiner Postulatenlehre keinen spekulativen Anspruch erhob.

Eng verbunden mit allen diesen Gründen war Kants Wunsch, auch jenen Kritikern zu antworten, die noch andere Einwände erhoben hatten, bevor er auf den Grundlagen, die weithin in Frage gestellt worden waren, weiter baute.

Schließlich dürfte Kant auch die Gelegenheit gesehen haben, die Gewißheit zu bestärken, die er in der ersten *Kritik* zu begründen versucht hatte. Dies konnte geschehen, wenn er ein anderes Buch, von einem anderen Standort aus, schrieb, das auf einem anderen Weg zu denselben Ergebnissen führte. Die zweite *Kritik* ist nicht eine Fortsetzung der ersten, obgleich das Vorwort geeignet ist, den Leser dies vergessen zu machen. Die zweite *Kritik* macht einen ganz neuen Anfang in einem anderen Gebiet der Erfahrung. Kant warnt zu wiederholten Malen davor, allzu selbstbewußt Diskussionen für überflüssig zu erklären, die bereits in der ersten *Kritik* abgeschlossen waren, und dieses Werk so sehr im Sinn zu haben, daß der natürliche Gang der zweiten durch Überlegungen beeinflußt würde, die von außen hereinkommen (7. 106). In der Deduktion wird der erste Berührungspunkt zwischen den beiden Werken erreicht. An dieser Stelle war es für Kants Argument wesentlich, daß die Unabhängigkeit beider Werke sichergestellt war. Sein Argument verlangte es, daß sich die zwei Gedankengänge von verschiedenen Punkten aus in einem gemeinsamen Zentrum treffen. Am Ende der Analytik insistierte Kant – vielleicht mehr, als gerechtfertigt war – auf dieser Unabhängigkeit der beiden Werke, so als ob das gemeinsame Zentrum für ihn eine dankbare Überraschung bedeutet hätte, weil er eine solche Bestätigung „auf keinerlei Weise" gesucht habe (106). Wie künstlich eine solche „Bestätigung" einem Leser auch erscheinen mag, wenn sie in einem Teil eines größeren Gesamtwerks[37] auftritt, weil er an eine solche Eingleisigkeit des Autors nicht recht glauben kann, – in einem Werk, das entweder ein Teil der *Kritik der reinen Vernunft* – Plan (c) – oder einer auf der Grundlage der ersten *Kritik* – Plan (a) und Plan (b) errichteten Metaphysik der Sitten war, wäre eine solche Art von „Bestätigung" sinnlos gewesen.

Diese und vielleicht auch noch andere Gründe bestimmten Kant nach der Beendigung des Vorworts zur zweiten Auflage der *Kritik der reinen Vernunft* im April 1787, an die Ausarbeitung des neuen, zuvor nicht angekündigten Buches heranzugehen. Am 25. Juni desselben Jahres schrieb er in einem Brief an Schütz, die *Kritik der praktischen Vernunft* sei der Vollendung nahe und würde in einer Woche an den Verleger abgeschickt werden. Wann dies tatsächlich geschah, ist unbekannt; im September befand sich das Buch jedoch in den Händen des Verlegers.[38] Beim Druck gab es eine Verzögerung, bis eine neue, schärfere Type beschafft worden war; aber das Buch wurde im Dezember, mit dem Erscheinungsjahr 1788 auf der Titelseite, ausgeliefert. Auch dies Buch sollte indes nur die „Metaphysik der Sitten" vorbereiten helfen (161).

Nach allen uns zur Verfügung stehenden Daten kann Kant für die Abfassung der *Kritik der praktischen Vernunft* nicht mehr als 15 Monate gebraucht haben. Diese am weitesten gehende Schätzung stützt sich auf die Annahme, daß er tatsächlich in dieser Zeit an den Plänen (a), (b) und (c) gearbeitet hat, während er zugleich mit der sehr schwierigen Revision der ersten *Kritik*, also einer ganz anderen Materie, beschäftigt war. Dieser Annahme widerspricht indes alles, was wir über Kants Arbeitsgewohnheiten wissen. Es gibt im übrigen kein Anzeichen für eine Schichtung in der Struktur des vollendeten Buchs, keine „Flickwerk"-Struktur, wie in der *Kritik der reinen Vernunft*. Auch läßt diese maximale Schätzung ganz unerklärt, warum Kant über seine Pläne für ein solches Werk im April 1787 nichts sagt. Es erscheint zwar ganz unglaublich, daß ein Mensch zu einer solchen Leistung fähig ist, und dennoch paßt es am besten zu allem, was wir definitiv wissen, wenn wir unterstellen, daß Kant die *Kritik der praktischen Vernunft* nicht vor dem April 1787 begonnen und vor dem September desselben Jahres beendet hatte. Das Unwahrscheinliche einer solchen Leistung wiegt indes wenig, wenn man sich erinnert, daß die *Kritik der reinen Vernunft* in ähnlich kurzer Zeit „zur Vollendung gebracht wurde".

Dies also ist die lange Reihe aufgeschobener Pläne, die sich in einer Periode von mehr als 30 Jahren, von der *Preisschrift* bis zum Alterswerk der *Metaphysik der Sitten* entwickelten. Gleichsam als Nebenprodukte entstanden so: die *Kritik der reinen Vernunft*[39], die *Grundlegung zur Metaphysik der Sitten* und die *Kritik der praktischen Vernunft*. Selbst wenn die Metaphysik der Sitten nicht selbst ein wichtiges und interessantes Werk wäre, hätten wir allen Grund, es wegen dieser Ergebnisse mit aller Dankbarkeit zu betrachten. Als Zielpunkt seines Denkens inspirierte es Kant zu Anstrengungen, die andere und größere Meisterwerke hervorbrachten. Hätte er sein Herder gegebenes Versprechen früher wahrgemacht, so wäre der Verlust für die ethische Theorie nicht gering gewesen.

II DIE GRENZEN DER THEORETISCHEN VERNUNFT

1. Einleitung

Mehr als die Hälfte des Vorworts der *Kritik der praktischen Vernunft* beschäftigt sich mit Fragen, die in der *Kritik der reinen Vernunft* aufgeworfen und, nach Kants Überzeugung, beantwortet worden waren, und mit Einwendungen, die von Lesern gegen angebliche Widersprüche zwischen der ersten *Kritik* und der *Grundlegung zur Metaphysik der Sitten* erhoben worden waren. Da einige der Lehren der *Grundlegung* in der *Kritik der praktischen Vernunft* erneut vorgetragen und ausgearbeitet werden sollten, betrachtete es Kant als für seine Absichten wesentlich: zu zeigen, daß diese Lehren nicht nur nicht im Widerspruch zu denen der ersten *Kritik* standen, sondern deren Ergebnisse sogar noch zusätzlich unterstützten. Während dieser Nachweis erst im Hauptteil der *Kritik* geführt wird, sind Kants Äußerungen zu dieser Frage im Vorwort schwerlich voll zu würdigen, wenn man nicht die wichtigsten Ergebnisse der ersten *Kritik* vor Augen hat. Kant setzte bei der Abfassung dieses Buchs gewiß die Vertrautheit des Lesers mit dem früheren Werk voraus. Aber er erklärt, warum „Begriffe und Prinzipien der reinen spekulativen Vernunft" in diesem Werk erneut geprüft werden: Nur auf diese Weise kann der „alte" und der „neue", d. h. der theoretische und der praktische Gebrauch der „Vernunftbegriffe" verglichen und miteinander verknüpft werden, so daß der „neue Weg" der *Kritik der praktischen Vernunft* „klar von dem früheren unterschieden" werden kann.[1]

In diesem ersten Kapitel werde ich versuchen, eine Zusammenfassung des Gedankengangs und der Ergebnisse der ersten *Kritik* zu geben, um wenigstens das Vorwort leicht verständlich zu machen. Von Zeit zu Zeit wird es in den späteren Teilen dieses Kommentars notwendig sein, einzelne Teile des früheren Werks näher zu betrachten, um den Hintergrund einzelner Teile des vorliegenden Werks sichtbar zu machen. Leser, die mit der *Kritik der reinen Vernunft* im allgemeinen vertraut sind, brauchen dieses Kapitel nicht ganz durchzugehen; ihnen sei empfohlen, direkt zu § 6 überzugehen, der unmittelbar auf den Text des Vorworts eingeht.

2. Das Problem der Kritik der reinen Vernunft

Die *Kritik der reinen Vernunft* ist die beharrliche Anstrengung, systematisch eine Antwort auf die Frage „Was kann ich wissen?" auszuarbeiten.

Die Antwort lautet: „Ich kann die Wahrheiten der Mathematik und der Naturwissenschaft erkennen, aber ich kann nicht die Gegenstände der traditionellen spekulativen Metaphysik erkennen."

Diese Antwort wird durch eine Prüfung der Erkenntnisvoraussetzungen erreicht. Das Ergebnis dieser Prüfung ist, daß der Grund, der uns mathematische und naturwissenschaftliche Erkenntnis ermöglicht, bei der angeblichen Erkenntnis metaphysischer Gegenstände nicht gegeben ist. Der Grund, um den es sich handelt, ist die Gegebenheit von Erkenntnisobjekten für unsere Sinnlichkeit (oder für das, was Kant „Anschauung" nennt).

Jede Erkenntnis und jede angebliche Erkenntnis erhält – sprachlich – die Form einer der drei folgenden Urteilsarten.

1. Ein Urteil kann analytisch sein, wie z. B. „Jeder rote Gegenstand ist farbig" oder „Jeder Körper ist räumlich ausgedehnt". Ein solches Urteil heißt „analytisch", weil sein Prädikat durch Analyse des als Subjekt auftretenden Begriffs gefunden werden kann. Wir können der Wahrheit oder Falschheit solcher Urteile sicher sein, und in der Organisation und Artikulation unserer Erkenntnis spielen sie eine bedeutende Rolle. Aber ein analytisches Urteil erweitert unsere Erkenntnis nicht; es sagt uns nicht mehr, als wir – wenigstens implizit – bereits wissen, wenn wir den Begriff des Subjekts erfaßt haben. Es sagt uns vor allem überhaupt nichts über die Existenz des in Rede stehenden Subjekts. „Ein Dreieck hat drei Winkel" ist ein absolut wahrer Satz, und dieser Satz würde ebenso wahr sein, wenn es in der Welt nie Dreiecke gegeben hätte. „Gott ist ein vollkommenes Wesen" ist ebenso ein Urteil, und wir brauchen nicht zu wissen, ob Gott existiert, um zu wissen, daß der Begriff Gottes den Begriff der Vollkommenheit als eins seiner Prädikate enthält.

2. Ein Urteil ist synthetisch, wenn das Prädikat im Begriff des Subjekts nicht logisch enthalten ist. „Dieses Mädchen ist jung" und „Alle Menschen sind weniger als zweihundert Jahre alt" sind synthetische Urteile in diesem Sinn. Ob sie wahr oder falsch sind, muß durch Erfahrung festgestellt werden; sie gründen sich auf Erfahrung und beziehen sich auf Erfahrung, wenn sie wahr sind. Auch wenn sie wahr sind, sind solche Urteile indes nicht *notwendig* wahr. Es ist gut vorstellbar, daß jenes Mädchen nicht so jung ist, wie es aussieht, und daß menschliches Leben länger als zweihundert Jahre dauern könnte. Solche synthetische Urteile, deren Wahrheit nur im Licht von Erfahrungstatsachen beurteilt werden kann, sind a posteriori erkannt, zum Unterschied von analytischen Urteilen, die a priori erkannt sind.

3. Kant glaubte indes, daß es gewisse synthetische Urteile gibt, die notwendig wahr sind und daher weder auf Beobachtung und Induktion aus Erfahrungen, noch auf eine rein logische Analyse der in ihnen enthaltenen Begriffe gegründet werden können. Es würde sich also um a priori erkannte synthetische Urteile handeln. Kant war der Meinung, daß mathematische Urteile, wie z. B. die Lehrsätze der Mathematik, und die Grundsätze einer „reinen Naturwissenschaft", wie z. B. der Satz „Jedes

Ereignis hat eine Ursache", synthetische Sätze sind, die a priori erkannt sind. Hume, so hören wir bei Kant (13. 52), betrachtete mathematische Urteile als analytisch, weil er einsah, daß sie a priori erkannt sind, und er glaubte, naturwissenschaftliche Grundsätze, wie das Kausalitätsprinzip, seien a posteriori erkannt, weil sie nicht analytisch sind. Eine Konsequenz dieser Auffassung ist, daß das Kausalitätsprinzip als ein bloßes Produkt der Gewöhnung betrachtet werden muß, das auf Induktion beruht und eben daher a posteriori erkannt ist. Dies führt sowohl in den Naturwissenschaften wie in der Metaphysik zum Skeptizismus; und Hume rettete sich nach Kants Auffassung vor dem allgemeinen Skeptizismus nur dadurch, daß er an der Apriorität der mathematischen Erkenntnisse festhielt, und dies war ihm nur dadurch möglich, daß er irrtümlich glaubte, die Sätze der Mathematik seien analytisch.

Es ist leicht genug, die Möglichkeit von Urteilen der ersten beiden Arten zu erklären. Frühere Philosophen hatten nicht einmal die Existenz von Urteilen der dritten Art bemerkt; in Kants Lehre sind sie hingegen auch für synthetische Urteile a posteriori von Bedeutung. Denn jedes auf Erfahrung gegründete Urteil, wie z. B. „Die Sonne wärmt den Stein", setzt ein synthetisches Urteil a priori über die Verknüpfung eines Ereignisses mit einem anderen Ereignis als seiner Ursache voraus. Das Problem der *Kritik der reinen Vernunft* lautet daher: Wie sind synthetische Urteile a priori möglich?

3. Die „Kopernikanische Wende"

Die Antwort ergibt sich aus Kants berühmter „Kopernikanischer Wende". In einem mit Recht berühmten Abschnitt des Vorworts zur zweiten Auflage der *Kritik der reinen Vernunft* vergleicht Kant seine neue Erkenntnistheorie mit dem Kopernikanischen System in der Astronomie. Die Vorgänger des Kopernikus hatten sich damit geplagt, die scheinbaren Bewegungen der Planeten unter der Voraussetzung zu erklären, daß sie sich alle um die Erde drehten. Ähnlich unmöglich war es in der Philosophie vor Kant zu erklären, wie eine Erkenntnis a priori von Dingen möglich sein könne, wenn man annimmt, daß Erkenntnis eine passive Angleichung an einen Gegenstand ist. Kant sagt: „Es ist hiermit ebenso, als mit den ersten Gedanken des Kopernikus bewandt, der, nachdem es mit der Erklärung der Himmelsbewegungen nicht gut fort wollte, wenn er annahm, das ganze Sternenheer drehe sich um den Zuschauer, versuchte, ob es nicht besser gelingen möchte, wenn er den Zuschauer sich drehen, und dagegen die Sterne in Ruhe ließ."[2] In einer vergleichbaren Situation tut Kant dasselbe. Wenn die phänomenalen Merkmale der Gegenstände, wie sie uns erscheinen, durch Begriffe, die lediglich die

Bedingungen ihrer Erkennbarkeit ausdrücken, erklärt werden, so läßt sich einsehen, wie die Erkenntnis dieser Merkmale a priori sein kann. Denn in diesem Falle sind sie wenigstens zum Teil durch Funktionen des Betrachters bedingt. In diesem Fall wird es natürlich nötig sein, eine klare Unterscheidung zwischen den phänomenalen und den realen Merkmalen der Gegenstände zu treffen, ebenso wie Kopernikus eine klare Unterscheidung zwischen den realen und den scheinbaren Planetenbewegungen machen mußte, nachdem er die Ptolemäische Epizyklentheorie zurückgewiesen hatte. Die Dinge mögen an sich selbst sein wie sie wollen; die Erkenntnisobjekte, als die sie uns erscheinen, müssen der Struktur und der synthetischen Tätigkeit des erkennenden Geistes entsprechen.

Die Erkenntnisvermögen des Bewußtseins, die die Erkenntnis von Erscheinungen ermöglichen, sind Sinnlichkeit (das Vermögen, Gegebenes zu „empfangen") und Verstand. Die Sinnlichkeit stellt das sinnlich wahrgenommene Material für die Begriffsbildung bereit, und sie ist es, durch die unsere Begriffe sich auf wirkliche Objekte beziehen können. Der Verstand verknüpft die Begriffe zu synthetischen Urteilen über Gegenstände. Die Formen a priori, denen alles sinnlich Gegebene entsprechen muß, sind Raum und Zeit. Alle Gegenstände möglicher Erkenntnis sind daher notwendig räumlich-zeitlich. Die Regeln a priori einer synthetischen Vereinigung von Begriffen zu Urteilen über Gegenstände findet Kant in zwölf Kategorien des Verstandes, die er von den Urteilsformen der formalen Logik ableitet.

Sowohl die Formen der Anschauung (Raum und Zeit) wie auch die Kategorien können „subjektiv" genannt werden, insofern sie Formen unserer Erfahrung und nicht metaphysische Realitäten oder Dinge an sich sind. Aber sie sind „objektiv" in dem Sinne, daß sie nicht individuelle, psychologische Eigentümlichkeiten dieses oder jenes Bewußtseins sind, sondern Regeln für die Herausbildung von Erfahrung, angefangen vom Empfang der sinnlichen Daten bis zur Herstellung einer Erkenntnis von intersubjektiven Gegenständen in Raum und Zeit, die für alle Beobachter dieselben sind. So sind sie die Grundlage jener Art von Objektivität, die wir der Erkenntnis zusprechen und die die Erkenntnis von Einbildung und Irrtum unterscheidet: Objektivität als Allgemeinheit und Notwendigkeit. Wir erhalten damit ein Modell, nach dem sich jedes erkennende Bewußtsein richten kann und das der Übereinstimmung zwischen verschiedenen Beobachtern über einen gemeinsamen Gegenstand zugrunde liegt.

Sowohl Sinnlichkeit oder Anschauung wie auch Verstand oder Begriffe sind für das Zustandekommen von Erkenntnis notwendig. Anschauungen ohne Begriffe sind blind, eine heillose Verwirrung. Begriffe ohne Anschauungen sind leer, ein unirdischer Tanz blutleerer Kategorien.

Daraus folgt, daß wir nur von der Erscheinungswelt Erkenntnis haben können; denn von Dingen, wie sie an sich sind, haben wir keine Anschauung. Da Anschauung für die Erkenntnis notwendig ist und sich nur auf

Dinge in Raum und Zeit erstreckt, ist das Metaphysische, verstanden als das, was jenseits des „Physischen" (der natürlichen Erkenntnis) liegt, für menschliche Erkenntnis unerreichbar.

So können wir feststellen, daß das, was objektive Naturerkenntnis möglich macht, die Anschauungsformen a priori, der angeblichen metaphysischen Erkenntnis fehlt und eben darum Metaphysik unmöglich macht. Hume verwarf die Metaphysik mit Recht, aber aus falschen Gründen. Denn seine Gründe hinderten ihn dann, in der wissenschaftlichen Erkenntnis notwendige Urteile zuzulassen. Durch seine Lehre von den Anschauungsformen a priori rettete Kant die wissenschaftliche Erkenntnis vor Humes Skeptizismus; zugleich wurde die traditionelle Metaphysik ihrer Grundlagen beraubt.

Unsere Erkenntnis der Natur ist wirkliche Erkenntnis, kein subjektives Surrogat für Erkenntnis, auch wenn unsere Erkenntnisobjekte nicht Dinge an sich sind. Die Erscheinungen, die wir durch unsere Anschauung erkennen, und die Begriffe, die wir von ihrer Verknüpfung gemäß den Kategorien synthetisch bilden, sind nicht lediglich Vorstellungen in unserem Bewußtsein. Sie sind ein System von Erscheinungen unter Gesetzen, und dieses System ist identisch mit dem, was wir unter „Natur" verstehen. Diese systematische Organisation der Erfahrung ist nichts anderes als das, was ein Wissenschaftler meint, wenn er von „Natur" spricht. Es ist nicht etwas, das in meinem Kopf ist, verschieden von dem, was in deinem Kopf ist; es ist Stock und Stein, Wachs, Kohlkopf und König, Stern und Atom, Sternnebel, die unsichtbar bleiben, bis wir ein weiter reichendes Teleskop zur Verfügung haben. Die „Metaphysik der Natur", von der Kant oft gesprochen hat, ist die systematische Entwicklung und Exposition aller Prinzipien a priori, die in unserer Naturerkenntnis involviert sind; sie sind unabhängig von den speziellen Entdeckungen, die wir über das machen, was in der Natur ist.

4. Theoretische und spekulative Vernunft

Zur Erkenntnis brauchen wir außer Sinnlichkeit und Verstand Vernunft. Vernunft ist die Fähigkeit systematischen Denkens, die Fähigkeit, ein Warum zu allem Darum zu besorgen. Im systematischen Denken der Vernunfterkenntnis streben wir von einer partiellen Erkenntnis zu einer Erkenntnis des Ganzen. Die Natur erfaßt eine Reihe von Erscheinungen in Raum und Zeit, und diese Reihe kann und muß ins Unendliche fortgehen. Denn jedes Phänomen hat vor, hinter und neben sich ein anderes Phänomen; diese zusammen bestimmen seine räumlich-zeitliche Lage und seinen empirischen Charakter. Jede Ursache ist zugleich auch Wirkung, jedes Gesetz scheint ein Spezialfall eines allgemeineren Gesetzes zu sein. Dieser Aspekt unserer Erfahrung ist es, den zu bearbeiten Aufgabe der Vernunft ist.

Theoretische Vernunft, wie wir sie in den Wissenschaften am Werk sehen, ist der Versuch, unsere Erkenntnis zu einem streng logisch aufgebauten System zu organisieren, das mit möglichst geringen Erkenntnismitteln möglichst umfassende Erklärungen der Phänomene liefert. Die erfolgreichste wissenschaftliche Theorie ist diejenige, die die meisten Tatsachen mit den wenigsten theoretischen Annahmen erklärt. Unsere Wissenschaften von der Natur enthalten stets Annahmen; die fundamentalen Sätze sind nur fundamental, weil wir sie noch nicht erklären können. Für die Fragen, die wir an die Natur stellen, kann in der Natur keine endgültige Antwort gefunden werden. Die Naturwissenschaft schiebt den Zeitpunkt immer weiter hinaus, wo wir feststellen müssen: „So sind die Dinge; sie hätten anders sein können; wir wissen nicht, warum sie es nicht sind."

Wenn wir unser Verlangen nach endgültigen Antworten befriedigen wollen, so müssen wir die Grenzen, die aller Naturerkenntnis gesetzt sind, überschreiten. Dies war seit jeher die Überzeugung der Philosophen, die sich auf das Unternehmen einer spekulativen Metaphysik eingelassen haben. Um die theoretische Arbeit abzuschließen, muß die theoretische Vernunft zur spekulativen Vernunft werden. Sie muß die Physik verlassen und versuchen, eine Antwort von der Metaphysik her zu erhalten. Metaphysik ist das Produkt der spekulativen Vernunft, und sie besteht in einer angeblichen Erkenntnis von Dingen, wie sie an sich sind, die erklären soll, warum die Dinge uns so und nicht anders erscheinen.

Indem die spekulative Vernunft über die Erscheinungen hinausgeht, muß sie die Verbindungsschnur durchschneiden, die unsere Erkenntnis an der Erfahrungswelt fest macht. Aber da auch spekulative Vernunft eine Denktätigkeit ist, muß sie immer noch die Kategorien unseres Denkens benutzen. Das Ergebnis ist folglich ein leeres Denken, das nicht mehr in der Lage ist, die Dinge durch Wahrnehmungen zu erreichen. Dieses Denken ist also keine Erkenntnis, denn eine Kategorie kann definitiv auf einen Gegenstand nur angewandt werden durch sinnliche Vorstellungen. Während uns also die Kategorien zwar erlauben, sinnliche Gegenstände zu denken, erlauben sie uns nicht, sie zu erkennen.

Gleichwohl ist dieses Denken kein müßiges Phantasieren. Die Kategorien selbst und das Verlangen nach systematischer Einheit bestimmen, welche Begriffe von Gegenständen gebraucht werden müssen, wenn wir unsere Suche nach letzten Prinzipien, die alles erklären sollen, fortsetzen und zu einem befriedigenden Abschluß bringen wollen. Es ist uns nicht eigentlich erlaubt, Ideen wie „die Seele", „Gott" und „die Welt als Ganzes" zur Erklärung unserer Erfahrung zu benutzen. Wir können nicht umhin, dies zu tun, wenn wir die Prinzipien, durch die unsere Erfahrung zustande kommt, auf ein übersinnliches Reich ausdehnen. Befreit von ihrer Verankerung in der Erfahrung werden die Kategorien zu Vernunftideen.

Ideen sind Begriffe, denen kein sinnlich gegebenes Objekt je vollkommen entsprechen kann. Gleichwohl sind sie nicht nutzlos. Sie regeln die methodische Suche nach dem Ganzen. Aber wenn man irrtümlich glaubt, daß die Ideen sich auf die Dinge, wie sie wirklich sind, beziehen, in derselben Weise wie die Kategorien sich auf sinnlich gegebene Gegenstände beziehen, so entstehen verschiedene Arten des Scheins, die aufzudecken Aufgabe der Kritik ist.

Die *Kritik der reinen Vernunft* ist daher Kritik im negativen Sinne; sie weist die „Anmaßungen" der traditionellen Metaphysik zurück, die beansprucht hatte, Erkenntnis von Gegenständen jenseits des Bereichs wissenschaftlicher Erkenntnis zu besitzen. Die spekulative Metaphysik ist kein legitimer Zweig unserer Erkenntnis; die einzige Metaphysik, die möglich ist, wäre eine „immanente Metaphysik", d. h. die systematische Exposition der Grundsätze a priori unserer Erfahrung und der regulativen Ideen.

5. Die dritte Antinomie[3]

Kant begnügte sich nicht damit, zu „beweisen", daß eine Erkenntnis der übersinnlichen Welt unmöglich ist, indem er zeigte, daß eine der Bedingungen, ohne die nach seiner Auffassung Erkenntnis nicht zustande kommen kann, nämlich Sinnlichkeit, ihr fehlt. Ein solches Argument wäre eine *petitio principii* gewesen. Denn kein Rationalist, der die Sinnlichkeit nur für die niedrigste Form der Erkenntnis, nicht für eine notwendige Bedingung aller Erkenntnis hielt, hätte sich durch dieses Argument überzeugen lassen. Kant versuchte direkt zu beweisen, daß solche Erkenntnis tatsächlich unmöglich war, indem er die Fehler aufdeckte, die in allen angeblichen Gottesbeweisen oder Beweisen für die Existenz und Unsterblichkeit der Seele enthalten sind. Dramatischer in der Anlage seines Widerlegungsversuchs war seine „Antinomienlehre". Der Versuch nachzuweisen, daß spekulatives Denken zu Antinomien führt, indem sich für jedes synthetische Urteil a priori, das die spekulative Vernunft formuliert, ein ebenso gutes und zwingendes Argument anführen läßt, das sein kontradiktorisches Gegenteil beweist. Aus Gründen, die sich noch zeigen werden, nannte Kant die Antinomie die „glücklichste Verlegenheit", in die reine Vernunft geraten konnte (107).

Eine Antinomie ist ein Paar kontradiktorischer Urteile, von denen jedes gültig bewiesen wird und jedes ein unausweichliches Interesse der Vernunft ausdrückt. In der ersten *Kritik* finden sich vier Antinomien. Uns soll hier nur die dritte, die Antinomie von Freiheit und Naturnotwendigkeit beschäftigen.

Die Antinomien begrenzen die theoretische Vernunft streng auf die Welt von Raum und Zeit. Alle spekulativen Flüge über die Ergebnisse der Wissenschaften hinweg und alle Versuche, wissenschaftliche Hypothesen bei Spekulationen über einen Bereich jenseits der Grenzen sinnlicher Wahrnehmung zu benutzen, verurteilen sie zum Scheitern. Die Auflösung dieser Antinomien verweist indes auf einen davon gänzlich verschiedenen Gebrauch der Vernunft. Das Auftreten von Antinomien und ihre Lösung zeigen, daß der Anwendungsbereich und die Kompetenz der Vernunft als eines Vermögens nicht ausschließlich auf die Erkenntnis beschränkt sind.[4]

Bei der dritten Antinomie ist dies sehr deutlich. Sie entsteht aus einem Konflikt in der Anwendung des Kausalitätsprinzips: Wenn jedes einzelne Ereignis eine Ursache haben muß, dann steht alle Kausalverknüpfung unter den zeitlichen Bedingungen der Naturgesetze; aber wenn alle Ereignisse eine Ursache haben, so muß es eine Ursache geben, die selbst kein zeitliches Ereignis unter Naturgesetzen ist. Jeder dieser beiden Sätze ist unentbehrlich, wenn das Kausalitätsprinzip absolute Notwendigkeit haben soll; aber beide, so scheint es, können nicht wahr sein.

Die Auflösung der Antinomie ist folgende: Die These (die Behauptung, es gäbe Ursachen, die nicht den Naturgesetzen unterstehen) und die Antithese (die Behauptung, alle Kausalverknüpfung unterliege den Naturgesetzen, mögen diese auch noch nicht erkannt sein) können beide wahr sein, wenn sie sich auf verschiedene Anwendungsbereiche beziehen.[5]

Der Anwendungsbereich von These und Antithese wird durch die Art der Argumente definiert, durch die sie bewiesen werden sollen. Die These und die Antithese können daher jenseits des Bereichs, auf den sich ihre jeweiligen Beweise erstrecken, nicht gültig angewandt werden. Der Beweis der These stützt sich auf das Interesse der Vernunft, einen zureichenden Grund für jedes einzelne Phänomen anzugeben. Der zureichende Grund kann nicht unter den Phänomenen selbst gefunden werden, weil jede phänomenale Ursache selbst die Wirkung früherer Ursachen ist und daher, für sich betrachtet, nicht als hinreichende Erklärung der von ihr abhängenden Phänomene betrachtet werden kann. Der Beweis der Antithese beruht auf dem Anspruch des Verstandes, das Kausalgesetz auf alle Glieder einer Reihe von Ereignissen in Raum und Zeit anzuwenden. Das Argument beweist also, daß die Annahme einer freien Ursache (d. h. einer Ursache, die selbst nicht eine Wirkung ist) im Bereich der Erscheinungen die Herrschaft des Kausalitätsgesetzes brechen würde, das wir für unseren Begriff der Natur brauchen. Das Gegenargument beweist andererseits, daß wir ohne die Annahme einer freien Ursache nicht eine erste Ursache annehmen können, daß wir folglich keine *vollständige* Kausalerklärung von irgendetwas geben können, wie weit wir auch unseren Erkenntnisfortschritt noch treiben mögen.

Die Auflösung der dritten Antinomie liegt in dem Nachweis, daß die These auf das Verhältnis von Dingen an sich (noumena) und Erscheinungen (phaenomena) angewandt werden kann, und daß der Anwendungsbereich der Antithese auf die Verhältnisse unter Erscheinungen beschränkt ist. Die beiden Beweise berechtigen lediglich dazu, These und Antithese auf diese beiden getrennten Bereiche anzuwenden. Ihre Auflösung beruht mithin auf der Unterscheidung zwischen einer Welt der Erscheinungen und einer „intelligiblen" Welt. *Dieser Dualismus ist eine notwendige Voraussetzung von Kants ethischer Theorie; er ist das wichtigste Ergebnis seiner Kritik der spekulativen Metaphysik.*

Die wissenschaftliche Erkenntnis wird durch diesen Dualismus in zweierlei Hinsicht beschränkt. Es ist eine Grenze gezogen, über die hinaus wissenschaftliche Erkenntnis sich nicht wagen darf, und es ist die Möglichkeit eröffnet, daß das Naturgesetz nicht die einzige Form von Kausalität ist. Jenseits des Feldes der Wissenschaft kann es einen anderen Gebrauch der Vernunft geben. Kant sagt: „Ich mußte also das Wissen aufheben, um zum Glauben Platz zu bekommen".[6] Hätte Kant der Erkenntnis nicht diese Grenzen gesetzt – mit klaren erkenntnistheoretischen Gründen, nicht etwa aufgrund menschlicher Wünsche oder gar aus Obskurantismus –, so wären wir gezwungen gewesen, anstelle der Erkenntnis die Moralität aufzugeben.

6. Der Übergang vom problematischen zum assertorischen Urteil der Freiheit[7]

Es ist zu beachten, daß die Auflösung der dritten Antinomie lediglich die *Möglichkeit* einer anderen Art von Kausalität mit einem eigenen Gesetz sichergestellt hat. Die *Kritik der reinen Vernunft* sagt, von gelegentlichen Bemerkungen abgesehen, nichts zum Beweis der These, daß Freiheit als eine Art von Kausalität *wirklich* ist, oder daß es ein Gesetz a priori für eine solche Kausalität gibt. Gewiß, wenn es kein solches Kausalitätsgesetz gibt, so ist der Versuch der theoretischen Vernunft, ein grundsätzlich abgeschlossenes System von Ursachen zu errichten, fehlgeschlagen. Zu ihrem Abschluß braucht auch die Bemühung der theoretischen Vernunft selbst einen solchen Begriff. Aber sie kann ihn nicht aufstellen und verteidigen. Ohne eine solche Lehre ist sogar die Existenz einer theoretischen Vernunft in Frage gestellt, und dieser Mangel kann sie „in einen Abgrund des Skepticisms" stürzen (3).

Abgesichert kann ein solcher Begriff nur werden durch den Nachweis, daß allein dieser Begriff für ein Gebiet unserer Erfahrung leisten kann, was das Kausalitätsprinzip für die Naturwissenschaft leistet. Es müßte sich also durch Analyse zeigen lassen, daß es einen Bereich der Erfahrung gibt, der zu der Annahme eines synthetischen Urteils a priori nötigt und zwar so, daß dieses synthetische Urteil a priori nur möglich ist, wenn nicht nur die Möglichkeit freier Ursachen bewiesen ist – dies geschieht in der *Kritik der reinen Vernunft* –, sondern auch ihre Wirklichkeit feststeht. Die *Grundlegung zur Metaphysik der Sitten* und die *Kritik der praktischen Vernunft* zeigen, daß das moralische Gesetz den Begriff einer unbedingten Notwendigkeit enthält. Das Sittengesetz ist ein praktisch-synthetischer Satz a priori; die Möglichkeit eines solchen Satzes wird in diesen beiden Schriften bewiesen. Er ist möglich genau dann, wenn der Wille eine freie Ursache ist. „Freiheit ist wirklich, denn die Idee der Freiheit wird uns durch das Sittengesetz erschlossen." Das Sittengesetz ist die *ratio cognoscendi* der Freiheit, und Freiheit ist die *ratio essendi* des Sittengesetzes (4 Anm.).

Gleichwohl gelangen wir auf diese Weise zu keiner Erkenntnis der Freiheit. Eine Kategorie (die Kategorie der Kausalität) wird auf einen übersinnlichen Gegenstand (uns selbst als noumena) angewandt. Wir *denken* uns als frei, obwohl wir in anderem Zusammenhang (in der Naturerkenntnis) *wissen*, daß wir als Erscheinungen unter dem Gesetz der Natur stehen. Der Widerspruch zwischen dem, was wir denken müssen, und dem, was wir wissen, wird ebenso aufgelöst wie die dritte Antinomie: Wir unterscheiden das, was wir *an sich* sind, von uns selbst, wie wir uns erscheinen. So gelangen wir zwar nicht zu einer Erkenntnis. (Dies war durch die *Kritik der reinen Vernunft* ausgeschlossen worden.) Aber wenn wir auf diese Weise die Bedeutung der praktischen Vernunft richtig verstehen,[8] so verwickeln wir uns auch nicht in Widersprüche.

In der Dialektik der *Kritik der reinen Vernunft* hatte Kant, ich erwähnte dies schon, zwei weitere Ideen erörtert: die Idee der Seele als Substanz und unsterbliches Wesen und die Idee Gottes als eines vollkommenen Wesens. Kant hatte die Beweise, die für die Unsterblichkeit der Seele und die Existenz Gottes angeführt werden können, zurückgewiesen, – nicht um das Gegenteil zu beweisen, sondern um zu beweisen, daß ein theoretischer Beweis dieser Ideen unmöglich ist. Jede dieser beiden Ideen ist ein notwendiger Gegenstand des Denkens, der als regulatives Prinzip unser Streben nach Abgeschlossenheit unserer theoretischen Erkenntnis leitet. Aber weder die eine noch die andere ist ein Gegenstand unserer Erkenntnis.

Die *Kritik der praktischen Vernunft* verwandelt die problematischen Urteile der *Kritik der reinen Vernunft* („Die Seele kann, soweit unsere Erkenntnis reicht, unsterblich sein", "Es ist möglich, daß es einen Gott gibt") in assertorische Urteile. Sie waren „bloße Ideen, die sich an den Begriff der Freiheit anschließen und bekommen mit ihm und durch ihn Bestand und objektive Realität" (4). Dies geschieht dadurch, daß sie als notwendige Bedingungen eines notwendigen Gegenstandes nachgewiesen werden, der möglich sein muß, wenn das moralische Gesetz nicht leer und illusorisch sein soll: des Summum bonum (4).

Gleichwohl drücken diese assertorischen Urteile, in denen wir die Kategorien jenseits der Grenzen der Erfahrung anwenden, keine Erkenntnisse aus. Sie fügen zu unseren Erkenntnissen nichts hinzu. Sie sind Postulate eines praktischen Vernunftglaubens und als solche notwendig, weil ohne sie unsere moralische Erfahrung nicht voll verbindlich gemacht werden könnte. Aber sie enthalten auch nichts, was auf dem subjektiven Willen zu glauben oder auf einem emotionalen Bedürfnis beruht[9]. Sie sind rational aber nicht kognitiv.

III DENKEN, HANDELN UND PRAKTISCHE VERNUNFT

1. Zwei Aspekte des Verhaltens

Daß Denken und Handeln – „Theorie" und „Praxis" – in Kants Philosophie innig miteinander verbunden sind, sieht man bereits im Titel des Buches. „Praktische Vernunft" ist jetzt kein weithin gebrauchter Ausdruck; er enthält Nebenbedeutungen, die von manchen neueren Autoren auf dem Gebiet der Moralphilosophie eher als störend empfunden werden. Gleichwohl ist das, was dieser Terminus in Kants Philosophie repräsentiert, ein wichtiges und unübersehbares Element menschlichen Handelns. Dies werde ich zu beschreiben versuchen, indem ich zunächst Kants etwas verwirrende Terminologie aus dem Spiel lasse. So wird sich zeigen, daß viele Merkmale in Kants Auffassung des Denkens und Handelns sich nicht merklich von der des berühmten Mannes auf der Straße unterscheiden, vorausgesetzt, diese exemplarische Figur ist nicht gänzlich ohne Selbstverständnis und versteht ein wenig von Psychologie.

Menschliches Verhalten hat, wie ein Januskopf, für uns Menschen zwei gänzlich verschiedene Gesichter. Es erscheint der Person, die handelt, niemals genauso, wie es einer anderen Person erscheint, die dieses Handeln beobachtet. Wir können die Handlungen eines Menschen, wie ein Psychologe, als eine Reihe von Ereignissen betrachten, deren Verknüpfung höchst komplexe deskriptive Gesetze darstellt. Unter der Voraussetzung, daß die Gesamtheit der konstitutionellen und sozialen Bedingungen gegeben ist, wäre ein Psychologe in der Lage, das Verhalten eines Menschen vorauszusagen. Der Standpunkt des Psychologen, der auf dem Boden dieser Annahme bestimmte Voraussagen zu machen versucht, ist der Standpunkt des Zuschauers oder Beobachters. Er versucht, Verhalten zu verstehen und vorauszusagen, aber er nimmt nicht aktiv daran teil. Zugegeben, daß die erforderlichen Gesetze noch nicht voll bekannt sind, daß sie nie vollständig erkannt werden können, daß die bisher bekannten Gesetze, verglichen mit denjenigen der Wissenschaften von der unbelebten Natur, nur geringe statistische Gültigkeit besitzen, zugegeben schließlich, daß selbst für die am besten erhärteten psychologischen Gesetze die empirischen Daten, die für ihre Anwendung auf einen individuellen Fall erforderlich sind, gewöhnlich zu dem Zeitpunkt, wo sie am meisten benötigt werden, fehlen: trotz allem und grundsätzlich würden die meisten Psychologen mit Kant übereinstimmen in der Annahme, daß menschliches Verhalten mit derselben Sicherheit voraussagbar ist wie eine Sonnen- oder Mondfinsternis (99)[1].

Welchen Inhalt diese notwendigen Gesetze haben würden, ob sie den

Gesetzen der Physik oder der Physiologie oder der Volkswirtschaftslehre ähnlich sein würden, dies bestimmt sich nach dem Erfolg, mit dem ein Versuch, solche Gesetze zu formulieren, belohnt wird. Aber *daß* es solche Gesetze gibt, ist eine notwendige Voraussetzung einer Psychologie oder Anthropologie, die den Anspruch auf Wissenschaftlichkeit erhebt.

Der andere Aspekt menschlichen Verhaltens wird nur von der Person, die in die Handlung verwickelt ist, wahrgenommen. Alle Tatsachen, die von dem einen Standpunkt wahrgenommen werden, mögen auch in dem anderen benötigt und in ihm gegenwärtig sein; aber die ganze Szenerie ist verschieden. Bei dieser zweiten Möglichkeit, Verhalten zu betrachten und zu verstehen, hat man es mit seinem eigenen Verhalten als Handelndem zu tun. Aber der Handelnde spielt hier nicht eine feststehende, dem außenstehenden Beobachter wohlbekannte Rolle im menschlichen Drama durch. Menschen sind Schauspieler, die nicht ganz genau wissen, was ihr Publikum von ihnen erwartet. Welche Meinung dieser Schauspieler sich über sein Handeln bildet, dies ist selbst eine der bestimmenden Ursachen der Art von Handlung, auf die er sich einläßt. Solange seine Meinungsbildung nicht abgeschlossen ist, weiß er noch nicht, was seine Handlung sein wird. Es mag wahr sein, daß der Zuschauer, ein preffessioneller Psychologe oder ein weiser Menschenkenner, imstande ist, die Wirkung der Beschäftigung dieses eigenartigen Schauspielers mit seinem eigenen Handeln und das daraus resultierende Handeln genau vorauszusagen. Aber diese Art von Ursache-Wirkung-Beziehung ist dem Handelnden selbst nicht bekannt. Das Ausdenken der Handlung ist eine der Ursachen seiner Handlung; aber solange dieser Prozeß noch andauert und die Entscheidung, in die er ausläuft, noch nicht erreicht ist, solange kann der Handelnde die besondere Richtung, in die ihn seine Überlegung führen wird, noch nicht kennen. Für den Handelnden ist die Überlegung nicht so sehr Ursache einer besonderen Handlung und durch Kausalgesetze auf diese bezogen, als vielmehr ein Suchen nach einem Grund, der ihn eine bestimmte Handlung zu wählen veranlaßt. Die Handlung ist das Produkt einer Wahl oder einer Entscheidung, die gerade in diesem Prozeß des Überlegens erreicht wird. Daß diese Überlegung zu einem großen Teil nur eine Rationalisierung ist, dies mag der Beobachter mit Recht geltend machen und selbst der Handelnde ahnen. Nachdem er sich entschieden hat, mag man Gesetze anführen, die zeigen, daß jene Handlung, die der Handelnde tatsächlich ausführte, zu erwarten war. Ein behavioristischer Verhaltensforscher könnte sich weigern, die Gedanken und inneren Kämpfe des Handelnden ernsthaft in Betracht zu ziehen. Der Handelnde selbst kann mehr und mehr sich selbst und die Einfälle und Wendungen seines Bewußtseins durchschauen lernen, selbst jene Kausalgesetze zur Erklärung seines Verhaltens beibringen und entdecken, daß seine Handlung genau zu einem der Verhaltensmuster paßt, die auf menschliches Verhalten allgemein anwendbar sind.

Selbst vor dem Eintreten einer Handlung kann ein Psychologe imstande sein vorauszusagen, daß dieser bestimmte Prozentsatz von

Menschen ähnlicher Herkunft in einer ähnlichen Situation ihre Handlung auf den nächsten Tag verschieben wird, daß diese Individuen angeben werden, sie möchten ihre Entscheidung noch eine Weile überdenken, und daß ein bestimmter Prozentsatz von ihnen dann sich in einer bestimmten Weise verhalten wird. Eine bestimmte Anzahl von Menschen wird zu entscheiden versuchen, ob sie zu rauchen fortfahren sollten, wenn ihr Arzt ihnen davon abgeraten hat, und diese Individuen werden in langen Überlegungen Entscheidungen anstreben, deren Ausgang sie noch nicht wissen. Aber ein Psychologe könnte, lediglich mit Statistiken über vergangene Fälle ausgerüstet, vielleicht voraussagen: „Unabhängig davon, was in ihnen vorgeht, werden x Prozent zu rauchen fortfahren und Argument A als einen guten Grund für ihr Verhalten angeben."

Eine solche Erkenntnis mag uns erschrecken, aber selbst wenn wir annehmen, sie stünde einem Psychologen zur Verfügung und dieser teilte sie einem Handelnden mit, so würde diese Erkenntnis doch keineswegs als eine hinreichende Bedingung für diese oder für jene Entscheidung des Handelnden gelten können. *Er* weiß ja nicht, ob er zu dieser Gruppe gehören wird, die sich voraussichtlich in dieser Weise verhalten wird, oder ob er zu einer anderen Gruppe gehören wird. Um dies zu tun, bleibt ihm nichts übrig, als zu überlegen und seine Entscheidung zu treffen, und diese Entscheidung wäre grundsätzlich von einem Beobachter voraussagbar. Der Handelnde mag die Statistik kennen und die vielen Vorwände und Rationalisierungen durchschauen, die er sich gestattet. Aber er muß *entscheiden* und nicht lediglich wissen, ob er sich von dieser Erkenntnis leiten lassen wird, die ihm eine Rationalisierung seines Verhaltens nahelegt, oder ob er das Gegenteil tun wird, gerade weil er die Rationalisierung als das erkannt hat, was sie ist. Wenn es sich hier lediglich um einen Akt der Erkenntnis handelte, so daß er sein Verhalten mit derselben Sicherheit wie der vollkommene Psychologe voraussagen könnte, so würde die Erfahrung des Überlegens, Erwägens und Entscheidens nicht eigentlich illusorisch sein — so mag sie dem Betrachter erscheinen —; es würde diese Erfahrung gar nicht erst geben.

Mit einem Wort: Vom Standpunkt des Handelnden, der sich entscheidet, gibt es die Erfahrung, daß eine Überlegung stattfindet, daß unser Nachdenken nicht wirkungslos ist, daß man frei und nicht völlig durch Ursachen jenseits unserer Kontrolle determiniert ist. Vom Standpunkt des Beobachters kann dies eine Illusion sein: „Du glaubst zu schieben und du wirst geschoben," wie schon Mephistopheles sagt.[2]

Kants Theorie, daß menschliche Handlungen sowohl frei wie auch voraussagbar sind, ist — abgesehen von ihrer metaphysischen Erklärung — eine Beschreibung des Unterschieds zwischen den zwei Standpunkten und den Annahmen, die jeden von ihnen definieren. Wenn Kant vermeiden möchte, Freiheit in ihrem theoretischen Aspekt zu „beweisen", so macht er sich direkt die verschiedenen Annahmen, die für die Haltung eines Handelnden notwendig sind, zunutze: „... ein jedes Wesen, das nicht anders als unter der Idee der Freiheit handeln kann, ist eben darum in praktischer Rücksicht wirklich frei, d. i. es gelten für dasselbe alle Gesetze, die mit der Freiheit unzertrennlich verbunden sind"[3] (wir alle sind solche Wesen, wenn wir wählen und uns entscheiden). Allgemeiner und ohne Beschränkung auf Kants Problem kann man sagen, daß jene Erwägungen, ohne die eine Person nicht vorsätzlich handeln kann, in eine vollständige Darstellung seines Verhaltens aufgenommen werden müssen. Um vorsätzlich zu handeln, braucht eine Person nicht zu zeigen, daß diese Erwägungen wirklich psychologische Ursachen sind, die sein Verhalten bestimmen. Sie braucht nicht einmal im vorhinein zu wissen, ob sie tatsächlich in der Lage sein wird, ihre einmal getroffene Entscheidung auszuführen (15). All dies geht nur den Betrachter an, und wenn das Wissen des Betrachters dem Handelnden zugänglich gemacht wird, so ist dieses neue Wissen im Entscheidungsprozeß nur ein Faktor mehr, der in Betracht gezogen werden muß. Was den Handelnden angeht, ist dies: Sind die Gründe, die ich für meine Wahl habe, gute Gründe? Sein Problem ist nicht: Was veranlaßt mich, mich für x oder für y zu entscheiden? Reichen die Ursachen, die mich veranlassen, mich für x zu *entscheiden*, dazu aus, daß ich tatsächlich x tue? Die Entscheidung darüber, ob es vernünftig ist, x zu tun, ist völlig verschieden von der kognitiven oder theoretischen Entscheidung, daß es Ursachen gibt, die die Voraussage gestatten, daß x geschehen wird oder daß ein Handelnder sich entscheiden wird, x zu tun. Die kognitive Voraussage ist Sache eines Betrachters, die praktische Entscheidung ist Sache eines Handelnden.

Wenn wir vorsätzlich handeln, bewerten wir stets die Vernünftigkeit von Gründen. Die psychologischen Ursachen, warum diese Gründe von uns in Betracht gezogen werden und warum wir ihnen jenes besondere Gewicht zubilligen, das wir ihnen geben, sind für unser Wissen etwas sehr Wichtiges. Selbsterkenntnis besteht in diesem Wissen. Es kann unseren Dogmatismus mäßigen und uns davor bewahren, daß er in Fanatismus umschlägt. Aber für den Umgang mit den Gründen unseres Handelns, in der Mathematik ebenso wie in der Ethik, ist nicht erforderlich, daß wir die psychologischen Tatsachen kennen, die unsere Kenntnis dieser Gründe bedingen, und die Wirksamkeit abschätzen können, mit der sie unser Verhalten leiten. Es sind die Grundsätze selbst, nicht die psychologischen Ursachen für unsere Annahme dieser Grundsätze, die wir Menschen bei den Akten des Überlegens nahezu unverrückt im Blick haben. Die Haltung des Betrachters ist im Vergleich dazu künstlich, schwer einzuhalten, kalt und gleichgültig gegenüber den Fragen, vor denen wir in Perioden qualvoller Unentschlossenheit und noch qualvollerer Entscheidung stehen.

2. Konative und kognitive Elemente des Handelns

Der Handelnde kann in einer Situation, die eine Entscheidung verlangt, zwei verschiedene, aber miteinander verbundene Faktoren in sich selbst unterscheiden. Der erste möge „Impuls" genannt werden. Wir finden in unserem Handeln einen dynamischen, bewegenden Faktor vor, einen Mangel, ein Bedürfnis, ein Verlangen oder einen Wunsch. Vermutlich sind sich auch Tiere dieses Impulses bewußt; sicherlich fühlen sich Menschen durch das Gefühl eines Mangels, durch Bedürfnisse, Verlangen oder Leidenschaften in dieser Weise getrieben oder gezogen.

Ebenso gewiß ist, daß ein Mensch im vollen Besitze seiner Kräfte nicht die Erfahrung macht, daß diese Strebungen von allen seinen Kräften Besitz ergriffen haben und automatisch zu der Handlung führen, die das Bedürfnis zu verlangen scheint. Die Handlung wird aufgeschoben; man kann sich ein Bedürfnis versagen. Natürlich kann bisweilen ein Reflex oder eine unkontrollierbare Gewalt, die aus einem unüberwindlichen Bedürfnis entspringt, ihn gleichsam ergreifen und ihm eine Handlung aufzwingen oder abnötigen, gegen die alle Gedanken an Besonnenheit und Klugheit machtlos sind. Wenn dies eintritt, ist eine Person nicht länger ein handelndes Wesen; nicht einmal sie selbst meint noch ihre Handlungen zu kontrollieren, und sie hält sich nicht mehr für ihre Taten verantwortlich. Die Person ist nur noch gleichsam Zuschauer eines Akteurs in einem Drama (die Tragödie besteht darin, daß Zuschauer und Akteur identisch sind), und dieser Akteur wird von Kräften, die er entweder nicht kennt oder nicht kontrollieren kann, ohne wirksame Überlegung, Wahl, bewußten Vorsatz, Entscheidung oder Verantwortlichkeit fortgerissen.

Glücklicherweise ist indes die normale Situation die, daß unser Verhalten nicht automatisch vom Impuls gesteuert wird, sondern daß der Impuls gemäßigt, gelenkt, korrigiert und manchmal vereitelt wird, dadurch daß wir uns der Bedeutung des Impulses, der uns zum Handeln treibt, bewußt werden. Vielleicht ist „Bedeutung" für dieses Phänomen kein vollkommen passendes Wort. Man mag auch seine eigenen Ansichten darüber haben, woher das Phänomen selbst kommt (vom Ego oder vom Superego, von einem allumfassenden Gefühl, von den Stirnlappen, von einem Lebensplan, den unsere Vernunft entworfen hat). Das Phänomen gleichwohl ist unbestreitbar, selbst wenn das Stellungnehmen, das zum Phänomenbestand gehört, selbst nichts als ein notwendiger Teil unserer seelischen Ausrüstung darstellt.[4] Ein Zyniker, der dem Menschen den Ehrentitel eines Homo sapiens glaubt absprechen zu müssen, mag dieses Stellungnehmen verhöhnen; aber dieser sogenannte Homo sapiens ist sich dessen klar, lebhaft und oft qualvoll bewußt.

Wenn ich sage, daß die Bedeutung eines Impulses ein Faktor in unserem Verhalten ist, so beziehe ich mich dabei auf zwei eng zusammenhängende Tatsachen. Eine Person betrachtet, erstens, den dynamischen Faktor, der sie zieht oder treibt, als eine bestimmte *Art* von Trieb. Es handelt sich nicht einfach um eine vage und gestaltlose Unruhe, die nichts auslöst, was den Ausdruck „Handlung" verdient. Und eine Person hat, zweitens, eine Vorstellung von der *Art* der Antwort, die diesem Trieb angemessen ist. Wenn ich z. B. die Empfindung eines vagen Unbehagens habe, das ich leicht als Durst erkennen und einordnen kann, so gelange ich auch bald zu der Vorstellung – sie mag vielleicht an den Rändern verschwommen sein, aber sie besitzt doch einen Kern von Klarheit –, welche Arten von Handlung dieses Bedürfnis stillen und dieses Unbehagen beenden könnten: Wasser oder Bier wäre z. B. geeignet, Wein vielleicht, Milch oder Kaffee eigentlich nicht. Im Laufe unserer Erfahrung stellt sich nicht nur eine Verbindung zwischen dem inneren Antrieb und unseren Antworten darauf her, indem wir durch Versuch und Irrtum unsere Antwort jenem Bedürfnis anzupassen suchen, sondern Antrieb und Antwort erhalten überdies eine allgemeinere Form. Diese Verallgemeinerung ist der wesentliche Schritt im Prozeß des Lernens. Assoziation und Generalisierung kommen schon bei Tieren vor, und sie ereignen sich bei uns Menschen unterhalb der Bewußtseinsschwelle. Aber wenn eine Situation kompliziert und in hohem Maße neu und problematisch ist, so müssen wir eine bewußte Anstrengung unternehmen, um den Reiz und die möglichen Antworten auszumachen, die Grenzen der beiden Generalisierungen zu bestimmen und das Tatsachenwissen zusammenzubringen, das es uns gestattet, die wirksamste Art von Antworten mit jener Art von Bedürfnissen zu assoziieren. In diesem Prozeß muß das impulsive Element zurückgehalten werden, während die kognitive Erkundung weitergeht und sich vielleicht sogar in probierenden Handlungen äußert. All dies sei mitverstanden, wenn ich davon rede, ein intelligentes Lebewesen sei in der Lage, im Hinblick auf die Bedeutungen seiner Bedürfnisse zu unterscheiden, Begriffe zu bilden und zu handeln. Diese Bedeutungen erscheinen in seinem Verhalten als Gewohnheiten, in seinen Handlungen als Regeln.

Der Betrachter muß all dies in Betracht ziehen. (Der vorige Absatz war ein typischer „Betrachter-Text".) Er kennt die Gewohnheit oder Disposition einer bestimmten Person, die bestimmte Bedeutungen entdeckt und im Hinblick auf diese Bedeutungen gewisse Handlungsweisen annimmt. Man kann psychologische Gesetze formulieren, die selbst ein so komplexes Verhalten vorauszusagen ermöglichen. Die Gültigkeit solcher Gesetze wird nicht davon abhängen, ob der Handelnde sie kennt oder nicht. Man kann sie vielmehr am besten entdecken, indem man Fälle beobachtet, in denen der Handelnde sie nicht kennt. Der Handelnde illustriert für den Betrachter diese psychologischen Gesetze, aber er gehorcht ihnen nicht eigentlich. Die Planeten brauchen die Keplerschen Gesetze nicht zu kennen; ebensowenig brauche ich die Gesetze der Gewohnheitsbildung zu kennen, um ihnen entsprechend zu handeln.

Der Handelnde hat indes, anders als die Planeten, eine *Vorstellung* von der Verknüpfung der Dinge und Ereignisse. Ob diese Vorstellung richtig oder ungenau ist, dies spielt für den Zweck unserer Analyse keine Rolle. Sie mag kaum mehr als eine Ideen-Assoziation sein, wie z. B. „Was so aussieht, schmeckt gewöhnlich gut". Sie mag die Vorstellung eines objektiven Naturgesetzes sein, das den Handelnden motiviert, entsprechend zu handeln, etwa entsprechend der Überzeugung, er werde sich verletzen, wenn er von einer bestimmten Höhe herunterspringt. Sie mag auch in einer Vorstellung dessen, was recht ist, bestehen, etwa in der moralischen Vorschrift: Wenn man versucht ist zu lügen, so solle man dies doch nicht tun. In allen diesen Fällen mag das Urteil richtig oder falsch sein; Wahrheit oder Falschheit sind unerheblich dafür, ob tatsächlich jenes Verhalten eintritt, das ein Betrachter mit gutem Grund von einem Menschen, der diese oder jene Vorstellung hat oder diesem oder jenem Irrtum unterliegt, erwarten würde.

Aber daß seine Vorstellung richtig ist, dies ist für den Handelnden von der äußersten Wichtigkeit. Er handelt aufgrund der Annahme, daß seine Vorstellung richtig ist. In allen Fällen, wo die Handlung nicht eine automatische Antwort auf einen Reiz gibt und Zeit zu überlegen gegeben ist, dort fehlt es nicht an einer Vorstellung darüber, mit welchem Gegenstand oder welcher Situation wir fertig werden müssen, welche Chancen oder Drohungen wir von Alternativhandlungen zu gewärtigen haben und welche Regel bei unserer Wahl in Betracht kommt.

Was die Sache verspricht, was sie in zukünftiger Erfahrung bedeutet, dies kann so vollkommen verschieden davon sein, wie sie uns im gegenwärtigen Zusammenhang erscheint, daß die Handlung, die wir im Hinblick auf ihre Bedeutung unternehmen, bisweilen in einem schmerzlichen Gegensatz zu unseren Augenblicksimpulsen steht. Wenn ich gegenwärtigen Schmerz in Kauf nehme, um zukünftigen Schmerz zu vermeiden, so mache ich die Erfahrung, daß die Bedeutung der gegenwärtigen Situation in der Bestimmung meines Verhaltens über das Hier und Jetzt die Oberhand gewinnt und daß dies durch meine Einwilligung oder vielmehr durch meinen Entschluß geschieht. Im Lichte dessen, was ich für Selbsterkenntnis und Weltorientierung halte, handle ich – als ein Wesen, dessen Denken auf sein Betragen Einfluß hat – nach gewissen Regeln und nicht nur aus Impuls, wenn auch nie ohne Impuls.

Möglich ist dies nur, weil der Impuls vermittelst seiner Bedeutung durch mein Interesse integriert und kontrolliert werden kann. Obwohl das Interesse einen dynamischen, vom Impuls herkommenden Charakter hat,[5] so reguliert es doch auch meine Einstellungen, insofern es auf einem mutmaßlichen Wissen der Bedeutung von Situationen und Konsequenzen verschiedener Handlungsmöglichkeiten beruht. Das Interesse ist ein nach Vorstellungen abgewogener und wenigstens teilweise von Vorstellungen geleiteter Impuls. Vernünftiges Handeln ist ein Handeln, dessen Motiv ein von geeigneten Vorstellungen und nicht von einem blinden und nackten Impuls geleitetes Interesse ist. Der Impuls führt zu ungestümen Handlungen oder Ausbrüchen, zu heftigen Bewegungen, die plötzlich ausgelöst werden und ebenso plötzlich zu Ende gehen. Das Interesse führt zu Handlungen, die nach Absichten und Plänen ausgerichtet sind. Nur ein Wesen, das die Fähigkeit zu vernünftigen Überlegungen hat, kann aus Interesse handeln. Interesse „gilt nur als notwendige Voraussetzung der Vernunft in einem Wesen, das sich eines Willens, d. i. eines vom bloßen Begehrungsvermögen noch verschiedenen Vermögens (nämlich sich zum Handeln als Intelligenz, mithin nach Gesetzen der Vernunft, unabhängig von Naturinstinkten zu bestimmen) bewußt zu sein glaubt."[6]

Ich kann die Absicht, nach der ich ein Interesse verfolge, in Worte fassen und versuchen, nach ihr zu leben. Absichten können in sehr bestimmten Regeln formuliert werden, die eine sehr bestimmte Gewohnheit ausdrücken können. Ich kann z. B. sagen: „Ich mache es mir zur Gewohnheit, meinen Namen auf das Titelblatt aller meiner Bücher zu schreiben." Sie können in allgemeinen Maximen ausgedrückt werden, die eine große Mannigfaltigkeit verschiedener Verhaltensweisen decken, wie z. B. *Carpe diem.* Sie können sehr künstlich sein oder nur gut gemeinte Neujahrsentschlüsse von geringer Wirksamkeit. Sie können einen wohlbedachten Lebensentwurf darstellen, den vielleicht nur unser Biograph oder Psychiater klar zu formulieren imstande wäre. Schließlich, und dies ist für unsere Zwecke in der Moralphilosophie das wichtigste, können sie ein bewußt gewähltes oder glücklich gefundenes Streben nach einem Leben, das durch den Respekt oder die Achtung für einen idealen Wert integriert wird, darstellen, ein Streben, das bleibt, wenn unser tatsächliches Verhalten zu wiederholten Malen dahinter zurückgeblieben ist und es durch unser Versagen zu vereiteln droht.

Eine Person, die nach Absichten und Interessen irgendwelcher Art handelt – Kant spricht in diesem Zusammenhang von „Handlungen unter der Vorstellung eines Gesetzes" –, hat nach Kants Terminologie einen Willen.[7] Eine willentliche Handlung unterscheidet sich von einer impulsiven Tat dadurch, daß sie durch Absichten und Interessen kontrolliert wird, die ihrerseits auf Selbsterkenntnis, sowie Erkenntnis der Umstände und Konsequenzen unserer Handlungen beruht. Der Wille ist daher, wie Kant lehrt, nie direkt durch das Objekt oder durch unsere Vorstellung des Objekts determiniert (vgl. 60). Der Wille ist vielmehr das Vermögen, das eine Vernunftregel (d. h. die Vorstellung von einem Gesetz, das sich auf die Verknüpfung dieser Bedeutungen bezieht) zur Ursache einer Handlung macht, durch die das Objekt wirklich wird. Eine Absicht, die in solchen Regeln oder Vorstellungen von Gesetzen ausgedrückt werden kann, gibt einem Lebenszusammenhang, der bei der Richtungslosigkeit der Leidenschaft nicht lange Bestand haben könnte, Ausrichtung und Stabilität. Nur ein Wesen, das die Verknüpfungen seiner Handlungen untereinander und mit ihren Konsequenzen zu erkennen beansprucht und dies alles im Zusammenhang eines Lebensplanes versteht, kann einen Willen haben. Eine solche Vorstellung von Gesetzen und Entwürfen, die nicht bloße Spuren vergangener Erfahrung sind, ist das Produkt unserer Fähigkeit zu vernünftigem Handeln. Es ist dieser einfache Gedanke, den Kant vor Augen hatte, als er den Willen mit praktischer Vernunft identifizierte.

In der gegenwärtigen Psychologie ist von „praktischer Vernunft" wenig zu hören, weil ein Betrachter das Verhalten beschreiben kann, ohne sich auf den Willen zu beziehen. Manchen Psychologen erscheint daher der Wille als ein „Geist in der Maschine" oder als Relikt einer obsoleten Vermögenspsychologie. Dies sollte uns indessen nicht stören oder uns als Moralphilosophen gegenüber den Verhaltensforschern in eine apologetische Haltung drängen, wenn wir mit Handlungen oder der Beurteilung und Bewertung von Handlungen anderer beschäftigt sind. Dies sollte jedenfalls nicht dazu führen, wie es tatsächlich geschehen mag, daß die Besonderheiten willentlichen Handelns vernachlässigt werden, weil die Begriffe des Impulses und der Emotion psychologisch mehr respektabel oder akzeptabel sind. Um den Verhaltensforscher in seinem eigenen Feld zufriedenzustellen, können wir dieses Phänomen benennen, wie ihm lieb ist; daß wir als Handelnde für Bedeutungen im Hinblick auf die Vorstellung von Regeln und Gesetzen ansprechbar sind und unsere Handlungsmöglichkeiten mobilisieren können, um den Nachteilen eines momentanen Impulses zu widerstehen, dies ist der wesentliche, wenn auch oft lähmende Kern unseres Bewußtseins derjenigen Verhaltensweise, durch die wir Menschen sind.

Während die Psychologie unsere Erkenntnis des Impulsiven in seinen zahlreichen, rätselhaften Verzweigungen im normalen Leben, in Neurosen, Kunst, Religion, Politik, Philosophie und selbst Wissenschaft ungeheuer vertieft hat, war Kant primär mit dem kognitiven Faktor im Phänomen des Willens beschäftigt. Was er darüber zu sagen hat, wird nach meiner Auffassung, von der Terminologie abgesehen, kaum von der modernen Verhaltensforschung berührt. Denn diese Wissenschaft ist vom Standpunkt des Betrachters aus entwickelt worden. Es ist natürlich, daß die kognitiven Bedingungen des Handelns von diesem Standort aus bisweilen stillschweigend vorausgesetzt, bisweilen aber auch übersehen oder gar geleugnet werden.

3. Praktische Vernunft und Wille

Obwohl Platon das Wollen von dem bloßen Begehren unterschieden hatte, war Aristoteles der Urheber der Unterscheidung zwischen praktischer Vernunft (νοῦς πρακτικός) und theoretischer Vernunft (νοῦς θεωρητικός)[8]. Die Scholastiker übersetzten jenen Ausdruck mit *intellectus practicus*[9], und sie gebrauchten auch die Ausdrücke *intellectus activus*[10] und *ratio practica*[11]. Die Vertreter der Wolffschen Schule verwandten diese Ausdrücke in ihren lateinischen Werken nicht, und sie benutzten auch keine wörtlichen Übersetzungen in ihren deutschen Werken. Gleichwohl unterschieden auch sie terminologisch zwischen *cognitio movens* und *cognitio iners*[12], und in Ausdrücken wie *appetitus rationalis*[13] war sowohl das kognitive wie das konative Element im Phänomen des Wollens anerkannt. Kant benutzt seit 1765 den Ausdruck *praktische Vernunft*.[14]

Sogar die Wörter, die Kant benutzt, geben uns einen Hinweis auf den Fortschritt, den er in der Auffassung des Willens über die Wolffsche Schule hinaus gemacht hat. In seiner Unterscheidung zwischen Vernunft und Verstand[15] weist Kant der Vernunft die Aufgabe zu, über die gegebene Ordnung der Dinge hinaus zu einer idealen Ordnung der systematischen Verknüpfung unserer Erfahrung vorzuschreiten. Diese systematische Verknüpfung wird niemals in unserem Wissen passiv vorgefunden, sondern sie muß nach regulativen Ideen aufgebaut werden. In der Formulierung dieser Ideen ist die Vernunft spontan; die Ideen können niemals vollständig in unserer sinnlichen Erfahrung des Wirklichen dargestellt werden, obwohl diese durch den Verstand kategorial geordnet ist. Auch der Verstand handelt natürlich spontan, aber seine Spontaneität ist auf eine Bearbeitung dessen, was in der Wahrnehmung gegeben ist oder gegeben werden kann, eingeschränkt. Obwohl Kant eine praktische Funktion des Verstandes anerkennt (23. 55), so macht er doch die Vernunft zum primären praktischen Vermögen. Dies hat in unserem Zusammenhang eine dreifache Bedeutung. Kant macht, erstens, darauf aufmerksam, wie die theoretische Erkenntnis in ihrer systematischen und idealen Vollständigkeit (und nicht ein isoliertes Stück Erfahrung oder eine Daumenregel) es ist, was für den Akt willentlicher Entscheidung von Bedeutung ist. Kant macht, zweitens, darauf aufmerksam, daß wir auch im Handeln manchmal eine unbedingte Gewißheit brauchen und daß sie derjenigen vergleichbar ist, die uns in unseren theoretischen Bemühungen allein die Vernunft beschaffen kann. Indem Kant eine Verbindung zwischen Vernunft und Wille herstellt, macht er, drittens und vor allem, den Weg frei für eine neue Definition des Willens selbst, mit allen ethischen Konsequenzen, die sich aus dieser Auffassung ergeben.

Der Wille ist das Vermögen, in Übereinstimmung mit der Vorstellung eines Gesetzes zu handeln, welches nicht das Produkt oder die Entdeckung des Verstandes, sondern der Vernunft ist. Kants Vorgänger hatten den Willen lediglich als ein vernünftiges Begehren verstanden, d. h. als das Vermögen, gemäß einer klaren (rationalen) Vorstellung des begehrten Gegenstandes zu handeln.[16] Sie nahmen lediglich einen Unterschied zwischen niederem und höherem Begehrungsvermögen an und waren niemals imstande, nach Kants Auffassung, das einzigartige Phänomen des Willens und, *a fortiori*, des moralischen Wollens auszumachen. Aus diesen Gründen weist Kant ihre Auffassung einer universalen praktischen Philosophie als der Ethik unangemessen und ihren Versuch, zwischen dem unteren und dem oberen Begehrungsvermögen in ethisch relevanter Weise zu unterscheiden, als mit ihren eigenen Auffassungen nicht vereinbar zurück (22 f.).

Es gibt indes zwei Schwierigkeiten, die aus Kants Auffassung von den Beziehungen zwischen Wille, praktischer Vernunft und theoretischer Vernunft entstehen. Diese müssen zunächst geklärt werden, bevor wir uns mit der wichtigsten seiner Lehren beschäftigen können, der Lehre, daß reine Vernunft praktisch sein kann.

1. Kant identifiziert den Willen mit der praktischen Vernunft; oft aber bringt er den Leser dadurch in Verwirrung, daß er die Vernunft als dasjenige bezeichnet, was den Willen bestimmt. Theoretische Vernunft verlangt eine Ordnung in der Totalität des zu einer möglichen Erfahrung Gegebenen. Sie entwirft die Ordnung als etwas, das möglich ist, wenn diese und jene Handlung ausgeführt wird. Praktisch ist sie, wenn sie eine Determinante in einem Verhalten wird, dessen dynamische Komponente durch Impuls oder Begierde gegeben ist. Theoretische Vernunft liefert also die Erkenntnis des Gesetzes, das in der Befriedigung der Begierde angewandt werden kann, und insofern sie dies tut, ist sie praktische Vernunft. Soweit wenigstens gibt es nicht zwei Arten von Vernunft, eine theoretische und eine praktische, sondern nur eine Vernunft – das Vermögen, Gesetze und Prinzipien zu formulieren –, welche zwei Anwendungsweisen hat. Im einen Falle liefert sie Erkenntnis von Dingen wie sie sind (wenigstens wie sie erscheinen); im anderen Fall gibt sie den Veränderungen, die wir in die natürliche Ordnung der Dinge mittels willentlicher Handlungen einführen, die Richtung. Die beiden folgenden Sätze sind daher gleichbedeutend:

(a) Der Wille ist ein durch die Vernunft geleiteter Impuls; und

(b) Der Wille ist praktische Vernunft.

Von (a) kann man leicht zu einem anderen Satz übergehen:

(c) Vernunft kann den Willen bestimmen.

Dieser Satz scheint unvereinbar mit (b) zu sein; denn (b) identifiziert beides. Richtig verstanden sind (b) und (c) hingegen nicht unvereinbar. Der letzte Satz bedeutet ganz einfach:

(c′) Vernunft bestimmt diejenige Handlung, durch die der Impuls befriedigt werden soll; wenn sie dies tut, heißt sie „praktische Vernunft", und die gewählte Handlung heißt ein „Akt des Willens".

2. Eine andere Schwierigkeit liegt darin, daß Kant von der praktischen Vernunft oft als von einem Erkenntnisvermögen[17] und als einem Begehrungsvermögen[18] spricht. Er warnt davor, den Ausdruck „praktische Vernunft" so zu verstehen, als ob der „Gegenstand" der praktischen Vernunft einem Gegenstand der theoretischen Vernunft vergleichbar wäre. D. h.: Ein Erkenntnisgegenstand und ein Gegenstand des Begehrens oder Wollens sind nicht dasselbe.[19] Dies sollte uns davor bewahren, den Ausdruck „praktische Vernunft" lediglich als Bezeichnung des Vermögens zu nehmen, durch das wir zur *Erkenntnis* des Rechten und des Unrechten gelangen. Gleichwohl sollten wir nicht vergessen, daß die praktische Vernunft diese Erkenntnisfunktion besitzt. Sie liefert den Erkenntnisfaktor in der Leitung unserer Handlungen, deren *dynamis* der Impuls ist. Sätze der theoretischen Vernunft oder des Verstandes, wie z. B. „A ist die Ursache von B", werden zu praktischen Urteilen oder zur Erkenntnis der praktischen Vernunft: „Wenn du B wünschst, so tue A" (26 Anm.). Dieses praktische Urteil kann genauer als eine Erkenntnis des technischen oder praktischen Verstandes bezeichnet werden, wenn B ein spezifisches, wohldefiniertes Objekt oder eine entsprechende Situation

ist. Praktische Vernunft hingegen bezieht sich auf Regeln der Lebensklugheit; diese liefern nicht nur einen, wie es scheint, unbedingten Grund für die Wahl von Mitteln zur Glückseligkeit, sondern sie bestimmen auch und vor allem die Gestalt eines solchen Ideals selbst. Lebensregeln zu seiner Verwirklichung sind der Gegenstand der Erkenntnis der praktischen Vernunft. Wir suchen unser Lebensziel zu verwirklichen auf Grund von Maximen der praktischen Vernunft. Den Ausdruck „Erkenntnis der reinen praktischen Vernunft" sollten wir folglich der Erkenntnis des Sittengesetzes und der höchsten moralischen Ziele vorbehalten.

4. Reine praktische Vernunft

Wenn praktische Vernunft uns ein Gesetz vorhalten kann, das für unser Handeln gültig ist, aber nicht von unseren Erfahrungen darüber abgeleitet ist, wie die Dinge in der Welt sich verhalten, wenn wir ein bestimmtes Begehren zu befriedigen suchen, so würde dies eine Art von Gesetz sein, die gänzlich verschieden ist von den Gesetzen, die im theoretischen Verhalten von Interesse sind. Obwohl auch die letzteren für ein vernünftiges Handeln wesentlich sind, so hängt ihre Bedeutung stets davon ab, daß wir uns in einer Situation befinden und im Hinblick auf diese aus allen tatsächlichen Naturgesetzen diejenigen auswählen, die als Ursachen für den Gegenstand eines bestimmten Begehrens in Betracht kommen. In ihrer theoretischen Formulierung mögen solche Gesetze notwendig sein; aber wenn man sie als praktische Regeln formuliert, so sind sie stets dadurch bedingt, daß es in uns ein Begehren gibt, das durch die erfolgreiche Anwendung unserer Kenntnis von ihnen befriedigt werden kann. Wenn es ein unbedingtes praktisches Gesetz gibt, so kann es nur durch eine Vernunft, die in sich praktisch ist, entdeckt werden, nicht durch eine theoretische Vernunft, die nur äußerlich und zufällig praktisch ist, d. h. durch eine Vernunft, die Gesetze aufstellt, die vielleicht in der Praxis anwendbar sind, vielleicht aber auch nicht, je nachdem welches Begehren und welche Situation gegeben ist. Eine solche in sich praktische Vernunft heißt *reine* praktische Vernunft.[20]

Daß reine Vernunft praktisch sein kann, ist die Hauptthese der Kantischen Ethik. Sie ist mit der Behauptung gleichbedeutend, daß es unbedingte praktische Gesetze gibt. Kant hat die These des Aristoteles, daß Vernunft allein uns nicht bewegen kann,[21] und die These Humes, daß die Vernunft die Sklavin der Leidenschaften ist und sein soll,[22] zurückgewiesen. Die Vernunft wählt nicht nur zwischen Wegen zu einem von der Begierde gewählten Ziel (dies ist nur ihr logischer Gebrauch). Sie setzt auch die Ziele unseres Handelns durch die Formulierung eines in sich praktischen und unbedingten Gesetzes (dies ist ihr realer Gebrauch).[23]

In ihrem realen Gebrauch geht reine Vernunft stets auf unbedingte Bedingungen. Reine praktische Vernunft ist das Vermögen, eine unbedingte Bedingung willentlichen Handelns bereitzustellen, ein Gesetz, das unmittelbar und unzweideutig Gehorsam verlangt. Eine solche unbedingte Bedingung kann, wie Kant in den ersten Paragraphen der *Kritik der praktischen Vernunft* zeigt, nicht in oder mit Hilfe einer empirischen praktischen Vernunft gefunden werden, die tatsächlich nur eine Sklavin der Leidenschaften ist. Wenn indes reine Vernunft praktisch ist, so gibt es ein Gesetz, das in sich praktisch ist, und eine Triebfeder des Handelns, die nicht auf zufälligen und empirisch zu entdeckenden menschlichen Begierden beruht. Diese Triebfeder muß in unserer Erkenntnis des Gesetzes selbst gefunden werden, in der Achtung, die das Gesetz in uns weckt. Handlungen aus einem solchen Motiv sind sittlich, und ein Wesen, das aus solchen Motiven handelt, hat einen guten Willen. Die *Grundlegung zur Metaphysik der Sitten* hatte auf diese Weise klargestellt, welchen Bedingungen eine Handlung genügen muß, wenn sie als sittlich gelten soll, und sie hatte zu dem Ergebnis geführt, daß reine Vernunft praktisch sein muß, wenn Moralität kein bloßes Hirngespinst sein soll.

Aber kann reine Vernunft in ihrem realen Gebrauch praktisch sein? Oder ist diese Analyse der Moralität die Analyse einer eitlen und leeren Täuschung? Zu zeigen, daß reine Vernunft praktisch sein kann, dies ist – wie wir im ersten Absatz erfahren – die wichtigste Aufgabe der *Kritik der praktischen Vernunft*.

IV NAME, ABSICHT UND STRUKTUR DER „KRITIK"

Kommentar zu Vorwort und Einleitung

1. Einleitung

Das Vorwort zur *Kritik der praktischen Vernunft* erläutert den Titel des Buchs, seinen Zweck und sein Verhältnis zu anderen Werken; ferner gibt es eine vorläufige Darstellung von Kants Theorie der Freiheit und eine Verteidigung seiner Auffassungen gegen gewisse Kritiker. Der größere Teil des Vorworts beschäftigt sich mit Kritiken, die gegen die erste *Kritik* und die *Grundlegung zur Metaphysik der Sitten* vorgebracht worden waren. Durch seine Antworten hofft Kant die Konsistenz der verschiedenen Teile seiner Philosophie besser zeigen zu können. Außerdem finden sich kurze Antworten oder Vorgriffe auf später zu gebende Antworten zu Einzelfragen seiner ethischen Theorie.

Die Einleitung diskutiert erneut den Titel des Buchs und seine Absicht, um dann zu einer Beschreibung der Struktur und Organisation der neuen *Kritik* fortzuschreiten.

In diesem Kapitel werde ich diese Materien wie folgt behandeln: § 2 wird den Titel des Buchs und die Gründe, die Kant zu seiner Wahl bestimmt haben, erötern; § 3 wird die Absichten des Buchs, wie sie hier und anderswo angegeben werden, besprechen; §§ 4 und 5 werden detaillierter auf zwei von diesen Zwecken eingehen. Ich werde mich sodann in § 6 mit dem Verhältnis dieses Werks zur *Metaphysik der Sitten* befassen; mit der Organisation der *Kritik* wird sich § 7 beschäftigen; im letzten Paragraphen dieses Kapitels werde ich schließlich auf die Polemik des Vorworts eingehen und dabei vor allem Gewicht auf ihre historische Veranlassung legen, da ihre philosophische Bedeutung besser in den folgenden mehr systematischen und weniger historischen Abschnitten erörtert werden kann.

2. Der Titel des Buchs

Wie wir in Kapitel 1 sahen, sprach Kant bereits von einer „Kritik der reinen praktischen Vernünft", bevor er dieses Buch zu schreiben plante. Als das Buch geschrieben war, nannte er es einfach *Kritik der praktischen Vernunft*, obgleich der „Parallelism" zwischen der praktischen und der spekulativen Vernunft den längeren Titel zu verlangen scheint (vgl. 3).

Die Interpretation dieses ersten Satzes der *Kritik der praktischen Vernunft* wirft eine Schwierigkeit auf, die noch alle Übersetzer Kants zur Verzweiflung gebracht hat: In welcher Bedeutung wird das Wort *Kritik* gebraucht? Es kann Bestandteil eines Buchtitels sein. Es kann lediglich die kritische Untersuchung von etwas bedeuten. In Kants formaler Einteilung der Philosophie kann das Wort aber auch den propädeutischen Teil im Gegensatz zum entwickelten Vernunftsystem bedeuten.

Da die Rechtschreibung des achtzehnten Jahrhunderts und der deutschen Sprache eine äußerliche Unterscheidung zwischen diesen verschiedenen Verwendungsweisen des Wortes „Kritik" unmöglich machen, muß man versuchen, im Einzelfall zu unterscheiden, in welcher Bedeutung Kant dieses Wort gebraucht hat. Offensichtlich meint Kant im ersten Absatz der Vorrede mit dem Ausdruck *Kritik der praktischen Vernunft* das vorliegende Buch; mit der *Kritik der spekulativen Vernunft* bezieht er sich auf die *Kritik der reinen Vernunft*, obwohl dies weder der genaue Buchtitel ist noch eine ganz korrekte Beschreibung ihres Inhalts.

Kant stellt die beiden *Kritiken* in Parallele. Aber als er das Gebäude seiner kritischen Philosophie durch die zweite *Kritik* erweiterte, ließ er eine Meinung fallen, die er in der ersten *Kritik* vertreten hatte. Denn die *Kritik der reinen Vernunft* sollte eine kritische Untersuchung des gesamten Vermögens der Vernunft, des theoretischen wie des praktischen, liefern. Als er die *Grundlegung* schrieb, sprach er von einer „Kritik der reinen praktischen Vernunft", die für die praktische Vernunft dasselbe leisten sollte, was die „Kritik der reinen spekulativen Vernunft" für die Metaphysik (Transzendentalphilosophie oder Metaphysik der Natur) leistete.[1] Kant sah also 1785 eine parallele Aufgabe der beiden „kritischen Geschäfte", von denen das eine bereits erledigt war, während das andere zu jener Zeit nicht einmal als besonderes literarisches Projekt existierte. Diesen Parallelismus erwähnt Kant auch 1787, und er deutet an, daß dies den Gebrauch des 1785 erwähnten Titels rechtfertigen könnte. Den Parallelismus der beiden kritischen Untersuchungen sucht er hingegen eher abzuschwächen. Die erste *Kritik* sollte die Anmaßungen der reinen theoretischen Vernunft in die Schranken weisen, die zweite weist die empirische praktische Vernunft in ihre Grenzen.

Sowohl im ersten Absatz der Vorrede wie auch im zweiten und dritten Absatz der Einleitung erklärt Kant, reine praktische Vernunft bedürfe keiner Kritik. Erforderlich sei nur der Nachweis, daß reine Vernunft praktisch sein könne; aber dazu sei eine kritische Untersuchung der praktischen Vernunft überhaupt erforderlich. Dabei ergibt sich, daß nur die empirisch bedingte praktische Vernunft, nicht die reine praktische Vernunft, sich mit ihren Anmaßungen ebenso wie die spekulative Vernunft „übersteigt" (3. 15–16).

Diese Rechtfertigung des Titels ist indes nicht zwingend. Denn sie beruht auf einer Doppelbedeutung des Worts *Kritik* als Ausdruck für einen Teil der Philosophie, und diese Äquivokation macht jede derartige Entscheidung zu einer Sache der Willkür.

Daß das Wort „*Kritik*" sogar im Titel des ersten Werks verschiedene Bedeutungen hat, zeigt sich daran, daß ihr Objekt (das, wovon sie eine Kritik ist) mit den folgenden Deskriptiven, wenn auch ungenau, bezeichnet wird: „Kritik der Vernunft", „Kritik der theoretischen Vernunft", „Kritik der spekulativen Vernunft" und sogar „Kritik des reinen Verstandes".[2] Formal definiert Kant *Kritik* als „Wissenschaft der reinen Untersuchung der Vernunft, ihrer Quellen und Grenzen"[3]. Sie ist eine Propädeutik zu einem System der reinen Vernunft. Er kennt zwei Aufgaben der *Kritik*. Eine negative: Die *Kritik* setzt dem Vermögen der Vernunft ihre Grenzen; dies ist eine „polizeiliche Aufgabe"[4] die darin besteht, die dialektischen Täuschungen der spekulativen Metaphysik zu verhindern oder offenzulegen. Und eine positive: Die Kritik soll der Vernunft den „sicheren Gang einer Wissenschaft" gegen den Einbruch des Skeptizismus aus Gebieten, wo er gerechtfertigt ist (spekulative Metaphysik), in solche, wo er nicht gerechtfertigt ist (Naturwissenschaft und Ethik), sichern. *Kritik* in der negativen Bedeutung ist Kants Antwort auf die rationale Metaphysik; *Kritik* in der positiven Bedeutung ist seine Antwort auf den empiristisch begründeten Skeptizismus.

Da Kant den Titel *Kritik der praktischen Vernunft* gewählt hat, scheint er hier das Wort primär in seiner negativen Bedeutung zu nehmen und also seine Hauptaufgabe darin zu sehen, die Ansprüche der praktischen Vernunft, sofern sie auf empirischen Beweggründen beruhen, zu begrenzen. Aber in dieser negativen Bedeutung des Wortes *Kritik* besteht, wie wir gesehen haben, kein Parallelismus zwischen den beiden Werken; denn die negative Kritik richtet sich gegen *reine* spekulative Vernunft und *empirische* praktische Vernunft.

Die negative Kritik der praktischen Vernunft *als solche* ist jedoch tatsächlich nicht die einzige Absicht des vorliegenden Werks. Auch reine praktische Vernunft hat ihre Dialektik. Diese Dialektik besteht nicht in einem Konflikt zwischen sinnlich bestimmter und reiner praktischer Vernunft, sondern in einem Konflikt zwischen den Ideen der reinen praktischen Vernunft selbst. Eine negative Kritik wird folglich auch für die reine praktische Vernunft selbst gebraucht.

Nehmen wir auf der anderen Seite das Wort *Kritik* in seiner positiven Bedeutung, so erhalten wir eine ebenso gute Rechtfertigung des Titels „Kritik der reinen praktischen Vernunft". Denn nur *reine* praktische Vernunft kann gesetzgebend sein. Die noch zu schreibende „Metaphysik der Sitten" würde die Aufgabe haben, diese Gesetzgebung im einzelnen auszuarbeiten. Das Grundgesetz der sittlichen Erfahrung muß in einer Kritik gegeben werden, ebenso wie die fundamentalen Prinzipien der theoretischen Vernunft, die der Natur das Gesetz geben, in einer *Kritik der reinen Vernunft* entdeckt werden. Entsprechend sagt Kant, die *Kritik der praktischen Vernunft* lege von den Grundsätzen der Möglichkeit der Pflicht, ihrer Ausdehnung und Grenzen, Rechenschaft ab (8). Dies ist eine Kritik der reinen praktischen Vernunft in positiver Bedeutung.

Angesichts dieser Argumente und Gegenargumente komme ich zu

dem Schluß, daß für beide Interpretationen gleich gute Gründe gefunden werden können. Der entscheidende Grund für Kants Wahl des Titels scheint die Wichtigkeit gewesen zu sein, die Kant der Kritik in ihrer negativen Bedeutung beimaß; sie sollte die erste Aufgabe des Buchs sein. Bei der Formulierung des ersten Absatzes der Vorrede kam ein historischer Zufall ins Spiel. Kant meint, der Parallelismus scheine das folgende Paar von Titeln zu verlangen: „Kritik der reinen praktischen Vernunft" und *„Kritik der reinen Vernunft"*. Dies ist aber nicht der Fall. Nur die Paare „Kritik der praktischen Vernunft" – „Kritik der spekulativen (oder theoretischen) Vernunft", bzw. „Kritik der reinen praktischen Vernunft" – „Kritik der reinen theoretischen (oder spekulativen) Vernunft" würden sich wirklich entsprechen. Ein Buch mit dem Titel „Kritik der spekulativen Vernunft" (im Sinne von „Kritik der reinen theoretischen Vernunft") gibt es nicht. Kant setzt indessen voraus, daß seine Leser einen anderen Buchtitel erwarteten als den tatsächlich gewählten, und dies wegen einer vorgestellten Entsprechung zu einem Titel, den er für kein anderes Werk benutzt hat!

Dies war der historische Zufall. Denn als Kant 1786 eine neue Ausgabe der *Kritik der reinen Vernunft* ankündigte, gab es einen Parallelismus der Titel. In der Ankündigung hatte Kant gesagt, die „Kritik der reinen spekulativen Vernunft" würde um eine „Kritik der reinen praktischen Vernunft" erweitert werden. Als Kant schließlich aus Gründen, die ich nicht besonders überzeugend finde, den kürzeren Titel vorzog, wurde der erste Absatz der Vorrede notwendig, um den Lesern klar zu machen, daß dies tatsächlich das Werk war, das sie seit 1786 erwartet hatten. Entweder hatte Kant 1786 eine ganz andere Vorstellung von diesem Werk oder er hatte sich noch keine sehr klare Vorstellung davon gebildet, welchen Inhalt es haben sollte. Ich habe den Verdacht, das letztere war der Fall.

3. Absichten des Buchs

In den voranstehenden Paragraphen hatten wir bei der Würdigung der Gründe, die Kant bei der Wahl seines Titels bestimmt haben dürften, einige der Absichten zu erwähnen, denen es nach den Darlegungen in der Vorrede und in der Einleitung dienen sollte. Diese Zwecke können in einer etwas systematischeren Form wie folgt dargestellt werden:

1. Kritische Prüfung des gesamten praktischen Vermögens der Vernunft zum Nachweis
    a) daß reine Vernunft praktisch sein kann,[5]
    b) daß die empirisch bedingte praktische Vernunft Ansprüche stellt, die in ihre Grenzen zurückverwiesen werden müssen (16),
    c) daß die reine praktische Vernunft keine von der *Kritik der reinen Vernunft* zurückgewiesenen Ansprüche erhebt (5. 6).

2. Nachweis der „Wirklichkeit" gewisser Ideen, die die theoretische Vernunft braucht, aber nur als logisch möglich nachweisen kann. (Der Nachweis ihrer realen Möglichkeit oder der Nachweis, daß sie wirklich Objekte haben, darf nicht zu Widersprüchen zwischen den beiden *Kritiken* führen.[6])

3. Aufweis der Grundsätze, die Pflicht möglich machen, als der Gesetze der reinen praktischen Vernunft, so daß sie – in einer „Metaphysik der Sitten", zu der die *Kritik* die Propädeutik ist – auf den Menschen als ein besonderes, empirisch bekanntes Wesen angewandt werden können (8).

4. Auflösung einer unvermeidlichen Dialektik in den Urteilen der reinen praktischen Vernunft (16).

Zwei weitere Zwecke, wenigstens von größeren Teilen des Werks, die in der Vorrede nicht ausdrücklich erwähnt sind, müssen angefügt werden:

5. Untersuchung und Begründung der Tatsache, daß die Ethik diese und keine andere systematische Form haben muß (89).

6. Erklärung, wie die Gesetze der reinen praktischen Vernunft den Menschen bestimmen und Einfluß auf seine Maximen haben können (151).

Diese Gründe müssen abermals um zwei weitere vermehrt werden, die weder in der Vorrede noch in der Einleitung erwähnt sind, die aber bereits in der *Grundlegung* als Aufgaben einer Kritik der praktischen Vernunft ausgewiesen worden waren. Da sie zu den wichtigsten Aufgaben gehören, die Kant bei der Ausarbeitung dieses Werks hatte, ist es erstaunlich, daß sie keine hervorragende und sogar beherrschende Stellung am Beginn dieses Werks haben. Sie sind:

7. Nachweis der Einheit der spekulativen und praktischen Vernunft unter einem gemeinsamen Prinzip, „weil es doch am Ende nur eine und dieselbe Vernunft sein kann, die bloß in der Anwendung unterschieden sein muß".[7]

8. Nachweis, daß ein synthetischer Gebrauch der reinen praktischen Vernunft möglich ist, oder eine Erklärung, wie synthetische praktische Urteile a priori möglich sind.[8]

Bevor wir im Text des Vorworts weitergehen, wollen wir uns zunächst mit den Zwecken (7) und (8) beschäftigen.

4. Die Einheit von theoretischer und praktischer Vernunft

In der *Kritik* (121) wird die Lehre von der Einheit der theoretischen und der praktischen Vernunft vertreten, und fast das ganze Buch kann als Ausarbeitung dieser These betrachtet werden. Aber man muß es bedauern, daß Kant an keiner Stelle seines Buches den Leser gleichsam bei der Hand nimmt und sagt: „Ich werde jetzt genau sagen, warum ich der Auffassung bin, daß theoretische und praktische Vernunft sich nur als zwei Anwendungsweisen eines und desselben Vermögens unterscheiden." An einer Stelle schreibt Kant gar so, als hätte er keinen Beweis, der ihn zufriedenstellt; denn er erklärt, ein Vergleich der Struktur der beiden *Kritiken* „führt die Erwartung mit sich, man werde eines Tages die Einheit des ganzen reinen Vermögens der Vernunft (sowohl theoretisch als praktisch) in den Blick bringen und alles von einem Prinzip ableiten können" (91).

Glücklicherweise ist es jedoch nicht schwierig, dieses „eine Prinzip" anzugeben, auch wenn Kant es nicht (oder wenigstens zu jener Zeit nicht) klar zu formulieren wußte. Kant bemüht sich in seinen ausgereiften ethischen Abhandlungen zu zeigen, daß es keine ethischen Begriffe, keine praktischen Prinzipien gibt, die eine andere Grundlage als die „Gesetzgebung der reinen Vernunft" haben. Vernunft ist das Vermögen der Prinzipien; sie bringt alles, was durch den Verstand gedacht ist, unter eine höchste Einheit des Denkens. Wenn es nun gültige praktische Prinzipien gäbe, deren Notwendigkeit nicht von allgemeinen, notwendigen Prinzipien, wie sie allein die Vernunft erfaßt, abgeleitet wären, so wäre die innere Einheit der Praxis selbst entweder nicht existent oder bestenfalls kontingent. Nur die Vernunft kann universale, notwendige Prinzipien, sei es für die Erkenntnis oder für unser Handeln, geben.

In den beiden ersten Teilen der *Grundlegung* und ebenso in einem großen Teil der zweiten *Kritik* geht es Kant um den Nachweis, daß Entscheidungsgründe unseres Handelns, die nicht auf der Vernunft beruhen, weder in sich konsistent noch notwendig verpflichtend noch universal in ihrer Anwendung sind. In der Praxis trennen sie, statt zu vereinigen; keine „sittliche Ordnung" kann auf dieser Grundlage errichtet werden (35). Aber die Vernunft erfüllt in ihrem praktischen Gebrauch dieselbe Aufgabe wie in ihrem theoretischen: sie schafft Einheit und Ordnung, sie macht allgemein und notwendig, was *prima facie* kontingent zu sein scheint.

Die Ideen im theoretischen Gebrauch sind nur regulativ; für den Erkenntnisprozeß liefern sie nur Maximen, ohne das Ergebnis festzulegen oder notwendig zu sein, da ja die Untersuchung selbst nicht notwendig ist (5). Im praktischen Gebrauch ist die Idee der Freiheit konstitutiv für die Erfahrung, auf die sie angewandt wird; denn die Erfahrung bezieht sich auf das, was gemäß der Idee der Freiheit der Fall sein soll, und nicht auf das, was unabhängig von ihr der Fall ist. Wir können uns über die Aufgabe der theoretischen Vernunft täuschen und glauben, ihre Ideen seien konstitutiv für eine intelligible Welt, eine Welt der Dinge, wie sie wirklich sind und nicht wie sie erscheinen. Wenn wir diesen Fehler begehen, so werden transzendentale Ideen transzendent, das philosophische Denken verfällt in Antinomien, Paralogismen und andere Fehlschlüsse, wie sie in der Dialektik der ersten *Kritik* aufgestellt und beseitigt werden. Wenn uns dagegen dieselbe Vernunft die unbedingten Bedingungen für jedes Motiv und für die Einheit der Motive in einem Lebensentwurf liefert, die wir brauchen, so ist ihr Gebrauch immanent; sie bringt die Gegenstände, die ihren Ideen entsprechen, selbst hervor. Diese Gegenstände, die wir hervorbringen, wenn wir den Bedingungen dieser Vernunftideen entsprechend handeln, sind nicht Dinge in der Außenwelt, die hervorzubringen wir die Kraft haben oder auch nicht. Sie sind Motive, Bewußtseinsinhalte oder Willensentscheidungen, die unmittelbar und in wirklicher Erfahrung die Idee der Freiheit ausdrücken, deren notwendige Konsequenz das Sittengesetz ist. Für den Übergang von der Theorie zur Praxis hat Edward Caird die Formulierung gefunden: „Gerade weil die Vernunft ihr Ideal einer notwendigen und allgemeinen systematischen Einheit in der Welt nicht realisiert finden kann, sucht sie selbst dieses Ideal zu realisieren."[9] Vernunft wird praktisch, sie erzeugt die Idee einer Welt, die durch unsere Handlung und unser Verhalten innere Vollständigkeit, Ordnung und systematische Einheit erhalten kann, mag sie in den Ergebnissen menschlicher Arbeit realisiert sein oder nicht.[10] Solange diese Ideen nicht feststehen, verfolgt die theoretische Vernunft vergeblich ein stets zurückweichendes Ziel.[11]

Wenn man sich freilich an die Diskussion über die „Äußerste Grenze aller praktischen Philosophie" in der *Grundlegung* erinnert, so könnte man zweifeln, ob nach Kants Lehre die Frage, warum Vernunft praktisch ist, beantwortet werden kann. Zu zeigen, wie die Vernunft praktisch sein kann, erklärt Kant dort, ist ebenso unmöglich (und im Grunde dasselbe) wie erklären zu wollen, wie Freiheit möglich ist. Diese Fragen können, ähnlich wie die Frage, warum wir Gegenstände nur in Raum und Zeit wahrnehmen, nicht durch den Rückgang auf ein höheres Prinzip beantwortet werden. Wir können zeigen, daß sie notwendige Voraussetzungen für etwas Wirkliches sind; wir begreifen sie nicht, aber wir können wenigstens ihre Unbegreiflichkeit begreifen.[12]

Gleichwohl gibt Kant eine explizite Antwort auf diese Frage. Sie findet sich nicht in der *Kritik der praktischen Vernunft*, wo man sie, wenn überhaupt, erwarten würde, sondern in der *Kritik der Urteilskraft*.[13] Dort lehrt er, die Vernunft verlange, stets eine unbedingte Bedingung für alles Bedingte zu finden. In der Erfahrung kann dies nicht angetroffen werden, so kommt es zu einer theoretischen Spekulation über ein unbedingtes Ding an sich, eine unbedingte Substanz und eine unbedingte Ursache. Aber in der Spekulation sind diese Ideen nur Annahmen, nicht Erkenntnisse. Theoretische Konsequenzen können aus der Tatsache, daß wir sie annehmen, für den Gang der Forschung nicht gezogen werden. Im praktischen Bereich ist die unbedingte Notwendigkeit die Kausalität der Vernunft selbst unter dem Namen der Freiheit. Sie enthüllt sich uns als ein Faktum, in dem wir uns der Forderung der Pflicht bewußt werden. Was durch den Imperativ der Vernunft geboten wird, geschieht freilich in der Erscheinungswelt nicht notwendig. Wir unterscheiden daher zwischem dem, was geschieht, und dem, was geschehen soll. Den Begriff dessen, was geschehen soll, stellt die praktische Vernunft auf; die theoretische Vernunft gibt den Begriff dessen, was geschieht. Zwischen beiden scheint sich eine unüberbrückbare Kluft aufzutun, auch wenn tatsächlich das, was geschehen soll, durch einen Willensakt und entsprechende Handlungen wirklich gemacht werden kann.

Diese begriffliche Unterscheidung wird indes von der Vernunft nur aufgrund einer Besonderheit des menschlichen Geistes getroffen. Wenn unsere Vernunft eine hinreichende, autonome Ursache ihrer Gegenstände wäre, so würde die Unterscheidung zwischen Sein und Sollen niemals aufkommen. Ebeno hätte auch in einer Welt, in der die Vernunft die Kraft hätte, durch bloßes Denken die Gegenstände ihres Denkens hervorzubringen, die Unterscheidung zwischen dem Notwendigen, dem Wirklichen und dem Möglichen keinen Platz. Daß es nur eine einzige Vernunft in zwei verschiedenen Beziehungen gibt, sehen wir nur wegen der subjektiven Konstitution unseres Geistes nicht unmittelbar ein. Die Vernunft ist daher für uns teils ein Erkenntnisvermögen, das auf Gegenstände nur unter der Bedingung angewandt werden kann, daß wir sinnlich Gegebenes passiv empfangen; als ein reines praktisches Vermögen ist sie dagegen von dem, was durch die Sinne gegeben ist, nur darum unabhängig, weil sie nicht im mindesten ein Vermögen der Erkenntnis von Gegenständen ist.[14] Für einen anders konstituierten Intellekt, einen intuitiven Verstand, würde dieser Unterschied nicht entstehen. Es ist ein kontingentes Faktum, daß unsere Vernunft diskursiv ist, d. h. daß sie mit Gegebenem beginnen und zum Allgemeinen fortschreiten muß und nicht in der Lage ist, Gegebenes durch den bloßen Gedanken hervorzubringen. Dieses Faktum ist ebenso kontingent und unerklärlich wie die Tatsache, daß wir Gegenstände nur in Raum und Zeit erfahren können. Wir können uns eine andere Art von Geist vorstellen, für den reine Vernunft unmittelbar Erkenntnis von Gegenständen gäbe, – von Gegenständen, wie sie sind, und nicht, wie sie uns erscheinen. Wir haben keine Gründe, die uns zu der Annahme nötigen, daß es einen solchen Intellekt gibt; aber wir brauchen auch seine Existenz nicht anzunehmen. Die bloße Denkmöglichkeit reicht aus, um uns verständlich zu machen, wie eine Unterscheidung, die zunächst absolut zu sein scheint, tatsächlich nur als ein relativer Unterschied gedacht werden kann. Aus der Möglichkeit eines intuitiven Intellekts und aus der Tatsache, daß unser Intellekt nicht intuitiv ist, können wir erkennen, daß der Unterschied zwischen Sein und Sollen, Notwendigem und Möglichem, mechanischer und teleologischer Kausalität nur für uns (und, so weit wir wissen, für jedes wirkliche Bewußtsein) besteht.

Weit entfernt davon, den Gegensatz zwischen theoretischer und praktischer Vernunft für endgültig zu halten, glaubt Kant mithin, daß es nur die eine Vernunft gibt, die in zwei verschiedenen Anwendungsweisen dieselbe Funktion hat: unbedingte Bedingungen für alles empirisch Bedingte zu geben. Aber die *Kritik der praktischen Vernunft* ist sehr mit dem scheinbaren Gegensatz zwischen praktischer und theoretischer Vernunft beschäftigt, weil dieser fühlbare Gegensatz den Begriff der Pflicht, die Achtung vor dem Gesetz und der Tugend und die Unterscheidung von Wissen und Glauben begründet.

5. Wie ist ein synthetisches praktisches Urteil a priori möglich?

Diese Frage ist verschieden von Aufgabe (1a), die darin besteht zu zeigen, daß reine Vernunft der unmittelbare Bestimmungsgrund des Willens sein und unser Verhalten direkt leiten kann. Sie weicht auch ein wenig von der Formulierung in der *Grundlegung* ab, wo Kant fragt: Wie ist ein synthetischer Gebrauch der reinen praktischen Vernunft möglich?[15] Die Frage „Wie ist ein synthetischer praktischer Satz a priori möglich?" findet man auch in der zweiten *Kritik* nicht, sondern sie erscheint zum ersten Male in der *Metaphysik der Sitten*[16]. Aber Kant wußte auch schon vorher, daß diese Frage zu beantworten war; dies zeigt seine Formulierung in Fragment 6.[17]

Bedenkt man, eine wie große Rolle die entsprechende theoretische Frage in der *Kritik der reinen Vernunft* (vor allem in der zweiten Auflage) und in den *Prolegomena* spielt, so erscheint es merkwürdig, daß sie in der zweiten *Kritik* nicht einmal erwähnt ist. Man könnte sich gut vorstellen, daß diese Frage zur Formulierung ihres Programms benutzt worden wäre.

Die zwei ersten Abschnitte der *Grundlegung* untersuchen das Phänomen der Sittlichkeit, um die Formel eines sittlichen Handelns zu entdecken. Diese Formel ist in der zweiten *Kritik* vorausgesetzt (8). Die Untersuchung beginnt, im ersten Teil der *Grundlegung*, mit der Feststellung, daß Sittlichkeit allein eine Angelegenheit des Willens oder des Motivs, nicht der Umstände oder der Handlungsfolgen ist. Ein guter Wille ist mithin derjenige Wille, dessen Motiv bei seinen Handlungen das Gute ist; die gute *Handlung* hingegen braucht nicht auf diesem Motiv eines guten Willens zu beruhen. Ein guter Wille handelt aus Achtung vor dem Gesetz, nicht aus Rücksicht auf diese oder jene Handlungsfolge, wenn auch bei jeder willentlichen Handlung der Wunsch mit im Spiel ist, irgendeine Veränderung in der Welt zu bewirken. Im zweiten Teil der *Grundlegung* führt diese Untersuchung zu der Formulierung des kategorischen Imperativs als der Voraussetzung und des Kriteriums einer Triebfeder des Handelns, die als sittlich gut zu betrachten ist.

Aber obwohl Kant in den beiden ersten Abschnitten der *Grundlegung* zu vielen Feststellungen kommt, die als Behauptungen über wirkliche Sachverhalte und als Formulierungen gültiger moralischer Gebote verstanden werden müssen, so enthalten sie doch auch Aussagen, die den Leser daran erinnern, daß die Absicht dieser Abschnitte analytisch ist und daß ihre Ergebnisse nur problematisch vorgetragen werden. Sie handeln von der Struktur der Sittlichkeit, mag sie nun etwas Wirkliches sein oder nicht. Ihre Prinzipien werden als etwas aufgestellt, das wahr sein muß, „wenn die Pflicht nicht eine leere Täuschung und ein bloßes Hirngespinst sein soll".[18] Sie sind unabhängig von der Frage, ob wahre Tugend irgendwo in der Welt gefunden werden kann,[19] begrifflich richtig.

In der Herausarbeitung dieser Prinzipien hat Kant, wie gesagt, eine analytische Methode angewandt. Sie besteht darin, daß er „von der gemeinen sittlichen Vernunfterkenntnis" und „von der populären Moralphilosophie" ausgeht und diese als das zuerst Gegebene annimmt. Ebenso hatte er in den *Prolegomena* die Gültigkeit der Mathematik und der Naturwissenschaft angenommen und dann die Frage untersucht, was wahr sein muß, wenn sie gültige Erkenntnis sein soll. Nimmt man die *Prolegomena* nun, isoliert von der *Kritik der reinen Vernunft*, als eine Antwort auf den Skeptizismus, so sind sie nichts als eine grandiose *petitio principii*. Ebenso enthalten nun auch die beiden ersten Teile der *Grundlegung* nichts als eine *petitio principii*, wenn man sie isoliert vom dritten Teil dieses Werks oder von der *Kritik der praktischen Vernunft* betrachtet. (Vielleicht sollte man sagen: sie wären eine *petitio principii*, hätte nicht Kant in den beiden ersten Teilen stets klar vor Augen gehabt, daß seine Darlegungen nur die Exposition einer Konzeption, nicht ein Argument enthalten.)

Daraus folgt nicht, daß die analytische Methode nur zu analytischen Urteilen führt. Tatsächlich führt sie ja zu der Formulierung des kategorischen Imperativs, den Kant ein „synthetisch praktisches Urteil a priori" nennt. Synthetische Sätze können nicht durch Analyse gerechtfertigt werden, aber man kann sie durch Analyse entdecken. Wenn sie apriorische Sätze sind, so können sie aber auch nicht durch irgendeinen Rückgang auf empirische Fakten gerechtfertigt werden. Wenn sie überhaupt gerechtfertigt werden können, so muß dies durch eine kritische Untersuchung wie die in der *Kritik der reinen Vernunft* geschehen. Wir müssen fragen: Wie sind solche Urteile möglich? Welches Recht haben wir, solche Sätze zu behaupten? Nur wenn wir diese Frage befriedigend beantwortet haben, können wir die Prinzipien synthetisch verwenden. Nur in diesem Fall können wir wissen, daß die Formel eines *möglichen* sittlichen Gebots die Formel eines *wirklichen* zu Recht ergehenden Gebots ist.

Indem Kant auf diese Weise das Problem des dritten Teils der *Grundlegung* formuliert und in der *Kritik* (89) – an einer Stelle, auf die er in der Vorrede (8) den Leser besonders aufmerksam macht – darauf zurückkommt, so ergibt sich: Die *Kritik der praktischen Vernunft* hat die Aufgabe zu zeigen, daß

(a) reine Vernunft einen realen Gebrauch in der Praxis, nicht nur einen logischen Gebrauch in der hypothetischen Analyse des bloß möglichen Begriffs der Sittlichkeit oder in der Organisierung unserer Erfahrung zum Zwecke eines nur pragmatischen Erfolges hat,[20] und daß

(b) die synthetischen Sätze a priori, die in der Analyse der Sittlichkeit gefunden werden, wirklich gerechtfertigt sind.

Zweck (a) wird erreicht durch die Analytik als ganze, auf Zweck (b) ist ein Teil der Analytik, die „Deduktion", beschränkt.

6. Das Verhältnis zur Metaphysik der Sitten

Ich habe bereits auf einige der entstehungsgeschichtlichen Beziehungen zwischen diesem Buch und der *Metaphysik der Sitten* hingewiesen, und in § 8 werde ich zu diesem Thema zurückkehren müssen, um die Polemik des Vorworts zu erklären. In diesem Paragraphen werde ich einen Absatz und eine Fußnote erörtern, in denen Kant von dem Verhältnis der *Kritik* zum „System der Wissenschaft" (8) und zur „Metaphysik der Sitten" handelt, auf die die *Kritik* nur vorbereitet (161).

Die *Kritik*, sagt Kant, enthält keine Einteilung der praktischen Wissenschaften, wie es die erste *Kritik* für die theoretischen Wissenschaften leistete. Denn die dort gegebene Einteilung der theoretischen Wissenschaften (in Mathematik, Naturwissenschaft und Metaphysik) sei gänzlich a priori gewesen, während die Einteilung der praktischen Wissenschaften (in Rechtslehre und Pflichtenlehre) eine empirische Kenntnis des Menschen für die Definition der besonderen Pflichten als menschliche Pflichten verlangt. Eine solche Erkenntnis ist aber nicht Teil einer Kritik der praktischen Vernunft, sondern sie setzt sowohl die Kritik und ihre Ausarbeitung der Prinzipien a priori wie auch empirische Erkenntnis der menschlichen Natur voraus.

Die Fußnote hingegen – sie antwortet auf eine mögliche Kritik an seiner allgemeinen Position, daß sie nämlich auf angeblich psychologischen Fakten beruhe – gibt Definitionen des Lebens, des Begehrungsvermögens und der Lust, wie sie die *Kritik der reinen Vernunft* für notwendig erklärte.[21] Kant fügt hinzu, dies seien die einzigen empirisch bedingten Definitionen oder Tatsachen, die er für seine Kritik brauche. Selbst diese Tatsachen werden nicht als unmittelbare Beobachtungsergebnisse angeführt, sondern gleichsam indirekt, um zu zeigen, daß die Psychologie diese Begriffe nicht in einer Weise zu definieren braucht, daß reine praktische Vernunft unmöglich sein würde.

Aber selbst ein so geringer Anteil der Erfahrung scheint mit den Zwecken einer Kritik der praktischen Vernunft unvereinbar. Dies wirft die Frage auf, wie „rein" die Ehtik sein kann. Kant ist in seiner Beantwortung dieser Frage weder sehr ausführlich noch ganz konsistent; er scheint stets nach einem Grad der Reinheit gestrebt zu haben, wie er nur in der Leere und Abstraktheit der Wolffschen *philosophia practica universalis* zu erreichen ist. Aber man kann mindestens fünf Stufen der Reinheit in Kants System der praktischen Wissenschaften unterscheiden:

1. Eine von der besonderen Natur der menschlichen Vernunft (z. B. von der Tatsache, daß wir keinen intuitiven Intellekt haben)[22] unabhängige Ethik, die nur auf dem Faktum der reinen Vernunft, nicht auf einem empirischen Faktum beruht (31): Metaphysik der Sitten, wie sie in der *Grundlegung* konzipiert war.
2. Eine Ethik, die Stufe 1 und jene drei aus der Psychologie stammenden Definitionen voraussetzt, die die Grundlage für die Begriffe des Imperativs, der Achtung und der Pflicht abgeben: *Kritik der praktischen Vernunft*.
3. Ethik als eine systematische Entwicklung der Prinzipien in Stufe 2, von der menschlichen Natur in der Mannigfaltigkeit ihrer empirisch erkannten Formen unabhängig, aber auf sie anwendbar: Metaphysik der Sitten in dem Buch jenes Titels.[23]
4. Ein System der praktischen Philosophie („System der Wissenschaft") als systematische Exposition von (3), empirische Fakten einbeziehend: ein wiederholt erwähntes, aber niemals geschriebenes Werk.
5. Eine moralische und pragmatische Anthropologie, die episodische Ausarbeitung praktischer Regeln: *Vorlesungen über Ethik* und *Anthropologie*.

Die scharfe Linie, die die Kritik und das System voneinander trennen soll, wird so verwischt, wenn nicht durchbrochen. Die Schrift „*Metaphysik der Sitten*" entspricht in der Ausführung tatsächlich viel mehr Stufe (4) als Stufe (3). Die einzige „Metaphysik der Sitten", die Kant je schrieb, war tatsächlich die *Kritik der praktischen Vernunft*; sie allein, wenn überhaupt, ist ein „System der Erkenntnis a priori aus reinen Begriffen".

Kant schrieb nie (oder vollendete wenigstens nie) jene „Metaphysik der Natur", auf die die *Kritik der reinen Vernunft* vorbereiten sollte. Das einzige, was er in dieser Richtung veröffentlichte, die *Metaphysischen Anfangsgründe der Naturwissenschaft*, war nur eine weitere Propädeutik. Eine Metaphysik, die „als Wissenschaft auftreten" sollte, war schon in den *Kritiken* selbst aufgetreten. Die Metaphysik der Natur und der Sitten und die zugehörigen Systeme waren stets zurückweichende Ideale. Nach den *Kritiken* wäre jede weitere Metaphysik, streng genommen, überflüssig gewesen,[24] obwohl sie Kant Gelegenheit gegeben hätte, eine Aufgabe auszuführen, die er wiederholt als eine Annehmlichkeit bezeichnet hatte, die er sich versagen müsse: die systematische, analytische oder enzyklopädische Entfaltung der Konsequenzen aus seinen Grundsätzen und Begriffen a priori.

7. Die Struktur des Buchs

In diesem Paragraphen werde ich die Gesamtstruktur der *Kritik* behandeln. Einzelheiten der verschiedenen Unterabteilungen sollen an der Stelle diskutiert werden, wo ich im Laufe des Kommentars auf sie stoße.
Auf Kants Architektonik ist man nur manchmal mit Ironie, oft mit Herablassung und fast immer mit Ungeduld eingegangen. Man hat gesagt, daß Kant selbst sich an die Strenge seiner architektonischen Schemata nicht gehalten habe. Seine Werke hätten nicht nach einem so abweisenden scholastischen Muster organisiert werden müssen, und sie hätten dann kürzer sein können, da ihn sein Streben nach vollständigen Gliederungen dazu brachte, ganze Kapitel (z. B. am Ende der ersten *Kritik*) zu verfassen, an denen er im Grunde nur geringes Interesse fand und in denen er auch wenig zu sagen hatte.

Die *Kritik der praktischen Vernunft* ist fast vollkommen frei von übertriebenem architektonischen Ehrgeiz. Nur zwei Teile erwecken den Anschein, sie verdankten ihren Ursprung einem Zwang zum Parallelismus mit der ersten *Kritik*. Im Verlauf dieses Kommentars werden sich freilich Gründe zu der Annahme vorbringen, daß sie integrale und notwendige Teile der organischen Struktur dieses Werks sind.

Die Einteilung ist leicht zu verstehen, aber sie weist einige interessante Merkmale auf, die eine Erörterung verlangen. Der Plan des Werks wird an zwei Stellen vorgetragen (16. 89–91). An der zweiten Stelle vergleicht Kant die Struktur der beiden *Kritiken*; aber aus der Erinnerung stellt er die Einteilung der ersten *Kritik* nicht korrekt dar. Dieser Fehler ist selbst instruktiv. Die folgende Übersicht stellt die Struktur der ersten *Kritik* nach ihren wesentlichen Teilen und Kants Erinnerungsbild dieser Struktur dar und stellt ihr die Struktur der entsprechenden Teile der zweiten *Kritik* gegenüber.

Tatsächliche Struktur der ersten *Kritik*	Erinnerte Struktur der ersten *Kritik*	Struktur der zweiten *Kritik*
Transz. Aesthetik	Transz. Analytik	Logik
Transz. Logik	Transz. Aesthetik	Analytik
Analytik	Transz. Logik	der Grundsätze
der Begriffe	Anal. d. Begriffe	der Begriffe
der Grundsätze	Anal d. Grundsätze	„Aesthetik"
Dialektik	Dialektik	Dialektik

Die tatsächliche Einteilung der *Kritik der reinen Vernunft* (1. Spalte) hält sich an die Einteilung der entsprechenden Erkenntnisvermögen: Sinnlichkeit, Verstand und Vernunft. Kants Erinnerungsbild im Jahre 1787 (2. Spalte) orientiert sich an den Erkenntnisobjekten; die Analytik schließt daher die Aesthetik ein, weil Aesthetik und Analytik sich beide auf die Erkenntnis der Erscheinungen beziehen und so der Dialektik gegenübertreten, die mit der angeblichen Erkenntnis von Noumena befaßt ist. In einer Hinsicht stellt die Einteilung der 2. Spalte die wichtigere Einteilung des Materials dar: Es handelt sich um eine kritische Ontologie[25] mit zwei Gebieten, von denen das eine theoretisch gültig, das andere theoretisch ungültig ist, so daß das zweite erst in der zweiten *Kritik* praktische Gültigkeit erhält.[26]

8. Die Polemik im Vorwort

Ich habe bereits angedeutet, daß Rezensionen von Kants früheren Werken, wie es scheint, zu seinem Entschluß, die *Kritik der praktischen Vernunft* zu schreiben, beigetragen haben. Sie gehören jedenfalls zu den ersten Fragen, die er angeht, und große Teile des Buchs können als Antworten auf die im Vorwort erwähnten Kritiken interpretiert werden. Kant hat seine Auffassungen aufgrund irgendwelcher Kritik nicht merklich geändert; wenn Kant in diesem Werk Lehren der *Kritik der reinen Vernunft* aufgab, so geschah dies nicht aufgrund irgendwelcher Kritik von außen, sondern aufgrund seiner eigenen Weiterentwicklung und Selbstkritik. Dialektischen Austausch zwischen Kant und seinen Kritikern gab es wenig. Gleichwohl hatte er ihre Einwände lebhaft vor Augen, als er sich an die Niederschrift dieses Buchs begab. Es dürfte sich lohnen, diesem Zusammenhang nachzugehen, – nicht weil er philosophisch bedeutsam ist, sondern weil er Denkanstöße zu einigen besonderen Wendungen seiner Gedankengänge im Jahre 1787 erkennen läßt.

Immanuel Kant war kein besonders streitbarer Mann.[27] In seiner langen, über vierzig Jahre dauernden Karriere, hat er, außer der Abhandlung gegen Eberhard, kaum ein eigentlich „polemisches Werk" geschrieben. Aber er legte Wert darauf, sich verständlich zu machen, und er war wiederholt enttäuscht, wenn er feststellen mußte, wie wenig ihm dies gelungen war. Heute empfinden wir eine gewisse Sympathie mit den nicht beneidenswerten Männern, die vor der schwierigen Aufgabe standen, die ersten Rezensionen über Kants Werke zu schreiben. Damals boten sie weitaus mehr Schwierigkeiten als heute, da man sich die Arbeit mehrerer Generationen von Interpreten, Kritikern und Kommentatoren zunutze machen kann. Kant selbst hingegen pflegte den Rezensenten nicht gerade mit Sympathie zu antworten, – sie ist ohnehin nur von wenigen Autoren zu erwarten. Oft genug zeigte er Ungeduld und gelegentlich sogar berechtigte Herablassung. Von häufigeren Repliken wurde er nur durch die Vorstellungen seiner Freunde zurückgehalten, die fanden, er könne seine Zeit besser verwenden, und die einen großen Teil der notwendigen Auseinandersetzung auf ihre eigenen Schultern nahmen.[28]

Aber insofern man in der kritischen Philosophie keine Fortschritte machen konnte, ohne verstanden zu haben, was bereits zustande gebracht war, sah sich Kant in der *Kritik der praktischen Vernunft* (7) und in anderen Werken gezwungen, von Zeit zu Zeit die „Begriffe und Grundsätze der reinen spekulativen Vernunft" erneut zu prüfen, die, wie die Rezensionen zeigten, mißverstanden worden waren. Indem er die Notwendigkeit einer Antwort auf sie zugab, fand er, die *Kritik* sei „besser als alle Kontroversen mit Feder und Abel".[29] Gleichwohl beeinflußten die Rezensionen der *Grundlegung* und der Anstoß, den die Garve-Feder-Rezension der *Kritik der reinen Vernunft* nun einmal gegeben hatten, seine Arbeit im Jahre 1787 entschieden. Man kann diese Wirkungen im einzelnen zeigen und ihre Ursachen entdecken.

Obgleich die *Kritik* über Kontroversen entstanden ist, so hat sie doch nach dem Vorwort, mit der Ausnahme eines Abschnitts, keinen ausdrücklich polemischen Charakter. Sie ist, in nicht fachterminologischer Bedeutung, dialektisch, insofern sie eine Auseinandersetzung mit widerstreitenden Ideen darstellt, aber sie ist nicht forensisch und enthält keine Auseinandersetzung zwischen widerstreitenden Personen. Das Vorwort ist allerdings polemisch zu einem großen Teil; denn es geht auf die Personen der Rezensenten ein, und die Einwände, auf die Kant antwortet, und die Art, wie er auf sie antwortet, lassen die Situation erkennen, in der er seinen Entschluß, die *Kritik* zu schreiben, faßte. Es läßt sich zeigen, daß diese Auseinandersetzung für größere Teile des Buchs bestimmend geworden ist.

Man kann die Polemik des Vorworts in zwei Themenkreise einteilen. Der erste enthält häufiger geäußerte Vorbehalte, auf die man darum nicht näher eingehen konnte, weil sie zu allgemein gehalten waren. Hierhin gehört die Kritik derjenigen, die sich einer Erkenntnis rühmten, die Kant für unmöglich erklärt und deren Unmöglichkeit er bewiesen zu haben glaubte.[30] In jenen Kreis gehört auch die Kritik an denjenigen, die nicht glauben mochten, die Ethik bedürfe einer so tiefsinnigen Grundlegung, wie Kant sie gegeben hatte.[31] Nicht anders ist der undifferenzierte Vorwurf, die kritische Philosophie sei inkonsistent, zu beurteilen oder auch der Tadel, Kant wolle „eine neue Sprache" einführen, die abstrakte Terminologie exzessiv verwende, um in unverständlicher Sprache altbekannte Dinge, als wenn sie neu wären, auszudrücken.[32]

Eine zweite Gruppe von Kritikern, auf die Kant im Vorwort eingeht, hat ein genauer erfaßtes Ziel und zeigt oft mehr philosophischen Scharfsinn. Ihre Einwände betreffen Fragen, die Kant im Vorwort erwähnt, aber die eigentliche Antwort findet sich, wenn man von dem letzten Kritiker absieht, erst in der Abhandlung selbst. Wir haben es mit vier solchen Einwänden gegen Kants kritische Philosophie zu tun, und wir wollen auf jeden kurz eingehen.

a) Die angebliche Inkonsistenz, „wie man dem übersinnlichen Gebrauch der Kategorien in der Spekulation objektive Realität absprechen, und ihnen doch, in Ansehung der Objekte der reinen praktischen Vernunft, diese Realität zugestehen könne" (5). Dieser „erheblichste Einwurf wider die Kritik (der reinen Vernunft)" (6), der auch die Unterscheidung zwischen dem phänomenalen und dem noumenalen Ich in Frage stellt, stammt von H. A. Pistorius, in seiner Rezension der *Grundlegung* und der *Erläuterungen über des Herrn Professor Kants Kritik der reinen Vernunft* von Schultz.[33]

In weniger zugespitzter Form ist er auch in der Kritik von J. F. Flatt enthalten.[34] Der „wahrheitsliebende und scharfe, dabei aber doch immer achtungswürdige Rezensent"[35] ist Pistorius, und auf seine Kritik, man dürfe die Kategorien nicht auf Noumena anwenden, antwortet Kant mit dem bereits zitierten Satz: „Nur eine ausführliche Kritik der praktischen Vernunft kann alle diese Mißdeutungen heben" (6–7). Es gibt wenige Fragen, die in der Abhandlung einen so großen Raum einnehmen. Sie ist das zentrale Thema des Abschnitts „Von dem Befugnisse der reinen Vernunft, im praktischen Gebrauch, zu einer Erweiterung, die ihr im spekulativen für sich nicht möglich ist", mit dem das erste Hauptstück der Analytik schließt.[36]

b) Die angebliche *petitio principii* in der Begründung von Freiheit und sittlichem Gesetz in der *Grundlegung*. Flatt hatte ausgeführt, Kant benutze die Freiheit zum Beweis der Gültigkeit des Sittengesetzes und diese zum Beweis der Freiheit; seine Argumentation sei folglich zirkulär.[37] Auf diesen Einwand antwortet Kant im Vorwort (4 Anm.) präzise und zwingend, aber die volle Widerlegung nimmt einen großen Teil des Abschnitts „Von der Deduktion der Grundsätze der reinen praktischen Vernunft" im ersten Kapitel der Analytik ein.

c) Der von Pistorius gerügte Fehler, „daß der Begriff des Guten nicht vor dem moralischen Prinzip festgesetzt worden".[38] Die Tatsache selbst wird zugegeben, aber im zweiten Kapitel der Analytik verteidigt.

d) Die angebliche Entdeckung, „daß es überall gar keine Erkenntnis a priori gäbe, noch geben könne" (12). Dies war die Auffassung Feders, der die von Garve vorgelegte Rezension der *Kritik der reinen Vernunft* revidiert hatte.[39] Kant wußte inzwischen natürlich, wie weit Feder und nicht Garve für die schlimmsten Entstellungen jener Rezension verantwortlich war, die den Anstoß zu so vielen Darlegungen in den *Prolegomena* gegeben hat. Daher erlaubte sich Kant in seiner Replik auf jene angebliche Entdeckung hier eine abweisende und ironische Sprache.[40]

In seiner Antwort schlägt Kant folgenden Weg ein. Er zeigt zunächst, daß das Argument inkonsistent ist; denn was wir durch die Vernunft wissen, ist eine Erkenntnis a priori, und zu beweisen, daß es Erkenntnis a priori nicht gibt, „wäre ebenso viel, als ob jemand durch Vernunft beweisen wollte, daß es keine Vernunft gäbe". Anschließend kritisiert Kant Humes Begriff der Kausalität:[41] Indem Hume das apriorische Kausalitätsprinzip durch allgemeinen menschlichen Konsens ersetzt, bleibt es unerklärlich, ob dieser Begriff der Ursache „im Grunde falsch und bloßer Gedankenbetrug" ist. Dies aber meint Kant aus Humes Prämissen folgern zu müssen. Drittens aber spricht er Hume von der Absurdität frei, durch Vernunft beweisen zu wollen, daß es keine Vernunft gibt, indem er darauf hinweist, daß Hume – anders als der namentlich nicht erwähnte

Feder – in seinem Empirismus nicht so weit ging, ihn auf die Mathematik auszudehnen. Die Mathematik hielt Hume freilich nur darum von seinem Empirismus frei, weil er mathematische Sätze für analytisch hielt. Aber wenn Hume in diesem Punkt auch irrte,[42] so war doch entscheidend, daß er die mathematischen Sätze für a priori erklärte und so ein inneres Kriterium für die Beurteilung anderer Formen der Erkenntnis zurückbehielt. Ein echter Empirismus würde sich nicht nur gegenüber der philosophischen Spekulation skeptisch verhalten, sondern ebenso sehr Mathematik und Moralität zerstören. Aber darin ist er, nach Kant, nicht ernst zu nehmen; denn hier gerät eine selbst spekulative philosophische Theorie in direkten Konflikt mit der „größten möglichen Evidenz".

Ein Mann von geringerer Bedeutung als Kant hätte vielleicht seine beschränkte Zeit auf eine ausgedehnte Auseinandersetzung mit seinen Kritikern verschwendet oder zu seinem eigenen Schaden ihre Einwände und Mißverständnisse ignoriert. Aber es ist ein Zeichen der Größe Kants, daß er imstande war, sich – wenn schon nicht wohlwollend – so doch systematisch auf die Fehler und Mißverständnisse anderer einzulassen und aus den Lichtblicken des gelehrten Journalismus Material für das bleibende Gebäude seiner Philosophie zu nehmen. Dieser Seite seines Talents verdanken wir einen beachtlichen Teil der *Kritik der praktischen Vernunft*. Die Spuren davon sind durch das ganze Werk verstreut, wenn sie auch konzentriert nur hier im Vorwort auftreten.

# V ÜBERBLICK ÜBER DIE ANALYTIK DER PRAKTISCHEN VERNUNFT

1. Bedeutung des Ausdrucks „analytisch"

Kant gebraucht in der ganzen *Kritik* das Wort „analytisch", als ob es seinen Lesern vollkommen geläufig wäre. Aber wir müssen auf die erste *Kritik* zurückgehen, wenn wir genau verstehen wollen, was dieses Wort bedeutet und warum Kant es benutzt.

Die allgemeine Logik enthält, so sagt Kant, eine Analysis oder Auflösung der formalen Verstandes- und Vernunfttätigkeiten in ihre Elemente und stellt sie als Prinzipien einer logischen Erkenntniskritik dar. Als allgemeine Logik abstrahiert sie vollkommen von allem Inhalt unserer Urteile und Begriffe und beschäftigt sich ausschließlich mit ihren formalen Beziehungen.[1] Die transzendentale Logik dagegen geht nicht über den wichtigen Unterschied zwischen Erkenntnis a priori und Erkenntnis a posteriori hinweg; sie beschäftigt sich mit der Begründung und der Struktur der a priori erkannten Begriffe und Urteile. Daher enthält die transzendentale Logik nur Regeln des apriorischen Denkens der Objekte. Sie schließt daher andere Begriffe und Urteile aus, die hinsichtlich ihrer formal-logischen Beziehungen zwar mit ihnen identisch sind, hinsichtlich ihres Erkenntnisinhalts aber aus der Erfahrung stammen.[2] Der analytische Teil der transzendentalen Logik analysiert die apriorischen oder „transzendentalen" Operationen des Verstandes und der Vernunft bis hin zu ihren Elementen und dient so als Modell der Kritik aller unserer Erkenntnis von Gegenständen, die empirische Erkenntnis nicht ausgenommen. Die transzendentale Analytik ist daher eine „Logik der Wahrheit" und nicht, wie der analytische Teil der allgemeinen Logik, eine Logik der rein formalen Konsistenz. Die transzendentale Analytik besteht in der „Zergliederung unserer Erkenntnis a priori, die der reine Verstand selbst freigibt". Die Begriffe und Grundsätze, die sie freilegt, sind notwendig rein und nicht empirisch, intellektuell und nicht intuitiv, einfach und nicht zusammengesetzt, fundamental und nicht abgeleitet, systematisch vollständig und nicht rhapsodisch zusammengerafft.[3]

Abgesehen davon, daß die Prüfung sich auf die praktische Vernunft und nicht auf den Verstand oder die theoretische Vernunft bezieht, wird der Ausdruck „analytisch" in derselben Bedeutung auch in der *Kritik der praktischen Vernunft* gebraucht. Die Analytik enthält die „Regeln der Wahrheit" in der praktischen Philosophie; ihre wichtigsten Aufgaben sind die Unterscheidung zwischen der (empirischen) Glückseligkeitslehre und der (reinen) Ethik (92) und die systematische Darstellung der Prinzipien und Begriffe a priori der Ethik.

2. Die Struktur der Analytik

Kant sagt: „In der gegenwärtigen (Kritik) werden wir von den *Grundsätzen* anfangend zu *Begriffen* und von diesen allererst, womöglich zu den Sinnen gehen; da wir hingegen bei der spekulativen Vernunft von Sinnen anfingen, und bei den Grundsätzen endigen mußten" (16. vgl. 90). Hier sind zwei Punkte zu erörtern: der Grund, warum Kant die Ordnung der Teile innerhalb der Analytik umstellt, und das Vorkommen oder Fehlen einer Aesthetik.

a) *Die Anordnung der Teile.* – Kant gibt zwei geringfügig abweichende Begründungen dafür, warum er die Ordnung der Analytik umkehrt:

(1.) Da wir hier den Willen, nicht die Erkenntnis von Objekten behandeln, muß die Bestimmung des Willens durch Grundsätze statt durch Begriffe von Gegenständen zuerst behandelt werden (16). Dies ergibt sich aus der Definition des Willens.

(2.) Man kann leicht die Prinzipien aufstellen, da jedes natürliche menschliche Bewußtsein eine Anerkennung des Prinzips als eines vollkommen apriorischen und von den Sinnen unabhängigen Gesetzes enthält (91); dieses Gesetz ist daher auch unabhängig von Begriffen der Gegenstände und der sinnlichen Gegebenheit von Gegenständen.

Die Begriffe von Gegenständen der praktischen Vernunft – diese seien nun empirisch, wie der Begriff des Gegenstandes spezifischer Begehrungen, oder reine Begriffe von den Objekten der reinen praktischen Vernunft (es handelt sich, wie sich zeigen wird, um das moralisch Gute und Böse) – können nicht vor und unabhängig von diesem Prinzip dargestellt werden. Sonst hätten wir nämlich keine Erkenntnisse a priori des Guten und Bösen, so wie wir ja auch keine Erkenntnis a priori der empirischen Gegenstände unserer Begehrungen oder der empirischen Merkmale von Gegenständen der empirischen Erkenntnis besitzen, – es sei denn, wir hätten einen „moralischen Sinn" oder ein „moralisches Gefühl" (moral sense), d. h. eine Art apriorischer Anschauung moralischer Werte. Aber Kant besteht darauf, daß der Grundsatz der Ethik den ethischen Begriffen vorangeht, da der Begriff nur entweder von einem Grundsatz oder aber von einer Anschauung wie der des angeblichen moralischen Sinnes abgeleitet werden kann. Die Gültigkeit des angeblichen moralischen Sinnes für unsere ethische Erkenntnis bestreitet er mit Entschiedenheit.[4] Kant vergleicht daher das Verhältnis des Prinzips zu dem Begriff mit dem Verhältnis der Major zur Minor in einem logischen Schluß; dieses Verhältnis ist von dem eines allgemeinen Satzes zu einer beobachteten Tatsache verschieden (90).

b) *Eine Aesthetik der reinen praktischen Vernunft?* – Die transzendentale Aesthetik in der *Kritik der reinen Vernunft* hat nichts mit einer Theorie des Schönen zu tun; sie ist eine „Wissenschaft aller Prinzipien der Sinnlichkeit a priori".[5] Sie befaßt sich also mit der Anschauung als dem Vermögen, durch das unsere Begriffe zu ihren Gegenständen in Beziehung gesetzt werden. Es ist eine Eigentümlichkeit der menschlichen Anschauung, daß sie stets sinnlich ist (wobei „Sinnlichkeit" die Weise ist, wie uns Gegenstände affizieren).[6] Die Formen unserer sinnlichen Anschauung, Raum und Zeit, sind folglich für unsere Erkenntnis von Gegenständen als Erscheinungen notwendig. Eine Erkenntniskritik muß eine Analyse der apriorischen Prinzipien oder Formen der Sinnlichkeit enthalten, und da die Sinnlichkeit unseren Begriffen und Prinzipien Gegenstände verschafft, geht eine solche Analyse der Sinnlichkeit am besten der Analytik, als einem Teil der transzendentalen Logik, voran.[7]

Die praktische Vernunft hat es hingegen nicht mit dem Verhältnis der Erkenntnis zu Gegenständen, die uns gegeben sein müssen, zu tun, sondern mit der Hervorbringung von Objekten, die uns nicht passiv gegeben sind. Daher ist es nicht überraschend, daß in der praktischen Vernunft nichts der transzendentalen Aesthetik genau entspricht und daß erst nach, nicht schon vor der Erörterung der Grundsätze und Begriffe im Aufbau der *Kritik der praktischen Vernunft* ein ungefähr entsprechender Systemteil erscheint. Dies ist der Grund, warum Kant sagt, er werde von den Grundsätzen anfangen und zu Begriffen und von diesen allererst, womöglich, zu den Sinnen gehen: „Nur alsdenn konnte allererst das letzte Hauptstück (der Analytik), nämlich das von dem Verhältnis der reinen praktischen Vernunft zur Sinnlichkeit und ihrem notwendigen, a priori zu erkennenden Einfluß auf dieselbe, das ist vom *moralischen Gefühl*, beschließen" (90).

Zweierlei ist hier zu beachten: (1) Es handelt sich nicht um die Wirkung von Gegenständen auf unsere Sinnlichkeit, da nicht von der Beziehung unserer Begriffe auf gegebene Objekte als Erkenntnisobjekte die Rede ist. Es handelt sich um die Wirkung der Vernunft selbst und ihre Grundsätze und Begriffe auf unsere Sinnlichkeit. Dies ist das Problem der subjektiven Bestimmung des Willens, wobei der subjektive Faktor in der Sinnlichkeit oder im Gefühl und der bestimmende Faktor in den Grundsätzen der reinen Vernunft liegt. Das entsprechende Problem in der *Kritik der reinen Vernunft* ist vielleicht das der reinen Einbildungskraft, die die synthetischen Verstandestätigkeiten in der Sinnlichkeit darstellt (2). Die hier interessierende Sinnlichkeit ist nicht die Wahrnehmung, die sich auf äußere Gegenstände bezieht, sondern ein Gefühl, und eine Erkenntnisfunktion besitzt dieses nicht.

Die Begriffe der reinen theoretischen Vernunft können nicht unmittelbar auf einzelne sinnliche Vorstellungen angewandt werden. Was zwischen Begriffen und sinnlichen Vorstellungen vermittelt und die Anwendung der Kategorien auf die Erfahrung ermöglicht, ist das Schema der Begriffe. Dieser vermittelnden Funktion der Schemata entspricht in der reinen praktischen Vernunft ungefähr das, was Kant den „Typus der reinen praktischen Urteilskraft" nennt. Die Analogie zwischen der Typik und der eigentlichen Funktion einer Aesthetik ist vielleicht enger als diejenige, die wir zwischen dem dritten Hauptstück, dem Kapitel über die

Antriebskräfte, und der Aesthetik in der ersten *Kritik* finden werden. Aber die nächste Entsprechung liegt doch in den Erörterungen der Typik in der zweiten und den Erörterungen des Schematismus in der ersten *Kritik*. Kant selbst hingegen verwendet das Wort „Aesthetik", um sich auf die Darlegungen des dritten Hauptstückes, nicht auf die Typik am Ende des zweiten Hauptstückes, zu beziehen; diesem Sprachgebrauch werden wir uns anschließen.

3. Die Probleme der Analytik

Wenn Moralität nicht eine „chimärische Idee ohne Wahrheit" sein soll, so muß Kant drei Probleme lösen. Er muß:
1. ein Gesetz formulieren, dessen Erkenntnis unabhängig von Trieben Motiv des Handelns sein kann,
2. beweisen, daß reine Vernunft praktisch sein kann, d. h. daß der Begriff des unter (1) formulierten Gesetzes in der Tat Motiv des Handelns sein kann,
3. zeigen, daß in der Natur eines vernünftigen Wesens und insbesondere im Menschen als einem sinnlich affizierten vernünftigen Wesen jene Faktoren gegeben sind, durch die die Erkenntnis jenes Gesetzes in der Tat zum Motiv des Handelns werden kann. Kants Lösungen dieser Probleme bilden den Hauptteil der Analytik. Da diese Probleme nicht voneinander unabhängig sind, geht Kant erst das eine, dann das andere an, benutzt Teillösungen des einen, um den Ansatz für die Lösung der anderen zu gewinnen, und tut dies alles anscheinend in so vollkommener Unordnung, daß die gesamte Analytik bisweilen als der Versuch eines transzendentalen Münchhausen, sich an den eigenen Haaren aus den Schwierigkeiten herauszuziehen, interpretiert worden ist. Aber diese anscheinende Unordnung ist nur eine Konsequenz der tatsächlichen Beziehungen, die zwischen diesen Problemen bestehen. Jedes hängt so eng mit den anderen zusammen, daß eine volle Beantwortung zu dem einen implizit bereits die Antworten auf alle übrigen enthält. Grob gesprochen enthält indes das erste Hauptstück der Analytik Kants Lösung zu den Problemen (1) und (2). Das zweite Hauptstück behandelt allerdings weiterhin die Lösung des ersten Problems, nachdem dieses zu der Frage umformuliert worden ist, welche Begriffe rechtmäßig in einem Gesetz vorkommen dürfen, dessen Erkenntnis Motiv des Handelns sein soll. Das dritte Hauptstück enthält im wesentlichen die Antwort auf Problem (3).

Es ist ein bißchen verwegen, Analogien zwischen der ersten und der zweiten *Kritik* noch weiter pressen zu wollen als Kant selbst bei seiner großen Schwäche für Analogien.[8] Aber es ist interessant, einen Parallelismus zwischen diesen drei Problemen und denen der Analytik der ersten *Kritik* zu beobachten, auf den Kant selbst nicht aufmerksam gemacht hat. Es läßt sich nämlich zeigen, daß jedes der drei genannten Probleme in deutlich unterschiedenen Problemen der ersten *Kritik* ein Gegenstück hat.

Problem (1) ist formal identisch mit dem Problem der metaphysischen Deduktion der Kategorien, d. h. jenem Teil der Analytik der *Kritik der reinen Vernunft*, der den Aufweis der reinen Verstandesbegriffe enthält und folglich indirekt die apriorischen Verstandesgrundsätze und die Vernunftideen festlegt. In der *Kritik der praktischen Vernunft* finden wir ganz ähnlich eine „metaphysische Deduktion" des Grundsatzes der reinen praktischen Vernunft, d. h. eine spezifische apriorische Definition dieses Prinzips und seiner Begriffe.

Problem (2) ist formal identisch mit der *objektiven* transzendentalen Deduktion der Kategorien in der *Kritik der reinen Vernunft*, nämlich mit der Aufgabe, die objektive Gültigkeit der unter (1) entdeckten Kategorien nachzuweisen. Auch in der zweiten *Kritik* gibt es eine „transzendentale Deduktion", die zeigt, *daß* reine Vernunft praktisch sein kann; sie bleibt also nicht einfach bei dem Aufweis stehen, wie dieses Gesetz beschaffen sein müßte, *wenn* Vernunft praktisch wäre.

Problem (3) hat Ähnlichkeiten mit der sogenannten *subjektiven* Deduktion der Kategorien in der ersten Auflage der *Kritik der reinen Vernunft*, d. h. mit dem Aufweis der Bewußtseinstätigkeiten, die notwendig sind, wenn reine Begriffe in der Erfahrung sollen angewandt werden können. Ich habe bereits darauf hingewiesen, daß dieses Problem auch mit dem des Schematismus zusammenhängt. Aber insofern Kant dieses Problem mit dem der transzendentalen Aesthetik in der *Kritik der reinen Vernunft* in Verbindung bringt, ist es wohl vorzuziehen, bei dieser Analogie zu bleiben.

4. Gliederung des Kommentars zur Analytik

In meinem Kommentar möchte ich die verschiedenen Gedankengänge in Kants Argumentation gesondert behandeln und seine Schlußfolgerungen als spezifische Antworten auf diese spezifischen Probleme darstellen. Dem Kommentar zur Analytik liegt daher folgende Einteilung zugrunde:

Problem (1). – Die Kapitel VI und VII behandeln die Analytik der praktischen Vernunft im allgemeinen und insbesondere die Analytik der empirisch affizierten praktischen Vernunft, um die Beschaffenheit ihrer Maximen und deren Verhältnis zu moralischen Gesetzen zu zeigen. Diese beiden Kapitel sind primär ein Kommentar zum ersten Hauptstück, §§ 1–6 der Analytik.

Kapitel VIII enthält die Ableitung des einen Grundsatzes der reinen praktischen Vernunft und trägt entsprechend die Überschrift „Die ‚metaphysische Deduktion' des moralischen Gesetzes". Dieses Kapitel setzt den Kommentar zu den §§ 1–6 fort und geht auf die §§ 7 und 8 ein.

Kapitel IX („Reine praktische Begriffe und Urteile") stellt im wesentlichen eine Fortsetzung der „metaphysischen Deduktion" dar, obwohl es den Gang der Darstellung, die Kant in der Analytik gewählt hat, unterbricht und auf die Interpretation des zweiten Hauptstückes der Analytik eingeht. Die Gründe für diese Abweichung von der Anordnung Kants werden in Kapitel IX auseinandergelegt.

Problem (2). – Das Kapitel X erörtert Kants Lösung dieses Problems und trägt folglich den Titel „Die ‚transzendentale Deduktion' des Grundsatzes der reinen praktischen Vernunft". Es ist ein Kommentar zu den §§ 8 und 9 im ersten Hauptstück der Analytik und zu dem Abschnitt „Von der Deduktion der Grundsätze der reinen praktischen Vernunft".

Kapitel XI („Freiheit") untersucht Kants Theorien über diesen Begriff, wie sie hier und an anderen Stellen vorgetragen wird. Da Kant diesen Begriff hier und in den meisten anderen seiner Schriften so umfassend gebraucht, ist es nicht ratsam, in diesem Kommentar einen besonderen Abschnitt der *Kritik der praktischen Vernunft* zugrunde zu legen. Immerhin beschäftigt sich Kapitel XI ausführlich mit zwei Teilen der Analytik, nämlich den Abschnitten „Von dem Befugnisse der reinen Vernunft, im praktischen Gebrauche, zu einer Erweiterung, die ihr im spekulativen für sich nicht möglich ist" und „Kritische Beleuchtung der Analytik der reinen praktischen Vernunft".

Problem (3). – Kants Anregung folgend trägt das Kapitel XII die Überschrift „Die ‚Aesthetik' der reinen praktischen Vernunft"; es ist ein Kommentar zum dritten Hauptstück der Analytik und zur Methodenlehre.

5. Zusammenfassung des ersten Hauptstücks, §§ 1–8

Wir haben drei Probleme der Analytik unterschieden, aber betont, daß diese Probleme so eng miteinander verbunden sind, daß Kant nicht eins aufnimmt und zu Ende führt, um sich dann gemessenen Schrittes dem nächsten zuzuwenden. In fast jedem Abschnitt konzentriert er sich auf eine Frage, behält aber die übrigen im Auge; er macht seine Leser ständig auf die Verzweigungen jeder Antwort und ihrer Fortsetzung in den benachbarten Problemkreisen aufmerksam. Jeder Versuch, die einzelnen Probleme zu isolieren, setzt daher eine gewisse Künstlichkeit voraus, die

die ganze Interpretationsarbeit vereiteln müßte, wäre der Leser nicht darauf vorbereitet, den Zusammenhang im Blick zu behalten, dem die kunstvollen Abstraktionen für die Zwecke einer mikroskopischen Detailuntersuchung entnommen sind. Um dies zu erleichtern, möchte ich zum Abschluß dieses Kapitels eine kurze Gesamtdarstellung von Kants Darlegungen in ihrer vorliegenden Gestalt geben.

„Praktische Sätze" sind solche Sätze, deren Kenntnis bei der Bestimmung unseres Willens im Spiel ist, wenn wir unter möglichen Handlungen unsere besondere Wahl treffen. Sie heißen „Grundsätze", wenn sie allgemein sind, d. h. wenn sie eine allgemeine Bestimmung des Willens ausdrücken und wenn in ihrer Anwendung auf besondere Umstände andere praktische Sätze, nämlich „Regeln", unter sie subsumiert oder von ihnen abgeleitet werden können. Ein Grundsatz heißt eine „Maxime", wenn das Motiv, ihr zu folgen, nur für die Person gilt, die tatsächlich sich diese Maxime als ihre Lebensregel zu eigen gemacht hat. Ein Grundsatz ist hingegen ein „objektives Gesetz", wenn das in ihr formulierte und ausgedrückte Motiv zum Willen eines jeden vernünftigen Wesens gehört und als solches anerkannt ist.

In gewissem Ausmaß nötigt freilich jeder Grundsatz denjenigen, der ihn anerkannt hat. Selbst wenn mein Grundsatz eine bloße Maxime ist, die nur für mich selbst gilt, wie z. B. die Maxime, kein mir angetanes Unrecht ungerächt zu lassen, so nötigt er mich doch – wenigstens manchmal –, meine augenblicklichen Impulse (z. B. Furcht) mit diesem allgemeinen Zweck oder Bestimmungsgrund des Willens in Übereinstimmung zu bringen. Selbst ein solcher Grundsatz kann daher zu Regeln Veranlassung geben, die bestimmen, was ich vorhandenen Motiven zum Trotz tun soll und tun würde, wenn ich (a) diese Lebensregel hätte und (b) vollkommen vernünftig in der Wahl der Handlungen hinsichtlich dieser Lebensregel wäre. Für ein Wesen wie den Menschen, das nicht immer willentlich und spontan tut, was ihm von seiner Vernunft als eine notwendige Bedingung für die Ausführung seiner Zwecke vorgeschrieben ist, sind solche Regeln daher „Imperative". Nur die Vernunft sagt uns, was wir tun sollten, um die in einer solchen Maxime ausgedrückte Lebensregel zu befolgen, aber niemand ist so ausschließlich ein Vernunftwesen, daß er tut, was er tun sollte, ohne mehr oder weniger häufig mit seinen Neigungen in Konflikt zu geraten.

Wenn ein Grundsatz wirklich eine Maxime ist, so daß das Motiv für Handlungen in Übereinstimmung mit dieser Maxime als eine subjektive Bedingung des Handelns gegeben ist, so kann der entsprechende Imperativ, der uns sagt, was ein vernünftiger Mensch tun würde, um dieses Begehren, wenn er es hätte, zu befriedigen, ein „hypothetischer Imperativ" genannt werden. Er gebietet oder vielmehr rät, was ein Mensch tun sollte, wenn er das in Frage stehende Begehren hat. Der konative, dynamische Faktor in der Befolgung eines solchen Imperativs ist das Begehren oder der Trieb; der kognitive Faktor ist eine theoretische Erkenntnis oder irgendeine Meinung über das Verhältnis von Mitteln zu Zwecken.

Ein Gesetz hingegen – z. B. „Man soll nicht lügen" – gilt nicht, oder doch wenigstens *prima facie* nicht, nur für einen Menschen, der nach Ehre oder irgendeinem anderen besonderen Ziel strebt. Der dieses Gesetz ausdrückende Imperativ richtet sich an einen Menschen, der nicht schon von Natur aus diesem Imperativ gehorcht; es ist ein kategorischer Imperativ. Er schreibt uns nicht vor, Lügen zu vermeiden, um unseren guten Namen zu erhalten; er schreibt uns vor, nicht zu lügen, Punktum. Er scheint für vernünftige Wesen überhaupt zu gelten, nicht nur für solche Menschen, die bestimmte Begehrungen haben, die durch Befolgung dieses Gesetzes befriedigt werden können.

Alle Grundsätze, die irgendein Objekt des Begehrens voraussetzen, sind nur für diejenigen anwendbar, die tatsächlich dieses Begehren haben. Alle solche Grundsätze sind daher nur Maximen, keine Gesetze. Selbst wenn alle Wesen tatsächlich das in Rede stehende Begehren haben, wie etwa den Wunsch, glücklich zu sein, so sind Grundsätze, die dieses Motiv ausdrücken, doch noch keine Gesetze. Ein Gesetz muß objektive Notwendigkeit besitzen und von der Vernunft anerkannt sein; ob wir ein bestimmtes Begehren haben oder nicht haben, kann man nur empirisch feststellen.

Ein Gesetz muß ferner endgültig und bestimmt gebieten und in der Anwendung allgemein sein; die Mannigfaltigkeit der Begehrungen ist indes so groß, daß man sie zwar unter das allgemeine Verlangen nach Glückseligkeit subsumieren kann, ohne jedoch mehr als allgemeine Ratschläge, Sprichwörter und gute Lebensregeln herzugeben, die auf eine Vielfalt von Menschen und Umständen anwendbar sind.

Jeder Grundsatz und jede Regel, die für ihre Anwendung ein bestimmtes Begehren voraussetzt, fällt unter den allgemeinen Grundsatz der Selbstliebe oder des Strebens nach Glückseligkeit; denn ein Zustand der Glückseligkeit ist nichts anderes als die dauernde Befriedigung alles Begehrens. Wenn ein Philosoph das Streben nach Glückseligkeit zum bestimmenden Grund der Moralität macht, so kann er daraus keine allgemeinen Vorschriften ableiten. Denn jeder Mensch hat seine eigene allgemeine Vorstellung von seiner Glückseligkeit, und die Vorstellung eines jeden Menschen von ihr wechselt von Zeit zu Zeit, je nach der Lage seines besonderen Begehrens. Keine Regel, die von dem Verlangen nach Glückseligkeit abgeleitet ist, ist mehr als ein hypothetischer Imperativ; ihr fehlt daher jene Notwendigkeit, die für ein Gesetz a priori charakteristisch ist.

Wenn ein Vernunftwesen seine Maximen als allgemeine Gesetze betrachtet, wie es der Fall ist, wenn wir meinen, auch alle anderen Menschen (oder Vernunftwesen) sollten so handeln, wie wir selbst, so kann dies folglich nicht auf der Materie der Maxime beruhen, die sich auf den Gegenstand oder Zweck unseres Willens bezieht. Dies gilt selbst dann noch, wenn die Maxime glücklicherweise, bei einer Person von wohlwollender oder menschenfreundlicher Einstellung, das Streben nach allgemeiner Wohlfahrt oder dem Glück anderer ausdrücken sollte. Wenn die

Materie oder das Ziel des Strebens in dem Grundsatz vorausgesetzt ist (es ist gleichgültig, um *welche* Materie es sich dabei handelt), so enthält der Grundsatz keine Allgemeinheit, und der entsprechende Imperativ ist nicht kategorisch.

Außer der Materie einer Maxime haben wir indes nur noch ihre Form. Die Form einer in einem Imperativ ausgedrückten Maxime ist ihr „Sollen", ebenso wie die Form eines jeden theoretischen Satzes das „Sein" ist. Dieses formale Element ist unabhängig von irgendeinem besonderen Begehren, das den Inhalt einer besonderen Maxime konstituiert. Wenn wir von allem Inhalt eines Imperativs abstrahieren, der als besonderes subjektives Begehren einen Adressaten dieses Imperativs motiviert, so bleibt uns nur noch die Form, dieses abstrakte „Sollen", übrig. Im Gegensatz zu dem, was aus dem besonderen Inhalt der Maxime ableitbar ist, sind aus diesem Sollen Regeln ableitbar, die sich an alle Vernunftwesen richten und die folglich universal anwendbar sind. Es ist mithin die Form der Maxime und nicht ihr Inhalt, der darüber entscheidet, ob es sich um ein Gesetz oder um eine bloße Maxime handelt.

Wenn ein Grundsatz ein Gesetz ist, so muß seine Form von der Art sein, daß er sich an alle Vernunftwesen wendet, und der entsprechende Imperativ muß an alle Vernunftwesen gerichtet sein, die nicht schon von Natur aus das Gesetz beachten. Daher kann nur ein Gesetz einem kategorischen Imperativ zugrunde liegen. Der kategorische Imperativ schreibt einem nicht vollkommen vernünftigen Wesen vor, nach einer Maxime zu handeln, die ein vollkommen vernünftiges Wesen, ohne daß es dazu eines Gebots bedürfte, befolgen würde. Wenn ein Vernunftwesen über seine Handlungen nach Maximen entscheiden kann, einfach weil die Maxime ein für alle Vernunftwesen gültiges Gesetz ist, so kann dieses Wesen einem kategorischen Imperativ gehorchen, und reine Vernunft kann praktisch sein.

Vorausgesetzt, daß eine Person einem kategorischen Imperativ gehorchen kann, so muß der Wille dieser Person, wie Kant zeigt, frei in strenger transzendentaler Bedeutung sein, d. h.: Der Wille dieser Person kann nicht vollständig durch die Vorstellungen seiner sinnlichen Triebe bestimmt sein; denn dies würde seine Handlungen zu einer bloßen Wirkung von Naturerscheinungen machen. Nur die Vernunft kann die Vorstellung eines allgemeinen Gesetzes als Motiv unseres Handelns geben; von einem Wesen, das aus diesem Motiv handelt, sagen wir, es sei „frei".

Wenn wir umgekehrt annehmen, daß der Wille vom Naturmechanismus frei ist, so muß er von der Form und nicht vom Inhalt der Maxime oder des Gesetzes bestimmt sein. Er muß durch die Vorstellung eines Gesetzes determiniert sein; denn sonst könnte man nicht mehr von einem Willen, sondern nur noch von einer Laune sprechen. Und wäre der Wille durch den Inhalt bestimmt, also durch das, was das Gesetz als ein Mittel zur Befriedigung einer Begierde einer Person anbietet, so wäre der Wille nicht frei vom Mechanismus der empirischen Natur.

Der Begriff der Freiheit und der eines allgemeinen praktischen Gesetzes setzen sich mithin wechselseitig voraus. Wir können unsere Freiheit nicht unmittelbar erleben, aber wir können die verpflichtende Kraft eines allgemeinen Gesetzes unmittelbar erfahren; denn sie ist uns in unserem Bewußtsein des moralischen Gesetzes gegenwärtig. Das sittliche Gesetz führt uns so unvermeidlich zu der Annahme, daß Freiheit wirklich ist; es ist die *ratio cognoscendi* der Freiheit, während die Freiheit die *ratio essendi* des sittlichen Gesetzes ist.

Das sittliche Gesetz lautet: Ein reines Vernunftwesen handelt nur nach Maximen, die es als Maximen für alle Vernunftwesen wollen kann, d. h. nach Maximen, von denen es wollen kann, sie seien jedes Vernunftwesen verpflichtende, allgemeine Grundsätze. Für den nicht vollständig vernünftigen Menschen erhält dieses Gesetz die Form eines kategorischen Imperativs: „Handle so, daß die Maxime deines Willens jeder Zeit zugleich als Prinzip einer allgemeinen Gesetzgebung gelten könnte."

Nur reine Vernunft kann die Quelle eines solchen Gesetzes und des entsprechenden Imperativs sein. Soweit die Vernunft nur sinnliche Motive, von denen sie beherrscht, und Naturgesetze, nach denen sie befriedigt werden können, entdeckt, würde sie nicht zur Formulierung von Gesetzen gelangen, die Allgemeinheit und Notwendigkeit besitzen, wie wir sie in der Erfahrung der sittlichen Verpflichtung finden. Dieses Gesetz ist folglich nicht von irgendwelcher Beobachtung empirischer Fakten abgeleitet; es ist kein theoretisches Gesetz dessen, was ist. Es ist ein praktisches Gesetz, das reine Vernunft sich selbst als den Grund ihrer eigenen Handlungen vorschreibt. Reine praktische Vernunft ist auf diese Weise als der Ursprung ihres eigenen Gesetzes autonom; sie gibt sich selbst das Gesetz auf eine Weise, wie es für eine empirisch bedingte praktische Vernunft unmöglich wäre.

Die Grundsätze des empirisch affizierten Willens beruhen auf der kontingenten Tatsache, daß wir gewisse Begierden erleben, und auf unserer Erkenntnis der Mittel, durch die diese Begierden im Naturzusammenhang befriedigt werden können. Diese Gesetze sind folglich keine Hervorbringungen einer autonomen gesetzgebenden Vernunft, und sie sind folglich auch nicht absolut bindend oder verpflichtend. Alle moralischen Systeme mit Ausnahme desjenigen, das auf der reinen Vernunft als Triebfeder beruht, sind heteronom und daher unfähig, der absoluten, unbedingten, allgemeinen und notwendigen Forderung Rechnung zu tragen, die wir in der moralischen Verpflichtung erfahren. Wir müssen entweder diese Merkmale der moralischen Verpflichtung weginterpretieren, indem wir sie als illusorische Produkte eines psychischen Mechanismus aufweisen, oder wir müssen die These, daß reine Vernunft praktisch sein kann, d. h. daß sie ein Gesetz geben kann, dessen Erkenntnis ein hinreichendes Motiv unseres Handelns sein kann und sein soll, akzeptieren.

VI DIE ANALYTIK DER EMPIRISCHEN PRAKTISCHEN VERNUNFT

I. Formale Überlegungen

Kommentar zu § 1

1. Empirische praktische Vernunft

„Praktische Vernunft" und „Wille" bedeuten im allgemeinen für Kant dasselbe. Im dritten Kapitel haben wir bereits diese Gleichsetzung der beiden Begriffe erörtert. Hier genügt es daher, uns daran zu erinnern, daß die Vernunft in ihrem logischen Gebrauch das Vermögen des logischen Schließens und der Systematisierung unserer Erkenntnis ist, ein „Darum" zu jedem „Warum" zu finden, und daß sie in ihrem realen Gebrauch gewisse synthetische Sätze a priori oder Grundsätze setzt, die als unbedingte Bedingungen für alles empirisch Gegebene dienen. Wenn der Schlußsatz eines logischen Schlusses einen Imperativ oder die Feststellung, daß eine bestimmte Handlung getan werden sollte, bzw. den Entschluß dazu enthält, so ist der Gedanke, der zu dieser Schlußfolgerung führt, ein Schluß der praktischen Vernunft. Die Vernunfttätigkeit, die so unsere Handlung bestimmt, leistet das, was nach der gewöhnlichen Vorstellung der Wille leistet. Der Wille wird dabei als ein fast greifbares Organ der Entscheidung und Ausführung vorgestellt, das mit einem widerspenstigen Gegner oder dem schwachen Fleisch im Kampfe liegt.[1]

Die Ausdrücke „praktische Vernunft" und „Wille" sind freilich nicht in jeder Hinsicht synonym. Sie sind es so wenig, daß man geradezu überrascht sein könnte, wenn man erfährt, daß Kant sie identifiziert. Der Wille scheint oft etwas spezifisch Unvernünftiges zu sein, so daß Schopenhauer von einem unauflöslichen Konflikt zwischen Vernunft und Willen sprechen konnte. Aber auch wenn man Schopenhauer nicht so weit folgen mag, an einen immerwährenden Gegensatz zu denken, so kann man doch einen großen Unterschied in den Bedeutungen der beiden Wörter entdecken. „Wille" deutet unmittelbar den dynamischen Impuls im Begriff der Handlung an; „praktische Vernunft" läßt an etwas kühl Überlegendes ohne eigene Triebkraft denken. Einen solchen Bedeutungsunterschied muß auch Kant vor Augen gehabt haben, wenn er so spricht, als ob die Vernunft den Willen bestimmte oder als ob hier zwei Faktoren miteinander im Streite lägen.

So wenig Kant auch aufgrund seiner eigenen Definitionen berechtigt ist, so zu sprechen, so verständlich ist es wiederum, wenn er sich so ausdrückt. Man kann im Willensakt zwei Faktoren unterscheiden: ein Bedürfnis oder Begehren, das ich den „dynamischen" oder „konativen" Faktor genannt habe, und die Anerkennung eines Sollens, die ich den „kognitiven" Faktor nannte. Mein Begehren erscheint als eine Triebkraft, es bestimmt meine Neigung, meinen Impuls, meinen Trieb und meine Bereitschaft. Was ich tun soll, um mein Bedürfnis zu befriedigen, erfasse ich durch meine Vernunft. Die Vernunft kann eine Regel entdecken, die mir sagt, was ich tun soll, wenn ich erreichen möchte, was ich begehre. In dieser Hinsicht hatte Hume recht, wenn er die Vernunft eine Sklavin der Leidenschaften nannte. Aber sie ist eine intelligente Sklavin, die den Herrn, dem sie dient, leitet, diszipliniert und (wenigstens teilweise) zu seinem eigenen Besten kontrolliert. Wenn der konative Faktor die Bedingung ist, durch den eine bestimmte Handlungsregel für unsere Wahl relevant wird, so hilft die Vernunft in der Formulierung, Auswahl und Anwendung der Regel auf eine bestimmte Handlungssituation. Dabei stützt sie sich auf empirische Daten von zweifacher Art: gegenwärtige Daten (Gefühle), die das Vorhandensein eines bestimmten Wunsches oder Bedürfnisses anzeigen, und Tatsachen vergangener Erfahrung, die anzeigen, wie dieser Wunsch oder dieses Bedürfnis befriedigt werden kann.

Wenn die Vernunft auf diese Weise im Spiel ist, so heißt sie „empirische praktische Vernunft". Die Analytik der empirischen praktischen Vernunft ist die Untersuchung der fundamentalen Grundsätze und Regeln des Vernunftgebrauchs im Dienste der Neigungen, wobei die blinde Triebkraft der Neigung in ein aufgeklärtes Interesse verwandelt wird. Diese Untersuchung, der wir uns jetzt zuwenden wollen, gliedert sich in zwei Teile: eine Erörterung der formalen Aspekte eines solchen Vernunftgebrauchs (dieses Kapitel) und eine Erörterung der dynamischen Faktoren und der besonderen Arten von Volitionen, die sich daraus ergeben (folgendes Kapitel).

2. Praktische Prinzipien

„Praktische Sätze sind die, welche die Handlung aussagen, wodurch, als notwendige Bedingung desselben, ein Objekt möglich wird."[2] Der Ausdruck „praktischer Satz" bezieht sich also auf alle Arten von Handlungsregeln, wie z. B. auf Anweisungen für eine geometrische Konstruktion, auf Vorschriften, auf Ratschläge oder auf Feststellungen über Mittel-Zweck-Relationen. Jedes Urteil, das dadurch wirksam wird, daß es in einer Überlegung eine Rolle spielt, ist ein praktischer Satz, auch wenn sein Inhalt derselbe wie der eines theoretischen Satzes ist, der nur eine Erkenntnis ohne Anweisung für ihre praktische Anwendung enthält.[3] Der theoretische Satz „Alkohol macht betrunken" wird in Beziehung auf ein Begehren zu dem praktischen Satz „Trinke Alkohol" oder „Trinke keinen Alkohol", je nach der Richtung des spezifischen Begehrens, die unser theoretisches Wissen über die Wirkung von Alkohol praktisch bedeutsam macht.

Natürlich entspricht nicht jedem theoretischen Satz ein praktisches Gegenstück; ein praktischer Satz betrifft nur das, was durch unseren Willen möglich ist, und er drückt aus, was in irgendeinem Sinne, im Unterschied zu dem, was geschieht, getan werden soll.

Die erste Definition in § 1 bezieht sich auf eine Unterart praktischer Sätze, nämlich Grundsätze. „Praktische Grundsätze sind Sätze, welche eine allgemeine Bestimmung des Willens enthalten, die mehrere praktische Regeln unter sich hat." Es gibt also verschiedene Allgemeinheitsstufen praktischer Sätze, die von einem einzelnen Befehl wie „Schließe die Tür" oder einer allgemeinen Vorschrift wie „Gehe beim Autofahren kein unnötiges Risiko ein" bis zu einer allgemeinen Lebensregel wie „Lasse keine Beleidigung ungerächt" reicht. Den Terminus „Grundsatz" möchte Kant für diese letzte Allgemeinheitsstufe reservieren. Dies entspricht auch der Bedeutung des Wortes „Grundsatz", der zufolge Prinzipien (Grundsätze) etwas Ursprüngliches oder Grundlegendes enthalten müssen und nicht von noch fundamentaleren Sätzen abgeleitet sein dürfen. In seinen *Vorlesungen über Logik* schränkt Kant das Wort „Grundsatz" sogar noch weiter, nämlich auf synthetische Sätze a priori, ein.[4] Am Anfang seiner Darlegungen in der *Kritik der praktischen Vernunft* ist er indes noch nicht in der Lage zu behaupten, daß es praktische Prinzipien in dieser engeren Bedeutung überhaupt gibt;[5] hier bedeutet „Grundsatz" lediglich einen Satz, der eine Willensbestimmung ausdrückt, die nicht aufgrund einer logisch fundamentaleren Lebensregel angenommen worden ist.[6]

Fundamentale praktische Sätze sind folglich Sätze, die eine allgemeine Willensbestimmung enthalten und verschiedene praktische Regeln unter sich haben. Aber was ist eine allgemeine Willensbestimmung? Das Wort „Bestimmung" ist eins von Kants Lieblingswörtern, und er neigt dazu, es allzu häufig zu gebrauchen. In unserem Zusammenhang scheint es die folgenden Bedeutungen zu haben: (1) bestimmende Ursache einer Handlung, i. S. von „Bestimmungsgrund" (Motiv), (2) eine getroffene Entscheidung,[7] durch die der Wille aufhört, eine unbestimmte Volition zu sein und eine spezifische oder bestimmte Richtung und Zielsetzung erhält. Bei einer „allgemeinen Willensbestimmung" kommt es folglich darauf an, daß das fundamentale Prinzip des Handelns eine dauernde Lebensregel oder Willenshaltung, nicht einen willkürlichen Entschluß oder eine veränderliche Daumenregel enthält.

Auch das Wort „enthalten" im ersten Satz verlangt einen kurzen Kommentar. Es steht hier etwas seltsam im Satz; denn man kann wohl sagen, ein Satz enthalte Ausdrücke, aber nicht eigentlich, daß er eine Willensbestimmung enthalte. Man könnte versucht sein, „enthalten" i. S. von „behaupten" zu verstehen, aber dies würde den Grundsatz zu sehr von der Willensbestimmung trennen und ihn rein theoretisch machen.

Was Kant meint, ist m. E. folgendes: Der praktische Satz formuliert, was den Willen bestimmt, er drückt diese Willensbestimmung aus und bezieht sich nicht bloß auf sie. Es handelt sich also um einen Satz, der selbst zu einem Faktor in der Bestimmung des Willens wird, wenn man ihn sich zu eigen macht.

Das Problem einer Analytik der empirischen praktischen Vernunft ist nun das folgende: Welchen Grundsatz oder welche Grundsätze gibt es, die tatsächlich allgemeine Willensbestimmungen enthalten, soweit diese Bestimmungen in der Erfahrung angetroffen werden können? Das Problem einer Analytik der praktischen Vernunft im allgemeinen ist dann: Gibt es irgendwelche fundamentalen Prinzipien in der strengen Bedeutung von synthetischen Sätzen a priori, die eine Willensbestimmung enthalten, und wenn ja, welche?

3. Regeln

Eine formale Definition des Wortes „Regel" findet sich bei Kant nicht, und auch sein Sprachgebrauch ist nicht vollkommen eindeutig. Manchmal bedeutet es „Gesetz",[8] manchmal „Imperativ",[9] manchmal aber auch nur eine Vorschrift oder eine gewöhnliche Maxime, die uns in Zweifelsfällen weiterhilft, – jene Art von Lebensregeln, die als „Gängelwagen für Einfältige" dienen, die sich nicht zutrauen, die Verwicklungen einzelner Lagen aus eigener Anstrengung zu meistern und sich daher mit den einfachen Modellen erprobter Gemeinplätze behelfen.[10]

In der Anmerkung zu § 1 gibt Kant indes zu verstehen, daß eine Regel mit dem empirischen, kontingenten Charakter des Handelns in bestimmten Lagen zu tun hat, während die allgemeine Bestimmung in Grundsätzen gegeben ist. So unterscheiden sich Regeln von fundamentalen Prinzipien, die eine tatsächliche Lebensregel (Maxime) ausdrücken, und von fundamentalen Prinzipien, die (wenn es solche gibt) allgemein gültig sind.[11] Regeln drücken aus, was gewöhnlich nach einem allgemeinen Grundsatz richtig ist, aber sie gelten nicht notwendig und nicht ausnahmslos. Sie erfordern gesunden Menschenverstand und gute Urteilsfähigkeit für ihre besonnene Anwendung; sie können nicht automatisch durch Berufung auf eine allgemeine Lebensregel angewandt werden.[12]

Kant sagt nicht, daß die Regeln direkt unter den Grundsätzen stehen, als ob sie logisch in ihnen enthalten wären. Sie sind enthalten, sagt er, in der allgemeinen Bestimmung des Willens, nicht in dem Grundsatz. Regeln können so identisch sein, wenn die Grundsätze verschieden sind, und verschieden sein, wenn die Grundsätze identisch sind. Zwei Personen können nach demselben Ziel streben und es nach verschiedenen Regeln erreichen. Es ist wichtig zu sehen, warum Kant auf diesem lockeren Verhältnis zwischen Regeln und Grundsatz bestehen muß; er wäre sonst nicht in der Lage, innerhalb einer bestimmten Handlungsweise moralisches von lediglich legalem Handeln zu unterscheiden. Genau dieses wichtige lockere Verhältnis wird bei einigen der gängigsten Einwände gegen Kants Ethik übersehen; sie laufen darauf hinaus, daß Kant der Gleichförmigkeit im moralischen Handeln zu große Bedeutung gegeben habe.

Kant behauptet nicht die allgemeine Anwendbarkeit irgendwelcher Regeln. Die Allgemeinheit, auf die es ihm ankommt, ist nicht die einer Regel, sondern die eines Grundsatzes, und diese läßt in der Wahl einer Regel einen Spielraum offen. Aber da Kant seine terminologische Unterscheidung zwischen „Regel" und „Grundsatz" nicht streng beibehält und im übrigen dazu neigt, sein eigenes Leben nach „Maximen" auszurichten – dies waren für ihn wirkliche Regeln, wie wir von seinen Biographen, die persönlich mit ihm bekannt waren, erfahren –, so konnte für ihn der Fehler naheliegen, Regeln bisweilen unabhängig von besonderen Umständen für gültig zu halten, wie es z. B. in seiner Antwort an Benjamin Constant, in dem Aufsatz „Über ein vermeintes Recht aus Menschenliebe zu lügen", geschah.[13]

Eine Regel ist stets ein „Produkt der Vernunft"; denn allein Vernunft (verstanden als Vermögen des Denkens im allgemeinen, nicht als eins der drei Erkenntnisvermögen) kann das Verhältnis zwischen Zweck und Mitteln, das in einer Regel ausgedrückt wird, erkennen. Da eine Regel ein kognitives Element hat, das hinsichtlich der Zwecke, denen die Kenntnis dieser Regel dienen kann, invariant ist, nennt Kant eine Regel für den Gebrauch von Mitteln zu einem willkürlichen Zweck ein „technisches Prinzip" (besser wäre es natürlich, von „Satz" zu sprechen) und nicht einen praktischen Grundsatz.[14] Eine technische Regel ist *objektiv gültig*; denn sie ist eine Feststellung darüber, was ein vernünftiges Wesen mit der allgemeinen Willensbestimmung, unter die die Regel fällt, tun muß. Aber sie ist nur *subjektiv praktisch*, d. h. sie hat nur für ein Wesen mit der in Rede stehenden allgemeinen Willensbestimmung tatsächlich die Bedeutung, sein Verhalten zu bestimmen. Wir können daher Regeln, die Mittel zu Zwecken angeben, „bedingte Regeln" nennen, obwohl sie eine Erkenntnis erhalten, die von den subjektiven Bedingungen ihres Gebrauchs unabhängig sind.

Die Frage „Welches sind die bedingten Regeln einer empirischen praktischen Vernunft?" ist unbeantwortbar. Die Antwort wäre zu voluminös, als daß man mit ihr zu Ende kommen könnte: Sie würde alle praktischen Künste, alle angewandten Wissenschaften und alle Erkenntnis vom Lauf der Welt einschließen. Aber in einer Analytik der praktischen Vernunft überhaupt lautet die Frage: Gibt es unbedingte praktische Regeln, die sich unmittelbar aus unbedingten Grundsätzen ableiten lassen? Die Antwort auf diese Frage gehört in eine Analytik der reinen praktischen Vernunft.

4. Maximen

Praktische Prinzipien sind also einzuteilen in Maximen und Gesetze, in subjektive und objektive Grundsätze. Kants Formulierung dieser Einteilung ist indes eigenartig, weil sein Einteilungsprinzip nicht darauf beruht, ob der Grundsatz selbst als objektiv oder subjektiv anzusehen ist, sondern darauf, ob die *Bedingung* nur für ein Individuum oder für jedes Vernunftwesen gültig ist. Sie enthält überdies einen logischen Fehler; denn „Maxime" ist weiter als „Gesetz" und schließt „Gesetz" als eine seiner Unterarten ein. Wir müssen jede dieser beiden Besonderheiten betrachten.

Was heißt „Bedingung"? Man kann ganz allgemein sagen, daß sie dasselbe wie „Bestimmung" i. S. einer allgemeinen Willensbestimmung oder Willenshaltung bedeutet.[15] Aber warum wiederholt Kant nicht das Wort „Bestimmung", wo es im Zusammenhang mit den formalen Definitionen dieses ersten Absatzes seiner *Kritik der praktischen Vernunft* doch um Präzision und Eleganz geht? Die Begründung ergibt sich aus Kants logischer Terminologie. Kant pflegt den Obersatz eines Schlusses der ersten aristotelischen Figur „Grundsatz" (gelegentlich auch „Regel") und den Mittelbegriff (das Subjekt des Grundsatzes) die „Bedingung" zu nennen.[16] Im Hinblick auf diesen Gebrauch kann man sagen, „Bedingung" bedeutet das, was in der Maxime als der allgemeinen Willensbestimmung enthalten ist und werde so zum Mittelbegriff eines praktischen Syllogismus:

> Unrecht zu rächen, ist stets meine Absicht – Maxime oder Grundsatz.
> Diese Lüge würde ein Unrecht rächen – Regel.
> Also beabsichtige ich zu lügen – Entscheidung.[17]

„Ein Unrecht zu rächen" ist die Bedingung, die nur für mich gelten oder allen Vernunftwesen zugeschrieben werden mag.

Ich kehre nun zu der Unterscheidung zwischen Maxime und Gesetz zurück. Ebenso wie „Bedingung" spielt auch der Ausdruck „Maxime" in Kants logischer Terminologie eine Rolle; denn er geht auf „sententia maxima" zurück, dem ersten Obersatz eines Polysyllogismus. Logisch bedeuten daher „Maxime" und „Grundsatz" dasselbe, und ein Gesetz ist nur ein Sonderfall davon. Tatsächlich aber scheint Kant scharf zwischen beiden zu unterscheiden. In der *Grundlegung* heißt es, eine Maxime erkläre, wie wir uns verhalten, während ein Gesetz vorschreibt, wie wir uns verhalten sollen.[18] Anstelle dieser Dichotomie möchte Kant indes folgende Möglichkeiten unterscheiden:

(a) Ein Mensch handelt nach einer Maxime, die nur für ihn selbst gültig ist, weil die Bedingung ihrer Gültigkeit in dem tatsächlichen Zustand seiner eigenen Motive liegt.

(b) Ein Mensch anerkennt eine Bedingung als gültig für alle Vernunftwesen, wenn auch nicht notwendig als wirksam in allen Vernunftwesen.

(c) Ein Mensch anerkennt eine Bedingung als gegeben und wirksam in allen Vernunftwesen als solchen und daher als gültig für und anwendbar auf sich selbst.

Wir erhalten so eine Dreiteilung anstelle einer Dichotomie, nämlich: (a) eine reine Maxime, (b) ein Gesetz, (c) ein Gesetz, das zugleich eine Maxime ist.[19]

Die folgenden Fragen sind hier zu beantworten: (1) Wie lautet die höchste Maxime (bzw. wie lauten die höchsten Maximen) einer empirisch bedingten praktischen Vernunft? (2) Sind sie Gesetze oder bloße Maximen? (3) Kann ein Gesetz selbst ein Maxime sein? – Die erste dieser drei Fragen muß im Licht empirischer Fakten über den Menschen beantwortet werden; sie wird uns im nächsten Kapitel beschäftigen. Die dritte Frage gehört in die Analytik der reinen praktischen Vernunft. Die zweite Frage ist eine formale Frage in der Analytik der empirisch bedingten praktischen Vernunft.

5. Gibt es empirische praktische Gesetze?

Kants Antwort lautet, daß sie bloße Maximen sind, und er begründet seine Antwort mit mehreren Argumenten. In diesem Paragraphen werden wir uns indes mit seiner Antwort nur insoweit beschäftigen, als sie auf rein formalen oder erkenntnistheoretischen Überlegungen beruht; die anderen Argumente gehören in den Bereich des nächsten Kapitels.

Eine bloße Maxime muß von Bedingungen abhängen, die individuelle Unterschiede unter Vernunftwesen einschließen. Es handelt sich dabei um Unterschiede in ihrem Begehren, also in den konativen, nicht-kognitiven Komponenten ihrer Volitionen. Es könnte nun scheinen, daß im Gegensatz dazu ein Gesetz auf dem beruht, was alle Menschen tatsächlich gemeinsam haben, und dies müßte nicht notwendig eine Gemeinsamkeit in ihren kognitiven Fähigkeiten sein. Das Gemeinsame könnte auch in den konativen Bedingungen ihres Handelns liegen. Nun glaubt Kant zwar, daß alle Menschen ein Begehren gemeinsam haben, nämlich das Verlangen nach Glückseligkeit. Warum aber sind wir dann nach seiner Auffassung außerstande, aufgrund dieses vermeintlich empirischen Faktums oder auch, falls wir andere gemeinsame konative Komponenten in allen Menschen aufweisen können, aufgrund irgendeines anderen Faktums, ein praktisches Gesetz zu begründen?

Ein Gesetz kann überhaupt keine tatsächlichen Merkmale, die durch induktive Verfahrensweisen dem Menschen allgemein zugeschrieben werden, zur Grundlage haben. Denn man nehme an, aus der Untersuchung einer geeigneten Auswahl einer Gruppe von Menschen ergäbe sich, daß ein bestimmtes Begehren in ihnen vorhanden ist. Wir könnten dann die Behauptung aufstellen: Alle Menschen haben das Begehren B.

B wäre eine allgemeine Bestimmung ihres Willens. Aber selbst dann würde nicht folgen, daß B in einem Gesetz erscheinen müßte, nach dem alle Menschen so handeln sollten, daß B befriedigt werden kann. Man nehme nur an, ein Mensch würde gefunden, in dem B fehlt, wie es bei einer Fortsetzung unseres Induktionsverfahrens stets möglich ist. Die Tatsache, daß alle übrigen B haben, würde nicht den mindesten Grund dafür abgeben, warum dieses Individuum Handlungen, die durch B gefordert sind, ausführen oder sich schämen sollte, weil ihm B fehlt. Tatsächlich würde dieser Fall nur einen Grund liefern, die vorausgesetzte Verallgemeinerung zurückzuweisen. Die Verallgemeinerung ist a posteriori; ein Gesetz hingegen muß nach Kant allgemein und notwendig, d. h. a priori sein. Dies gilt nach seiner Auffassung ebenso für Gesetze der Naturwissenschaft.[20]

Nicht jeder wird Kant bei dieser kräftig zupackenden Argumentation folgen mögen. Es gibt ein *factum brutum* in dem, was wir als die höchsten „Naturgesetze" ansehen, und soweit wir wissen, hätten sie ganz anders sein können, als sie sind. Es ist nur ein *factum brutum*, daß in unserer Welt Körper einander anziehen; gleichwohl nennen wir die Beschreibung dieser Massenanziehung „Gesetz".

Dennoch ist klar, daß Kant hier auf einen wichtigen Unterschied im Bereich der Ethik hinweist, der darauf beruht, daß wir auf eine Ausnahme von einem angeblichen Gesetz verschieden reagieren können. Es gibt keinen möglichen logischen Schluß von dem tatsächlichen menschlichen Verhalten darauf, wie die Menschen sich verhalten sollten. Jede empirische Verallgemeinerung muß angesichts einer wohlbeglaubigten Ausnahme kapitulieren. Ein Grundsatz a priori oder ein Gesetz auf der anderen Seite kann eine scheinbare Ausnahme „verurteilen", und dies selbst in der Naturwissenschaft. Ein Körper, der nicht in Übereinstimmung mit Galileis Gesetz fällt, und dies tut kein Körper, ist ganz einfach kein freifallender Körper. Wir revidieren das Gesetz nicht, wenn wir eine „Ausnahme" von dem Gesetz finden; wir überprüfen vielmehr die Einordnung des Objekts. Ein Gesetz, das trotz scheinbarer Ausnahmen verteidigt werden kann, ist folglich keine bloße Zusammenfassung von Erfahrungen; es ist präskriptiv, nicht bloß deskriptiv, selbst wenn die Erfahrung seine Form nahelegt und es tatsächlich bestätigt und unterstützt. Solche Gesetze gibt es in der Wissenschaft; solche Gesetze scheint es auch für das praktische menschliche Verhalten zu geben.

Ein Gesetz ist präskriptiv, mag es nun ein theoretisches oder ein praktisches Gesetz sein. (Vielleicht wäre es besser zu sagen, ein Gesetz sei präskriptiv, sei es daß es der Theorie-Konstruktion – in diesem Fall nennen wir es „theoretisch", auch wenn es eine praktische Entscheidung darstellt –, sei es daß es der Leitung menschlichen Verhaltens – in diesem Falle nennen wir es „praktisch" – dient.) Wenn Kant davor warnt, irgendeinen empirischen Grundsatz „Gesetz" zu nennen, so macht er daher auf den „allerwichtigsten Unterschied, der nur in praktischen Untersuchungen in Betrachtung kommen mag" (26), aufmerksam: den Unterschied zwischen Verallgemeinerung von Tatsachen und praktischen[21] Vorschriften. Man kann das eine aus dem anderen nicht logisch ableiten. Es gibt mithin keine empirischen Gesetze der praktischen Vernunft, sondern nur empirische Maximen (21). Wenn es praktische Gesetze gibt, so sind sie nicht empirisch.

Kants These wird vielleicht klarer, wenn wir den Ausdruck „a priori" vermeiden. Dieser Ausdruck ist wohl nur der theoretischen Erkenntnis angemessen, bzw. seine Bedeutung ist nur univok, wenn er auf diese beschränkt bleibt. Kants These ist im Grunde sehr einfach, und sie besagt, daß praktische Gesetze präskriptiv sein müssen, während empirische Gesetze, die a posteriori sind, nicht präskriptiv sein können. Durch Ausschließung kann er daher praktische Gesetze, wenn es solche gibt, als „a priori" bezeichnen.

6. Hypothetische Imperative

Regeln werden als Imperative formuliert. Gegen Ende der Anmerkung zu § 1 kommt Kant auf eine seiner bedeutungsvollsten Unterscheidungen, die Unterscheidung von Imperativ und Gesetz,[22] und kurz darauf auf die nicht weniger wichtige, aber berühmtere Unterscheidung zwischen zwei Typen von Imperativen zurück.

Als Entschuldigung für diese offenkundige Beiläufigkeit kann man anführen, daß die zweite dieser Unterscheidungen, die Kant in der *Grundlegung* so sorgfältig ausgearbeitet hatte, im Rest der zweiten *Kritik* in Wahrheit nur eine relativ bescheidene Rolle spielt. Der Grund liegt darin, daß die analytische Methode der *Grundlegung* mit dem Phänomen der moralischen Nötigung beginnt, während die synthetische Methode der *Kritik* von den Grundsätzen ausgeht; der Imperativ ist nur die Weise, wie solche Grundsätze einem Vernunftwesen erscheinen, das nicht notwendig durch das Vernunftgesetz bestimmt wird. Für die Untersuchungen der *Kritik* ist die Lehre von den Imperativen daher höchstens eine weiterführende Ergänzung. Die Diskussion der Imperative und die Formulierung des kategorischen Imperativs sind hier vorausgesetzt. Deswegen ist es angebracht, sich auf die ausführliche Erörterung dieser Themen in der *Grundlegung* zu beziehen.

Jeder praktische Satz ist ein Produkt der Vernunft. Für ein Wesen, das – wie der Mensch – nicht allein der Vernunft gehorcht, stellt sich ein praktischer Satz als ein Vernunftgebot dar; es wird daher als Imperativ ausgedrückt. Es ist objektiv gültig und unterscheidet sich so von einer bloßen Maxime; aber es braucht nicht ein Gesetz auszudrücken, das in seiner praktischen Funktion unbedingt wäre. Als Imperativ kann es objektiv gültig nur für ein Wesen mit einer bestimmten Bedingung des Wollens sein. Wir müssen daher zwischen einem Gesetz, das für ein Vernunftwesen als solches notwendig verpflichtend ist und sich allen teilweise vernünftigen Wesen als ein unbedingter Imperativ darstellt, und einem Gesetz, das lediglich die objektiv gültige kognitive Komponente in der Willensbestimmung eines empirisch affizierten Vernunftwesens ist, unterscheiden. Die letztere Art von Gesetz meint einen theoretischen Satz, der nur unter der Bedingung eines subjektiven Wollens als praktischer Satz dient. Unter den zahllosen theoretischen Sätzen werden einige für die Bestimmung des Verhaltens durch diese subjektive Bedingung praktisch relevant. Sofern ein Imperativ sowohl die tatsächliche Bedingung eines subjektiven Willens wie auch Tatsachenerkenntnis als theoretische Komponente enthält, gebietet er nur hypothetisch; es handelt sich m. a. W. um einen hypothetischen Imperativ.

In der *Grundlegung* unterscheidet Kant zwei Arten hypothetischer Imperative: den problematischen oder technischen[23] Imperativ und den assertorischen oder pragmatischen Imperativ. Der Unterschied liegt darin, daß bei jenen Imperativen die Bedingung nicht als gegeben behauptet, sondern nur als Annahme eingeführt wird (z. B.: „Wenn du Brot backen willst..."), während die Bedingung bei den Imperativen der zweiten Art als gegeben behauptet wird (z. B.: „Da du... willst..."). Jene Imperative werden auch „Regeln der Geschicklichkeit", diese „Ratschläge der Klugheit" genannt. Diese Unterscheidung wird in der zweiten *Kritik* nicht wieder aufgenommen. Aber es ist eins ihrer Hauptprobleme, die Bedingung anzugeben, die in allen hypothetischen Imperativen der zweiten Art als gegeben behauptet wird. Davon wird das nächste Kapitel dieses Buches handeln.

Bei der Analyse[24] eines hypothetischen Imperativs stößt man auf die folgenden Komponenten:

a) Im Vordersatz:
(I) ein konatives, auf einen Gegenstand (B) gerichtetes Element. B ist der Zweck der gebotenen Handlung, d. h. ein Gegenstand oder Sachverhalt, dessen Vorstellung eine der Ursachen seiner Existenz als Wirkung des handelnden Subjekts ist. Dies wird im Imperativ ausgedrückt durch „Wenn ich B will" oder „Da ich B will".
(II) ein kognitives Element: die Erkenntnis des Kausalverhältnisses zwischen der gebotenen Handlung (A) und dem Zweck (B). Unter Bedingung (I) ist diese Erkenntnis gleichbedeutend mit der Feststellung „A ist ein Mittel zu B".
(III) eine stillschweigende Prämisse oder Regel eines praktischen Schlusses: „Wenn ich die Wirkung (B) wirklich will, so will ich auch die dazu notwendige Handlung (A)."[25]

b) Den Nachsatz: „Tu A".

In einem technischen Imperativ kann B der Gegenstand irgendeines Begehrens sein. In vielen Fällen kennen wir wohlbegründete Naturgesetze (II), die uns sagen, wie B erreichbar ist. Im pragmatischen Imperativ ist B ein einziger Zweck, von dem Kant meint, wir können ihn als gegeben behaupten und brauchten uns nicht darauf zu beschränken, ihn als möglicherweise erstrebt vorzustellen: Wir *haben* ein Verlangen nach

Glückseligkeit. In diesem Fall ist indes der Inhalt von B so unbestimmt und unsere Kenntnis der Welt und des Weltlaufs so unangemessen, daß wir keine allgemeinen Regeln aufstellen können, die uns erlauben, B mit Sicherheit zu erreichen. Der Bereich der konativen Komponente und die Gewißheit der kognitiven Komponente scheinen sich daher in umgekehrtem Verhältnis zu verändern: Wenn das angestrebte Ziel sehr bestimmt ist, so können wir uns unter II auf wirkliche Naturgesetze stützen; wo das Ziel hingegen vage ist, wie etwa „Zufriedenheit" oder „Glückseligkeit", dort ist zu erwarten, daß die kognitive Komponente eine empirische Erkenntnis ist, die kaum den Namen eines Gesetzes verdient, sondern bloßer Glaube oder bloße Meinung ist.

Die Möglichkeit dieser Imperative, erklärt Kant, ist leicht einzusehen, da sie, „was das Wollen betrifft", analytisch sind.[26] Dies ist ganz richtig, aber es erfordert eine etwas weitergehende Analyse, damit klar wird, was diese Feststellung bedeutet und warum sie wahr ist.

Es ist nicht vollkommen klar, in welchem Sinne ein Imperativ zu jener Art von Urteilen gehört, die entweder analytisch oder synthetisch sind. Imperative sind keine Urteile mit Subjekt und Prädikat; daher fallen sie auch nicht unter Kants explizite Einteilung der Urteilsarten. Gewiß, man kann für jeden Imperativ entsprechende Feststellungen im Indikativ angeben – diese sind dann nicht notwendig Tatsachenbehauptungen, es kann sich auch um Werturteile handeln –, und von diesen Feststellungen kann man durch einfachen syntaktischen Wechsel des Satzmodus zum Imperativ übergehen. Aber im Falle der hypothetischen Imperative sind einige der entsprechenden Urteile im Imperativ selbst hypothetisch. Daher fallen sie nicht unter Kants offizielles Einteilungskriterium für analytische und synthetische Urteile. Auf solche Kleinigkeiten hinzuweisen, ist nicht vollkommen pedantisch. Kleinere Ungenauigkeiten des Ausdrucks bei Kant sollten uns indes nicht davon abhalten, den wichtigen und richtigen Punkt zu finden, auf dem Kant insistiert.

Wir können die Bedingungen feststellen, unter denen der Nachsatz unseres hypothetischen Imperativs als bindend anzusehen ist, und diese Bedingungen in Aussagesätzen der Form „Unter Bedingung C wird ein Vernunftwesen A tun" formulieren. In diesem Fall folgt das Urteil „Ein Vernunftwesen wird A tun" analytisch aus jenen Aussagesätzen und einer weiteren Tatsachenfeststellung von der Form „Ein Vernunftwesen handelt unter Bedingung C". „Folgt analytisch" bedeutet hier: Die Negation des Schlußsatzes würde im Widerspruch zur Behauptung der Konjunktion der beiden Vordersätze stehen. Das dem Schlußsatz entsprechende Urteil zu bestreiten, würde daher den Urteilen, aus denen es logisch folgt, widersprechen. Da der Nachsatz mit dem Vordersatz in diesem Sinne analytisch verknüpft ist, sagt Kant, der Imperativ sei analytisch.

Analytisch in dieser weiteren Bedeutung ist er freilich nur, „was das Wollen betrifft". Daß A notwendig ist, um B zu erreichen, ist nicht analytisch einzusehen, und daß das Vernunftwesen unter der Bedingung C steht, ist ebensowenig analytisch bekannt. Analytisch ist allein die Komponente III; diese bezieht sich auf die Form des Begehrens und nicht auf den spezifisch gewollten Inhalt. Komponente III artikuliert lediglich das Verhältnis zwischen A und B als Variablen. Genauer hätte Kant daher sagen sollen, daß nicht der hypothetische Imperativ selbst analytisch ist, sondern sein formales Prinzip, nämlich III. Dieses formale Prinzip allein betrifft den Willen eines Vernunftwesens unabhängig von dem kognitiven Inhalt und der Kontingenz menschlichen Begehrens. III nicht zu akzeptieren, bedeutet: hinsichtlich seines Begehrens kein Vernunftwesen zu sein. In verschiedenen Graden sind wir freilich, was unsere Bereitschaft, diesem formalen Prinzip zu folgen angeht, alles andere als konsequent. Wir streben Gesundheit an, aber wir wollen zugleich Handlungen, die sie ruinieren; wir handeln keineswegs immer nach den Regeln der Klugheit.

Die Schlußfolgerung eines hypothetischen Imperativs erreicht man nur durch Komponente III. Wegen ihres formalen Charakters können auch hypothetische Imperative objektiv gültig sein. Diese sind daher weder überredend noch emotional, sondern durchaus rational, auch wenn sie für unser Handeln nur unter spezifischen Bedingungen, die nicht für jedes Vernunftwesen als solches gegeben sein müssen, relevant werden. Die Bedingungen, von denen sie abhängen, sind Bedingungen dessen, an den der Imperativ gerichtet ist, nicht dessen, von dem er ausgeht.

Da Wesen, wie wir es sind, nicht stets die zu ihren Zwecken notwendigen Mittel wollen, auch wenn sie diese Mittel kennen, so drückt der hypothetische Imperativ eine Einschränkung unseres Impulses durch die Vernunft aus. Wenn wir vollkommen vernünftige Wesen wären, so wäre es leicht, der Maxime zu folgen, alles zu den angestrebten Zielen Notwendige zu tun. Aber da wir es nicht sind, so können auch unsere Wünsche und Begehrungen eine Nötigung enthalten; sie sind nicht bloße Reize und Verlockungen. Die Lust selbst, im nachhinein hat man das oft mit Bedauern erkennen müssen, kann eine harte Herrin sein.

Kants Behandlung der Imperative und seine ihr zugrunde liegende Annahme, daß die aus der formalen Logik übernommene Unterscheidung hypothetischer und kategorischer Sätze zwei scharf unterschiedene Arten von Nötigung definiert (Regeln der Klugheit und Gesetze der Sittlichkeit), hat zu einigen unglücklichen Interpretationen seiner ethischen Lehren geführt. Vielleicht wären diese Fehlinterpretationen nicht aufgekommen, wenn Kant einer seiner eigenen Anregungen konsequenter nachgegangen wäre: dem Gedanken, daß die Modalität der Urteile und nicht ihre Form als Einteilungskriterium für die Unterscheidung der Imperative benutzt werden sollte. Ein hypothetischer Imperativ wird definiert durch seine Form: „Wenn du B willst, so tue A"; ein kategorischer Imperativ wird definiert durch seine Form: „Tue A". Daraus ergibt sich, daß alle Imperative mit moralischer Kraft kategorische Imperative sein müssen. Bekanntlich formuliert Kant den moralischen Imperativ regelmäßig in kategorischer Form. Dies wiederum hat zu der Auffassung geführt, wir sollten bei moralischen Entscheidungen von sämtlichen Umständen, die im Vordersatz eines hypothetischen Urteils oder Imperativs ausgedrückt sein würden, absehen. Die Kant-Interpretation, die so zustande kommt, kann man nur noch als töricht bezeichnen.

Der entscheidende Punkt ist nicht, daß ein moralischer Imperativ eine bestimmte grammatische oder logische Form haben müßte, die von der eines technischen Imperativs oder einer Devise der Klugheit verschieden wäre. Es gibt ethisch gültige Imperative, die eine hypothetische Form haben: „Wenn du versprochen hast, das Buch zurückzugeben, so tue es auch." Umgekehrt haben nicht alle kategorischen Imperative moralische Bedeutung oder Anspruch: „Schließe die Tür". Wenn wir Kants Intention in dieser Unterscheidung treu bleiben wollen, so haben wir allein darauf zu achten, daß kein Imperativ moralisch gültig ist, wenn er sich lediglich an eine Person mit einem spezifischen Begehren richtet. Gleichgültig ist, ob er die Form „Wenn du nicht frieren willst, schließe die Tür" oder die kategorische Form „Schließe die Tür" hat. Wir müssen jene Bedingung des Willens zu unterscheiden in der Lage sein, die in einer Person gegeben sein muß, damit ein Imperativ auf sein Verhalten Einfluß gewinnen kann. Diese Bedingung lautet: Die Person muß praktische Vernunft haben. Wenn wir nur dies voraussetzen und die Tatsache hinzu nehmen, daß die Person nicht von Natur aus tut, was das Gesetz verlangen würde, sei es zur Erreichung irgendeines bestimmten Zwecks oder zu vernünftigem Handeln in der Verfolgung irgendeines beliebigen Zwecks, so richtet sich der Imperativ an ihn als ein praktisch vernünftiges Wesen unabhängig von einem bestimmten Begehren; unter dieser Bedingung ist der Imperativ apodiktisch, mag er nun in seiner sprachlichen Form hypothetisch oder kategorisch sein. Im Gegesatz dazu gibt es assertorische Imperative, Imperative also, die für einen Menschen Bedeutung haben, von dem empirisch behauptet werden kann, daß er tatsächlich eine solche Maxime angenommen hat, wie sie der Imperativ für realisierbar erklärt. Bei einem apodiktischen Imperativ können durchaus hypothetische Bedingungen ins Spiel kommen und eine spezifische Handlung erforderlich machen; aber sie betreffen nicht jene eine Bedingung, die den Imperativ für jedermann gültig macht, statt ihn nur für ein Individuum gültig zu machen, das gerade jenes durch die Befolgung dieses Imperativs zu befriedigende Verlangen hat. Ein Versprechen z. B. begründet eine Verpflichtung, und man kann (kategorisch) sagen „Halte dein Versprechen" oder (hypothetisch) „Wenn du das Buch zurückzugeben versprochen hast, so tue es auch".

Der hypothetische Imperativ „Wenn du noch weitere Bücher entleihen möchtest, so halte dein Versprechen" kann nicht in eine kategorische Form gebracht werden, die apodiktisch gültig ist; ein solcher Imperativ, mag er nun eine kategorische oder eine hypothetische Form haben, ist seiner Modalität nach nur assertorisch.

7. Ergebnisse

Wir haben in diesem Kapitel die formale Struktur der praktischen Vernunft studiert, wie sie in der Befriedigung irgendeines konativen oder dynamischen Dranges, dessen Existenz wir empirisch in uns entdecken, wirksam wird. Wir haben uns dabei mit Fragen beschäftigt, die durch rein formale Betrachtungen beantwortet werden können, wenn sie auch Kenntnis der menschlichen Natur und der moralischen Phänomene voraussetzen. Wir möchten wissen:

1. Welches Prinzip oder welche Prinzipien gibt es, die eine allgemeine Willensbestimmung, soweit diese empirisch feststellbar ist, ausdrükken?

2. Sind diese Prinzipien Maximen oder Gesetze oder sowohl Maximen wie Gesetze?

3. Gibt es Prinzipien, die eine allgemeine Willensbestimmung unabhängig von empirisch feststellbaren dynamischen oder konativen Faktoren ausdrücken?

Frage (1) und Frage (2) sollen im nächsten Kapitel beantwortet werden. Wir werden uns dabei mit Kants Theorie (a), daß alle Prinzipien, die eine empirisch feststellbare Willensbestimmung ausdrücken, „Prinzipien der Selbstliebe oder eigenen Glückseligkeit" sind, und (b), daß sie bloße Maximen sind und nicht die Kraft eines Gesetzes haben, befassen müssen. Kants Bejahung der dritten Frage wird in den Kapiteln VIII und IX zu erörtern sein; es wird sich dort zeigen, wie solche Prinzipien, die allein Gesetze sein können, aufgefunden werden und wie sie lauten.

VII DIE ANALYTIK DER EMPIRISCHEN PRAKTISCHEN VERNUNFT

II. Inhaltliche Überlegungen

Kommentar zu §§ 2.3 und Teilen von § 8

1. Einleitung

Empirische praktische Vernunft ist eine Vernunfttätigkeit bei der Anleitung unseres Verhaltens zur Befriedigung eines Begehrens. Im vorigen Kapitel haben wir die formalen Aspekte dieser Anleitung unseres Verhaltens durch Grundsätze, Maximen, Regeln und Imperative untersucht. In diesem Kapitel werden wir uns mit den bewegenden Kräften in dem so angeleiteten Verhalten befassen, mit seinen Wirk- und Zielursachen, statt mit seinen formalen Ursachen. Dies wird uns zu dem Versuch nötigen, Kants Auffassungen und Terminologie auf dem Gebiet der Psychologie oder, wie er selbst zu sagen vorziehen würde, der Anthropologie zu verstehen. Wir müssen verstehen, was er mit „Begehrungsvermögen", „Lust", „Unlust", „Interesse" und „Glückseligkeit" in ihrem empirischen, psychologischen Zusammenhang meint. Sodann werden wir Kants These, daß diese Begriffe und die sie verwendenden Grundsätze nicht geeignet sind, als moralische Begriffe und Grundsätze zu dienen, erörtern und ihrer Begründung nachgehen.

2. Begierde

Das Begehrungsvermögen ist nach Kants Definition das Vermögen eines Wesens, „durch seine Vorstellungen Ursache von der Wirklichkeit der Gegenstände dieser Vorstellungen zu sein".[1] Darin sind jene zwei Faktoren des Begehrungsvermögens wiederzuerkennen, die wir bereits unterschieden haben: der kognitive Faktor („Vorstellungen") und der dynamische oder konative Faktor.

Der letztere wird gelegentlich „Begierde" genannt; wenn es sich um eine habituell gewordene Disposition handelt, spricht Kant gewöhnlich von „Neigung"; auch die Ausdrücke „Antrieb" oder „Triebfeder" werden für den konativen Faktor gebraucht.[2]

Die Vernunftbestimmung des Willens heißt Interesse.[3] Aber da praktische Vernunft und der Wille identisch sind, ist es genauer zu sagen, Interesse bedeute „eine Triebfeder des Willens, sofern sie durch Vernunft vorgestellt wird" (79). In einem abhängigen, d. h. nicht völlig vernünftigen Willen gibt es stets ein Interesse, das sich als Maxime formulieren läßt. Solange es nicht formuliert und dadurch einer vernünftigen Prüfung unterworfen ist, haben wir gar keinen Willen, sondern nur einen blinden Trieb. Eben dadurch unterscheidet sich der Wille von der Begierde, daß die letztere zwar ein Bild eines Gegenstandes als Ziel des Strebens enthält; im Willen hingegen findet sich auch eine Anleitung durch das Bewußtsein eines Gesetzes oder Grundsatzes, so daß die Handlung objektiv auf den erstrebten Gegenstand bezogen ist.

Tiere haben in diesem Sinne Begierden, aber nur vernünftige Wesen können einen Willen haben.

Wenn Kant in diesem Zusammenhang von „Gegenständen der Vorstellungen" spricht, so meint er mit den „Gegenständen" die Zielursachen der Handlung, während die Vorstellungen selbst zu den Wirkursachen gehören. Die Gegenstände der Vorstellungen heißen auch „Gegenstände des Interesses oder der Neigung".[4] Die „Gegenstände" sind die Zwecke einer Handlung; denn der Zweck wird definiert als der Begriff eines Gegenstandes, sofern er die Ursache von der Realität des Gegenstandes ist.[5] Die Vorstellung ist eine der Wirkursachen des Gegenstandes; denn sie bestimmt – neben anderen Faktoren – das Handeln der Person, durch die der Gegenstand hervorgebracht wird. Der Gegenstand ist ein Zweck, wenn wir die Verwirklichung dieses Zwecks einer Ursachenkette zuschreiben, die als eins ihrer Glieder eine Vorstellung oder einen Begriff dessen enthält, was die Person dazu bestimmt, den Gegenstand wirklich hervorzubringen.

„Gegenstand" hat bei Kant zwei vollkommen verschiedene Bedeutungen. Einmal ist damit eine Tatsache oder ein wirklich bestehender Sachverhalt gemeint, ein physikalisches Ding und seine psychologischen Wirkungen, die durch Handlungen zur Existenz gebracht werden können. Eine solche Hervorbringung eines Gegenstandes erfordert empirische Erkenntnis seiner Ursachen und Geschicklichkeit in der Anwendung dieser Erkenntnis. Nur in dieser Bedeutung kann das Wort „Gegenstand" in der Analyse der empirischen praktischen Vernunft gebraucht werden. Aber es hat eben auch noch eine zweite, ziemlich ungewöhnliche Bedeutung. Es kann sich auf eine innere Willenshaltung beziehen, auf einen Akt der Entscheidung selbst, ohne Rücksicht auf die Kausalität des Willens zur Hervorbringung des Gegenstandes (in der ersten Bedeutung). Dies ist die Bedeutung, die das Wort in der Analyse der reinen praktischen Vernunft haben wird.[6]

3. Lust

Kants Theorie des Begehrungsvermögens ist hedonistisch. „Etwas wollen, und an dem Dasein desselben ein Wohlgefallen haben, d. i. daran ein

Interesse nehmen, ist identisch."[7] Das Begehrungsvermögen richtet sich jeweils auf einen Gegenstand, von dessen Existenz man sich Lust verspricht.

Die Umkehrung dieses Satzes gilt hingegen nicht. Während Kants Theorie des Begehrungsvermögens hedonistisch ist, ist seine Theorie der Lust nicht ausschließlich konativ. Denn man kann Lust ohne voraufgegangenes Begehren erleben. Sie kann aus der bloßen Betrachtung eines Gegenstandes oder aus dem Erlebnis einer Vorstellung in der Einbildung entstehen. Solche Lust heißt „kontemplative Lust", für die die Freude an der Schönheit das klarste Beispiel ist; die Lust (das Wohlgefallen) ist hier interesselos. Die Lust hingegen, die das Ziel und die Belohnung eines Handelns ist, heißt „praktische Lust"; sie ist ein „Interesse der Neigung".[8]

Man kann beide Arten der Lust oder des Wohlgefallens im Hinblick auf den subjektiven Zustand der Person definieren. Lust ist das Bewußtsein der Kausalität einer Vorstellung, das Subjekt in dem Zustand zu halten, in dem sie dieses Erlebnis hat. Dies gilt auch für das interesselose ästhetische Wohlgefallen. Unlust ist, nebenbei bemerkt, unser Bewußtsein einer Wirkung, daß eine Vorstellung uns dazu nötigt, unseren subjektiven Zustand ändern zu wollen.[9] Lust entsteht, wenn bei der Betätigung unserer Fähigkeiten Harmonie oder Erleichterung der Funktionen gegeben ist; Kant definiert sie daher als die Vorstellung der Übereinstimmung eines Gegenstandes oder einer Handlung mit den subjektiven Bedingungen der Person (Begehrungsvermögen)[10] oder mit der Betätigung unseres Wahrnehmungs- und Vorstellungsvermögens (im Falle des interesselosen Wohlgefallens am Schönen).

Vielleicht sollte man etwas klarer sagen, Lust sei das durch solche Übereinstimmung hervorgerufene Gefühl. Lust ist der Antrieb zur Tätigkeit, eine solche Übereinstimmung hervorzubringen, und daher mit dem Begehren verbunden.[11]

Das Vermögen, Lust oder Unlust zu erleben, ist das Gefühl. Es ist die eine Unterart der allgemeinen Affizierbarkeit durch Sinnlichkeit *(sensatio)*; die andere Unterart ist der Sinn.[12] Wenn der Inhalt unserer sinnlichen Erlebnisse von der Art ist, daß er auf ein Erkenntnisobjekt bezogen werden und so, trotz seiner Abhängigkeit von unserer subjektiven psychischen Konstitution, eine Komponente in unserer Erkenntnis von Objekten werden kann, so heißt dieser Inhalt „Wahrnehmung". Die Fähigkeit, Wahrnehmungen zu empfangen (Rezeptivität), ist der Sinn. Das Erlebnis der Farbe Grün ist z. B. eine Wahrnehmung; sie ist subjektiv, da sie von der wahrnehmenden Person abhängt. Gleichwohl wird sie auf einen Gegenstand in der Weise bezogen, daß man mit Recht sagen kann, der Gegenstand sei grün. (Dies geschieht durch eine apriorische Synthesis der Wahrnehmungen unter der Kategorie von Substanz und Akzidenz.) Eine solche Objektivität sinnlicher Erlebnisse fehlt bei den Gefühlen; sie sind daher in doppelter Bedeutung subjektiv.

Es gibt nur zwei elementare Gefühle, Lust und Unlust. Alle anderen

Gefühle, wie z. B. das Gefühl des Erhabenen, des Schönen oder der Achtung, werden durch Umstände, Zusammenhang, Ursachen und „Gegenstände" der empfundenen Lust oder Unlust definiert. Mag nun der Ursprung der Lust in einem physischen Reiz, der physischen Befriedigung einer Begierde oder in dem Erlebnis irgendeiner Vorstellung liegen, so ist das Gefühl doch stets eine Wirkung auf unsere Sinnlichkeit. In einem Lust-Kalkül gibt es keinen Raum für qualitative Differenzen (23).

Ein Gefühl der Lust oder Unlust kann, wie wir gesehen haben, keinem Gegenstand als Eigenschaft zugeschrieben werden. Es kann nicht einmal auf die Existenz eines Objekts nach einer notwendigen Regel bezogen werden. Denn ob ein Gefühl der Lust oder Unlust bei der Gegenwart eines Gegenstandes entspringt, kann man nur im Zusammenhang tatsächlicher Erfahrung lernen. Alle unsere Handlungen, die auf die Befriedigung einer Begierde, d. h. auf Lust an der Existenz eines Gegenstandes abzielen, haben mithin Erfahrung zu ihrer Grundlage; das Wissen davon, daß bestimmte existierende Sachverhalte mit Lust verbunden sind, ist daher a posteriori. Daraus folgt, daß auf keine Maxime, die der Verwirklichung praktischer Lust dienen soll, ein für alle Vernunftwesen gültiges Gesetz – denn dies heißt ja: ein *notwendiges* Prinzip – gegründet werden kann.

4. Das untere Begehrungsvermögen

Die Unterscheidung zwischen einem unteren und einem oberen Begehrungsvermögen (22) ist die scholastische Unterscheidung zwischen *appetitus sensitivus* und *appetitus rationalis,* die ihrerseits auf die klassische Unterscheidung zwischen Leidenschaft und Wille zurückgeht.[13] Die Darlegungen in der Anmerkung I zu § 3 richten sich vor allem gegen die „sonst scharfsinnigen Männer" der Wolffschen Schule[14], die zwar zwischen einem oberen und einem unteren Begehrungsvermögen unterschieden, gleichwohl aber nicht scharf zwischen sinnlichen und intellektuellen Fähigkeiten im allgemeinen unterschieden. Nach Wolffs Lehre hat die Begierde die Erkenntnis einer Vollkommenheit zu ihrer Bedingung.[15] Wenn diese Erkenntnis dunkel oder verworren ist, wie es dem unteren, sinnlichen Vermögen entspricht, so kann die Begierde uns zu einem unrichtigen oder schlechten Verhalten verleiten; wenn sie von dem höheren Erkenntnisvermögen des Verstandes kommt und daher klar und deutlich ist, so wird der Wille richtig geleitet und wählt die wirkliche Vollkommenheit. Die Aufgabe der Vernunft oder des Verstandes in der Moral ist daher, wie auch sonst in der rationalistischen Philosophie, unsere Vorstellungen zur Klarheit und Deutlichkeit zu bringen; denn der Unterschied zwischen einem sinnlichen und einem intellektuellen Begriff ist lediglich ein Unterschied verschiedener Grade der Klarheit, nicht verschiedener Erkenntnisarten. Kants Argument ist daher, die Vertreter der

Wolffschen Philosophie hätten nicht zwischen zwei Begehrungsvermögen unterscheiden sollen. Unter den Voraussetzungen ihres Systems konnten sie, im Gegensatz zu Kant, nur *ein* Begehrungsvermögen anerkennen; nur Kant, dank seiner scharfen Unterscheidung von Sinnlichkeit und Verstand, ist in der Lage, zwischen einem unteren und einem oberen Begehrungsvermögen zu unterscheiden. Seine Gegner hätten zugeben sollen:

Beruht die Willensbestimmung auf dem Gefühle der Annehmlichkeit oder Unannehmlichkeit, die er aus irgend einer Ursache erwartet, so ist es ihm gänzlich einerlei, durch welche Vorstellungsart er afficirt werde. Nur wie stark, wie lange, wie leicht erworben und oft wiederholt diese Annehmlichkeit sei, daran liegt es ihm, um sich zur Wahl zu entschließen (23).

Kant hatte die entscheidende erkenntnistheoretische Voraussetzung, daß es einen spezifischen, qualitativen Unterschied zwischen Sinnlichkeit und Verstand gibt, seit seiner *Inaugural-Dissertation* vertreten. Die entsprechende ethische These ist, daß es einen spezifischen, qualitativen Unterschied zwischen einer sinnlichen Begierde, mag sie auch noch so sublimiert sein, sowie ihrer Maxime, mag diese auch noch so klar und deutlich erfaßt sein, und einem höheren Begehrungsvermögen sowie dem diesem zugeordneten Grundsatz gibt. Der Grundsatz des oberen Begehrungsvermögens enthält in gar keiner Weise eine Bestimmung durch das Verlangen nach Lust. In Kants ethischen Schriften ist diese Unterscheidung sogar noch schärfer als in seiner Erkenntnistheorie, da Erkenntnis nach seiner Lehre bekanntlich stets das gemeinsame Produkt von Sinnlichkeit und Verstand ist, während Sittlichkeit allein auf der Bestimmung des Verhaltens durch das rationale Vermögen beruht. Empirische praktische Vernunft ist stets mit der Befriedigung des unteren Begehrungsvermögens befaßt. Wenn es reine praktische Vernunft gibt, so muß sie das obere Begehrungsvermögen und nicht eine sublimierte, epikureische Version unserer empirischen und tierischen Natur sein. Das obere Begehrungsvermögen muß mithin eine von dem unteren Vermögen gänzlich verschiedene Struktur und Funktion haben.

5. Maximen des unteren Begehrungsvermögens

Wie müssen nun Kants Argument nachgehen, daß das untere Begehrungsvermögen nicht der Ursprung von Gesetzen, sondern nur von bloßen Maximen sein kann. Wenn es Kant gelingt, dies zu zeigen und zu beweisen, daß das Sittengesetz ein Gesetz in des Wortes strengster Bedeutung ist, so kann ein ethisches System nicht die Natur des unteren menschlichen Begehrungsvermögens zu seiner Grundlage haben und folglich nicht auf einem empirischen Fundament errichtet werden.

Kants „Lehrsatz I" lautet wie folgt: „Alle praktische Prinzipien, die ein *Objekt* (Materie des Begehrungsvermögens), als Bestimmungsgrund des Willens, voraussetzen, sind insgesamt empirisch und können keine praktische Gesetze abgeben" (21). Daraus folgt, daß alle Imperative, deren Nötigung ihren Grund in der Befriedigung des unteren Begehrungsvermögens haben, hypothetische Imperative sind.

Bevor wir uns auf Kants Beweis seines Lehrsatzes einlassen, sollten wir uns jedoch etwas näher mit dem Ausdruck „Materie" befassen. In unserem Zusammenhang scheinen „Materie" und „Gegenstand" (Objekt des unteren Begehrungsvermögens) sich auf denselben Sachverhalt zu beziehen. Gleichwohl sind die Bedeutungen der beiden Ausdrücke verschieden, und dieser Unterschied ist von großer Bedeutung. „Materie" steht auch im Gegensatz zu „Form", und Kant meint hier: Alle praktischen Prinzipien, die wegen ihres Inhalts, d. h. wegen ihrer Beziehung auf einen Gegenstand der Begierde und nicht wegen ihrer Form als die kognitive Komponente im Wollen auftreten, sind empirisch. Es ist von der größten Bedeutung, hier nicht in das weitverbreitete Mißverständnis dieses Lehrsatzes zu verfallen und anzunehmen, Kant vertrete die Ansicht, das Vorhandensein eines Begehrens und folglich einer Materie des Begehrens entscheide darüber, daß eine Maxime kein Gesetz sein könne. Kant sagt vielmehr ausdrücklich, daß ein Objekt des Begehrens vorhanden sein muß, damit überhaupt eine Handlung stattfinden kann (34). Lehrsatz I schließt lediglich solche Maximen aus, die *wegen* ihres Inhalts, d. h. wegen ihrer Beziehung auf einen Gegenstand des Begehrens (Materie) als determinierenden Faktor unseres Verhaltens gewählt werden. Alle Maximen haben eine Materie; aber nur die letzteren sind materiale Maximen. Ein Inhalt (Gegenstand der Begierde) ohne Form ist ein blinder Trieb; eine Form ohne einen Gegenstand der Begierde ist ohne praktische Wirksamkeit. Dies gilt ebenso für Kants Ethik wie der entsprechende Satz in der ersten *Kritik* für Kants Erkenntnistheorie.

Ich gehe nun zu Kants Beweis für den ersten Teil seines Lehrsatzes, d. h. bis hin zu den letzten sechs Wörtern, über. Wenn das Begehren eines Objekts die Bedingung für die Willensbestimmung, dieses Objekt zu realisieren, ist, so ist der praktische Satz, der diese Willensbestimmung ausdrückt, empirisch. Denn in diesem Falle ist das Begehren des Gegenstandes der Bestimmungsgrund, und das Begehren des Gegenstandes ist ein Verlangen nach Lust an der Existenz dieses Gegenstandes. Daß die Existenz des Gegenstandes Lust bereiten wird, ist lediglich eine Erfahrungserkenntnis und folglich bestenfalls wahrscheinlich. Die Maxime, die Handlungen dieser Art gebietet, ist daher nur unter der empirischen und mithin ungewissen Bedingung gültig, daß der Gegenstand tatsächlich Lust bereiten wird.

Man kann Kants Beweis stärker machen, wenn man ihn von der bestreitbaren hedonistischen Theorie des Begehrungsvermögens unabhängig macht und die Regeln in Betracht zieht, die in solch einer Handlung benutzt werden. Eine Regel, die der Verwirklichung eines Gegenstandes dient, kann nur empirisch erlernt werden. Eine solche Willensbestimmung mit ihren besonderen Verhaltensregeln ist daher doppelt unsicher. Es ist unsicher, ob die Hervorbringung des Gegenstandes die Begierde, worin sie auch bestehen mag, befriedigen wird; und es ist unsicher, ob der Gegenstand durch die Handlung, die der angenommenen Maxime folgt, tatsächlich hervorgebracht wird.

Der letzte Absatz des § 3 enthält den Beweis des zweiten Teils des Lehrsatzes, nämlich daß solche materialen Prinzipien keine praktischen Gesetze geben können. Besser wäre gewesen, wenn Kant gesagt hätte, daß sie „keine praktischen Gesetze sein können". Der Wortlaut seines Textes legt nämlich die Auffassung nahe, Gesetze stünden im selben Verhältnis zu Grundsätzen wie eine Regel, und dies führt zu der Voraussetzung, es gäbe apriorische Regeln der Moralität.

Ein Grundsatz ist ein Gesetz, wenn die Bedingung der allgemeinen Willensbestimmung mit Recht als eine Bedingung des Willens eines jeden Vernunftwesens als solchen betrachtet werden kann. Ob indes ein Gegenstand Lust bereiten wird, hängt von subjektiven Bedingungen ab, und diese können nur empirisch erkannt werden. Man kann also nicht wissen, ob sie allgemein und notwendig für alle Vernunftwesen gelten. Um ein praktisches Gesetz zu sein, müßte die zugrundeliegende Bedingung als für alle Vernunftwesen als solche notwendig gültig erkannt sein. Ob diese Bedingung erfüllt ist, dies kann nicht die Beobachtung lehren. Wenn ein theoretischer Satz wegen unseres Interesses an seinem Inhalt in einen praktischen Satz umgewandelt wird, so ist der praktische Satz niemals ein Gesetz. Bestenfalls ist er eine bloße Maxime oder eine Regel, die aufgrund einer angenommenen Maxime praktisch relevant ist.

Mit dem Beweis des Lehrsatzes I sind die Vorbereitungen für die Analytik der reinen praktischen Vernunft abgeschlossen, die mit Lehrsatz III beginnt. Lehrsatz II und die Anmerkung II zum § 8 hingegen gehören noch zur Analytik der empirischen praktischen Vernunft. Diesen Darlegungen wollen wir uns nun zuwenden.

6. Glückseligkeit

Lehrsatz II lautet: „Alle materiale praktische Prinzipien sind, als solche, insgesamt von einer und derselben Art, und gehören unter das allgemeine Prinzip der Selbstliebe, oder eigener Glückseligkeit" (22). In diesem Paragraphen werden wir uns mit dem Lehrsatz soweit beschäftigen, als er den Hedonismus formuliert. Diejenigen Aspekte, die sich auf die Ethik des Egoismus beziehen, werden wir einer späteren Behandlung vorbehalten.

Glückseligkeit ist, nach Kants Definition, „das Bewußtsein eines vernünftigen Wesens von der Annehmlichkeit des Lebens, die ununterbrochen sein ganzes Dasein begleitet". Daß ein Wesen, das Lust begehrt, nach Glückseligkeit strebt und daß ein Wesen, das nach Glückseligkeit strebt, Lust begehrt, folgt aus dieser Definition. Jeder praktische Satz, der das Verlangen nach Lust, einem materialen Prinzip, zur Grundlage hat, fällt daher unter das fundamentale Prinzip, daß das Streben nach Glückseligkeit das oberste Motiv des Handelns und Wählens sein soll. Das Streben nach Glückseligkeit ist indes nicht einfach die Summe unseres Verlangens nach Lust. Denn anders als die Lust ist die Glückseligkeit nicht ein bloßes Gefühl, sondern ein Verstandesbegriff; sie ist nicht selbst unmittelbarer Gegenstand irgendeines Triebes. Das Streben nach Glückseligkeit orientiert sich daher an Maximen höherer Ordnung als die Regeln für die Befriedigung der Begierde nach einer bestimmten Lust. Das Streben nach Glückseligkeit untersteht mithin der Leitung eines allgemeinen Prinzips, während Maximen oder Regeln für die Verfolgung einer bestimmten Lust kaum „Grundsatz" genannt werden können. Aber da Glückseligkeit unser Begriff eines systematischen Ganzen der Befriedigung unserer Begierden ist, so unterstehen auch die Maximen des Strebens nach Lust der einschränkenden Bedingung eines allgemeinen Prinzips, das ihr wechselseitiges Verhältnis zueinander regelt. In diesem Sinne „gehören" auch die Maximen „unter das allgemeine Prinzip der Selbstliebe, oder eigener Glückseligkeit".

Daraus ergibt sich die weitere Folgerung, daß alle materialen praktischen Prinzipien die Triebfeder des Handelns dem unteren Begehrungsvermögen entnehmen und daß von keinem oberen Begehrungsvermögen die Rede sein könnte, wenn alle unsere Grundsätze von dieser Art wären (22).

Die zweite Anmerkung zu § 3 setzt die Diskussion über das Streben nach Glückseligkeit als einer unzureichenden Basis für ein praktisches Gesetz fort (25). Kant räumt ein, daß das Streben nach Glückseligkeit das Handeln jedes endlichen Vernunftwesens notwendig bestimmt und ein (wenn auch nicht stets wirksamer) Bestimmungsgrund seines Interesses ist. Aber da der Begriff der Glückseligkeit „doch nur der allgemeine Titel der subjektiven Bestimmungsgründe" ist und da diese Gründe von Person zu Person und von Zeit zu Zeit bei derselben Person verschieden sind, so kann dieser Grundsatz kein Gesetz sein; denn ein Gesetz wäre notwendig für alle Vernunftwesen dasselbe. Die Verschiedenheit der unter dem abstrakten Titel „Glückseligkeit" zusammengefaßten Interessen würde selbst dann mit Notwendigkeit zu Interessenkonflikten führen, wenn alle Menschen beharrlich der Maxime folgten, für sich selbst oder sogar für andere ihre jeweilige Vorstellung von der Glückseligkeit zu verwirklichen.[16]

Die Stringenz der Kantischen Argumentation läßt hier viel zu wünschen übrig. Er legt dem Hedonismus eine Beweislast auf, die auch seine eigene Theorie nicht tragen kann, nämlich den Nachweis, daß Identität der Grundsätze zu einer Identität der Regeln und des Handelns führen muß. Denn es kann durchaus eine Verschiedenheit von Handlungsregeln auch unter dem Sittengesetz selbst geben. In der *Metaphysik der Sitten* ist dies deutlicher ausgesprochen als in der *Kritik der praktischen Vernunft*. Die Forderung, das Streben nach Glückseligkeit sollte zu identischen, allgemein anwendbaren besonderen Regeln führen, und die Schlußfolgerung, weil dies nicht der Fall ist, reiche es als Grundlage für ein Gesetz nicht aus, überanstrengen die Ansprüche an jeden Grundsatz. Kants eigene Formulierung des Gesetzes würde diesem Kriterium nicht genügen, obgleich er bei seinen allzusehr vereinfachten Beispielen geglaubt zu haben scheint, dies sei der Fall. Das Sittengesetz verlangt, daß wir auch das Glück anderer suchen; aber es verlangt nicht, daß alle Wohlmeinenden auf dieselbe Weise handeln sollten. Die Glückseligkeit anderer ist mindestens ebenso veränderlich wie meine eigene. Daß meine Vorstellung von Glückseligkeit nur kontingente Regeln liefert, kann daher nicht als Beweis dafür dienen, daß dieser Grundsatz kein Gesetz ist. Als eine Basis zur Widerlegung des Glückseligkeitsprinzips reicht das nicht aus.

Ein stärkeres Argument dafür, daß ein empirisches Prinzip kein Gesetz liefern kann, findet sich im zweiten Absatz der Anmerkung II zu § 3. Es ist rein formal. Wir haben es bereits in Kapitel VI § 5 kennengelernt.

Mag das Argument in der zweiten Anmerkung zu § 3 aber vom Standpunkt der Fairneß gegenüber seinen Gegnern auch zweifelhaft sein, so sollten wir es doch nicht zugunsten des rein formalen Arguments übersehen; denn es enthält ein etwas prägnanteres Prinzip für den moralischen Imperativ. Kants These ist ja, daß eine Maxime nicht nur in dem Sinne universalisierbar sein muß, daß sie nicht widersprüchlich ist oder den Absichten der Person, die sie in einem besonderen Falle akzeptiert, widerspricht, sondern auch in dem prägnanteren Sinne, daß die Handlungen, die sie vorschreibt, miteinander vereinbar sein müssen. Es kommt nicht wirklich darauf an, daß die Handlungen identisch sind, auch wenn Kant dies impliziert, sondern darauf, daß die Handlungen, die der eine unter einer Maxime ausführt, nicht unverträglich mit den Handlungen eines anderen unter derselben Maxime sind. Wenn dies der Fall ist, so können die Maximen nicht Fälle eines einzigen Gesetzes sein. In einem Fragment sagt Kant dies klarer als sonst: „Das regulative princip der freyheit: daß sie sich nur nicht wiederstreite; das constitutive: daß sie sich wechselseitig befordere, nemlich für den Zwek: die Glükseeligkeit." [17]

Wenn wir dies prägnantere Prinzip auf einen vorliegenden Fall übertragen, so ergibt sich folgendes: Ich kann ohne logischen Widerspruch wollen, daß jeder nach seiner eigenen Glückseligkeit streben mag. In diesem Fall will ich zwar, daß jeder einer widerspruchsfreien Maxime folgt; aber diese Maxime führt zu unvereinbaren und wechselseitig frustrierenden Handlungen. Diese Maxime kann nicht ein Gesetz sein; denn ein Gesetz muß ein vereinender, kein trennender Faktor in der Welt sein. Ein Gesetz muß ein System der Zwecke möglich machen. [18]

In § 3 denkt Kant zu eng, wenn er ein logisches Kriterium für das Sittengesetz sucht; denn die Logik kennt nur Identität und Gegensatz von Termen. Seine Theorie nötigt indes dazu, auf realen Widerstreit und reale Vereinigung einzugehen. Kants kurze, pointierte Feststellungen und Beispiele illustrieren gewöhnlich sein logisches Interesse, auch wenn die Orientierung an Widerstreit und Harmonie vorausgesetzt ist. In der *Metaphysik der Sitten* hingegen tritt das prägnantere Prinzip voll in sein Recht ein, wie das auch schon in der Lehre von einem Reich der Zwecke in der *Grundlegung* und von einem sittlichen Reich in der *Religion innerhalb der Grenzen der bloßen Vernunft* herausgearbeitet worden war.[19]

7. Egoismus

Kant behandelt das Prinzip des Hedonismus und das des Egoismus als gleichwertig. Nach Glückseligkeit zu streben und das eigene Glück zu suchen, wird in Lehrsatz II stillschweigend identifiziert.

Selbstliebe ist nach Kants Definition „ein über alles gehendes Wohlwollen gegen sich selbst (philautia)"; sie wird auch „Eigenliebe" genannt.[20] Das Interesse an der eigenen Glückseligkeit ist etwas vollkommen natürliches und unvermeidliches; wenigstens indirekt ist die Sorge für die eigene Glückseligkeit sogar eine Pflicht, da dauernde Unzufriedenheit das Streben nach Vervollkommnung der eigenen Persönlichkeit ständig beeinträchtigt.[21] In der Wahrnehmung der eigenen Vollkommenheit oder doch wenigstens in der Erkenntnis des Fortschreitens zu ihr liegt eine Freude, die recht eigentlich „moralisches Gefühl" genannt zu werden verdient. Aber jede Theorie, die den Wert oder das Kriterium der Moralität in die Lust dieses moralischen Gefühls verlegt, reduziert sich auf eine eudämonistische, egoistische Theorie, die Kant für offenkundig falsch hält, da die Anerkennung dessen, was moralisch richtig ist, der Freude, es zu besitzen, vorangehen und von ihr unabhängig sein muß (38).

Offenbar ohne zu bemerken, daß dies mit seiner Theorie nicht vereinbar ist, gibt Kant zu, daß ein Interesse an der Glückseligkeit anderer zu unserem Wesen gehören kann und daß es unmittelbar altruistische Handlungen, moralische Motivation geben kann. Wenigstens in einigen Menschen findet man ein solches Interesse als eine Art Disposition zum Wohlwollen.[22] Wir können indes nicht unterstellen, daß dieses Interesse oder diese Disposition in allen Menschen oder gar in allen Vernunftwesen als solchen vorhanden ist. Der Grund, warum es unsere Pflicht ist, das Glück der anderen in Betracht zu ziehen, ist vollkommen unabhängig von der Tatsache, daß einige Menschen dies schon von Natur aus tun.

Die Unvereinbarkeit zwischen der These, daß alle materialen Maximen Maximen der Selbstliebe sind, und der Feststellung, daß einige Menschen ein unmittelbares und sogar allgemeines Interesse am Glück der anderen haben, bedeutet daher nicht, daß Kants *ethische Theorie* selbst inkonsistent ist. Die Antwort auf die Frage, ob wir eine Pflicht haben, für das eigene Glück oder für das Glück anderer zu sorgen, ist unabhängig von Aussagen darüber, ob wir tatsächlich das Glück anderer nur in dem Fall vermehren, als es zu unserer eigenen Glückseligkeit beiträgt. Aber um eine ernst zu nehmende Inkonsistenz zwischen Kants psychologischer Theorie und der Analytik der empirischen praktischen Vernunft handelt es sich allerdings.

Diese Inkonsistenz findet sich bei den Autoren, die Kant am meisten bewunderte, recht häufig. Butler, dessen ethische Schriften Kant vermutlich nicht kannte,[23] hatte es psychologisch verständlich machen können, daß Menschen ein unmittelbares wohlwollendes Interesse an der Glückseligkeit anderer haben können und manchmal tatsächlich haben. Für Philosophen wie Butler und dessen Gegner Hobbes[24], die ihre (im übrigen verschiedenen) ethischen Theorien auf ihre (verschiedenen) Auffassungen von der menschlichen Natur gründeten, war es von der größten Wichtigkeit, zu wissen, ob ein Mensch zu echt altruistischem Handeln fähig ist. Für Kant hingegen, der bestreitet, daß man aus Tatsachen über die menschliche Natur (wie immer sie auch zu formulieren sein mögen) die Pflichten des Menschen ableiten kann, findet die Kontroverse zwischen Egoisten und Altruisten noch diesseits der ethischen Fragestellungen statt. Die ethische Frage ist unabhängig von Fragen über die menschliche Natur. Gleichwohl ist es bedauerlich, daß Kant seine eigenen Auffassungen über die menschliche Natur in dieser wichtigen Hinsicht nicht klärte.

Wir wollen freilich auch nicht, wie manche anderen Kant-Interpreten, die Wichtigkeit dieses Fehlers übertreiben. Man hat gesagt, daß Kant, um die Herrschaft der Lust (vor allem der Lust an uns selbst) über das gesamte Begehrungsvermögen zu brechen und Maximen zu finden, die weder egoistisch noch hedonistisch sind, das Reich der Erfahrung im ganzen verlassen mußte und so gezwungen war, seine Ethik auf eine radikale Verneinung der tatsächlichen Natur des Menschen zu begründen. Man zieht daraus den Schluß, Kant hätte den Begriff der menschlichen Natur als Basis der Ethik nicht so vollständig verwerfen müssen, wenn er nur, wie Butler, eine angemessenere Psychologie zur Verfügung gehabt hätte.

Diese Argumentation verdreht den Punkt, um den es geht. Es mag sein, daß Butlers Analyse der Begierden zur Widerlegung von Hobbes oder Mandeville nicht nur in der Psychologie, sondern auch in ihrer auf die Analyse der menschlichen Natur gegründeten Ethik ausreicht. Aber dies trifft nicht Kants wesentlichen Punkt. Denn Kants Argument gegen das Prinzip der Lust ist nicht, daß dieses Prinzip in irgendeinem moralisch zurückzuweisenden Sinne egoistisch ist. Und sein Argument dafür, daß wir für das Glück anderer Sorge tragen sollten, stützt sich nicht auf die angebliche Tatsache, daß wir dies bereits von uns aus tun. In der egoistischen Morallehre und in der altruistischen Morallehre findet sich nach Kant genau dieselbe Schwäche; beide Lehren stützen sich auf wirkliche oder angebliche Tatsachen der menschlichen Natur.[25] Kein Begehren – weder das der eigenen Glückseligkeit noch das der Glückseligkeit anderer – kann eine Pflicht begründen, das eine oder das andere zu suchen.

8. Heteronomie

Alles Handeln, das auf die Befriedigung eines Interesses an einem Gegenstand des Begehrens gerichtet ist, ist ein Handeln nach Regeln, die unter die Materie einer Maxime fallen. Wenn diese Handlungen nur aufgrund einer Nötigung stattfinden können, so werden sie durch einen hypothetischen Imperativ geboten. Im Handeln nach einem hypothetischen Imperativ sind, wie wir gesehen haben, stets zwei Gesetze von Bedeutung. Das eine ist das formale Prinzip eines hypothetischen Imperativs, und es stammt aus der Vernunft; der Besonnene akzeptiert dieses Prinzip in der Wahl seiner Handlungen bei der Befriedigung *jedes* Begehrens. Das andere ist ein Naturgesetz oder wenigstens eine mehr oder weniger sichere Verallgemeinerung aus Erfahrungstatsachen, und es stellt die Verknüpfung von Ursachen und Wirkungen fest. Es liefert gleichsam die Werte für die Variablen des formalen Prinzips, so daß der Besonnene sich nicht nur entschließt, grundsätzlich zu tun, was zu seinem Ziel führt, sondern überdies auch das zu tun, was tatsächlich zu diesem Ziele führt. Das zweite dieser Gesetze stammt nicht aus der Vernunft selbst, sondern ist der Erfahrung entlehnt.[26] Seinem Inhalt nach ist es ein theoretischer Satz; nur die Wahl eines bestimmten Ziels durch die handelnde Person gibt ihm praktische Bedeutung.

Wenn die Vernunft einem hypothetischen Imperativ folgt, so handelt sie dabei nach einem Gesetz, das sie nicht selbst vorgeschrieben hat; das Gesetz ist einer Person, die *tatsächlich* dieses bestimmte durch den Gebrauch dieser theoretischen Erkenntnis erreichbare Ziel hat, gleichsam durch die Natur vorgeschrieben. Die Bezeichnung für diese Art des Handelns hat Kant der Politik entlehnt. Er nennt sie „Heteronomie", um sie von der Autonomie oder der Selbst-Gesetzgebung zu unterscheiden. Eine Vernunft, die den Leidenschaften dient, die dem Diktat der Begierden folgt und sich an Naturgesetzen orientiert, um sie zu befriedigen, ein Grundsatz oder eine Maxime, deren Inhalt die Bedingung eines Akts der Wahl ist, ein Imperativ,[27] der die Wahl einer bestimmten Handlung lenkt: all dies kann „heteronom" heißen, selbst wenn die Gesetze Naturgesetze oder sogar göttliche Gesetze sind (38. 152).

Anmerkung II zu § 8 enthält (40) Kants Versuch einer erschöpfenden Klassifikation aller materialen praktischen Prinzipien, die zur Grundlegung der Ethik vorgeschlagen worden waren, und eine kurze Kritik und Widerlegung jedes einzelnen. Diese Kritik und Widerlegung soll die Notwendigkeit eines rein formalen Gesetzes beweisen, unter dem und durch das der Wille allein autonom sein kann.

Kant ließ sich durch solche Klassifikationen faszinieren, und tatsächlich gibt es außer derjenigen, die er schließlich in der *Kritik* vorlegte, wenigstens noch vier andere.[28] In der *Grundlegung* sieht die Klassifizierung folgendermaßen aus:

I. Empirische Prinzipien (aus dem Prinzip der Glückseligkeit)
   1. Physisches Gefühl
   2. Moralisches Gefühl
II. Rationale Prinzipien (aus dem Prinzip der Vollkommenheit)
   3. Ontologischer Begriff: Vollkommenheit als mögliches Resultat der Handlung
   4. Theologischer Begriff: eine unabhängige (vorgängige) Vollkommenheit, d. i. Gottes Wille

Diese Klassifikation konnte jedoch Kant nicht länger brauchen, nachdem er den Lehrsatz II aufgestellt hatte, nach dem alle materialen Prinzipien einschließlich der rationalen unter das allgemeine Prinzip der Glückseligkeit oder Selbstliebe fallen. Wie er im vorletzten Absatz der Anmerkung ausdrücklich hervorhebt, haben sowohl die empirischen wie die rationalen Prinzipien in diesem fundamentalen Grundsatz ihre Grundlage. Bei der Überarbeitung dieser Einteilung ging Kant auf die Reflexionen und die Vorlesungen mit ihrer Unterscheidung von Innerem und Äußerem (d. h. Natürlichem und Konventionellem) zurück und schuf so eine neue Unterart, die „äußeren subjektiven Prinzipien", denen er nun die Grundsätze des physischen und des moralischen Gefühls als „innere subjektive Prinzipien" gegenüberstellte. Dies ergab die folgende Einteilung:

Praktische materiale Bestimmungsgründe

I. subjektive
   A. äußere
      1. der Erziehung (Montaigne)
      2. der bürgerlichen Verfassung (Mandeville)
   B. innere
      3. des physischen Gefühls (Epikur)
      4. des moralischen Gefühls (Hutcheson)

II. objektive
   A. innere
      5. der Vollkommenheit (Wolff und die Stoiker)
   B. äußere
      6. der Wille Gottes (Crusius und andere theologische Moralisten)

Der Haupteinwand gegen diese Tafel ist, daß diese Auffassungen bestimmten Denkern etwas willkürlich zugeschrieben werden. Kant, der zuvor die Ungerechtigkeit von Etikettierungen in der Philosophie beklagt hatte (13 Anm.), hängt hier seinen Gegnern selbst Etiketten an. Die Willkür, mit der er dabei zu Werke geht, zeigt sich auch daran, daß er denselben Denkern in den verschiedenen Versionen seiner Tafel verschiedene Positionen zuweist. So macht er z. B. in Reflexion 6637 und in den *Vorlesungen* Mandeville und Helvetius zu Vertretern der Lehre, die in der *Kritik* mit dem Ausdruck „physisches Gefühl" bezeichnet wird. In den *Vorlesungen* tritt Hobbes als Vertreter des politischen Prinzips auf, da er gelehrt hatte, der Souverän könne jede Handlung verbieten oder erlauben und dadurch als gerecht oder ungerecht qualifizieren. Wenn er diese Auffassung später Mandeville zuschreibt, so ließ sich dies zweifellos rechtfertigen durch den Hinweis auf den Aphorismus, moralische Tugenden seien die politische Ausgeburt, die Schmeichelei aus Stolz erzeugt hat.[29] Von Montaigne wird in der *Vorlesung* gesagt, er stütze sich auf Beispiele und führe aus, die Menschen unterschieden sich je nach Herkunft in ihren moralischen Auffassungen und die Moralität einer Gegend sei nicht dieselbe wie die einer anderen.[30] Natürlich ist der Schritt von den Sitten zur Erziehung nicht weit, zumal wenn diese, wie Montaigne annahm[31], wechselhaft und trügerisch ist, da sie sich nicht an einem Ideal allgemeiner Gültigkeit orientieren kann.

Epikur hatte Kant bereits im Zusammenhang mit seiner allgemeinen Zurückweisung einer hedonistischen Begründung der Ethik kritisiert. Er bewundert die innere Konsequenz der epikureischen Lehre und stellt sie über die der Theorie des moralischen Gefühls (24). In der *Inaugural-Dissertation* (§ 9) hatte Kant Epikur und Shaftesbury zusammengestellt, weil sie beide das Kriterium der Moral im Gefühl der Lust oder Unlust gesucht hätten, und Kant war dafür von Mendelssohn kritisiert worden. Mit Recht wandte dieser gegen Kant ein, es sei ein Unterschied, ob man mit Epikur sagt, die Lust mache gute Dinge gut, oder ob man mit Shaftesbury behauptet, die Betrachtung des Guten bereite ein bestimmtes Vergnügen, das als Merkmal der Gegenwart des Guten dienen könne.[32] Indem er Epikur und Shaftesbury jetzt trennt, kritisiert Kant die Theorie des moralischen Gefühls, insofern sie das Angenehme des moralischen Gefühls von dem des physischen Gefühls abheben möchte,[33] mit dem Argument, daß sie den Begriff des Guten im Bewußtsein bereits voraussetzen müsse, wenn die Übereinstimmung mit diesem Begriff ein bestimmtes Gefühl moralischen Wohlgefallens hervorrufen soll. Das Gefühl selbst hat keine kognitive Kraft; es gibt kein „Gefühl eines Gesetzes als eines solchen", da das Bewußtsein eines Gesetzes nur durch die Vernunft hervorgebracht wird und ohne Angemessenheit an ein Gesetz kein Wohlgefallen entstehen würde (38).

Aber dieses Argument ist zweifellos unhaltbar. Kant irrt, wenn er aus dem Nachweis, daß die Zufriedenheit des moralischen Gefühls aller anderen Lust gleich ist, schließen zu können glaubt, daß die Theorie des moralischen Sinnes „alles doch auf Verlangen nach eigener Glückseligkeit aussetzt" (38). Dieses Argument verwischt einen Unterschied, den die britischen Philosophen mit großer Sorgfalt beachtet hatten. Das interesselose Wohlgefallen, das wir im gerechten Handeln oder in der Betrachtung eines gerechten Handelns erleben, ist nicht nur von dem Grund, durch den es gerecht ist, verschieden, sondern auch von dem Interesse, das wir an dem in uns aufkommenden Wohlgefallen bei einer bestimmten Handlung oder bei der Betrachtung einer bestimmten Handlung, mag sie nun gerecht oder ungerecht sein, erleben.[34] Wenn jenes Wohlgefallen interesselos ist, wie Kant bei der Entwicklung seiner Auffassungen über die moralische Selbstzufriedenheit sagen kann (117), so kann dies als ein Hinweis auf einen sittlichen Wert gelten, der dem Wohlgefallen am Schönen vergleichbar ist. Dies bedeutet noch nicht, daß das Wohlgefallen des moralischen Sinns das Ziel der Handlung selbst ist. Wenn dieses Gefühl unmittelbar aus der Wahrnehmung der Angemessenheit von Handlungen entspringt und keinen vorgängigen Begriff der Angemessenheit (d. h. der Tugend) voraussetzt, dann enthält der Satz

> Nun muß man doch die Wichtigkeit dessen, was wir Pflicht nennen, das Ansehen des moralischen Gesetzes und den unmittelbaren Werth, den die Befolgung desselben der Person in ihren Augen giebt, vorher schätzen, um jene Zufriedenheit in dem Bewußtsein seiner Angemessenheit zu derselben und den bitteren Verweis, wenn man sich dessen Übertretung vorwerfen kann, zu fühlen. (38)

eine *petitio principii*. Die Annahme, daß wir um des begleitenden Wohlgefallens willen tugendhaft handeln, haben vor Kant gerade seine Gegner Hutcheson und Price bereits zurückgewiesen.[35]

Trotz dieser Einwände zieht Kant jedoch die Lehre vom moralischen Gefühl einem unumwundenen und konsistenten Hedonismus vor, weil sie „der Sittlichkeit und ihrer Würde dadurch näher bleibt, daß (sie) der Tugend die Ehre beweist, das Wohlgefallen und die Hochschätzung für sie ihr *unmittelbar* zuzuschreiben, und ihr nicht gleichsam ins Gesicht sagt, daß es nicht ihre Schönheit, sondern nur der Vorteil sei, der uns an sie knüpfe".[36]

Der ontologische Begriff der Vollkommenheit wird als ein leerer und unbestimmter Begriff zurückgewiesen.[37] In der *Kritik* unterscheidet Kant eine transzendentale und metaphysische Vollkommenheit von einer praktischen Vollkommenheit, die in der „Tauglichkeit oder Zulänglichkeit eines Dinges zu allerlei Zwecken" besteht. Dieser Begriff reicht indes höchstens zur Definition von Talenten und Geschicklichkeiten, die ethisch neutral sind, aus. So leidet Wolffs Begriff der Vollkommenheit an derselben Schwäche wie seine ganze *Philosophia practica universalis*: Er ist so allgemein, daß nichts spezifisch Ethisches von ihm abgeleitet werden kann.[39] Zwecke müssen gegeben sein, und wenn es sich um ethische Vollkommenheit handelt, so müssen ethische Zwecke durch ein anderes Prinzip als bloße Vollkommenheit definiert sein. Dazu reicht der bloße Begriff des Willens nicht aus. Gleichwohl schätzt Kant den Begriff der Vollkommenheit mehr als alle übrigen heteronomen Prinzipien, da er die Moralität wenigstens vor der Vermischung mit empirischen Begriffen bewahrt.[40]

Schließlich gibt es noch die äußere Vollkommenheit, dargestellt am Willen Gottes als der mutmaßlichen Quelle ethischer Prinzipien.[41] Dagegen erheben sich dieselben Einwände wie gegen die innere Vollkommenheit, nur noch viel stärker, da die Konsequenzen dieses³ Irrtums viel schädlicher sind. Crusius muß nämlich entweder stillschweigend ethische Prädikate in den Begriff der göttlichen Vollkommenheit einbringen[42] – mit dem Ergebnis, daß theologische Vollkommenheit nicht mehr die Grundlage des moralischen Prinzips ist, sondern dieses voraussetzt –, oder er muß als Grund des Gehorsams gegen Gott eine hedonistische Motivation suchen, wodurch „der uns noch übrige Begriff seines Willens aus den Eigenschaften der Ehr- und Herrschbegierde, mit den furchtbaren Vorstellungen der Macht und des Racheeifers verbunden, zu einem System der Sitten, welches der Moralität gerade entgegengesetzt wäre, die Grundlage machen müßte".[43]

Nachdem aber die heteronomen Prinzipien auf diese Weise von der Grundlegung des moralischen Handelns ferngehalten worden sind, und die Reinheit der Quelle der Ethik so sichergestellt ist, kann die wahre Bedeutung eines jeden von ihnen für das moralische Handeln angegeben werden. Die äußeren subjektiven Gründe enthalten zwar keine moralischen Pflichten, wohl aber Pflichten der Ehrbarkeit[44] und des Gehorsams gegen die Obrigkeit. Sein moralisches Gefühl, ein Gefühl der Befriedigung und Zufriedenheit in der Erfüllung seiner Pflicht, zu verfeinern, ist eine Pflicht.[45] Wenigstens indirekt gibt es eine Pflicht, nach Möglichkeit für sein eigenes Glück, sowohl in diesem wie in dem nächsten Leben, zu sorgen.[46] Gottes Wille ist ein Symbol der Heiligkeit des Willens, nach welcher wir als einem Ideal streben sollen (32); unsere eigene moralische Vollkommenheit ist eins der Ziele, die ebenfalls eine Pflicht sind.[47] Wenn Kant eine heteronomische Begründung der Ehtik zurückweist, so weist er daher nicht gleichzeitig die moralischen, politischen, sozialen, religiösen und natürlichen Güter zurück, die von den Vertretern dieser Lehren mit Recht empfohlen worden waren. Sie werden alle bejaht, nur unter der einen Bedingung, daß das Streben nach ihnen unter einem formalen Prinzip steht.

In der Überzeugung, nicht nur bewiesen zu haben, daß *grundsätzlich* kein empirisches Motiv ein ethisches Gesetz abgeben kann (Lehrsatz II), sondern auch gezeigt zu haben (§ 8 Anm. II), daß keins der vorgeschlagenen empirischen Prinzipien, den Behauptungen anderer Moralphilosophen zum Trotz, *tatsächlich* ein solches Gesetz liefert, kommt Kant zu dem Ergebnis, daß „das *formale praktische Prinzip* der reinen Vernunft... das *einzige mögliche* sei, welches zu kategorischen Imperativen, d. i. praktischen Gesetzen (welche Handlungen zur Pflicht machen), ... tauglich ist" (41). Der positiven Ableitung und Verteidigung dieses Prinzips wenden wir uns nun zu.

VIII DIE „METAPHYSISCHE DEDUKTION" DES SITTENGESETZES

Kommentar zu §§ 4–7 und zum Rest von § 8

1. Die Idee einer „metaphysischen Deduktion"

Das erste Kapitel der Analytik der Begriffe in der *Kritik der reinen Vernunft* trägt die Überschrift „Von dem Leitfaden der Entdeckung aller reinen Verstandesbegriffe". In diesem Kapitel nimmt Kant die geringfügig veränderte Urteilstafel der traditionellen Logik als Leitfaden für die Entdeckung der Tafel der Erkenntniskategorien. Denn um von Gegenständen, die dem Bewußtsein nicht unmittelbar selbst gegeben sind, Erkenntnis zu erhalten, benötigen wir eine Synthesis der Vorstellungen, die wir von Gegenständen haben. Nur eine Verknüpfung unserer Vorstellungen ermöglicht es, verschiedene Vorstellungen auf einen gemeinsamen Brennpunkt (das Objekt, das die Quelle dieser Vorstellungen ist) zu beziehen. Natürlich kann eine Synthesis von Vorstellungen eine nur psychologisch interessierende Ideenassoziation sein. Die Synthesis ist dann subjektiv und nur für dasjenige Individuum gültig, das gerade diese Vorstellung mit jener assoziiert. Damit sie zu Erkenntnis werden kann, muß diese Synthesis Regeln unterstehen, die für alle Erkenntnissubjekte gültig sind. In diesem Falle können wir urteilen, daß ein Gegenstand diese und jene Eigenschaften hat; die Verknüpfung der Vorstellungen ist nicht mehr lediglich subjektiv gültig. Erkenntnis entsteht aus der Synthesis von Vorstellungen, die zu Urteilen über Gegenstände berechtigt. Daher sind die Urteilsarten, in denen sich Erkenntnis konstituiert, der Leitfaden zur Entdeckung der Verknüpfungsarten, die zur Erkenntnis notwendig sind. Die Kategorien oder reine Verstandesbegriffe sind die Begriffe oder Regeln dieser Synthesen, und jeder Urteilsart entspricht eine Kategorie.

In einem für die zweite Auflage der *Kritik der reinen Vernunft* hinzugefügten Abschnitt erwähnt Kant dieses Kapitel als „metaphysische Deduktion". Das Attribut „metaphysisch" bedeutet hier, daß die begriffliche Erkenntnis durch Kategorien, wie Kant annimmt, rein und a priori ist. Von der metaphysischen Deduktion unterscheidet er die transzendentale Deduktion. Diese hat die Aufgabe zu zeigen, daß die Kategorien eine apriorische Erkenntnis von Gegenständen ermöglichen. Während die metaphysische Deduktion die Entdeckung und Bestimmung der Kategorien leisten soll, soll die transzendentale Deduktion ihre Gültigkeit beweisen. Beide Deduktionen sind zwar grundsätzlich unabhängig voneinander, aber sie gehen beide von dem Gedanken aus, daß Erkenntnis ohne Synthesis nicht möglich ist und sich stets in Urteilen artikuliert. Wenn die metaphysische Deduktion auf andere als die angegebenen Kategorien geführt hätte, so hätte dies den Gang der transzendentalen Deduktion nicht nennenswert zu beeinflussen brauchen. Die spezifischen, in der metaphysischen Deduktion entdeckten Kategorien werden in der transzendentalen Deduktion nur zur Verdeutlichung gebraucht. Die Grundzüge der metaphysischen Deduktion standen Kant bereits klar vor Augen, lange bevor er sich darüber klar geworden war, daß eine transzendentale Deduktion erforderlich war.

In der *Kritik der praktischen Vernunft* und noch deutlicher in den scharf getrennten drei Hauptteilen der *Grundlegung zur Metaphysik der Sitten* findet sich eine entsprechende Unterscheidung der Aufgaben. Kant bemüht sich zunächst zu entdecken, wie das moralische Gesetz lauten muß, wenn der Begriff der moralischen Pflicht und damit alle Moralität nicht gegenstandslos sein sollen. Dann erst versucht er zu zeigen, daß das so entdeckte Gesetz gültig und kein leerer Begriff ist.

Die Trennung dieser beiden Aufgaben ist freilich in der zweiten *Kritik* nicht so sorgfältig eingehalten wie in der ersten. Der Leser muß die Grenze zwischen beiden Darlegungen selbst ziehen, und die Grenzlinie ist nicht eine gerade, sondern eine gewundene Linie, die die verschiedenen Abschnitte und Paragraphen durchzieht.[1] Für diesen Mangel an formaler Sauberkeit, die sonst in Kants größeren Werken eines der Hauptmerkmale seiner Darstellungsweise ist, gibt es verschiedene Gründe. Das Sittengesetz, erklärt Kant, bedarf keiner „rechtfertigenden Gründe", denn es spricht auch zur „gemeinen Menschenvernunft" mit Autorität. Nach Kants Auffassung anerkennt ein menschliches Wesen seine Gültigkeit auch dann, wenn es das Gesetz nicht in formal exakter Sprache formulieren könnte. In der praktischen Philosophie folgt Kant daher der sokratischen Methode, das Gesetz, dessen wir uns schon bewußt sind, zu formulieren und es nicht aufzustellen und zu „beweisen". Daher erlaubt sich Kant häufig, so zu sprechen, als ob das moralische Gesetz bereits in seiner Gültigkeit erwiesen (d. i. transzendental deduziert) wäre, während es an jenen Stellen tatsächlich nur erst formuliert (d. h. metaphysisch deduziert) ist.

Da Kant nur ein einziges moralisches Gesetz kennt, ist es überdies für ihn bereits aus Gründen des Stils schwieriger, die Formulierung des moralischen Gesetzes von Fragen nach seiner Gültigkeit zu trennen. In der ersten *Kritik* hatte Kant zwölf Kategorien, von denen er von Zeit zu Zeit eine zur Verdeutlichung auswählen konnte, da die spezifische Rechtfertigung irgendeiner der zwölf Kategorien in der metaphysischen Deduktion leicht von den Rechtfertigungsgründen der Kategorien überhaupt unterschieden werden konnte. Der Unterschied zwischen Illustration und Rechtfertigung war leicht einzusehen. In der zweiten *Kritik* ist nur ein einziges Prinzip zu prüfen, und dieses gilt als tatsächlich voll beglaubigt, wenn es auch noch klar und deutlich herausgearbeitet und zum Bewußtsein gebracht werden muß. Die Formulierung und die Rechtfertigung dieses Prinzips können folglich kaum so scharf voneinander getrennt werden wie in dem früheren Werk.

Gleichwohl ist sich Kant der zweifachen Fragestellung vollkommen bewußt, und mit seiner Unterscheidung zwischen „Exposition" und „Deduktion" (46) weist er ausdrücklich auf sie hin. Tatsächlich könnte man ebenso wohl von einer „metaphysischen Exposition" wie von einer „metaphysischen Deduktion" in jeder der beiden ersten *Kritiken* sprechen. Denn unter „Erörterung" (expositio) versteht Kant „die deutliche (wenngleich nicht ausführliche) Vorstellung dessen, was zu einem Begriff gehört; *metaphysisch* aber ist die Erörterung, wenn sie dasjenige enthält, was den Begriff, als a priori gegeben, darstellt".[2] Aber da in Kants Architektonik der Titel „metaphysische Deduktion" nun einmal eingeführt ist, möchte ich diesen Ausdruck für die folgende Untersuchung beibehalten.

Allzu viel darf man freilich von der angegebenen Analogie zum ersten Kapitel der Analytik in der ersten *Kritik*, obwohl sie offenkundig besteht, nicht erwarten. Es gibt hier keine gebrauchsfertige Tafel formaler Unterscheidungen, die als Leitfaden für die Entdeckung des Grundsatzes der reinen praktischen Vernunft dienen kann. Dem synthetischen Vorgehen in der metaphysischen Deduktion der ersten *Kritik* kann in der *Kritik der praktischen Vernunft* nichts Vergleichbares an die Seite gestellt werden. Gleichwohl besteht zwischen dem allgemeinen Gedankengang, auf dem die Darstellung in beiden Werken beruht, ein Parallelismus. Denn Kant selbst erklärt: „Wir können uns reiner theoretischer Gesetze bewußt werden, eben so, wie wir uns reiner theoretischer Grundsätze bewußt sind, indem wir auf die Notwendigkeit, womit sie uns die Vernunft vorschreibt, und auf Absonderung aller empirischen Bedingungen, dazu uns jene hinweiset, Acht haben" (30).

Trotz aller scheinbaren Unterschiede ist das Argument der *Kritik der praktischen Vernunft* in der Entdeckung und Darstellung des moralischen Gesetzes demjenigen der *Grundlegung* und der *Prolegomena* vergleichbar. In allen drei Werken beginnt Kant mit einem Problem, das die alltägliche Erfahrung der philosophischen Analyse stellt, und er gelangt zu seinem Ergebnis, indem er zu beweisen versucht, daß nur ein Prinzip oder eine Theorie imstande ist, die zum Problem gewordene Erfahrung verständlich zu machen. In der *Grundlegung* und in der zweiten *Kritik* ist dies die praktische Erfahrung im allgemeinen und die moralische Erfahrung im besonderen. Unsere Aufgabe ist daher in diesem Kapitel, mit Kant „auf die Notwendigkeit Acht zu haben", die wir in moralischen Fragen erfahren, zu zeigen, wie diese Notwendigkeit von uns die Eliminierung oder wenigstens die Transzendierung empirischer Bedingungen verlangt, und schließlich darzulegen, was als das formale Prinzip der reinen praktischen Vernunft übrigbleibt.

2. Charakteristik der sittlichen Erfahrung

In der analytischen Methode, die Kant hier ebenso wie in den ersten zwei Teilen der *Grundlegung* anwendet, steht am Anfang eine Erfahrung und der Rückgang auf diejenigen Voraussetzungen, ohne die diese Erfahrung als unverständlich oder gegenstandslos gelten müßte. Wenn die analytische Methode zum Zwecke einer metaphysischen Deduktion oder Exposition angewandt wird, so finden sich diese Voraussetzungen in den organisierenden Begriffen, Grundsätzen oder Formen der zu prüfenden Erfahrung. Das Ergebnis dieses Rückgangs auf die formalen Bedingungen ist die Aufstellung des Grundsatzes, die in den ersten beiden Teilen der *Grundlegung* erreicht und hier vorausgesetzt wird (8).

Bei der Entdeckung der Grundsätze hypothetischer Imperative, erklärt Kant, bereitet die Feststellung ihrer Möglichkeit keine Schwierigkeiten.[3] Wenn ein Mensch Begierden hat, die nur durch die Anwendung seiner Welterkenntnis befriedigt werden können, und wenn er in der Verfolgung seiner Zwecke nicht hinreichend rational ist, um die durch seine Erkenntnisse als notwendig ausgewiesenen Handlungen auszuführen, so wird er offenbar eine Nötigung erleben, und diese Nötigung erhält die Form eines hypothetischen, heteronomen Imperativs.

Die Tatsachen und Grundsätze, die heteronome Imperative so leicht erklärbar machen, sind indes vollkommen unzureichend, die wesentlichen und hauptsächlichen Merkmale der moralischen Erfahrung zu erklären. Eine Ethik, in der die scharfe und radikale Unterscheidung zwischen Klugheit und Sittlichkeit nicht anerkannt ist und Sittlichkeit folglich fremdbestimmt (heteronom) bleibt, läßt gewisse offenkundige Merkmale sittlichen Verhaltens einfach unerklärt oder sucht sie hinwegzuinterpretieren. Es mag sein, daß sie hinweginterpretiert werden sollten; es ist denkbar,[4] daß sie auf Täuschung beruhen. Ob dies der Fall ist oder nicht, dies muß sich am Erfolg oder am Scheitern einer transzendentalen Deduktion entscheiden lassen. Aber zunächst muß die Aufgabe darin bestehen: auszumachen, welche Grundsätze vorauszusetzen sind, wenn wir moralische Erfahrung für das nehmen sollen, als was sie sich gibt. Diese Voraussetzung wird provisorisch sein, bis wir zur transzendentalen Deduktion gelangen. Die wichtigsten Merkmale, die andere als in der Fremdbestimmung (Heteronomie) enthaltene Voraussetzungen verlangen, sind die folgenden.

a) *Die objektive Notwendigkeit der Handlung.* – Im moralischen Verhalten wird eine gewisse Nötigung, in einer bestimmten Weise zu handeln, erlebt, und diese Nötigung hat einen ganz anderen Charakter als diejenige, die wir wahrnehmen, wenn es sich um ein selbstgesetztes, vielleicht sogar weitgestecktes Ziel handelt. In diesem Falle stammt die Nötigung aus unserem eigenen Begehren; in jenem Falle hingegen scheint sie unabhängig von unserem Begehren zu sein und oft genug sogar mit ihm in Konflikt zu stehen. Diese Art von Nötigung heißt „Pflicht", die objektive Notwendigkeit einer Handlung, die nicht subjektiv notwendig, sondern unserer freien Wahl, sie zu tun oder zu unterlassen, unterworfen ist.

Dieser Unterschied zwischen einer Nötigung aufgrund von Bedürfnissen oder Begierden und einer Nötigung allen Bedürfnissen und Begierden zum Trotz läßt sich schon an der Verwendung von „müssen" und „sollen" im alltäglichen Sprachgebrauch aufweisen. Etwas tun müssen oder zu glauben, man müsse etwas tun, ist etwas ganz anderes als etwas tun sollen oder zu glauben, man solle es tun. Ich muß z. B. meinen Namen in meine Bücher schreiben, da ich sie zurückerhalten möchte, wenn ich sie ausgeliehen habe; aber ich soll geliehene Bücher zurückgeben, gleichgültig wie sehr ich sie für mich behalten möchte. Es ist ganz und gar nicht unsinnig zu sagen: „Ich soll zwar die Wahrheit sagen, aber um aus dieser Verlegenheit zu kommen, muß ich lügen." „Etwas tun müssen" bedeutet hier: daß man zur Erreichung eines gegebenen Zwecks zu einer Handlung genötigt ist, die man nicht besonders gern tun möchte oder die einem sogar mißfällt. „Etwas tun sollen" bedeutet hingegen die Notwendigkeit, sich für eine bestimmte Handlung ohne Rücksicht auf bestehende Wünsche oder Bedürfnisse zu entscheiden. In beiden Fällen muß mein Erkenntnisvermögen (Kants „Vernunft") entscheiden, was ich zu tun habe; aber während in jenem Fall eine der Prämissen der Vernunft ein Begehren ist, ist in diesem Fall das Begehren keine vorauszusetzende Bedingung. (Falls Moralität als Ganze auf Täuschung beruhen sollte oder in einem bestimmten Fall nur Schein ist, wie im Falle der Heuchelei oder Scheinheiligkeit, so ist das Begehren ebenfalls keine Prämisse, sondern eine Ursache des Handelns.)

b) *Motive als der Gegenstand des moralischen Urteils.* – Wenn wir moralisch urteilen, so beziehen wir uns nicht auf Erfolg oder Scheitern einer Handlung in der Erreichung des Gegenstandes eines Begehrens. Ich brauche nicht das Ergebnis einer Handlung abzuwarten, um entscheiden zu können, ob sie moralisch gut oder schlecht war; ich brauche nur das Motiv zu kennen, das zu ihr geführt hat. Bei moralischen Entscheidungen brauche ich nicht erst zu wissen, ob die geplante Handlung zum Erfolge führt oder nicht; ich brauche nicht einmal zu wissen, ob ich tatsächlich die Kraft habe, die erstrebte Wirkung hervorzubringen.[5] Bei Handlungen der Geschicklichkeit und Klugheit hingegen kommt alles auf den Erfolg an; Motive haben hier, wenn überhaupt, nur indirekte Bedeutung.

Gegenstand moralischer Urteile sind in Wahrheit nicht Handlungen selbst, sondern vielmehr Entscheidungen zu handeln. Wenn auch Kant oft so spricht, als ob eine Handlung Gegenstand des moralischen Urteils und also selbst gut oder schlecht ist, so ist doch zu beachten, daß die Handlung nicht einfach ein Beispiel äußeren Verhaltens (wie z. B. das Hervorbringen von Geräuschen) ist, sondern als wesentliche Komponente Motive, Absichten und Entscheidungen, die zu diesem Verhalten führen, enthält. Worauf wir im moralischen Urteil achthaben, das ist diese komplexe Art des Sich-entscheidens aus bestimmten Gründen und nicht aus anderen; bei der Geschicklichkeit und Klugheit hingegen kommt es auf die Handlung und auf ihr Ergebnis an.

c) *Die Allgemeinheit des moralischen Urteils.* – Das moralische Urteil hat keinen Respekt vor Persönlichkeiten. Obgleich Kant in seiner Erörterung der unvollkommenen Pflichten einräumt, daß die Umstände Unterschiede der moralisch verantwortlichen Handlungen rechtfertigen können, so enthält das moralische Urteil doch stets eine Berufung auf ein unbeteiligtes Forum, das auf den in Fragen der Klugheit und Glückseligkeit allein interessierenden Punkt, unsere Begierden und Wünsche, keine Rücksicht nimmt. Moralische Verpflichtung ist nicht nur unabhängig von meinen Begierden, sie ist es auch von bestimmten Begierden, die jedermann haben mag. Ich kann über Wesen, die nicht Menschen sind (z. B. Gott), moralisch urteilen; und obgleich nur Menschen eine moralische Verpflichtung erleben, so messen wir doch einen heiligen Willen nach demselben Maßstab der Gerechtigkeit, den wir auch auf uns selbst anwenden.

Es ist stets sorgfältig zu beachten, daß die Allgemeinheit des moralischen Urteils nichts mit der Veränderlichkeit von Sitten und moralischen Urteilen in verschiedenen Gesellschaften zu verschiedenen Zeiten zu tun hat. Jedenfalls hat der Wechsel des moralischen Urteils von Zeit zu Zeit und Ort zu Ort nichts mit jener Allgemeinheit zu tun, von der Kant hier spricht. Kant hat zwar leider nie erklärt, welche genaue Bedeutung seine These, daß moralische Urteile allgemein sind, haben soll. Glücklicherweise hat er dies jedoch in seiner Behandlung des ästhetischen Urteils getan,[6] und diese Erörterung können wir leicht auf das moralische Urteil übertragen. Kant stand der Tatsache, daß das ästhetische Urteil höchst wechselhaft ist, nicht so verständnislos gegenüber, wie man dies hinsichtlich der Wechselhaftigkeit moralischer Urteile bisweilen angenommen hat. Wenn er darauf besteht, daß wir bei einem ästhetischen Urteil allgemeine Zustimmung beanspruchen (wenn auch nicht stets erhalten), so unterscheidet er zwischen einer „normativen" und einer „sozialen" Allgemeinheit: Ein ästhetisches Urteil hat normative Allgemeinheit oder beansprucht sie doch wenigstens, ohne soziale Allgemeinheit zu haben oder zu beanspruchen. Ebenso sind auch moralische Urteile normativ allgemein; aber da Kant von der Verschiedenheit der Sitten der Völker wohl ebensoviel als irgendein anderer im 18. Jahrhundert verstand, beschäftigte ihn in der Analyse des moralischen Urteils selbst die soziale Allgemeinheit nicht. *Eine* Frage ist es, ob das, was ich für allgemeingültig halte, tatsächlich allgemeingültig ist, und dies ist eine wichtige Frage; die andere Frage lautet, ob das, was ich für allgemeingültig halte, tatsächlich von allen Menschen für allgemeingültig gehalten wird, und diese Frage ist so leicht negativ zu beantworten, daß man sie kaum zu stellen braucht. Aber die offenkundig negative Antwort auf die zweite Frage bedeutet nicht, daß auch die erste Frage grundsätzlich negativ beantwortet werden muß. Sie ist nicht einmal eine Voraussetzung zur Beantwortung der ersten Frage. Bisweilen muß die erste Frage in der einen, bisweilen in der anderen Weise beantwortet werden. In diesem Teil der *Grundlegung* und der *Kritik* versucht Kant ein Kriterium dafür zu finden, wie sie zu beantworten ist. Aber selbst bevor es gefunden ist, ist die Einsicht wichtig, daß das moralische Urteil auf eine Allgemeinheit Anspruch erhebt, die sich beim Ausdruck eines Wunsches oder einer Vorliebe nicht findet.[7]

d) *Unmittelbares Interesse an der Handlung.* – Bei allen Handlungen um der begehrten Wirkungen des Handelns willen richtet sich unser unmittelbares Interesse auf die Wirkungen, das Bestehen des erstrebten Sachverhaltes; an der Handlung selbst haben wir nur ein mittelbares Interesse. Obgleich alle willentlich ausgeführten Handlungen Konsequenzen haben und Konsequenzen haben sollen, die irgendwie interessieren,[8] so bestreitet Kant doch, daß die Handlungen notwendig um dieses Interesses am Zweck willen ausgeführt werden.[9] Er behauptet, bei moralischem Handeln gebe es ein Interesse an der Handlung selbst, wobei „Handlung" stets den ganzen Komplex von Motiv, Entscheidung und äußerem Verhalten umfaßt. In moderner Terminologie ausgedrückt besagt Kants These, daß ein moralischer Wert ein innerer Wert ist, der uns interessiert, weil wir seinen inneren Wert anerkennen. Erfolg oder Scheitern bei der Erreichung eines Zwecks sind keine moralischen Kategorien, sondern Begriffe der Geschicklichkeit oder Klugheit. Würdigkeit, glücklich zu sein, oder Schuld sind die entsprechenden moralischen Kategorien, und ihre Anwendbarkeit ist von Erfolg oder Scheitern völlig unabhängig.

Andere Merkmale könnte man hinzufügen. Kant spricht z. B. von dem Unterschied zwischen bloßem Bedauern und Reue als Antworten auf zwei verschiedene Arten des Versagens[10] und von der Bestimmtheit und Klarheit sittlicher Gebote, die er der Vagheit und unvermeidlichen Unsicherheit der Ratschläge der Klugheit entgegenstellt.[11] Aber diese zweite Gegenüberstellung vereinfacht die Tatsachen gewiß allzusehr, wie Kant auch selbst in der *Metaphysik der Sitten* klar erkannt hat. Da sie nicht nur irreführend, sondern für die Ableitung des moralischen Gesetzes auch unerheblich ist, braucht sie hier nicht weiter erörtert zu werden. Aber schon hier ist darauf hinzuweisen, daß dieses angebliche Merkmal moralischer Prinzipien in der transzendentalen Deduktion eine sehr große Rolle spielt. Dort geht es freilich nicht mehr um den Gegensatz zwischen der Klarheit bestimmter moralischer Gebote und der Dunkelheit von Ratschlägen der Klugheit, sondern nur noch um die Klarheit des moralischen Prinzips selbst, durch die wir den Unterschied zwischen dem, was gerecht, und dem, was nur ratsam ist, leicht erkennen, ohne daß wir ebenso leicht sicher sein könnten, daß unter gegebenen Umständen eine bestimmte Handlung wirklich die (moralisch) richtige ist.

3. Erste Annäherung an das Prinzip

Von diesen hervorstechenden Merkmalen moralischen Überlegens, Urteilens und Handelns zieht Kant hinsichtlich des im moralischen Handeln enthaltenen Grundsatzes vier Folgerungen.

a) Der Grundsatz muß ein Gesetz und nicht eine bloße Maxime sein. Nur ein Gesetz kann nötigen, und nur ein Gesetz kann in seiner Anwendung allgemein sein. Für die Normativität ist diese allgemeine Anwendbarkeit wesentlich. Selbst wenn eine bloße Maxime eine im Willen jedes Menschen gegebene Bedingung ausdrückte, so wäre sie doch in keinem Falle notwendig; sie würde niemanden verpflichten.

b) Der Grundsatz muß aufgrund seiner Form, nicht aufgrund seines Inhalts ein Gesetz sein. Der Inhalt ist stets ein Gegenstand des Interesses an dem, was durch die Befolgung des Gesetzes als Maxime des Handelns erreicht werden soll; aber ein solches Interesse ist weder allgemein noch verpflichtend, noch auf die Handlung als solche gerichtet.

c) Das Gesetz muß als Maxime dienen, d. h. eine tatsächliche Bedingung des Willens ausdrücken können. In jedem anderen Falle würde das Gesetz oder die Gesetzmäßigkeit der Handlung uns nicht interessieren; die Erkenntnis des Gesetzes wäre nur unter der zufälligen Bedingung eines Interesses am Gegenstand der Maxime praktisch wirksam. Die Erkenntnis des Grundsatzes muß indes selbst das Motiv für ein gesetzmäßiges Handeln liefern, und wenn dies der Fall ist, so ist das Handeln nicht nur gesetzmäßig, sondern es geschieht um des Gesetzes willen, d. h. aus Achtung vor dem Gesetz. In jedem anderen Falle ist die Vernunft nur die Sklavin der Leidenschaften.

d) Das Gesetz muß die Grundlage eines kategorischen Imperativs, wenn auch von diesem selbst verschieden sein. Das Gesetz muß angeben, wie ein vernünftiges Wesen als solches notwendig handeln würde. Nur ein solches Gesetz kann für ein nur teilweise vernünftiges Wesen wie den Menschen, das nicht von Natur aus seiner Auffassung des Gesetzes entsprechend handelt, ein kategorischer Imperativ sein. Wenn ein moralisches Gesetz angibt, wie ein Vernunftwesen handeln *würde*, so gibt der zugehörige kategorische Imperativ an, wie es handeln *soll*, aber nicht immer handeln wird.[12] Das Sollen dieses Imperativs ist, anders als beim hypothetischen Imperativ, nicht davon abhängig, ob ein Interesse am Gegenstand des Handelns vorhanden ist. Es hängt nicht einmal von einem Interesse am moralischen Gesetz und an seiner Herrschaft selbst ab, so als ob diejenigen, die ein solches Interesse in sich nicht wahrnehmen, von allem Vorwurf frei wären, wenn sie es überschreiten.[13]

Nicht jeder Imperativ indes, der formal gesehen kategorisch ist, hat dieses Gesetz zur Grundlage; denn jeder Imperativ kann kategorisch formuliert werden. Hier handelt es sich nur um solche Imperative, die „praktisch richtig" (21) sind, und dies sind unbedingte oder apodiktische Imperative, auch wenn sie hypothetisch formuliert werden.[14]

Daß ein Imperativ in seinem gebietenden Anspruch apodiktisch, seiner Form nach jedoch nicht-kategorisch sein kann, ist eine von Kant offenbar übersehene Besonderheit, die unglückliche Konsequenzen für seinen Begriff der allgemeinen Anwendbarkeit des moralischen Gesetzes hat. Dies erlaubt ihm so zu tun, als ob der kategorische Imperativ keinen Raum für Überlegungen über Bedingungen ließe, die in den Vordersätzen hypothetischer, aber gleichwohl notwendiger Imperative auftreten würden.[15]

4. Die drei Maximen der sittlichen Entscheidung

In Kapitel VI § 6 analysierte ich ein Handeln, das zu einem erstrebten Ziel führen soll. In dem dazugehörigen voll ausgearbeiteten hypothetischen Imperativ entdeckten wir
 – eine materiale Maxime,
 – ein theoretisches Gesetz (die Erkenntnis eines Kausalverhältnisses zwischen einer Handlung und ihren Auswirkungen),
 – ein formales Prinzip („Ein Vernunftwesen, das einen Zweck entschieden will, will notwendig auch die Mittel, die diesen Zweck, soweit es weiß, hervorbringen").

Unsere Analyse des moralischen Handelns in diesem Kapitel zeigt, daß bei einer bestimmten Handlung unabhängig davon, ob vorhandene Begierden durch die Handlung befriedigt werden können und ob wir die Mittel kennen und besitzen, durch die der Gegenstand des Begehrens verwirklicht werden kann, entschieden werden muß, wenn Moralität nicht eine bloße Einbildung sein soll. Kant muß demnach zeigen, wie über eine bestimmte Handlung entschieden und wie sie unternommen werden kann, ohne daß dabei ein bestimmtes Begehren, das durch die Handlung befriedigt werden soll, vorausgesetzt ist. Wenn dies mißlingen muß, so trifft die Analyse, die wir oben auf Seite 88 gegeben haben, auf alle Handlungen zu, und die Allgemeinheit, die Notwendigkeit und der innere Wert moralischen Handelns sind nur eine Täuschung. Denn wenn die bestimmende Maxime material ist, wie I A in jener Analyse, nämlich ein spezifisches Wollen, aufgrund der in I B gegebenen Erkenntnis einen bestimmten Zweck hervorzubringen, so kann der Imperativ nicht kategorisch sein, und das entsprechende Prinzip ist eine bloße Maxime.

Wir können die bestimmende Maxime (I A) nicht einfach eliminieren und das moralische Handeln unmotiviert lassen. Etwas ihr immerhin entsprechendes ist, wie Kant mit Recht annimmt, für alles Handeln notwendig. In einem Satz, den viele seiner Kritiker[16] übersehen zu haben scheinen, erklärt er: „Nun ist freilich unleugbar, daß alles Wollen auch einen Gegenstand, mithin eine Materie haben müsse; aber diese ist darum nicht eben der Bestimmungsgrund und Bedingung der Maxime" (34). Kant muß ein Prinzip finden, nicht um die Bedingung I A zu ersetzen, sondern um sie zu kontrollieren.[17]

Die Kontrolle einer Maxime durch eine andere ist nichts befremdliches. Materiale Maximen stehen selbst in einem hierarchischen Verhältnis zueinander. Mein Gewinnstreben kann sich in einer Maxime ausdrükken, mein Streben nach einem behaglichen Leben in einer anderen, und die eine Maxime kann die Auswirkungen von Handlungen, die im Namen der anderen ausgeführt wurden, kontrollieren. In diesem Sinne betrachtet Kant die Maxime der Selbstliebe als die *oberste* materiale Maxime. Aber da selbst diese Maxime nur zur Begründung hypothetischer Imperative dienen kann und das explicandum hier unbedingte Verpflichtung ist, kann die gesuchte Maxime nicht aufgrund ihrer Materie bestimmend sein. Die oberste Maxime muß unter den materialen Maximen diejenigen auswählen, die in unserem praktischen Syllogismus als erlaubt gelten können,[18] und zwar weil sie ein Kriterium für Maximen hinsichtlich ihrer Form unabhängig von ihrem Inhalt ist. Dies ist es, was Kant meint, wenn er sagt, das gesuchte Prinzip müsse rein formal sein; auf seine etwas dunkle Art sagt er damit nur, daß das gesuchte Prinzip ein Grundsatz sein muß, der das Verhalten regelt, indem er die Form der erlaubten Maximen prüft.

In der Analyse moralischen Handelns müssen wir daher zu den zwei praktischen Prinzipien, die unsere Analyse der hypothetischen Imperative freilegte, ein weiteres Prinzip hinzufügen. Wir müssen unterscheiden:

a) eine materiale Maxime, die irgendeine generelle Bedingung meines Willens ausdrückt,

b) einen Grundsatz (Gesetz), der bestimmt, ob *a* moralisch erlaubte Handlungen hervorbringt, und der selbst eine Maxime ist,

c) das formale Prinzip des hypothetischen Imperativs, das die Bedingung dafür enthält, daß ich Handlungen, die für die Erreichung eines in *a* vorgestellten Zweckes notwendig sind, auszuführen unternehme, während die tatsächlichen Mittel durch die Erkenntnis des Kausalzusammenhangs zwischen Handlungen und ihren Wirkungen empirisch entdeckt werden.

Mein Zweck (*a*) kann z. B. die Beförderung des Glücks anderer sein. Das Gesetz (*b*) erlaubt mir, nach dieser Maxime zu handeln. Der Grundsatz (*c*) wählt aus meinen empirischen Erkenntnissen diejenigen aus, die mir bestimmte Handlungen, wenn die Berechtigung von *a* feststeht, nahelegen. Das Gesetz (*b*) verbietet bestimmte Typen von Maximen (*a*), es erklärt einige für erlaubt, und es verlangt selbst noch weitere Maximen.

Von diesen drei Funktionen des moralischen Gesetzes ist in Kants Erörterung die erste am leichtesten zu unterscheiden, – so sehr, daß sie oft für die einzige gehalten wird, die Kant anerkennt. Er wird oft so verstanden,[19] als glaube er, (i) das Sittengesetz sei nur ein Kriterium für die

Zulässigkeit materialer Maximen und (ii) zwischen natürlichen, unwillkürlichen materialen Maximen und dem Gesetz bestehe stets ein Konflikt. Diese Interpretation ist nur zum Teil richtig, und sie muß durch das Folgende ergänzt werden. Aber der Grund, warum diese halbrichtige Interpretation sich so leicht einstellt, liegt in Kants realistischer und unsentimentaler Einschätzung des menschlichen Charakters. Wo eine materiale Maxime zu einem mit dem moralischen Gesetz faktisch übereinstimmenden Handeln führt, dort wird jeder, der mit Kant den Sinn für harte Tatsachen und die Abneigung gegen moralisierende Selbstgerechtigkeit teilt, normalerweise die Materie als die Triebfeder ansehen und dem Versuch, sie als moralisches Handeln auszugeben, mißtrauen (154). Um die Rolle der Pflicht und der Neigung möglichst deutlich zu unterscheiden, zog Kant es vor, Extremfälle als Beispiele anzuführen, in denen sie wirklich in Widerstreit liegen. Seine Ethik scheint daher mehr eine Ethik des Verbots und der Unterdrückung des natürlichen Menschen, als eine Verherrlichung der guten und spontanen Naturanlagen zu sein. Zweifellos gründet sich dieser Anschein zum Teil auf Kants eigenen Charakter (wenigstens zur Zeit der Abfassung dieses Buchs); aber noch mehr beruht er auf der Unfähigkeit mancher Leser, sich die polemische Situation zu vergegenwärtigen, in der sich Kant befand und die ihn dazu nötigte, zu unterscheiden und scheinbar zu trennen, was andere durcheinander gebracht oder sogar identifiziert hatten.[20]

Der bedeutsamste Fall ist indes der, daß das moralische Gesetz mich nötigt, nach gewissen Maximen zu handeln, ob sie nun eine vorgängige Bedingung meines Willens ausdrücken oder nicht. Wenn sich das behauptete unmittelbare Interesse am moralischen Handeln verteidigen läßt, so muß das moralische Prinzip zu einer Maxime mit einer eigenen Materie werden. Diese Materie ist nichts Empirisches, wie z. B. Glückseligkeit, sondern das moralisch Gute, das durch das Prinzip selbst definiert und also nicht vorgängig erstrebt wird. Nur wenn das formale Prinzip selbst als eine Maxime genommen werden kann, so daß wir uns bemühen, in uns eine gewisse Bereitschaft zu wecken, in einer bestimmten Weise und unabhängig davon, ob wir eine vorgängige Disposition zu solchen Handlungen haben, tätig zu werden, nur dann können wir sagen, daß reine Vernunft, die alleinige Quelle von b, praktisch sein kann.

Aber wir haben noch nicht gesehen, welche Gestalt dieses Gesetz haben muß, das eine bestimmte Form unserer Maximen verlangt und einen von unseren natürlichen Begierden nicht ableitbaren Gegenstand besitzt.

5. Definition des Prinzips

Das oberste formale Prinzip besagt, daß ein reines Vernunftwesen nur nach einer solchen materialen Maxime handeln wird, die als ein Gesetz von allen Vernunftwesen anerkannt werden könnte. Alle Maximen eines Vernunftwesens *qua* Vernunftwesen sind unabhängig von den Unterschieden zwischen ihnen, d. h. zwischen ihren Begierden; die Maximen eines Vernunftwesens *qua* Vernunftwesen sind daher Gesetze. Der entsprechende Imperativ, der für ein nur teilweise vernünftiges Wesen dieses Gesetz als Nötigung formuliert, besagt, daß ich einer Maxime nur dann folgen soll, wenn ich wollen kann, daß alle Vernunftwesen ihr folgen. Der Imperativ dient mithin als Kriterium für Maximen, die moralisch erlaubten Handlungen zugrunde liegen können.

Zum moralischen und nicht nur legalen Handeln ist indes ein unmittelbares Interesse an der Handlung erforderlich. Der Grundsatz darf daher nicht nur ein negatives Kriterium für eine vorgängige Maxime sein, wie der voranstehende Absatz anzudeuten scheint. Der Grundsatz muß etwas Positives sein, das uns gebietet, uns Maximen zu eigen zu machen, die wir als für uns als Vernunftwesen gültig anerkennen, und zwar deshalb, weil sie für Vernunftwesen überhaupt gültig sind oder weil wir wollen, daß alle Vernunftwesen ihnen als Maximen folgen sollten. In dieser positiven, konstitutiven Bedeutung, im Gegensatz zur vorigen negativen, regulativen Bedeutung des Grundsatzes, muß die Erkenntnis des Grundsatzes selbst ein Grund des Handelns werden. Wir sollen nicht einfach nach Maximen handeln, die dem Kriterium genügen, sondern unsere höchste Maxime soll sein, nach ihnen zu handeln, weil sie dem Kriterium genügen.

Man kommt sehr leicht dahin, den negativen, regulativen Aspekt des Grundsatzes zu betonen und den positiven, konstitutiven Aspekt zu vernachlässigen, und glaubt dann, Kant sei widerlegt, weil man gezeigt hat, daß Maximen verallgemeinert werden können, die nicht verpflichtend sind.[21] Ich kann z. B. wollen, daß jeder seinen Namen in seine Bücher schreiben sollte, ohne daß dies für mich eine Verpflichtung bedeutet. In negativer, regulativer Hinsicht haben wir gleichsam zwei Volitionen: den Wunsch, etwas zu tun, und den Wunsch, dies nur dann zu tun, *wenn* ich wollen kann, die anderen handelten ebenso. In positiver, konstitutiver Hinsicht ist das Verhältnis zwischen beiden Volitionen enger: ich möchte oder will etwas tun, *weil* ich wollen kann, andere möchten ebenso handeln. Nur wenn ich für mich etwas will, weil ich es für andere wollen kann, wird die oberste moralische Maxime frei von vorgängigen materialen Maximen. Dies ist nach meiner Auffassung der Punkt, auf den Kant mit dem hervorgehobenen Wort in der folgenden Formulierung abzielt: „Handle so, daß die Maxime deines Willens jederzeit *zugleich* als Prinzip einer allgemeinen Gesetzgebung gelten könne."[22]

Dies ist nach Kant das gesuchte moralische Gesetz oder der oberste

Grundsatz der reinen praktischen Vernunft. Tatsächlich handelt es sich aber nicht um ein Gesetz, sondern um einen Imperativ. Obwohl Kant zwischen Gesetz und Imperativ unterscheidet, formuliert er doch in der *Kritik* das Gesetz nirgends in seiner eigentlichen Gestalt. Dies geschieht, übrigens beiläufig, nur in der *Grundlegung*: „Der Wille ist schlechterdings gut, ... dessen Maxime, wenn sie zu einem allgemeinen Gesetz gemacht wird, sich selbst niemals widerstreiten kann." Dies ist ein synthetisches Urteil a priori.[23]

6. Autonomie

Ein Gesetz ist ein Grundsatz, der für alle Vernunftwesen Allgemeingültigkeit besitzt. Als Grundsatz muß es eine allgemeine Willensbestimmung enthalten. Wir haben zu verstehen gesucht, was dieser Grundsatz, verstanden als praktischer Satz, ist.

In dem Abschnitt, der unmittelbar auf die Formulierung des Grundsatzes folgt, beginnt Kant indes, das Wort „Grundsatz" in einer anderen Bedeutung zu verwenden. „Prinzip" hatte bisher ein grundlegendes synthetisches Urteil a priori bedeutet; jetzt bedeutet es ein Wirklichkeitsprinzip, d. h. die Bedingung, die durch jenes Urteil formuliert wird. Das in Rede stehende Prinzip ist jetzt kein Urteil mehr, sondern eine Willensbestimmung oder die „allgemeine Bestimmung" selbst. So heißt es: „Die Autonomie des Willens ist das alleinige Prinzip aller moralischen Gesetze und der ihnen gemäßen Pflichten ... also drückt das moralische Gesetz nichts anderes aus, als die Autonomie der reinen praktischen Vernunft, das ist der Freiheit" (33).

In den §§ 5 und 6 der *Kritik* (28 f.) zeigt Kant, daß eine formale (synthetische) Maxime den Willen nur bestimmen kann, wenn der Wille nicht gänzlich durch die Materie seiner Maximen bestimmt ist. Ein Vernunftwesen kann einem formalen (synthetischen) Grundsatz nur folgen, wenn sein Wille nicht empirisch determiniert und also frei ist. Dies ist Freiheit in negativer Bedeutung. Da aber ein Wille zu seiner Bestimmung ein Gesetz braucht, muß ein solcher Wille einem nicht in der Natur liegenden Gesetz folgen, und dies kann nur ein Gesetz sein, das allein aus der Vernunft selbst stammt und also auch nicht von der Vernunft aus empirischen Daten gewonnen worden ist. Der Wille muß also auch in positiver Bedeutung frei, d. h. sich selbst bestimmend (autonom) sein.

Kant kommt so zu dem Ergebnis, daß ein freier Wille, ein moralischer Wille und reine praktische Vernunft dasselbe sind. Könnte die Vernunft sich nicht selbst ein Gesetz vorschreiben, so müßte sie sich ihr Gesetz von der Natur vorgeben lassen, und ein solches Gesetz könnte nur die Grundlage eines heteronomen Imperativs sein. Nur ein Gesetz, das ich mir selbst als Mitglied der intelligiblen Welt gegeben habe, kann mich unmittelbar als Mitglied der empirischen Welt interessieren. Alle anderen Gesetze und ihnen entsprechende Handlungen interessieren mich nur indirekt.

Nur ein autonomes Gesetz kann daher die oben in § 3 beschriebenen Phänomene der Moralität begründen, und ein autonomes Gesetz eines Vernunftwesens muß die Gestalt des von Kant formulierten kategorischen Imperativs haben. Damit ist die metaphysische Deduktion dieses Grundsatzes abgeschlossen, auch wenn wir uns im folgenden Kapitel noch mit Kants zusätzlichen Bemerkungen zu beschäftigen haben werden.

Bevor wir uns jedoch diesen Teilen seiner Exposition zuwenden, empfiehlt es sich, Kants bisher erreichte Ergebnisse im Hinblick auf seine Philosophie des theoretischen Gesetzes zu betrachten. Manche Autoren haben hier von einem „Paradox der Kantischen Ethik" gesprochen. Es soll darin bestehen, daß Kant mit der vollständigsten Unterwerfung eines Individuums unter das Gesetz in der Geschichte der modernen Ethik begonnen und mit der vollständigen Unterordnung des Gesetzes unter den Willen geendet hat. Sein zentrales moralisches Phänomen sei die Beschränkung des Willens durch das Gesetz; seine Erklärung liege in der Gesetzgebung des Willens oder der Autonomie.

Ein Paradox liegt indes nicht vor. Kants Denken ist die Entwicklung einer älteren Lehre, und diese sollte im Lichte seiner früheren theoretischen Entwicklung der Lehre vom Gesetz im allgemeinen betrachtet werden. Wolff und andere Rationalisten hatten das Gesetz der Natur zur obersten Autorität erhoben und der Vernunft die Herrschaft über den Menschen zugewiesen, da allein die Vernunft das Gesetz der Natur kennen könne.[24] Daß der Gehorsam gegen das Gesetz der Natur den Menschen zur Vollkommenheit und Glückseligkeit führen würde, war für sie eine ausgemachte Sache. Sie hielten indes die Glückseligkeit nicht für den Grund, warum ein Mensch dem Gesetz der Natur folgen sollte. Die Verpflichtung ergab sich ihnen einfach aus einer Analyse des Begriffs der Vollkommenheit.[25] In seiner kritischen Periode hat Kant diesen Begriff einer natürlichen Verpflichtung ebenso aufgegeben wie den einer natürlichen Zweckmäßigkeit als Grundlage der Ethik. Er hatte eingesehen, daß Naturgesetze keine moralische Verbindlichkeit haben und für das Handeln nur dann bestimmend sein können, wenn ein Zweck bereits vorausgesetzt ist. Der einzige Zweck, den nach seiner Auffassung die Erkenntnis des Naturgesetzes uns liefern konnte, war die Glückseligkeit und alles, was zur Lust beiträgt. So kam er zu dem Ergebnis, daß Wolffs praktische Philosophie, scheinbar eine Gesetzesethik, in Wahrheit eine Ethik der Begierden war, die die Autorität des von ihr gefeierten Gesetzes nicht begründen konnte.

Kant dachte nicht daran, die Autorität des sittlichen Gesetzes im geringsten zu schwächen. Seine theoretische Philosophie gab ihm den Leitfaden für seine Lehre vom Ursprung des Gesetzes. In seiner theoretischen Philosophie ist die Vernunft der Ursprung des Naturgesetzes; die

Naturgesetze werden nicht rezeptiv aufgefaßt, sondern sie sind von uns aufgestellte Bedingungen der Erfahrung als Kriterien ihrer objektiven Bedeutung. Nur dieser Ursprung erklärt ihre von Hume geleugnete Notwendigkeit; die Versuche der Rationalisten, diese Notwendigkeit mit der Annahme zu erklären, die Naturgesetze seien in sich vernünftig und evident oder eine Offenbarung der göttlichen Gesetze, wies er mit Herablassung zurück.

Aber wenn der Ursprung der objektiven Notwendigkeit der theoretischen Naturgesetze in uns als Vernunftwesen liegt, so ist leicht einzusehen, wie Kant den Ursprung des sittlichen Gesetzes ebenso in einer autonomen Vernunft finden und eben darin die Garantie ihrer objektiven Notwendigkeit sehen konnte. Der einzige bedeutsame Unterschied zwischen ihnen liegt darin, daß die theoretischen Gesetze eine sinnliche Bedingung haben und daher auf das, was ist, beschränkt sind, wobei „ist" bedeutet: für uns Menschen, unter den sinnlichen Bedingungen unserer Erfahrung und in Übereinstimmung mit dem zweiten Postulat des empirischen Denkens. Die praktischen Gesetze hingegen sind nicht auf diese sinnliche Bedingung beschränkt und gelten als Gesetze einer Welt, von der wir nicht wissen, daß sie wirklich existiert, von der wir aber wissen, daß sie durch unsere Handlungen verwirklicht werden soll. Die Vernunft findet ihr Verlangen nach Rationalität in dem, was sich uns als wirklich darstellt, nicht vollkommen befriedigt; ihr Verlangen nach vollkommener Rationalität kann nur in einer Welt, die uns nicht als wirklich gegeben ist, erfüllt werden. Die Diskrepanz zwischen dem, was die Vernunft verlangt, und dem, was die Erfahrung bietet – dieses unbefriedigte Bedürfnis der theoretischen Vernunft –, erweist sich als das praktische Interesse am Reiche des Vernunftgesetzes, das im Reich der Natur nicht verwirklicht ist.

Einem Wesen, das – wie der Mensch – die Kategorie Existenz nur auf sinnlich Gegebenes anzuwenden berechtigt ist, gibt ein solches Gesetz an: was geschehen soll, nicht: was geschieht. Sein Anspruch liegt darin begründet, daß es nicht nur ein ihm gegebenes Gesetz, sondern auch ein von ihm gegebenes Gesetz ist. Wenn es einen anderen Ursprung, und läge er in Gott selbst, hätte, so wäre der Anspruch dieses Gesetzes gegenüber dem Menschen nur bedingt. Nur über ein System von Prämien und Strafen, das auf seine Triebstruktur einwirkte, könnte es in ihm wirksam werden. Die Reinheit des Sittlichen aber wäre zerstört. Nur Autonomie kann die zwei Seiten der Kantischen Ethik miteinander verbinden: daß der Mensch in der Bestimmung durch die Pflicht von allem Äußeren unabhängig ist und gleichwohl in seiner moralischen Entscheidung einem Gebot gehorcht; denn wir dürfen uns *als Menschen* nicht „anmaßen, gleichsam als Volontäre, uns mit stolzer Einbildung über den Gedanken von Pflicht hinwegzusetzen, und ... bloß aus eigener Lust das tun zu wollen, wozu uns kein Gebot nötig wäre" (82.85).

Kants Ethik stellt, geschichtlich betrachtet, den Übergang zwischen zwei großen Auffassungen vom Verhältnis des Menschen zur Welt dar.

Gegen die Auffassung des achtzehnten Jahrhunderts, daß der Mensch ein Teil der Natur ist und sich ihren Gesetzen unterwerfen sollte, wandte sich Kant, indem er die Ordnung umkehrte und das Sein der Natur als die Weise ihrer Erscheinung für uns deutete. Sodann ging er selbst über dieses Kopernikanische Wagnis noch hinaus, indem er die Natur am Maßstab der Vernunft zu messen unternahm und sie für mangelhaft erklärte, da sich in ihr das Schicksal des Menschen nicht erfüllt. Das Praktische – die Frage, was der Mensch sein soll und wie er seine Existenz verändern soll – gewinnt in seiner Auffassung das Übergewicht über das Sein der Natur und darüber, was sie vom Menschen als einem Teil ihrer Ordnung verlangt. Die Natur hat den Menschen hervorgebracht, aber der Mensch gelangt an einen Punkt seiner Entwicklung, wo er seine Unabhängigkeit von der Natur behaupten kann.[26]

Eine Weiterbildung dieser Theorie des schöpferischen Geistes finden wir in der Romantik. Für die Romantiker steht der Mensch über der Natur als ihr Urheber und Richter; aber der Richter hat sein Gesetz verloren. Die Allgemeinheit des Gesetzes, Kants Erbteil vom Rationalismus und Naturalismus des 17. und 18. Jahrhunderts, blieb in seiner Theorie bestehen und wurde von ihm sogar noch verstärkt, obwohl er sie in der Personalität, der *res cogitans*, verankert hatte. Für Herder und andere war dies jedoch nur eine halbe Sache, eine unbeständige Mischung von Rationalismus und Subjektivismus. Sie glaubten diese Entwicklung zu Ende bringen zu müssen, indem sie den Ursprung des Gesetzes nicht mehr in der abstrakten Persönlichkeit, sondern im konkret persönlichen, historischen Menschen verankerten.

Unter diesen Voraussetzungen ist das Gesetz natürlich nicht mehr rational und allgemein, seine Notwendigkeit ist nur noch historisch. Es ist nur noch ein Ausdruck des Gefühls und der Geschichte, von „Zeitgeist", „Volksgeist" und „Schwärmerei". An diejenigen, die diesen letzten Schritt zu tun versuchten, richtete Kant seinen Aufsatz über die Orientierung im Denken: „Männer von Geistesfähigkeiten und von erweiterten Gesinnungen! Ich verehre Eure Talente und liebe Euer Menschengefühl. Aber habt Ihr auch wohl überlegt, was Ihr thut, und wo es mit Euren Angriffen auf die Vernunft hinaus will?"[27]

Mit weitblickender Klarsicht legte Kant dar, wie diese Angriffe enden mußten. Aber die Angriffe wurden fortgesetzt, und wir haben ihre Wirkungen gesehen. Sie waren so, wie sie Kant vorausgesagt hatte.

IX PRAKTISCHE BEGRIFFE UND URTEILSKRAFT

Kommentar zum zweiten Kapitel der Analytik

1. Einleitung

Auf die (metaphysische und transzendentale) Deduktion folgt in der Analytik das zweite Hauptstück mit der Überschrift „Von dem Begriffe eines Gegenstandes der reinen praktischen Vernunft". Bei einem logischen Aufbau müßte es vor der transzendentalen Deduktion stehen und unmittelbar nach der Formulierung des obersten Grundsatzes in § 7 seinen Platz erhalten. Man kann sich indes gut vorstellen, daß Kant wegen der Schwierigkeit einiger seiner Teile den Leser erst vollkommen mit dem Grundsatz und den Verästelungen seines Gedankens vertraut machen wollte, bevor er zu den moralischen Begriffen und zum moralischen Urteil überging. Die Stellung dieses Kapitels hinter der transzendentalen Deduktion erlaubt es Kant in seinem Kontext das moralische Gesetz als deduziert, d. h. in seiner Gültigkeit aufgewiesen, und nicht nur vorerst lediglich formuliert zu betrachten. An anderen Stellen läßt er jedoch erkennen, daß dieses Kapitel ein Teil der Exposition, d. h. dessen, was ich die „metaphysische Deduktion" genannt habe, ist. An einer Stelle schreibt er sogar ausdrücklich so, als ob die (transzendentale) Deduktion noch kommen müßte.[1]

Gewiß, einige Stellen dieses zweiten Hauptstücks lassen sich im Licht der voraufgegangenen transzendentalen Deduktion interpretieren. Als Ganzes ist dieses Kapitel jedoch besser verständlich, wenn man es als Ausarbeitung und Anwendung der Formel des kategorischen Imperativs, unabhängig von der Begründung, die diese Formel in der transzendentalen Deduktion erhält, auffaßt.

Stilistisch ist dieses Kapitel nicht ganz ausgewogen. Die ersten Absätze gehören mit zu den klarsten und gradlinigsten Abschnitten der ganzen *Kritik*. Der mittlere Teil ist hingegen der schwierigste und dunkelste des ganzen Buchs. Oft wird er auch nur als ein Beispiel für Kant „vitiöse" Architektonik betrachtet, so als habe es keine integrale Funktion im Argument des Buchs als eines Ganzen. Selbst die wohlwollendste Interpretation muß zugeben, daß es esoterisch und dürftig gebaut ist. Im Gegensatz zu den entsprechenden Teilen der ersten *Kritik* bleiben die Überlegungen dieses Kapitels in der weiteren Entwicklung der Kantischen Lehre weithin unausgewertet. Aber gerade die Unklarheit und Dürftigkeit der Konstruktion sprechen gegen die Auffassung, dieses Kapitel sei nur der Ausdruck eines verschrobenen Interesses an „Architektonik". Wo Kant dieser Neigung nachkam, hatten seine Tafeln eine sorgfältig gepflegte Eleganz, die man hier betrübt vermissen muß. Es ist mindestens erwägenswert, ob Kant hier nicht ein vollkommen neues Gelände – ein Gelände, das er nicht sorgsam zu kultivieren vermochte – erkundete. Der letzte Teil des Kapitels ist hingegen wieder klar, obgleich das behandelte Thema schwierig und subtil ist. Durch den Zusammenhang mit den Darlegungen in der ersten *Kritik* und in der *Grundlegung* ist der Leser auf diese Schwierigkeiten bereits hinlänglich vorbereitet.

2. Prinzip, Begriff und Urteil

Kant spricht zweimal (16. 90) von der Tatsache, daß die Analytik der zweiten *Kritik* dieselben Teile, aber in umgekehrter Reihenfolge, wie die erste enthält. Die *Kritik der reinen Vernunft* formuliert zunächst gewisse reine Verstandesbegriffe (Kategorien) und weist nach, daß sie keinen empirischen Ursprung haben, aber auf empirische Gegenstände angewandt werden müssen, damit diese für uns überhaupt erkennbar sind. Sie zeigt ferner, wie diese Begriffe in der Erfahrung angewandt werden, d. h. wie Gelegenheiten für die Anwendung der Kategorien in der Erfahrung gefunden und unterschieden werden. Dies geschieht im Kapitel über den „Schematismus"; es handelt vom Vermögen der transzendentalen Urteilskraft, d. h. von der Subsumtion der Anschauung unter Begriffe, die von Anschauung unabhängig sind. Schließlich zeigt sie, wie diese Begriffe in einer apriorischen Synthesis zu Grundsätzen verknüpft werden können; diese sind die Gesetze, die der Verstand der Natur gibt, und sie werden in der Analytik der Grundsätze begründet. Werden die Begriffe indes nicht auf die Bedingungen der Erfahrung eingeschränkt, so heißen sie „Ideen der Vernunft",[2] und die transzendentale Dialektik zeigt, daß keine synthetischen Urteile a priori oder Grundsätze aufgestellt und begründet werden können, wenn die Kategorien als Ideen von nicht-sinnlichen Gegenständen behandelt werden.

Die *Kritik der praktischen Vernunft* beginnt hingegen nicht mit Begriffen, sondern mit Grundsätzen. Die Begründung für dieses Vorgehen findet man im zweiten Hauptstück;[3] aber mit ihr steht das Ganze der Kantischen Ethik auf dem Spiel. Die moralische Tatsache, d. h. das zu erklärende Phänomen, ist das Bewußtsein einer Verpflichtung, nach dem moralischen Gesetz zu handeln. Wir haben kein unabhängiges Anschauungsvermögen oder einen moralischen Sinn, der uns den Begriff des Guten als Ziel unseres Strebens lieferte. Das moralische Bewußtsein findet zunächst eine Verpflichtung vor, die sich als Gesetz und als ihm entsprechender Imperativ formulieren läßt, nicht eine Anschauung oder gar ein Urteil, daß etwas gut oder erstrebenswert ist oder durch Handeln realisiert werden sollte.[4] Moralische Begriffe und überhaupt alle praktischen Begriffe müssen von Grundsätzen abgeleitet werden und nicht umgekehrt. Wo ein Aufbau der Ethik in umgekehrter Ordnung versucht wird, muß man das Gute als etwas, das durch ein rezeptives Vermögen (Gefühl) wahrgenommen wird, ansetzen; man kommt so zu heteronomen Prinzipien. Das ursprüngliche moralische Phänomen der absoluten Nötigung, das ein autonomes Prinzip verlangt, würde demnach unerklärt bleiben. Daher besteht Kant darauf, daß wir in der wichtigsten Frage der ethischen Theorie nicht ein Verfahren wählen, das die Antwort vorausbestimmt; mit moralischen Begriffen anfangen, bedeutet: bei einer Heteronomie des Grundsatzes enden. Wir sollten wenigstens die Möglichkeit offen lassen oder nach ihr suchen, daß der Grundsatz in der Ethik den Begriff bestimmt.

In seinen Darlegungen über die Unterschiede der Anordnung geht Kant jedoch nicht auf die vermittelnde Rolle der Urteilskraft ein. Gleichwohl kommt dieser eine vermittelnde Rolle unabhängig davon, ob es sich um Grundsätze und Begriffe der theoretischen oder der praktischen Vernunft handelt, zu. Man erkennt dies sofort an Kants Analyse des Vernunftschlussses in beiden *Kritiken*.[5] Hier wie dort wird die Subsumtion von Tatsachen oder Ereignissen in der Welt unter einen Grundsatz oder eine Major der Urteilskraft zugeschrieben. Die Lehre von der transzendentalen Urteilskraft handelt demnach a priori von den Fällen, auf die ein Grundsatz oder ein Begriff angewandt werden kann. „Sie muß zugleich die Bedingungen, unter welchen Gegenstände in Übereinstimmung mit jenen Begriffen gegeben werden können,"[6] darlegen. In einem praktischen Syllogismus hat die Urteilskraft entsprechend zu entscheiden, welcher Gegenstand oder welches Ereignis unter den Grundsatz fällt, der das Gute definiert, und den Grund dieser Entscheidung in Gestalt einer Regel des Urteilens anzugeben, so daß das moralische Urteil und mögliche Tatsachen oder Ereignisse der Erfahrung zusammengebracht und die letzteren moralisch bewertet werden können.

Aber trotz dieser formalen Übereinstimmungen unterscheiden sich die beiden Syllogismen in ihrer erkenntnistheoretischen und transzendentalen Funktion vollkommen. Die reinen Verstandesbegriffe (Kategorien) werden auf Anschauungen a priori angewandt, und die Anschauungen sind jenes „Dritte", das in der Weise zwischen den Begriffen vermittelt, daß eine Synthesis a priori von ihnen möglich ist. Aber sie sind nicht unmittelbar auf Anschauungen anwendbar. Sie beziehen sich nur auf gewisse formale Muster oder Strukturen, so daß die Muster und die intellektuelle Synthesis, deren Regel in der entsprechenden Kategorie gegeben wird, isomorph sind. Diese formalen Strukturen sind die Schemata der Begriffe. (Nur weil sich z. B. Ursache und Wirkung beide auf Anschauungen in einem bestimmten zeitlichen Verhältnis beziehen, können wir kausale synthetische Urteile a priori bilden, die auf Erfahrungen anwendbar sind.) Der Begriff des moralisch Guten ist hingegen eine Idee, die nicht schematisierbar ist. Es gibt kein ihr entsprechendes Anschauungsmuster. Der Begriff der Freiheit i. S. von „Gesetzgebung" enthält den Begriff einer Ursache, die nicht in der Zeit existiert. Das Schema der Verursachung ist daher auf die moralische Entscheidung und ihren Ausdruck in Handlungen nicht mit denselben erkenntnistheoretischen Konsequenzen wie im Bereich der theoretischen Erkenntnis anwendbar. Gleichwohl soll der durch den moralischen Grundsatz definierte Begriff des Guten auf einzelne Ereignisse oder Gegenstände, die durch unsere freie Wahl in der Welt der Erfahrung geschaffen werden können, angewandt werden. Der Grundsatz muß gleichsam selbst schematisiert werden (68), damit er in der praktischen Erfahrung des Wählens und Entscheidens nicht gleichsam leer und unanwendbar bleibt.

Das zweite Hauptstück zerfällt entsprechend in drei deutlich unterschiedene Teile. Die ersten dreizehn Absätze definieren die Begriffe des Guten und Bösen als Begriffe des Gegenstands der praktischen Vernunft. Die nächsten vier Absätze entwickeln die Kategorien der praktischen Vernunft im Licht der Grundsätze. Der letzte Abschnitt umschreibt die Bedingungen für die Anwendung dieser Begriffe und Grundsätze.

3. Begriffe des Guten und Bösen

Ein Gegenstand der praktischen Vernunft ist eine durch Freiheit mögliche Wirkung (57). In dieser Definition bedürfen zwei Wörter einer vorläufigen Erläuterung. „Gegenstand" muß in einer hinreichend weiten Bedeutung genommen werden, um zweierlei einzuschließen: durch Handlungen hervorgebrachte Sachverhalte und das Handeln selbst. „Gegenstand" ist mithin keineswegs lediglich ein innerweltliches, durch Handeln hervorgebrachtes Objekt. „Freiheit" in dieser Definition ist die Freiheit der Wahl (Willkür), nicht notwendig die transzendentale Freiheit; denn der Gegenstand braucht nicht ein Objekt des reinen, autonomen Willens, der transzendental frei ist, zu sein. Da ein Wille nie direkt durch ein Objekt des Begehrens, sondern nur durch eine Vorstellung des Objekts und eine als Entscheidungsgrund dienende Regel determiniert ist, charakterisiert „Freiheit" in diesem Satz die willentliche Entscheidung, unabhängig davon, ob wir es mit dem „freien Willen" (bei einer moralischen Entscheidung) oder nur mit der „freien Wahl" (bei der Wahl der richtigen Mittel im zweckrationalen Handeln) zu tun haben.[7] Die Frage nach der transzendentalen Freiheit stellt sich bei der Interpretation dieses Kapitels nicht, auch wenn Kant gelegentlich diesen tieferen Begriff von Freiheit verwendet, da in seiner Darstellung ja die transzendentale Deduktion vorausgegangen ist.

Der Begriff eines Gegenstands der praktischen Vernunft ist die Vorstellung des Gegenstandes, verstanden als Ursache des den Gegenstand hervorbringenden Handelns. Der Gegenstand der praktischen Vernunft und der Zweck des Willens sind so identisch.[8] Überdies sind auch die Materie eines praktischen Grundsatzes im Gegensatz zu ihrer Form und der Gegenstand der praktischen Vernunft identisch (27). Es kommt jedoch sehr darauf an, zwischen der Materie eines Grundsatzes und einem materialen Grundsatz zu unterscheiden. Alle Grundsätze haben eine Materie, weil alles Wollen einen Gegenstand hat (34); aber ein Grundsatz heißt nur „material", wenn seine Materie die Bedingung des durch diesen Grundsatz geleiteten oder motivierten Handelns ist. Wenn es Gesetze der praktischen Vernunft gibt, so muß es, wie Kant gezeigt hat, Grundsätze geben, die nicht materiale Prinzipien sind; dieser Teil des zweiten Hauptstücks soll hingegen deutlich machen, was die Materie eines solchen nicht-materialen Grundsatzes sein kann.

Von einem Gegenstand der praktischen Vernunft sprechen, bedeutet: ihn als Wirkung eines freien Handelns, das ihn nach einem Gesetz oder einer Regel hervorbringt, verstehen. Dies ist ein ähnliches Verhältnis, wie wenn wir von der Beziehung einer Vorstellung auf einen Gegenstand sprechen. Wenn wir in theoretischer Erkenntnis ein Datum auf einen Gegenstand beziehen, so bedeutet dies, daß es eine Regel gibt, nach der dieses Datum mit anderen Daten in einem raumzeitlichen System verknüpft wird, und daß das Datum so zur Erscheinung eines Gegenstandes – als einer „bleibenden Möglichkeit" (J. S. Mill) anderer Daten – wird. Ein beziehungsloses Datum, das nicht mit anderen Daten nach einer Regel verknüpft werden kann, ist keine Erscheinung eines Gegenstandes. Der Gegenstand der Erfahrung verhält sich zum theoretischen Erkennen wie der Gegenstand der praktischen Vernunft zum Vermögen vernünftigen Wählens; eine bloße sinnliche Empfindung verhält sich zum theoretischen Erkennen wie ein bloßer Gegenstand des Begehrens zum vernünftigen Wählen. Gegenstand der Erfahrung und Gegenstand der praktischen Vernunft ist jeweils das, worauf sich unsere Vorstellungen beziehen, wenn sie in einer notwendigen synthetischen Verknüpfung zueinander stehen und mehr als bloß zufällige Assoziationen darstellen.

Ein Vernunftwesen bringt nur unter der Idee, daß der Gegenstand seiner Handlungen in irgendeiner Weise gut ist oder gut sein würde, handelnd einen Gegenstand hervor; zur Verhinderung eines Sachverhalts wird es nur tätig, wenn ihm dieser in irgendeiner Weise als schlecht oder böse erscheint.[9] Die einzigen Vorstellungen von Gegenständen der praktischen Vernunft sind daher nach Kant die Begriffe des Guten und Bösen.[10] Nun sprechen wir aber von gut und böse in dreifacher Bedeutung. Gut ist etwas zu einem willkürlichen Zweck (Zyankali ist z. B. gut zu einem Selbstmord), für einen tatsächlichen Zweck (Gesundheit ist z. B. gut im Hinblick auf Glückseligkeit) oder zu einem verpflichtenden und notwendigen Zweck, den sich ein Vernunftwesen als solches setzt. Kant unterscheidet entsprechend zwischen *bonitas problematica, bonitas pragmatica* und *bonitas moralis* und ordnet sie den drei Arten von Imperativen zu.[11] Bei jeder dieser drei Arten des Guten, nicht nur bei der dritten, besteht eine notwendige Beziehung des Gegenstandes auf den Willen, und diese Notwendigkeit ist in einer Vernunftregel begründet.

Wenn Selbstmord ein vorgestellter Zweck ist, so muß jeder vernünftige Mensch, nicht nur derjenige, der zum Selbstmord entschlossen ist, mit Notwendigkeit zugeben, daß Zyankali für diesen Zweck gut ist. Die notwendige Beziehung zwischen dem Gegenstand und dem ihn für gut erachtenden Willen ist hier nur eine hypothetische Notwendigkeit. Diese aber besteht für jedes Vernunftwesen. So unvernünftig es auch sein mag zu sagen, Selbstmord sei gut, „Zyankali ist gut für Selbstmord" drückt eine objektive Entscheidung der Vernunft aus.

Dies ist leicht genug einzusehen, wenn wir nur mit Mittel-Zweck-Relationen befaßt sind. Aber Kant sucht ausführlich zu begründen, daß selbst das Urteil „Selbstmord ist gut" Anspruch auf Vernünftigkeit erheben muß. Gut kann dieses Handlungsziel nicht darum sein, weil ein Mensch in seiner Verzweiflung es anstrebt, sondern weil es den Anspruch der Notwendigkeit an alle Vernunftwesen erhebt. Andernfalls würde es genügen zu sagen „Ich begehre Selbstmord zu begehen" oder vielleicht „Ich möchte Selbstmord begehen, tätest du es nur auch". Mit dieser notwendigen Beziehung auf vernünftige Zustimmung ist Kant hier befaßt.

Zwischen dem Grundsatz oder der Maxime eines Willens und seinem Gegenstand kann es zwei Beziehungen geben. Der Gegenstand kann die Vorstellung durch den Grundsatz oder der Grundsatz kann die Vorstellung eines Gegenstandes bestimmen. Die Frage ist: welcher Begriff ist früher, das Gute oder der Grundsatz?

Hinsichtlich der *bonitas problematica sive pragmatica* wird die Vorstellung dessen, was gut ist, durch den „formalen Grundsatz eines hypothetischen Imperativs" bestimmt. Aber dieser Grundsatz sagt nicht, welcher bestimmte Gegenstand gut ist (auf *welchen* Gegenstand wir den Begriff „gut" anwenden). Was einen Gegenstand gut im Sinne der *bonitas problematica* oder der *bonitas pragmatica* macht, ist das Wohlgefallen, das wir an seiner Existenz haben oder von seiner Existenz erwarten, die Kausalbeziehung zwischen dem, was wir tun, und der Existenz dieses lustbetonten Sachverhalts. Weder bei der *bonitas problematica* noch bei der *bonitas pragmatica* wird dies durch Grundsatz oder Definition entschieden. Bei der *bonitas pragmatica* ist indes dieser Zusammenhang zwischen dem, was grundsätzlich gut ist, und dem Wohlgefallen so eng, daß der Hedoniker beide Begriffe identifiziert. Kant greift diese Identifikation an und weist, wie ein Ordinary-Language-Philosoph des 20. Jahrhunderts, darauf hin, daß selbst der gewöhnliche Sprachgebrauch sich der Identifikation des Guten mit dem Angenehmen widersetzt.[12] Das Gute ist ein intersubjektiv mitteilbarer, rationaler Begriff; die Lust ist nur eine subjektive Affektion des inneren Sinnes.[13] Das Gute wird durch die Vernunft, nicht durch subjektives Gefühl beurteilt, auch wenn das Urteil ein Gefühl zu seiner Voraussetzung haben mag. Die Vernunft beurteilt, was begehrenswert ist; das Gefühl entscheidet, was begehrt wird. Das Gute ist ein normativer Begriff, der dem Begehrenswerten, nicht dem Begehrten entspricht. So kommt der Hedonist, der die irrtümliche Identifikation des Guten mit dem Angenehmen vermeiden und gleichwohl eine notwendige Beziehung zwischen beiden aufrechterhalten möchte, zu der Auffassung, das Gute sei das, was gemäß einem Urteil der Vernunft zum Wohlgefallen führt. Das Gute ist auf diese Weise ein Gegenstand, der in notwendiger Beziehung zu einer vernünftigen Wahl steht, und identisch mit dem „Nützlichen". Das Gute als Lust ist daher gänzlich verschieden von dem Guten als Mittel zur Lust.

Auch wenn man die Hauptthese der Kantischen Ethik nicht teilt, daß die *bonitas moralis* von der *bonitas pragmatica* vollkommen verschieden ist, hat das Gute zwei vollkommen verschiedene Bedeutungen. Es kann ein Merkmal des Charakters, von Handlungen und Maximen gemäß einem Urteil der Vernunft bedeuten (auch wenn sich dieses Urteil der Vernunft auf das Verhältnis von Mitteln zu einem begehrten Zweck bezieht). Es kann aber auch das „Wohl" sein, das sich für jeden einzelnen aus seiner Gefühlslage bestimmt und keine notwendige Beziehung auf die Vernunft hat. Die Frage, ob etwas mein Wohl ist oder zu ihm beiträgt, erfordert eine Antwort auf die Frage, ob ein erreichter Zweck tatsächlich angenehm für mich ist und so zu meinem Glück beiträgt. Die Frage, ob eine Handlung gut im Sinne der *bonitas pragmatica* (d. i. das Gute in einer seiner drei Bedeutungen) ist, hängt von der Frage ab, ob diese Handlung zur Verwirklichung meiner Zwecke, letztlich also zur Glückseligkeit, beiträgt. Obgleich nur die Vernunft im weiteren Sinne diese Fragen beantworten kann, indem sie Daten der Erfahrung zu Hilfe nimmt, so bleibt die Antwort auf beide Fragen doch empirisch und problematisch. Daher kann kein Grundsatz, der von Begriffen des Guten als eines Gegenstandes (das Wohl) abgeleitet wird, ein Gesetz sein; kein Imperativ, der vorgängig und unabhängig definiertes Gutes zu erstreben, kann kategorisch sein.

Der Grundsatz hingegen kann durchaus darüber bestimmen, welche Gegenstände gut sind. Dies muß sogar der Fall sein, wenn man sich einen Grundsatz nicht deshalb zu eigen macht, weil man sich auf den empirischen Gegenstand der Maxime oder darunter fallende Regeln bezieht, sondern weil man andere Gründe hat. Wenn es ein Gesetz gibt, das unbedingte Verpflichtung ausdrückt, so muß dies auf der Form, nicht auf dem Gegenstand des Gesetzes beruhen. Da jedoch jeder Grundsatz des Wollens eine Materie oder einen Gegenstand hat, so bedeutet dies, daß die Form des Grundsatzes, der unbedingt gebietet, den Begriff des Guten bestimmen muß.

Bei dieser Entscheidung dürfen wir uns nicht fragen, ob der Gegenstand, den wir begehren, mag es sich nun um eine bestimmte Art von Handlung oder das Resultat einer Tätigkeit handeln, uns Lust bereitet oder ob es uns physisch möglich ist, diesen Gegenstand zu erreichen. Die „moralische Möglichkeit", ihn zu wollen, erhält das Übergewicht über die psychologische Möglichkeit, die von unserer Neigung und der tatsächlichen Erreichbarkeit abhängt. Wenn wir über einen Gegenstand der reinen praktischen Vernunft entscheiden, so ziehen wir nur die Möglichkeit in Betracht, ihn als vernünftiges Wesen zu wollen. Wenn Vernunft unsere Wahl vollkommen bestimmt, so werden wir ihn wählen. Gut in dieser Bedeutung ist dasjenige, was nach einem Vernunftgesetz, dessen Anwendbarkeit von unserem physischen Vermögen zu seiner Verwirklichung unabhängig ist, notwendig gewollt wird. In der einzigen Bedeutung, in der etwas unbedingt gut sein kann, nämlich unabhängig vom Zustand meines subjektiven Begehrens und vom Lauf der Welt, bezieht sich das Gute daher einzig und allein auf Handlungen, auf die zu ihnen führenden Maximen und auf den sie hervorbringenden Willen, insgesamt also auf den Charakter, in dem Handlungen, Maximen und Willenshaltung vereinigt sind. Nur in dieser Bedeutung kann das Gute allgemein geboten werden; in jeder anderen Bedeutung kann man das Gute nur denen empfehlen, die sich angesprochen fühlen. Die notwendige Beziehung zwischen dem Wollen und dem Guten ist kategorisch, nicht hypothetisch; sie ist apodiktisch, nicht problematisch.

Der Zusammenhang zwischen der Handlung und ihrem Gegenstand ist so für die reine praktische Vernunft viel enger als für die praktische Vernunft im allgemeinen. Schon hier wäre zu sagen, was Kant an anderer Stelle[14] erklärt: Die Tugend ist ihr eigener Lohn (Gegenstand). Aber er sagt ausdrücklich, daß das Gute uns unmittelbar, und nicht erst mittelbar, zum Handeln bestimmt (wobei zu erinnern ist, daß nicht nur das äußere Verhalten, sondern schon eine bestimmte innere Willenshaltung als ein Handeln gelten muß). Der Gegenstand, der unbedingt gut ist, kann nur durch ein bestimmtes Handeln verwirklicht werden, – nicht als ob er ein bei günstigen Umständen durch geeignete Mittel zu erreichender Zweck wäre. Nur durch ein bestimmtes Handeln kann er verwirklicht werden, weil eine bestimmte Handlungsweise das erste und das einzige ist, was durch einen auf ein Gesetz gegründeten Imperativ geboten wird. Die Form und der Gegenstand der Maxime fallen zusammen, wenn der Gegenstand das sittlich Gute ist. Der Gegenstand der reinen praktischen Vernunft ist nicht die Wirkung eines Handelns, sondern die Handlung selbst; der gute Wille hat sich selbst zum Gegenstand.[15] Das moralisch Gute ist kein Gegenstand in Raum und Zeit, sondern eine übersinnliche Idee einer übersinnlichen Natur. Es ist keine Natur, die durch eine bestimmte Handlungsweise als Wirkung hervorgebracht werden soll, sondern eine Natur, die wenigstens teilweise in der Handlungsweise selbst verwirklicht ist (43). Das Gute liegt nicht jenseits des moralischen Handelns, sondern ist ihm immanent.

Gleichwohl reicht der gute Wille allein nicht aus, eine bestimmte Handlungsweise vorzuschreiben. Alles Wollen hat einen Gegenstand; aber der Gegenstand braucht nicht selbst etwas schlechthin Gutes zu sein, etwas unbedingt und in jeder Hinsicht Gutes. Der kategorische Imperativ gebietet, im Hinblick auf ein in sich moralisch Gutes zu handeln, aber er setzt Maximen voraus, die eine Materie haben, und diese Materie muß, wie wir gesehen haben, moralischen Bedingungen genügen.[16] Die Achtung vor dem sittlich Guten verlangt daher nicht den Verzicht auf andere Güter; sie verlangt lediglich, daß wir in der Bestimmung unserer sittlichen Pflichten unsere Wünsche und Begierden, von denen mittelbar oder unmittelbar die anderen Arten des Guten abhängen, nicht in Betracht ziehen.[17]

Es gibt Wünsche und Begierden, die mit der Achtung vor dem sittlich Guten vereinbar sind, andere können wir damit vereinbar machen, indem wir sie kultivieren, statt sie aus einem einseitigen moralischen Pathos zu unterdrücken oder auf sie zu verzichten.[18] Dies gilt auch für unser Streben nach Glück, und die Vernunft hat „allerdings einen nicht abzulehnenden Auftrag, von seiten der Sinnlichkeit, sich um das Interesse desselben zu bekümmern und sich praktische Maximen, auch in Absicht auf die Glückseligkeit dieses, und, womöglich, auch eines zukünftigen Lebens, zu machen".[19] Für meine eigene Glückseligkeit zu sorgen, ist wenigstens indirekt meine Pflicht (93), aber als ein Vernunftwesen kann ich nach meiner eigenen Glückseligkeit nur unter einem Gesetz streben, das mir die Glückseligkeit anderer zum Zweck macht (34. 85).

Man kann sich gewiß denken, ein Zustand allgemeiner Glückseligkeit wäre ohne Leitung der Vernunft durch einen bloßen natürlichen Mechanismus oder durch die Gnade eines auf wunderbaren Wegen wandelnden Gottes geschaffen worden. Aber etwas Unschätzbares wäre auf diese Weise verloren. Das immanente Objekt der reinen Vernunft ist etwas, das sie allein, um den Preis vielfältigen Scheiterns, realisieren konnte. Kant widerholt in diesem Zusammenhang aus der *Grundlegung*[20] das an Aristoteles erinnernde Argument, unsere Vermögen hätten jeweils ihre eigene Aufgabe; reine praktische Vernunft indes habe in Betracht zu ziehen, „was an sich gut oder böse ist": „(Der Mensch) bedarf also freilich, nach dieser einmal mit ihm getroffenen Naturanstalt, Vernunft, um sein Wohl und Weh jederzeit in Betrachtung zu ziehen, aber er hat sie überdem noch zu einem höheren Beruf, nämlich auch das, was an sich gut oder böse ist, und worüber reine, sinnlich gar nicht interessierte Vernunft nur allein urteilen kann, nicht allein mit in Überlegung zu nehmen, sondern diese Beurteilung von jener gänzlich zu unterscheiden, und sie zur obersten Bedingung der letzteren zu machen" (62). Wie die Vollkommenheit eines Vernunftwesens, so ist auch dies ein Zweck oder Gegenstand, der gänzlich aus reiner praktischer Vernunft bestimmt wird, ein Zweck, dem nachzugehen unsere unbeschränkte Pflicht ist.[21]

Gegenstand in dieser Bedeutung ist kein Handlungszweck, nichts was durch die Erkenntnis des Kausalgesetzes und den entsprechenden Einsatz von Mitteln gewonnen werden kann. Dieser Gegenstand liegt auch nicht in einer unbestimmten, erhofften Zukunft, in der die Ungerechten vollkommen, das Krumme gerade und die Felsen eben gemacht sein werden. Der Gegenstand der reinen praktischen Vernunft ist eine gewisse Disposition des Willens, in Übereinstimmung mit dem und aus Achtung für das Gesetz zu handeln. Der einzige Zweck moralischen Handelns liegt darin, der Herrschaft dieses Gesetzes zu dienen, und jede moralische Handlung leistet dies zu ihrem Teil. In diesem Sinne erklärt Kant, was das moralische Gesetz von uns verlangt, könne stets vollbracht werden. Der Zweck der Vernunft ist ausführbar, wie unbefriedigend der Zustand der Welt auch sein mag, weil der Gegenstand der reinen praktischen Vernunft und die Handlung, die auf ihn gerichtet ist, wenigstens teilweise identisch sind.

4. Kategorien der praktischen Vernunft

Wenn der Leser in den ersten Absätzen des zweiten Hauptstücks der *Kritik der praktischen Vernunft* bei den zweifellos interessanten, aber keineswegs überraschenden Darlegungen über das Verhältnis von Grundsatz und Begriff, das Gesetz und das Gute allmählich ein Gefühl wohliger Vertrautheit spürt, so wird er am Anfang des vierzehnten Absatzes plötzlich durch einen auffallenden Wechsel des Stils und der Argumentationsrichtung schockiert. Die Straße, auf der man eine gute Durchschnittsgeschwindigkeit einzuhalten hoffte, ist plötzlich in Nebel gehüllt. Dieser Absatz ist ebenso wie die drei folgenden höchst überraschend, originell und dunkel. Die Schwierigkeit dieses Textes nötigt zu einer Satz-für-Satz-Interpretation. Wir wollen uns ohne viele Umstände langsam und vorsichtig in dieses Dunkel hineingeben.

> Da nun die Begriffe des Guten und Bösen als Folgen der Willensbestimmung a priori auch ein reines praktisches Princip, mithin eine Causalität der reinen Vernunft voraussetzen: so beziehen sie sich, ursprünglich nicht (etwa als Bestimmungen der synthetischen Einheit des Mannigfaltigen gegebener Anschauungen in einem Bewußtsein) auf Objecte, wie die reinen Verstandesbegriffe, oder Kategorien der theoretisch gebrauchten Vernunft (65).

Kant spricht hier ausdrücklich vom sittlich Guten und Bösen, nicht vom Guten und Schlechten im allgemeinen, wie es am Beginn des zweiten Hauptstücks definiert worden war. Aber im Hinblick auf die folgenden Darlegungen ist es entscheidend, „Gut" und „Böse" in einer weiteren, allgemeineren Bedeutung zu nehmen. In ihrer engen (moralischen) Bedeutung beziehen sie sich überhaupt nicht auf wahrnehmbare Gegenstände. Auch in ihrer weiteren Bedeutung beziehen sie sich nicht *an sich* auf Gegenstände, sondern nur im Kausalzusammenhang ihrer Hervorbringung durch einen Willensakt. Beim Guten und Bösen gibt es daher, anders als bei den theoretischen Kategorien, nicht einmal den Anschein einer Anwendung auf Gegenstände, die unabhängig für sich gegeben wären, so daß ihre Erkenntnis in einem synthetischen Akt des Bewußtseins als theoretisches Urteil ausgedrückt werden könnte. Ebensowenig machen sie, wie die theoretischen Kategorien, diese Gegenstände allererst möglich, da sie keine Regeln der Synthesis unserer Vorstellung innerhalb eines raumzeitlichen Systems in einem Bewußtsein sind:

> Sie setzen diese (Gegenstände) vielmehr als gegeben voraus; ... sie sind insgesamt *modi* einer einzigen Kategorie, nämlich der der Causalität, so fern der Bestimmungsgrund derselben in der Vernunftvorstellung eines Gesetzes dersel-

ben besteht, welches, als Gesetz der Freiheit, die Vernunft sich selbst gibt und dadurch sich a priori als praktisch beweiset (65).

Auch dies ist ausdrücklich auf das moralisch Gute beschränkt. Im Hinblick auf das Folgende und besonders im Hinblick auf den Nebensatz am Anfang dieser Periode müssen wir gleichwohl davon ausgehen, daß Kant auch hier noch mit dem allgemeineren Gebrauch der Begriffe des Guten und Bösen befaßt ist. Diese Begriffe konstituieren nicht, wie die theoretischen Begriffe, Gegenstände der Erfahrung. Sie setzen vielmehr voraus, daß die Gegenstände der Erfahrung, auf die sie angewandt werden sollen, bereits unter den theoretischen Kategorien gegeben sind. Wenn wir von einem Gegenstand sagen, er sei gut, so fügen wir zu allen übrigen Kategorien, die ein Objekt überhaupt konstituieren, die Kategorie der Kausalität hinzu, um den Gegenstand auf einen Willensakt als seine Ursache zu beziehen. Wenn wir sagen, ein gegebener Gegenstand sei gut, so weisen wir darauf hin, daß er als ein solcher im Modus der Kausalität aufgefaßt werden soll, derzufolge er eine „durch Freiheit mögliche Wirkung" (57) ist, d. h. daß er in einem Kausalitätsverhältnis zu einem Akt freier Wahl steht. Als ein existierender oder möglicher Sachverhalt innerhalb des Naturzusammenhangs ist der Gegenstand aufgrund einer Synthesis empirischer Anschauungen unter der Kategorie der Naturkausalität gegeben. Als Gutes hat er eine notwendige Beziehung auf eine bestimmte Ursache, nämlich den Willensakt.

> Da indessen Handlungen *einerseits* zwar unter einem Gesetze, das kein Naturgesetz, sondern ein Gesetz der Freiheit ist, folglich zu dem Verhalten intelligibeler Wesen, *andererseits* aber doch auch als Begebenheiten in der Sinnenwelt zu den Erscheinungen gehören, so werden die Bestimmungen einer praktischen Vernunft nur in Beziehung auf die letztere, folglich ... den Kategorien des Verstandes gemäß ... Statt haben können (65).

Hier ist es klar, daß Kant von der praktischen Vernunft im allgemeinen und nicht nur von der reinen praktischen Vernunft spricht. Gut ist ein Gegenstand nur, wenn er in einem Akt freier Wahl zu einem Gegenstand der praktischen Vernunft gemacht worden ist. Aber freie Wahl ist nur möglich, wenn der Gegenstand der Wahl den Bedingungen der sinnlichen Erfahrung, d. h. den Kategorien, gehorcht. (So ist es mir nicht freigestellt, einen viereckigen Kreis zum Gegenstand meines Willens zu machen, wie sehr ich auch wünschen mag, eine solche Konstruktion zuwege zu bringen.)

Aber reine praktische Vernunft kann über ihren Gegenstand unabhängig davon entscheiden, ob ich imstande bin, den möglichen Gegenstand hervorzubringen oder nicht. Die praktische Möglichkeit setzt die theoretische voraus. Kein Grundsatz der praktischen Vernunft kann daher mit den Bedingungen der natürlichen Möglichkeit der Dinge in Konflikt geraten. Denn die Gegenstände der praktischen Vernunft im allgemeinen müssen mögliche Gegenstände der natürlichen Erfahrung sein.

(Wir verwenden die Bestimmungen der praktischen Vernunft) nicht in der Absicht eines theoretischen Gebrauchs desselben, um das Mannigfaltige der (sinnlichen) *Anschauung* unter ein Bewußtsein a priori zu bringen, sondern nur, um das Mannigfaltige der Begehrungen der Einheit des Bewußtseins einer im moralischen Gesetze gebietenden praktischen Vernunft oder eines reinen Willens a priori zu unterwerfen (65).

Der Ausdruck „die Bestimmungen der praktischen Vernunft" muß hier so weit verstanden werden, daß er Grundsätze (Maximen ebensowohl wie Gesetze) einschließt. Diese bestimmen, welche Gegenstände in der Sinnenwelt gut oder böse sind. Wenn wir wissen, daß ein Gegenstand gut ist, so haben wir dadurch freilich zu unserer theoretischen Erkenntnis dieses Gegenstandes nicht das geringste hinzugefügt. Als Erkenntnisobjekt ist der Gegenstand in dem Urteil, er sei gut, vorausgesetzt; aber dieses Werturteil ist keine theoretische Feststellung, die uns ein weiteres natürliches Prädikat liefert.

Gleichwohl haben diese „Bestimmungen" eine den reinen Verstandesbegriffen im theoretischen Bereich entsprechende Rolle.[22] Die Kategorien des theoretischen Erkennens (und ihre Schemata) sind Regeln für die Synthesis der Anschauungen nicht nur zu Vorstellungen der Gegenstände, sondern ebensosehr zu Vorstellungen für ein einiges Bewußtsein. Das „Ich denke" muß alle meine Vorstellungen begleiten können, und die theoretischen Kategorien sind die Weisen, wie ich diese Vorstellungen in *einem* Bewußtsein eines einzigen Gegenstandes oder eines Bereichs von Gegenständen und Ereignissen in Raum und Zeit denken kann. Erst wenn eine Vorstellung in einer bestimmten Beziehung zu anderen Vorstellungen nach gewissen Regeln (den theoretischen Kategorien) steht, sage ich von ihr, sie sei die Vorstellung eines Gegenstandes. Die Einheit des Gegenstandes setzt die Einheit des auffassenden Bewußtseins voraus und umgekehrt. Ganz entsprechend nennen wir einen Gegenstand erst „gut", wenn er in einer notwendigen Beziehung zum Begehrungsvermögen steht. Wir setzen das Angenehme mit dem Guten nicht gleich, weil beim Angenehmen diese notwendige Beziehung fehlt. Unsere Begierden und Wünsche sind vielfältig und widerstreiten einander; die Freuden der Tafel beeinträchtigen die des Sports, die Annehmlichkeiten dieser Welt vielleicht die Hoffnung auf die Freuden im Jenseits. Aber wenn wir irgendetwas „gut" nennen, so meinen wir, dieser Gegenstand werde von einem vernünftigen Menschen, dessen Vernunft seine Begierden kontrolliert oder wenigstens seine Wahl zwischen verschiedenen Wünschen leitet, notwendig begehrt. Mein vernünftiges Begehren hat daher etwa dieselbe Rolle wie das „Ich denke": Es muß alle meine Vorstellungen des Gegenstandes als eines guten begleiten können. Nur wenn das „Ich begehre vernünftig" alle meine Vorstellungen des Begehrens begleitet, kann man von mir sagen, ich sei zu einer vollkommen rationalen Persönlichkeit integriert, ich sei von einem „heiligen Willen" beseelt. Aber obgleich ich vieles begehren kann, was nicht gut, d. h. zwar begehrt, aber nicht erstrebenswert ist, so kann ich doch als Vernunftwesen meine Wahl auf diejenigen Gegenstände beschränken, die ich vernünftig begehre, und dieser Zustand ist zwar keine Heiligkeit des Willens (denn diese ist unerreichbar), aber doch „Tugend, d. i. moralische Gesinnung im Kampfe" (84).

Das Urteil „Ich begehre X" ist eine Tatsachenfeststellung. Ich kann jederzeit X und auch Gegenstände, von denen ich weiß, daß sie nicht mit X vereinbar sind, begehren. Aber „Ich begehre X vernünftig", d. h. „Ich will X nach einer Vernunftregel, die ich nicht nur als für mich selbst, sondern auch für andere gültig betrachte" bedeutet „X ist gut". Dieses Urteil kann den Lauf meiner Begierden nach mit X nicht zu vereinbarenden Gegenständen einschränken. Das Urteil „X ist gut" enthält eine vernünftige Bewertung, die als objektiv gültig angesehen wird. Es ist etwas anderes als eine sinnliche Bewertung von X, z. B. „X ist angenehm" oder „X macht Spaß". Nur ein Vernunftwesen kann urteilen „X ist gut", mag nun X tatsächlich die Bedingungen des Gutseins erfüllen oder nicht; aber ein Tier kann X begehren. Das Mannigfaltige der Begierden wird durch die Vernunft nach praktischen Gesetzen oder Regeln verknüpft, und die Einheit des Gegenstandes, auf den sie abzielen, heißt „das Gute":

> Diese Kategorien der Freiheit, denn so wollen wir sie statt jener theoretischen Begriffe als Kategorien der Natur, benennen, haben einen augenscheinlichen Vorzug vor den letzteren, daß, da diese nur Gedankenformen sind, welche nur unbestimmt überhaupt für jede uns mögliche Anschauung durch allgemeine Begriffe bezeichnen, diese hingegen ... auf die Bestimmung einer freien Willkür gehen (der zwar keine Anschauung völlig correspondirend gegeben werden kann, die aber, welches bei keinen Begriffen des theoretischen Gebrauchs unseres Erkenntnißvermögens stattfindet, ein reines praktisches Gesetz a priori zum Grunde liegen hat) (65).

Bevor wir diesen „augenscheinlichen Vorzug" ausmachen und identifizieren können, müssen wir für einen Augenblick innehalten und überdenken, was Kant bereits gesagt hat. Was sind „diese Kategorien der Freiheit" – früher hießen sie „Kategorien der praktischen Vernunft" (11 Anm.)? Das Wort „diese" zeigt an, daß sie die früher erwähnten „Bestimmungen" sind. Aber die Tafel selbst wird zeigen, daß Kant noch nicht entschieden hat, ob er diese Bestimmungen besser „Regeln" oder „Begriffe" nennen soll. Indes ist es weder unerlaubt noch überraschend, wenn Kant eine Kategorie gelegentlich als Regel und bisweilen als Begriff bezeichnet.[23] Obgleich eine Kategorie ein Begriff ist, so enthält sie doch wie jeder andere Begriff eine Regel für die Synthesis von Vorstellungen. (Dies gilt nicht nur für Kategorien, sondern für jeden Begriff: Der empirische Begriff „Katze" z. B. ist eine Regel für die Synthesis unserer Wahrnehmungs- und Einbildungsvorstellungen, die uns anläßlich des Auftretens einer oder mehrerer von ihnen zu sagen nötigen „Dort ist eine Katze".) Die elementaren praktischen Begriffe sind nichts als die Begriffe des Guten und Bösen im allgemeinen; die Regeln artikulieren des näheren ihren Gebrauch in der Synthesis der Begierden, so daß die Beachtung dieser Regeln für die Umwandlung der Begierde in vernünftiges Begehren oder Wollen notwendig ist.

Anschließend erklärt Kant, die Kategorien der Freiheit seien Formen, die auf die Bestimmung einer freien Willkür und mithin auf Gegenstände des vernünftigen Wählens, d. h. des Guten als Gegenstand, gehen. Sie sind nicht Formen von Gegenständen *simpliciter*, denn als solche würden sie zu ihrer Synthesis Anschauungen erfordern, und dies würde sie zu Erkenntnisgegenständen anstelle von Handlungszwecken machen. Diese Unabhängigkeit von der Anschauung ist der „augenscheinliche Vorzug der praktischen Kategorien vor den theoretischen". Bei jeder Kategorie, die bei der Bestimmung eines Gegenstandes mitwirkt, muß es möglich sein, eine ihr entsprechende Anschauung, bzw. ein Anschauungsmuster anzugeben; sonst ist der Begriff leer, und er kann nur in analytischen Urteilen gebraucht werden. Dem Guten und Bösen hingegen entsprechen keine Anschauungen. Während die Bestimmung eines Erkenntnisgegenstandes durch die Schematisierung des Begriffs erfolgt, kann man hier keine Anschauung angeben, die der Bestimmung der freien Willkür entspräche.

Was tatsächlich gegeben ist und so die Begriffe des Guten und Bösen davor bewahrt, leer zu sein, ist nicht das, was Tatsächlichkeit im Bereich der Erfahrung verbürgt, nämlich Anschauung, sondern ein Grundsatz, den Kant in anderem Zusammenhang [24] das „Faktum der reinen Vernunft" nennt. Das heißt: Erkenntnis des Grundsatzes selbst gibt den praktischen Begriffen Inhalt, während in der theoretischen Erkenntnis die Begriffe in Anschauung begründet sein müssen, bevor synthetische Grundsätze mit ihrer Hilfe formuliert werden können. Dies ist es, was den Vorteil der praktischen Kategorien vor den theoretischen ausmacht. Die Anschauung, die allein die Synthesis theoretischer Begriffe möglich macht, ist von dem in den Kategorien der Freiheit formulierten Denken gänzlich verschieden und von ihm unabhängig.[25]

Praktische Begriffe werden hingegen durch das Faktum der reinen Vernunft, ohne Rückgriff auf empirische oder reine Anschauungen oder Gefühle der Lust und Unlust, gerechtfertigt. In dem Text, den wir analysieren und kommentieren, fährt Kant daher (nach einem soeben paraphrasierten Satz) fort:

> ... dadurch es denn geschieht, daß, da es in allen Vorschriften der reinen praktischen Vernunft nur um die Willensbestimmung, nicht um die Naturbedingungen (des praktischen Vermögens) der Ausführung seiner Absicht zu thun ist, die praktischen Begriffe a priori in Beziehung auf das oberste Princip der Freiheit sogleich Erkenntnisse werden und nicht auf Anschauungen warten dürfen, um Bedeutung zu bekommen, und zwar aus diesem merkwürdigen Grunde, weil sie die Wirklichkeit dessen, worauf sie sich beziehen, (die Willensgesinnung) selbst hervorbringen, welches gar nicht die Sache theoretischer Begriffe ist (66).

Diese Darlegung bezieht sich allein auf den reinen Willen und gilt nur für ihn. „Praktische Begriffe a priori" sind unmittelbar Erkenntnisse dessen, was geschehen soll, weil sie auf einer ursprünglichen Tatsache, dem

Gesetz der reinen praktischen Vernunft, nach dem ein Vernunftwesen als solches notwendig zu handeln gewillt ist, beruhen. Der Gegenstand – das, was der Fall sein soll, nicht das, was der Fall ist – ist unmittelbar anerkannt: Der Begriff selbst ist eine Erkenntnis, die nicht auf die Schematisierung des Begriffs und seiner Darstellung oder auf die Konstruktion in der Anschauung zu warten braucht.

Hier haben wir mithin das einzige Beispiel im ganzen Feld der Erkenntnis, wo das Denken seinen Gegenstand unmittelbar hervorbringt, ohne die Ursache einer Kette von Ereignissen zu sein, die in einem Gegenstand endet. (Dieser Gegenstand ist die Achtung, der notwendig aus der Erkenntnis des Gesetzes springt.[26]) Die so gewonnene Erkenntnis bezieht sich nicht auf die Existenz eines Gegenstandes; denn dazu wäre Anschauung erforderlich, und wir hätten es mit theoretischer Erkenntnis zu tun. Die so gewonnene Erkenntnis bezieht sich auf etwas, was der Fall sein soll, und die Anerkennung des Sollens ist eine notwendige Bedingung seiner tatsächlichen Existenz als eines Beispiels oder Falles von Gutem. Kant geht sogar noch weiter und erklärt, der Begriff bringe die Existenz des Gegenstandes hervor,[27] da der Gegenstand eine bestimmte Verfassung des Willens ist:

> Man wird hier bald gewahr, daß ... die Freiheit als eine Art von Causalität, die aber empirischen Bestimmungsgründen nicht unterworfen ist, in Ansehung der durch sie möglichen Handlungen als Erscheinungen in der Sinnenwelt, betrachtet werde, folglich sich auf die Kategorien ihrer Naturmöglichkeit beziehe, indessen daß doch jede Kategorie so allgemein genommen wird, daß der Bestimmungsgrund jener Causalität auch außer der Sinnenwelt in der Freiheit als Eigenschaft eines intelligibelen Wesens angenommen werden kann (67).

Freiheit ist eine Art von Kausalität, bei der die Ursache der Handlung nicht eins der beiden phänomenalen Ereignisse ist. Diese Art von Kausalität können wir nicht begreifen; wir begreifen Ursache-Wirkung-Beziehungen nur, wenn beide Glieder der Verknüpfung Ereignisse in derselben Raum-Zeit-Reihe sind. Eine Kategorie ist indes ein reiner Verstandesbegriff. Als solcher enthält sie nichts Sinnliches, und obgleich sie uns zur Erkenntnis nur dient, wenn wir sie im Zusammenhang mit der Sinnlichkeit benutzen, so ist unser Denken auf sie doch selbst dann angewiesen, wenn das Gedachte nie sinnlich gegeben sein kann. Da indes ein Glied des Kausalnexus in der Erscheinungswelt gegeben ist und so unter die schematisierten theoretischen Kategorien fällt, können wir die Freiheit der Ursache unter den Kategorien der Möglichkeit ihrer Wirkungen in der Natur denken. So erhalten wir zwar keine Erkenntnis der Ursache, aber wir sind auf diese Weise in der Lage, im Hinblick auf in der Erscheinungswelt bekannte Wirkungen Freiheit in einer bestimmten, wohldefinierten Weise zu denken. So ist, um ein einfaches Beispiel zu nehmen, jede kausale Veränderung eine Veränderung der Eigenschaften einer beharrenden Substanz. Eine Handlung müssen wir als Tätigkeit eines einzigen unveränderlichen Subjekts denken, dem die Handlung zugerechnet wird, und dieses Subjekt ist die Person. Wenn wir daher eine freie

Handlung denken, so müssen wir sie in Beziehung auf eine Person als Handlungsträger denken, auch wenn wir von dieser Substanz keine theoretische Erkenntnis besitzen können.

So weit könnte es scheinen, Kant habe in einer wenig anziehenden und eigentlich nur Kant-Spezialisten zugänglichen Redeweise nur noch einmal das Ergebnis zusammengefaßt, zu dem seine verständlichere Exposition eines Begriffs des moralisch Guten bereits geführt hatte. Aber plötzlich überfällt er den Leser mit der Bemerkung, die Kategorien, denen so bemerkenswerte Vorzüge zugeschrieben worden sind, seien Kategorien der praktischen Vernunft im allgemeinen. (In der voranstehenden Analyse war dies freilich von vornherein in Betracht gezogen.) Er schreibt nämlich,

> ...daß diese Kategorien ... in ihrer Ordnung von den moralisch noch unbestimmten, und sinnlich bedingten zu denen, die, sinnlich unbedingt, blos durchs moralische Gesetz bestimmt sind, fortgehen ... Die Kategorien der Modalität (leiten) den Übergang von praktischen Principien überhaupt zu denen der Sittlichkeit, aber nur problematisch (ein).[28]

Die Rätsel, die der letzte Satz hier aufgibt, können, wenn überhaupt, nur nach der Erörterung der Kategorientafel gelöst werden. Bevor ich diesen Abschnitt beschließe, muß ich indes erneut auf den Ursprung der meisten in ihm enthaltenen Schwierigkeiten hinweisen, nämlich auf das verwirrende Herüber- und Hinübergehen von den Kategorien der reinen praktischen Vernunft zu denen der empirischen praktischen Vernunft und der praktischen Vernunft im allgemeinen. Hätte Kant erst eine Darstellung der Kategorien der praktischen Vernunft im allgemeinen gegeben und dann die der reinen praktischen Vernunft als eine Unterklasse eingeführt, so wäre seine Darstellung in diesem Abschnitt weit durchsichtiger gewesen.

Eine solche Darstellung dieses Abschnitts in seinen wichtigsten Teilen möchte ich nun versuchen.

Da die Begriffe des Guten und Bösen eine Kausalität der Vernunft im Hinblick auf einen Grundsatz voraussetzen, beziehen sie sich nicht als ursprüngliche und konstitutive Begriffe auf Gegenstände, die gegeben werden sollen. Diese Aufgabe wird von den theoretischen Kategorien und ihren Schemata übernommen, die Gegenstände allererst möglich machen. Die Begriffe des Guten und Bösen setzen vielmehr Gegenstände, die in einer möglichen Erfahrung gegeben sind, bereits voraus. Sie beziehen sich lediglich auf die besondere Art von Kausalität, aufgrund welcher die Gegenstände als gut oder schlecht bewertet werden. Dies ist der Entstehungsgrund in einem Willensakt, bei dem die Vernunft sich von der Vorstellung eines Gesetzes leiten läßt. Die Begriffe des Guten und Bösen beziehen sich daher implizit auf die Ursache von Handlungen oder Gegenständen, die gut oder böse genannt werden; ein Grundsatz für die Entscheidung darüber, ob eine Handlung oder ein Gegenstand gut oder böse sei, ist daher ein Grundsatz, der sich auf die spezifische Kausalität der Handlung oder des Gegenstandes bezieht.

Die Willenshandlung und ihre Wirkungen finden wir in der Erscheinungswelt. Sie unterliegen daher den theoretischen Kategorien ihrer Möglichkeit. Um sie als natürliche Ereignisse zu begreifen, brauchen wir daher keine Begriffe des Guten und Bösen oder irgendwelche Grundsätze der praktischen Vernunft. Die theoretischen Begriffe und Grundsätze reichen hier aus.

Die Grundsätze der praktischen Vernunft entsprechen indes den theoretischen Grundsätzen und Kategorien. Sie bringen die Mannigfaltigkeit der Begierden unter die Einheit der praktischen Vernunft und ermöglichen Willensakte und Entscheidungen, ähnlich wie die theoretischen Kategorien das Mannigfaltige der Anschauung unter die Einheit des Selbstbewußtseins brachten und Urteile über Gegenstände der Erfahrung ermöglichten. Die Grundsätze der praktischen Vernunft können daher andeutungsweise „Kategorien der praktischen Vernunft" oder, als Arten der Kausalität der praktischen Vernunft, „Kategorien der Freiheit" genannt werden.

Sie haben einen augenscheinlichen Vorzug vor den theoretischen Kategorien. Diese beziehen sich auf Gegenstände einer jeden für uns möglichen Anschauung und brauchen eine Anschauung bevor sie eine definitive, konstitutive Bedeutung für die Erkenntnis irgendeines Gegenstandes erhalten können. Die ersteren hingegen sind schon an sich Erkenntnisse, da sie denselben Ursprung haben wie das Faktum, das sie begreiflich machen sollen: das Bewußtsein der Grundsätze der praktischen Vernunft. Sie bringen so die Wirklichkeit, auf die sie sich beziehen, selbst hervor, nämlich eine Willenshaltung, und sie sind nicht erst auf Anschauungen angewiesen, die darüber bestimmen, ob sie sich auf etwas Wirkliches beziehen oder nicht. Theoretische Kategorien können dies in einem Geiste wie dem unsrigen nie bewirken, da unser Intellekt nicht intuitiv, sondern diskursiv ist.

Die Kategorien der praktischen Vernunft oder der Freiheit zerfallen in zwei Arten. Die praktische Vernunft kann als Materie tatsächliche Begierden haben, die unter einem Grundsatz synthetisch vereinigt sind. Der Grundsatz ist natürlich a priori, aber die darauf gegründete Intention des Willens ist durch das Vorkommen spezifischer, empirisch erkannter Begierden bedingt. Solche Grundsätze und die entsprechenden Begriffe des Guten und Schlechten können Grundsätze und Begriffe der empirischen praktischen Vernunft genannt werden. Der Grundsatz des Willens kann aber auch völlig unabhängig von einer Begierde sein, und ein solcher Grundsatz ist ein Grundsatz der reinen praktischen Vernunft. Man muß daher mit moralisch unbestimmten, aber sinnlich bedingten Kategorien und mit sinnlich unbedingten, aber moralisch bestimmten Kategorien rechnen.

5. Die Tafel der Kategorien der Freiheit

Nachdem er seine Kategorientafel aufgestellt hat, erklärt Kant: „Ich füge hier nichts weiter zur Erläuterung gegenwärtiger Tafel bei, weil sie für sich verständlich genug ist." Niemand hat ihm bisher diesen Anspruch bestätigen können. Selbst Schütz, einer seiner treuesten Schüler, fühlte sich aufgerufen, dem Meister Vorschläge zu machen, wie sie verbessert werden könnte.[29] Anders als bei seiner Tafel der theoretischen Kategorien macht Kant keinen weiteren Gebrauch von ihr[30], – trotz seiner Erklärung: „Dergleichen nach Prinzipien abgefaßte Einteilung ist aller Wissenschaft, ihrer Gründlichkeit sowohl als Verständlichkeit halber, sehr zuträglich" (67). Wir können daher auch wenig von anderswoher beibringen, das sie verständlicher machen würde. Die meisten Kommentatoren ignorieren sie; nur Mellin hat mit ihren Schwierigkeiten gerungen, und wenn auch manche seiner Vorschläge durchdacht und wertvoll sind, so geht er in manchen Punkten doch m. E. entschieden in die falsche Richtung. Mein eigener Einfallsreichtum reicht ganz und gar nicht aus, alle Teile konsistent mit Kants eigenen Worten zu interpretieren. Die wesentlichen Merkmale sind gleichwohl nicht unverständlich.

Bevor wir uns an eine Interpretation dessen, was Kant hier tatsächlich zuwege brachte, wagen, wollen wir bedenken, mit welchen Erwartungen man an seine Formulierung einer Tafel der Kategorien der Freiheit herantreten darf.

Man kann, erstens, damit rechnen, daß Kant in systematischer Ordnung die abstrakten und logisch konstanten Merkmale praktischer Urteile auseinanderlegen wird. Eine solche Systematisierung der zahlreichen Unterscheidungen, die er bereits eingeführt hat, könnte umfassen: Gesetze und Maximen, materiale und formale Prinzipien, kategorische und hypothetische Imperative, vollkommene und unvollkommene Pflichten, rechtliche und moralische Urteile, Gesetze und Imperative usw.

Man kann, zweitens, von ihm eine Aufstellung der Begriffe (Kategorien) des Guten erwarten, die jeweils einer Urteilsart entsprechen. Wir hätten dann eine Urteilstafel (bzw. eine Tafel von Regeln) und entsprechend eine Tafel von Begriffen.

Aber Kant begeht weder den einen noch den anderen dieser beiden Wege. Er unterstellt, daß die wesentlichen formalen Merkmale der praktischen Sätze mit denen der theoretischen Urteile identisch sind; er bedient sich daher der Einteilung der Kategorien, die auf die Urteilstafel der ersten *Kritik* zurückgeht. Er unterscheidet auch nicht klar zwischen Urteilen und Begriffen, so daß wir in der Tafel bisweilen diese und dann wieder jene finden.

Ein Teil der Schwierigkeiten rührt zweifellos daher, daß alle Titel dieser Kategorientafel gleichsam an einer einzigen Kategorie, der der Kausalität, festgemacht sind. Wir erfahren nirgends, was der Satz, diese

Kategorien seien „insgesamt Modi einer einzigen Kategorie, nämlich der der Kausalität", eigentlich bedeutet. Wir müssen uns daher selbst klarmachen, was mit der Quantität, Qualität, Relation und Modalität der einen Kategorie der Kausalität gemeint sein kann.

Weitere Schwierigkeiten entstehen dadurch, daß die Kategorien der praktischen Vernunft nicht, wie die des theoretischen Verstandes, rein formal sind, sondern in einer bestimmten Kausalität (Freiheit), die die *ratio essendi* des moralisch Guten ist, ihren Inhalt haben. Die Kategorien des Guten und Bösen verdanken ihren Ursprung nicht allein den Formen praktischer Sätze, wie die logische Gliederung der Tafel anzudeuten scheint, sondern den Arten von Ursachen und Wirkungen, die bei den verschiedenen Arten praktischer Sätze auftreten. Wir müssen daher darauf gefaßt sein, rein logische Unterscheidungen mit allgemeinen praktischen und spezifischen ethischen Unterscheidungen vermischt anzutreffen.

Bei meiner Interpretation der Kategorientafel werde ich in *einem* Punkt von Kant abweichen. Ich werde Grundsätze oder Regeln von Kategorien oder Begriffen des Guten unterscheiden; wo Kant nur von dem einen spricht, werde ich das andere ergänzen.

6. Die Kategorien der Quantität

Praktische Sätze sind entweder Grundsätze oder Regeln. Uns beschäftigen hier allein die Grundsätze. Diese sind entweder Maximen oder Gesetze. Maximen wiederum sind entweder Maximen eines Individuums oder der Menschheit im allgemeinen. Gesetze dagegen unterscheiden sich von bloßen Maximen beider Arten dadurch, daß sie allgemeingültig sind, und sie genügen der Bedingung, die Koexistenz eines gesetzmäßigen Willens in einem allumfassenden Reich der Zwecke zu sichern.[31]

Wir erhalten so die folgenden Grundsätze und Kategorien:

1. Bloße Maximen eines Individuums	Subjektiv gut für ein Individuum
2. Allgemeinmenschliche Maximen (Vorschriften)	Objektiv gut für Menschen überhaupt
3. Gesetze als Maximen	Subjektiv wie objektiv gut für Vernunftwesen als solche

Kants eigene Aufstellung macht drei Bemerkungen erforderlich. Zunächst stellt er irrtümlich Maximen und Grundsätze in Gegensatz zueinander. Maximen sind Unterarten von Grundsätzen. Kant deutet ferner die dritte Position ausdrücklich als eine Synthese der ersten beiden

Positionen und versteht daher Gesetze als Maximen für Individuen. Dies ist ihm mithilfe der Kategorie der Totalität möglich, indem er den Begriff eines Reichs der Zwecke als einer organischen Einheit verschiedener Vernunftwesen zugrunde legt.[32] Kant erhält schließlich einen radikalen Unterschied zwischen dem Guten in den beiden ersten Kategorien und dem Guten in der dritten Kategorie; dieser Unterschied läßt sich aber nicht adäquat als Unterschied der Quantität darstellen.

Von welcher Art des Guten spricht Kant? Vermutlich beziehen sich die beiden ersten Arten auf das Wohl, die dritte hingegen auf das (moralisch) Gute. Aber dies ist kein quantitativer Unterschied. Wenn wir mit Kant sagen, das Gute bedeute in einem heteronomen System das, was dem Endzweck (dem Wohl) zuträglich ist, so sind alle drei Kategorien gleichermaßen objektiv und vernünftig begründet, obgleich in Kants Tafel nur die zweite und die dritte Kategorie objektiv genannt werden.

Hier und anderswo[33] stellt Kant klar, daß bei den Kategorien der Quantität der Übergang zu einem streng moralischen Begriff erst mit der dritten Kategorie erreicht wird.

7. Die Kategorien der Qualität

Theoretische Urteile sind hinsichtlich ihrer Qualität entweder affirmativ oder negativ oder unendlich; die entsprechenden Kategorien sind Realität, Negation und Limitation.

Praktische Sätze sind hinsichtlich ihrer Qualität entweder Regeln (in weiterer Bedeutung) des Tuns oder des Lassens (d. h. Ratschläge oder Gebote, etwas zu tun oder etwas zu lassen) oder der Erlaubnis, von Regeln des Tuns oder Lassens eine Ausnahme zu machen. Wir erhalten so die folgende Qualität von Sätzen und Kategorien:

1. Regeln des Tuns	Das Gute als das Gebotene[34]
2. Regeln des Unterlassens	Das Gute als etwas durch Vermeidung gewisser Handlungen Erreichbares
3. Regeln der Ausnahme	Das Gute als Angemessenheit an eine allgemeine Vorschrift

Den Regeln der Ausnahme entsprechen bei den theoretischen Sätzen die unendlichen Urteile dadurch, daß sie gewisse Handlungen aus dem Bereich einer der beiden voranstehenden Regeln ausschließen. Als theoretische Sätze sind sie formal bejahend, aber sie haben ein negatives Prädikat;[35] unter die entsprechenden praktischen Sätze fallen die „Nur-wenn-Regeln", die sowohl ein positives wie ein negatives Element enthalten („Handle so und so, nur wenn..."). Sie sind von Erlaubnisgesetzen zu unterscheiden.[36] Man findet solche Regeln der Ausnahme in Geboten, die eine unvollkommene Pflicht ausdrücken.

Man sollte beachten, daß die dritte Kategorie der Quantität einen Übergang zu spezifisch moralischen Sätzen und Begriffen brachte, während bei den Kategorien der Qualität ein solcher Übergang fehlt. Sie haben nichts spezifisch Moralisches. Auch bei Ratschlägen der Klugheit und bei Regeln der Geschicklichkeit muß man zwischen Geboten, Verboten und Erlaubnissen unterscheiden.

8. Die Kategorien der Relation

Die Dinge werden etwas dunkler, wenn wir zu den Kategorien der Relation übergehen. Alle Regeln oder Grundsätze der praktischen Vernunft setzen, wenigstens implizit, die Handlung zu etwas in Beziehung, und sie bestimmen das Gute entsprechend dieser Beziehung. In seiner Tafel der theoretischen Sätze hatte Kant das kategorische, hypothetische und disjunktive Urteil unterschieden und diesen Urteilsformen die Kategorien Subsistenz/Inhärenz, Ursache/Wirkung und Wechselwirkung zugeordnet. Entsprechend erhalten wir nun als Kategorien der Relation:

1. Die Regel, daß alle Handlungen als Handlungen eines Subjekts zu beurteilen sind	Das Gute als Merkmal der Person, das moralisch Gute, Würde
2. Die Regel, daß alle Handlungen im Hinblick auf Konsequenzen für den Zustand der Person zu beurteilen sind	(Vgl. die Erörterungen im Text)
3. Die Regel, daß in einer nach moralischen Grundsätzen lebenden Gemeinschaft die Handlungen der einen Person danach bewertet werden sollen, wie sie den Zustand einer anderen beeinflussen, und umgekehrt	Das Gute als Gerechtigkeit oder Gleichberechtigung unter einem gemeinsamen Gesetz; die moralische Gemeinschaft

Die erste dieser Kategorien entspricht der Kategorie Subsistenz/Inhärenz in der ersten *Kritik*, und sie ist hinreichend klar. Ebenso wie die Substanz eine Ursache ist, die sich im Wechsel ihrer Merkmale (Attribute) erhält, so ist die Person eine intelligible Substanz, die sich in ihren Handlungen behaupten soll. Da nur eine Person Zwecke setzt, so ist sie selbst demnach Zweck an sich oder Selbstzweck. Moralische Werte sind stets Werte einer Person.

Eine angemessene Interpretation der zweiten Kategorie bereitet erhebliche Schwierigkeiten. Es sind mindestens drei Deutungen möglich, die sich alle auf Kants wechselnden Gebrauch des Wortes „Zustand" stützen können. Denn „Zustand" kann sich beziehen auf die moralische oder die physische Verfassung oder auf den Zustand des Glücks bzw. Unglücks. So erhält man die folgenden Interpretationen:

a) Die moralische Regel geht nicht abstrakt von der Persönlichkeit als solcher aus, sondern von einer Person in einer bestimmten moralischen Verfassung, einer Verfassung des „Herzens", die zu ihrer gerechten Würdigung Selbsterkenntnis erfordert.[37]

b) Während die vollkommenen Pflichten zwar für alle Menschen gleich sind, müssen sie doch entsprechend ihrer besonderen Verfassung, wie Alter, Geschlecht, sozialer Lage, Gesundheit usw. angewandt werden.[38]

c) „Zustand" kann einfach den Zustand des Glücks oder Unglücks bedeuten (60).[39]

Es gibt daher drei zulässige Interpretationen der zweiten Kategorie:

a) Die Regel, daß eine Handlung als von einer Person in einer bestimmten moralischen Verfassung ausgehend zu beurteilen ist	Das Gute einer Handlung, sofern es in einem spezifischen guten Charakter begründet ist (z. B. Tapferkeit, Großmut)
b) Die Regel, daß die Verfassung der betroffenen Person berücksichtigt werden soll	Das Gute, sofern es dem von der Handlung Betroffenen angemessen ist
c) Die Regel, daß Handlungen nach ihren Auswirkungen für das Glück einer Person beurteilt werden sollen	Das Gute als Klugheit

Die dritte Kategorie der Relation, bei der es um die Beurteilung der Handlungen in ihren wechselseitigen Beziehungen geht, läßt ebenfalls, entsprechend der Bedeutung des Wortes „Zustand", mehrere Interpretationen zu; die dritte Interpretation scheint mir in diesem Fall die plausibelste zu sein.[40]

9. Die Kategorien der Modalität

Bevor wir uns den Besonderheiten der Kategorie der Modalität zuwenden, müssen wir kurz zu dem Satz zurückgehen, der der Einführung der Kategorientafel voraufgeht. Er enthält die Feststellung, „daß diese Kategorien... in ihrer Ordnung von den moralisch noch unbestimmten und sinnlich bedingten zu denen, die, sinnlich-unbedingt, bloß durchs moralische Gesetz bestimmt sind, fortgehen" (66). Diesen Gedanken hat Kant, im Hinblick auf die Kategorien der Quantität, im letzten Absatz dieses Abschnitts (68) entwickelt. Der soeben zitierte Satz scheint zu besagen, in jeder der vier Gruppen seien zwei Kategorien, die sich auf Gegenstände der empirischen praktischen Vernunft beziehen, während die dritte Kategorie das moralisch Gute betrifft. Aber Kant hätte diesen Satz nicht an den Kategorien der Qualität oder der Relation erläutern können. Die Frage ist daher, ob sich auch die Kategorien der Modalität mit Hilfe dieses Satzes deuten lassen oder ob sie in der Frage des Übergangs eine besondere Stellung einnehmen.

Bevor wir diese Frage beantworten, müssen wir uns an einige Besonderheiten der Modalkategorien erinnern. In der Erläuterung der Urteilstafel theoretischer Sätze betont Kant, daß die Modalität „nichts zum Inhalt des Urteils beiträgt..., sondern nur den Wert der Kopula in Beziehung auf das Denken überhaupt angeht".[41] Entsprechend können wir hier sagen, daß die Modalität praktischer Sätze nichts darüber besagt, was in den betreffenden Sätzen als das Gute auftritt, sondern nur den Wert bestimmen, den in ihnen das „Soll" (und indirekt dann auch das entsprechende Gute) erhält. Die Modalität des zugehörigen Begriffs besagt dann, ob der Gegenstand, auf den er sich bezieht, möglich oder wirklich oder notwendig gut ist (wobei „gut" bereits vorher durch die anderen Kategorien definiert ist). Die entsprechenden Sätze sind dann problematische, assertorische und apodiktische Imperative.

Zu unserer Enttäuschung folgt Kant diesem offenbar einfachen Leitfaden zu den Begriffen der Modalität nicht,[42] obgleich die erste dieser Kategorien noch die Deutung nahelegt, er habe sich auf diesen Weg begeben:

1. Die Regel, daß im Hinblick auf die Erreichung eines willkürlichen Zwecks gewisse Handlungen als erlaubt und gewisse Handlungen als unerlaubt gelten

Das Erlaubte und das Unerlaubte; das möglicherweise Gute und das, was unmöglich gut sein kann, im Hinblick auf einen willkürlichen Zweck[43]

Das zweite Kategorienpaar entspricht dem der theoretischen Kategorien Existenz und Nicht-Existenz:

2. Die Regel, daß bestimmte Handlungen tatsächlich geboten oder verboten sind aufgrund eines in der Vernunft als solcher liegenden Gesetzes

Pflichtmäßiges und pflichtwidriges Handeln; das moralisch Gute und Böse

Die Interpretation dieses zweiten Kategorienpaars ist umstritten. Mellin[44] deutet den Ausdruck „eine in der Vernunft als solcher liegende Regel" „eine Regel, die eine auf einen wirklich gegebenen Zweck (d. h. Glückseligkeit) gerichtete Handlung vorschreibt". Diese Interpretation erlaubt es, die drei modalen Kategorienpaare analog den drei Arten von Imperativen und den drei Arten des Guten zu interpretieren. Aber das setzt, wie Melling zugibt, voraus, daß man das Wort „Pflicht" in nichtmoralischer Bedeutung auffaßt, und dies scheint mir ein unwiderleglicher Einwand zu sein. Es kommt noch hinzu, daß eine „in der Vernunft als solcher liegende Regel" sich kaum auf das oberste Prinzip aller hypothetischen Imperative, die Maxime der Selbstliebe, beziehen kann.

Nach Schütz[45] handelt es sich bei dem Paar um das „wirklich Gebotene" und um das „nicht wirklich Gebotene". Dies führt zu dem kontradiktorischen Begriffspaar „Pflicht" und „Nicht-Pflicht", statt zu den von Kant aufgeführten konträren Begriffen „Pflicht" und „pflichtwidrig". Ich möchte dies zwar als die vernünftigste Deutung akzeptieren; aber gegen sie stehen die *ipsissima verba* des Autors.

Bei jeder dieser beiden Interpretationen stellt das dritte Kategorienpaar eine echte Überraschung dar. Während bislang jeweils die dritte Kategorie, wie später bei Hegel, eine Synthese der beiden ersten Kategorien war,[46] entsteht die dritte Kategorie hier aus einer Unterteilung der zweiten Kategorie.[47] Alles Wirkliche ist entweder notwendig oder zufällig. Dies benutzt Kant zu einer etwas weithergeholten Analogie, indem er die wirkliche Pflicht in vollkommene und unvollkommene Pflichten einteilt. Entsprechend dem Gegensatz von apodiktischen und kontingenten Urteilen erhalten wir so die folgenden Kategorien:

3. Die Regel, daß gewisse *Handlungen* gemäß einer wirklichen, in der Vernunft als solcher liegenden Regel notwendig sind, und	vollkommene Pflichten; unmittelbar gebotene Handlungen; das notwendig Gute
Die Regel, daß eine gewisse *Maxime* für Vernunftwesen notwendig ist und gleichwohl in der Wahl der Handlungen nach dieser Maxime eine gewisse Variationsbreite zulässig ist[48]	unvollkommene Pflichten; Handlungen, die zwar durch die wirkliche Regel, abstrakt genommen, nicht vollkommen determiniert sind, die aber gleichwohl unter die Regel fallen, insofern die Regel nach gesundem Urteil und mithilfe der Regel der Ausnahme näher bestimmt wird; die kontingent gute Handlung unter einer notwendig guten Maxime

Die Unterscheidung vollkommener und unvollkommener Pflichten stimmt mit der Lehre in der *Grundlegung* überein, weicht aber vom „Gebrauch der Schule" ab.[49] Eine vollkommene Pflicht ist eine unmittelbar gebotene Handlung; ihre Maxime fordert eine gewisse Handlung, da die kontradiktorisch entgegengesetzte Maxime einen Widerspruch enthält, wenn sie zum Gesetz erhoben wird. Bei einer unvollkommenen Pflicht kann die Regel der Ausnahme angewandt werden, damit die Befolgung der einen Regel nicht zur Verletzung einer anderen führt. Unvollkommen sind stets moralische Pflichten; vollkommen sind hingegen Rechtspflichten:

... wenn das Gesetz nur die Maxime der Handlungen, nicht die Handlungen selbst gebieten kann, so ists ein Zeichen, daß es der Befolgung (Observanz) einen Spielraum (latitudo) für die freie Willkür überlasse... Es wird aber unter einer weiten Pflicht nicht eine Erlaubniß zu Ausnahmen von der Maxime der Handlungen, sondern nur die der Einschränkung einer Pflichtmaxime durch die andere... verstanden. Die unvollkommenen Pflichten sind also allein Tugendpflichten.[50]

Bei allen Rätseln, die Kants Kategorien der Modalität aufgeben, ist das Rätselhafteste nicht die Formulierung der Kategorien selbst, sondern eine Bemerkung über ihr Verhältnis zu den anderen Kategorien. Denn er erklärt, daß erst

> die Kategorien der Modalität den Übergang von praktischen Principien überhaupt zu denen der Sittlichkeit, aber nur *problematisch* einleiten, welche nachher durchs moralische Gesetz allererst *dogmatisch* dargestellt werden können (67).

Kann man diese Erklärung mit der Behauptung vereinbaren, der erwähnte Übergang finde in jeder einzelnen Kategoriengruppe statt?[51]

Vielleicht können die *Grundsätze* der Modalität in der ersten *Kritik* (im Unterschied zu den Modalitäts*kategorien* in dieser Schrift) eine Antwort geben. Denn es geht hier um den Begriff der Realmöglichkeit, im Unterschied zur rein logischen Möglichkeit, und dies ist eine Frage nach den *Grundsätzen* der Modalität. Das zweite der „Postulate des empirischen Denkens überhaupt" lautet: „Was mit den materialen Bedingungen der Erfahrung (der Empfindung) zusammenhängt, ist *wirklich*."[52] Wenn der Gedanke der Pflicht und des Guten nicht nur zur logischen Übung in der Analyse eines vielleicht leeren, nur logisch möglichen Denkens dienen soll, so muß es gewisse „materiale Bedingungen der Erfahrung" geben, mit denen diese Begriffe „zusammenhängen". Für die praktische Vernunft können diese materiellen Bedingungen natürlich nicht die der Empfindung sein. Aber sie muß für die praktischen Kategorien dasselbe leisten, was empirische Anschauung (Empfindung) für die theoretischen Kategorien gewährleistet. Diese materiale Bedingung (oder besser: dieses Analogon einer materialen Bedingung) finden wir in dem „einzigen Faktum der reinen Vernunft", dem unmittelbaren Bewußtsein des moralischen Gesetzes, an das Kant in der transzendentalen Deduktion appelliert.[53]

Die beiden Sätze sind, so verstanden, nicht inkonsistent. In jeder einzelnen Kategoriengruppe gedachte Kant von den Begriffen der praktischen Vernunft im allgemeinen oder der empirischen praktischen Vernunft zu denen der reinen praktischen Vernunft überzugehen. (Tatsächlich ist ihm dies, wie wir sahen, wohl nur bei den Kategorien der Quantität gelungen.) Dies bedeutet aber noch nicht, daß überhaupt irgendeine Erfahrung im Licht der Kategorien der reinen praktischen Vernunft beurteilt werden muß. Der Übergang wird zwar in jeder der ersten drei Gruppen gemacht (oder versucht); aber dieser Übergang ist eine logische Entwicklung, die erst durch die Kategorie der Modalität Gewicht erhält.

Diese beziehen die Kopula eines jeden praktischen Satzes auf „das Denken überhaupt", ohne dem Inhalt des Satzes irgendein neues formales oder materiales Element hinzuzufügen.

Gleichwohl ist es nicht ganz korrekt zu sagen, daß die Kategorien der Modalität den Übergang von praktischen Prinzipien überhaupt zu denen der Sittlichkeit problematisch einleiten. Sie zeigen, welche drei möglichen Relationen des Sollens zur Gesamtheit der praktischen Erfahrung es gibt, und in diesem Sinne bereiten sie darauf vor. Der wirkliche Übergang erfolgt indes nicht durch oder innerhalb der Tafel, sondern dadurch, daß wir durch die Kategorien der Modalität auf das „Faktum der reinen Vernunft" geführt werden, das sie alle mit der „materialen Bedingung" der praktischen Erfahrung verknüpft. (Man muß sich hier daran erinnern, daß „materiale Bedingung" das Faktum der reinen Vernunft und nicht die Materie eines praktischen Satzes bedeutet; dieser Ausdruck bezieht sich also nicht auf die tatsächlichen empirischen Begierden.) Im Verhältnis zur Erfahrung des Wählens zeichnet die Gesamtheit der in der Kategorientafel gezogenen logischen Unterscheidungen die möglichen Bedeutungen vor, die der Begriff des Guten annehmen kann. Im Verhältnis zum Faktum der reinen Vernunft wird eine Kategorie, bzw. werden mehrere Kategorien in jeder Gruppe zur Formel einer moralischen Verpflichtung oder des Begriffs des moralisch Guten.

Damit sind wir am Ende unserer schwierigen Erörterung der Kategorientafel angelangt. Ich lege sie nur zögernd vor; denn sie enthält mehr Fragen als Antworten, mehr Vermutungen als endgültige Klärungen. Man muß bedauern, daß Kant sie nicht mit seiner gewohnten architektonischen Umsicht ausarbeitete. Irgendetwas Vergleichbares ist gewiß erforderlich, um die Lehre von den Grundsätzen und die Lehre von den Begriffen zusammenzubringen. Für meine eigene Interpretation erhebe ich keine übertriebenen Ansprüche. Für die unzulängliche Konstruktion der Kategorientafel oder wenigstens für ihre Dunkelheit ist es bezeichnend, daß Kant in dem Buch, dessen Gliederung sie vorzeichnen sollte, nur wenig Gebrauch von ihr machte. Der Grund dieses Mangels mag darin liegen, daß Kant hier die Grundlage einer Philosophie des Handelns zu legen versuchte. Er hat sie nie zuwege gebracht, und auch im 20. Jahrhundert steht sie uns noch nicht in der formal ausgearbeiteten Gestalt zur Verfügung, die Kant seinen tiefsten Werken zu geben gewohnt war. Kants Versuch mißlang nicht nur wegen der Schwierigkeit der Aufgabe an sich, sondern weil er in seiner praktischen Philosophie eine Theorie der logischen Form übernahm, die nicht geeignet war, alle praktischen Sätze zu erhellen. Noch heute sind wir erst auf dem Wege zu einer vollständigen Theorie der Formen des Entscheidens und Bewertens. Bemerkenswerte Arbeit ist inzwischen geleistet, aber wichtigere Arbeit, z. B. hinsichtlich der „Quantität der Imperative", bleibt noch zu tun.[54]

Der metaphysischen Deduktion des Grundsatzes der reinen praktischen Vernunft fehlte von vornherein die Eleganz der metaphysischen

Deduktion der ersten *Kritik*, weil sie keinen eigenen geeigneten „logischen Leitfaden", wie dort die Urteilstafel, hatte, der zu den Zwecken der zweiten *Kritik* gepaßt hätte. Der Versuch, statt dessen die Urteilstafel zur Ausarbeitung einer Theorie der praktischen Kategorien zu benutzen, mußte daher von Anfang an ein gewagtes Unternehmen sein. Dies beweist zur Genüge, daß das Urteil gerechtfertigt ist, Kant sei tatsächlich zu etwas künstlichen und willkürlichen Ergebnissen gelangt, ohne die Vollständigkeit, Eleganz und Notwendigkeit, die er für die Tafel der theoretischen Kategorien in Anspruch nehmen konnte, zu erreichen. Die vielfältigen Einwände, die man gegen die Kategorientafel des theoretischen Denkens und ihre Ableitung erhoben hat, sind erst recht gegen Kants Kategorien der praktischen Vernunft zu wiederholen. Bevor nicht ein Kant-Interpret eine überzeugendere Darstellung dieser Kategorientafel vorlegt, als ich sie hier zu geben vermochte, muß es wohl bei diesem Urteil bleiben.

10. Die Typik der reinen praktischen Urteilskraft

Urteilskraft ist die Kunst oder das Vermögen, einen Begriff oder eine Regel auf einen besonderen Fall anzuwenden.[55]

Kant bemerkt sehr klug, daß eine Schwäche in dieser Fähigkeit – er setzt sie dem „sogenannten Mutterwitz" gleich – nicht durch das Erlernen anderer Regeln ersetzt werden kann, da auch für die Anwendung dieser neuen Regeln gerade diese Fähigkeit erforderlich wäre. Wer z. B. Medizin studiert hat, mag über gesunde theoretische Grundsätze verfügen und die Regeln kennen; zu einem erfahrenen Arzt wird er nur durch eine Praxis, in der er diese natürliche Gabe ausbildet.[56]

Diese Rolle behält die Urteilskraft auch, wenn das Urteil oder die Regel a priori angewandt werden soll, wie im Falle der theoretischen Kategorien. Aber ihre Funktion ist schwerer zu verstehen, weil der Begriff nicht aus jener Art von Erfahrung entsprungen ist, auf die er angewandt werden soll. Kant hält es für leicht begreiflich, wie man sagen kann: „Dieser Teller ist rund"; denn der empirische Begriff des Tellers enthält den geometrischen Begriff des Kreises, oder er ist wenigstens mit einem Kreis in der Erfahrung assoziiert worden. Einen Kreis können wir aber sowohl denken wie anschauen. Schwerer einzusehen ist, wie man sagen kann: „Die Sonne erwärmt den Stein"; denn es gibt, wie Hume gezeigt hat, keine Anschauung der Ursache und kein sinnliches Datum, von dem der Begriff der Ursache abstrahiert worden ist und auf das man hinweisen könnte, um zu zeigen, daß ihm der Begriff „Ursache" zukommt.

Kants Lösung dieser Schwierigkeiten liegt in seiner Lehre vom Schematismus. Ein Schema ist eine Vorstellung, die einerseits mit einer Anschauung und andererseits mit einem Begriff „in Gleichartigkeit steht", so daß der Begriff sich unmittelbar auf das Schema und daher mittelbar auf bestimmte Anschauungen beziehen kann. Das Schema eines empirischen Begriffs ist eine Art Allgemeinvorstellung, die als ihren Kern die definierten Eigenschaften des Definiendums enthält und zugleich eine gewisse Variationsbreite abdeckt, die seine Ähnlichkeit mit allen Elementen einer Klasse garantiert.[57] Bei einem Begriff a priori kann es hingegen ein solches Bild nicht geben. Das Schema ist hier nicht ein Bild, sondern die Vorstellung des Verfahrens der Einbildungskraft bei der Synthese möglicher Anschauungsdaten. Diese Synthese und die begriffliche Synthese, deren Regel die Kategorie selbst ist, sind gleichartig. Das Schema ist die Regel dieses Verfahrens und zugleich seines Ergebnisses, nämlich der erforderlichen formalen Struktur der Anschauung, auf die die Kategorie angewandt werden soll. So ist die Kategorie Ursache/Wirkung der Begriff der Abhängigkeit der Existenz eines Dinges von der Existenz eines anderen. Nun hat Hume gezeigt, daß wir von einer solchen Abhängigkeit keine Anschauung besitzen. Gleichwohl wenden wir unter einer Bedingung den Begriff auf die Anschauung an, nämlich im Falle der regelmäßigen Abfolge von Erscheinungen nach einer bestimmten (vermuteten) Regel. Das Schema der Ursache besteht daher nicht in einem (unmöglichen) Bilde, das zu den Bildern zweier Ereignisse hinzuträte, sondern „in der Sukzession des Mannigfaltigen (der Anschauungen), in so fern sie einer Regel unterworfen ist".[58] Ob eine bestimmte Abfolge von Ereignissen einer Regel unterworfen *ist*, dies zu entscheiden ist natürlich eine Frage der empirischen Forschung. Das Schema hingegen enthält den Begriff der Ursache in der Weise, daß er auf diejenigen Abfolgen, die unter die Regel fallen, angewandt und von denjenigen, auf die er nicht anwendbar ist, ferngehalten werden kann. Ohne das Schema könnten wir nicht vom Begriff einer bloßen logischen Abhängigkeit, der analytisch ist, zur wirklichen Abhängigkeit, die synthetisch ist, übergehen.[59]

Ein entsprechendes Problem entsteht, wenn Handlungen in einem Urteil unter praktische Regeln oder Begriffe subsumiert werden sollen. Dies ist der Fall, wenn eine bestimmte Handlung im Licht einer allgemeinen Regel bewertet oder wenn entschieden werden soll, daß eine bestimmte Handlung einer Regel gemäß und daher gefordert ist. Die Entscheidung darüber, ob eine bestimmte in der sinnlichen Welt mögliche Handlung unter die Grundsätze fällt, die definieren, was gut ist, erfordert Urteilskraft. Die Aufgabe der praktischen Urteilskraft in Fragen der Geschicklichkeit oder selbst der Klugheit ist nicht wesentlich verschieden von den Aufgaben der theoretischen Urteilskraft. Denn alle praktischen Sätze über Geschicklichkeit und Klugheit haben theoretische Korrelate, und die Kriterien einer erfolgreichen Technik oder einer befriedigenden Lebensform finden sich in der Erfahrung.

Die Aufgabe einer reinen praktischen Urteilskraft ist schwieriger; denn hier handelt es sich um ein Gesetz der Vernunft, nicht des Verstandes, und keine Anschauung kann ihm angemessen sein. Im Bereich unserer Erfahrung können wir nie sicher sein, ob das moralische Gesetz in seinem vollen Umfang beachtet worden ist. Es ist daher nach Kant unsinnig, in der Erfahrung, die unter theoretischen Kategorien steht, einen Fall aufspüren zu wollen, der „die Anwendung eines Gesetzes der Freiheit auf sich verstatte, und auf welchen die übersinnliche Idee des sittlich Guten, das darin in concreto dargestellt werden soll, angewandt werden könne".[60] So ist auch das moralisch Gute keine natürliche Eigenschaft einer Handlung, und es steht auch nicht in Kausalverhältnissen oder in anderen Beziehungen zu anderen Erscheinungen. Gleichwohl müssen reine praktische Begriffe und Grundsätze anwendbar sein, und sie werden selbst von der „gemeinen Menschenvernunft" angewandt, oft sogar mit mehr Sinn als von den Moralphilosophen.

Die Frage ist: Wie ist dies möglich? Wie kann die Kluft zwischen dem, was sein soll, und dem, was ist, überbrückt werden? Wie kann, wenigstens teilweise, der Begriff des Sollens unzweideutig auf Tatsachen gewandt werden, und wie kann man zeigen, daß die Tatsachen den Ansprüchen des moralischen Imperativs entsprechen oder widersprechen? Ohne eine Antwort auf diese Fragen bleibt die Unterscheidung zwischen Sein und Sollen, Tatsachen und Normen, Normativität und Faktizität, der Kant so großes Gewicht beimißt (26), ein unüberwindbarer Graben, und dies ist mit dem einfachen Begriff des Sollens nicht vereinbar. Auch in unserer alltäglichen moralischen Erfahrung kennen wir einen solchen Graben nicht; wir überqueren ihn jedesmal, wenn wir eine moralische Entscheidung treffen oder ein moralisches Urteil fällen.

Kants Antwort auf diese Fragen ist in seiner Lehre von der Typik der reinen praktischen Urteilskraft enthalten.[61] Sie nimmt in der zweiten *Kritik* dieselbe Stelle ein, wie das Schematismuskapitel in der ersten.

Ein praktischer Grundsatz als solcher liefert keine Erkenntnis empirischer Tatsachen. Während ein praktischer Satz voraussetzt, daß die Ausführung eines Befehls oder eines Ratschlags in der empirischen Welt möglich ist, muß diese Möglichkeit selbst durch rein kognitive (theoretische) Verfahren dargetan werden. Daß hingegen eine in der Sinnenwelt mögliche Handlung zugleich auch moralisch möglich ist[62], dies ist ein Urteil, das auf anderen Voraussetzungen beruht. Bei einer praktischen Entscheidung als solcher geht es nicht um eine Handlung, auf die sich ein bestimmtes praktisches Prinzip aufgrund seiner konitiven Komponente oder seines kognitiven Korrelats deskriptiv bezieht; es geht nur darum, welche Handlung unter allen theoretisch möglichen Handlungen getan werden soll. Wir haben daher folgende Analogie: Für die Erkenntnis eines Falles brauchen wir das Schema eines Falles, der gesetzmäßig eintritt; wir brauchen hingegen ein Schema des Gesetzes selbst,[63] um überhaupt mögliche Ereignisse in der Erfahrungswelt gesetzmäßig mit einer Ursache verbinden zu können, da dieses Gesetz nicht das Gesetz eines natürlichen Zusammenhangs sein kann. Da das Schema eines Falles eine anschauliche Komponente hat, ist seine Funktion stets kognitiv. Eine solche Anschauung fehlt beim praktischen Gesetz dessen, was geschehen soll, aus zwei Gründen: (a) Es ist ein Gesetz des Sollens, nicht des Seins, und (b) nur ein Glied der Beziehung Motiv - Handlung liegt in der Natur. Ein Schema des Gesetzes selbst kann daher nicht aus der Anschauung oder aus der Einbildungskraft stammen; es muß durch das Denken oder das Denkvermögen bereitgestellt werden.

Wie das Schema ein „Drittes" war, das zwischen dem reinen Begriff und der reinen Anschauung vermitteln konnte, so muß auch der Typus ein Drittes sein, das zwischen dem Begriff der Natur, der Gesamtheit des Seienden, und dem Begriff des Sollens vermitteln kann. In praktischen Sätzen ist dieses Dritte der Begriff des Gesetzes selbst, insofern er ein „Reich" oder eine „Welt" definiert.[64] Die Natur ist der Inbegriff der gesetzmäßigen Erscheinungen, und daher liefert das Naturgesetz den Typus oder das Modell[65], mit dessen Hilfe wir das praktische Gesetz konkret denken können.

In einer Entscheidungssituation fragen wir uns selbst: „Wie würde die Welt aussehen, wenn jeder so handelte, wie ich handeln möchte? Kann ich eine solche Welt hervorbringen wollen oder in ihr leben wollen, wenn sie existierte?" Der Wunsch, in einer Welt zu leben, in der z. B. *jeder* seine Fähigkeiten entwickeln könnte, ist indes nicht der Grund, warum *ich* meine Fähigkeiten entwickeln soll. Motiv[66] meiner Anstrengung, besser zu werden, ist er aus dem einfachen und offensichtlichen Grunde nicht, daß ich nicht Schöpfer einer Welt bin und nur zu gut weiß, daß nicht jeder so wie ich, sei es gut oder schlecht, handeln wird. Aber der Begriff einer moralischen Ordnung schließt den einer Ordnung der wechselseitigen Beziehungen zwischen Handelnden (dritte Kategorie der Relation) ein, und das beste Modell eines solchen „Reichs" oder einer solchen „Welt", das wir besitzen, ist die gesetzmäßige Naturordnung.[67] Diese Analogie besagt: Was in einer gesetzmäßigen Naturordnung unmöglich wäre, ist auch moralisch unmöglich, auch wenn Naturtatsachen, die empirisch festgestellt werden, zu der Frage, was moralisch möglich und notwendig ist, nichts beitragen.[68]

Der Ausdruck „gesetzmäßige Ordnung der Natur" bedeutet zweierlei, und eine dieser beiden Bedeutungen ist, wie Paton gezeigt hat,[69] heute weithin vergessen. Bei der ersten Bedeutung handelt es sich um eine gleichförmige Abfolge von Erscheinungen unter dem Kausalitätsgesetz. Ihr charakteristisches Merkmal ist daher die allgemeine Gleichförmigkeit der Natur. Im 18. Jahrhundert dachte man sich die Natur als ein mechanisches System, das von solchen allgemeinen Gesetzen „regiert" würde. Bevor wir zu der zweiten Bedeutung von „Naturordnung" übergehen, müssen wir uns mit der praktischen Relevanz dieses Begriffs von Gleichförmigkeit befassen.

Das erste Kriterium dafür, ob eine Maxime erlaubt ist, ist die bloße Möglichkeit, die Maxime zu verallgemeinern („Universalisierbarkeit"), d. h. die Deutung der Maxime als eines allgemeinen, deskriptiven Grundsatzes. Einige Maximen heben sich nach Kant selbst auf, wenn man sie so deutet.[70]

Eine solche Maxime kann mithin nur wirksam werden, wenn sie nicht die Beschreibung eines allgemeinen oder doch durchschnittlichen menschlichen Verhaltens darstellt. Man kann nicht vernünftig wollen, eine solche Maxime sei allgemeingültig, selbst wenn der Satz „Alle Menschen sollen lügen" nicht logisch widersprüchlich ist. Die Wirksamkeit der Maxime „Ich soll lügen" hängt davon ab, daß sie nicht allgemeingültig ist, d. h. daß ihr theoretisches Korrelat „Ich lüge" nicht zu dem Urteil „Alle Menschen lügen stets" verallgemeinert werden kann. Denn in diesem Falle würde es so etwas wie eine Lüge überhaupt nicht geben.[71] Die Lüge eines einzelnen ist nur darum ein Beweis von Unaufrichtigkeit und Schläue, weil sie eine Ausnahme von einer allgemeinen Regel ist. Aber allgemeine Regeln, von denen es Ausnahmen gibt, sind keine Naturgesetze; diese lassen keine Ausnahmen zu.

Hier ist an etwas zu erinnern, worauf bereits aufmerksam gemacht wurde (s. o. 120). Die Universalisierbarkeit einer Maxime ist ein negatives Kriterium für ihre Gültigkeit als Gesetz. Aber es gibt Maximen, die verallgemeinert werden können, ohne daß sie darum schon den Status eines Gesetzes haben würden. Der Typus des moralischen Gesetzes als eines allgemeinen und gleichförmigen Naturgesetzes ist daher nur ein negatives Kriterium für das moralische Urteil.

Nach der zweiten Bedeutung des Ausdrucks „Naturordnung" sind alle Gesetze und alle unter sie fallenden Erscheinungen in der Weise aufeinander bezogen, daß die Natur sich als ein Ganzes und als organische Einheit darstellt.[72] Dies führte in der natürlichen Theologie zu der Auffassung, ein weiser Schöpfer habe die Naturordnung vorgezeichnet. Diesen Schluß auf einen weisen Schöpfer erklärt Kant für logisch ungültig. Gleichwohl betrachtet er den Gedanken einer teleologischen Naturordnung als ein regulatives Prinzip, das wir in unserer Suche nach bislang unbekannten Kausalverknüpfungen nicht entbehren können. Während in der natürlichen Theologie und in der natürlichen Teleologie die Welt der Natur noch als ein solches Reich betrachtet wurde, hält Kant nur noch die Idee einer solchen Naturordnung für eine gültige methodische Annahme. Die moralische Teleologie sieht nur ein solches Reich als ein Ideal an, das durch unser Handeln verwirklicht werden soll.[73] Es ist also nicht nur eine regulative Idee für unsere theoretische Erkenntnis, sondern auch für unsere Praxis. Sie ist die Idee eines Reichs der Zwecke, das nach der dritten praktischen Kategorie der Relation organisiert ist: Die Idee einer Gemeinschaft von Personen unter einem gemeinsamen Gesetz, eines *corpus mysticum* aller Vernunftwesen.[74] Solch eine Welt ist eine „urbildliche Natur" (natura archetypa), und diese Idee „bestimmt unseren Willen, die Form (dieser Natur) der Sinnenwelt, als einem Ganzen vernünftige Wesen, zu erteilen" (43).

Fast alle Wissenschaftler und Philosophen des 18. Jahrhunderts glaubten, diese regulative Idee der Natur beschreibe die wirkliche Welt, und so dient sie bei Kant immerhin noch als Modell für unseren Gedanken eines moralischen Reichs. Ich habe mich nicht nur zu fragen, ob ein Reich der

Natur möglich wäre, in dem alle Vernunftwesen gleichförmig nach der von mir vorgeschlagenen Maxime handeln würden, d. h. ob nicht die Maxime als ein allgemeingültiges Gesetz die Zwecke, die ich habe und in dieser Maxime ausdrücke, unerreichbar werden ließe. Ich habe mich darüber hinaus zu fragen, ob ich als Schöpfer einer Welt, in der jeder Teil seinen natürlichen Ort und seine Aufgabe hätte, wollen kann, daß gewisse Maximen die Kraft eines Gesetzes hätten. Oder wäre dies eine Welt, in der die natürlichen Zwecke der Dinge systematisch vereitelt würden? In diesem Falle wäre eine solche Welt zwar ein mögliches Territorium[75] gleichförmiger Ereignisabfolgen; aber sie wäre kein Reich, das ein Wesen vernünftig begehren könnte, falls es die Implikationen seines Begehrens bis an ihr Ende verfolgte. Wenn ich etwas Unmoralisches will, d. h. also: wenn ich durch meine Handlungen unter Vernunftwesen Zwietracht säen würde, so gehört zu meiner Maxime, daß ich stillschweigend davon ausgehe, meine Maxime solle *nicht* allgemeingültig sein. Eine solche Maxime entspricht dem Naturgesetz nicht.

An dieser Stelle ist auf einen Fehler hinzuweisen, in den man in der Kant-Interpretation leicht und häufig verfällt.[76] Im dritten Beispiel seiner *Grundlegung* soll Kant die Auffassung vertreten haben, das Motiv wohlwollenden Handelns sei der Wunsch, von den Empfängern der Wohltaten Vorteile zu erlangen. Dies ist nicht nur eine Mißdeutung dessen, was Kant sagte und meinte; dies ist selbst für den aufgeklärten Egoismus nur ein schwaches Fundament, da menschliche Dankbarkeit nun einmal eine vergängliche Blume ist. Die Frage ist nicht: Was darf ich mir von altruistischen Handlungen erhoffen? Die Frage ist: Kann ich konsistent eine Maxime verallgemeinern, nach der ich *grundsätzlich* keine Hilfe von anderen erwarten oder fordern kann, wo ich doch zur Ausführung meiner Zwecke ständig auf andere angewiesen bin? Die Frage ist nicht, ob ich mir durch unfreundliche Handlungen die Freundlichkeit anderer verscherze; dies mag geschehen oder auch nicht. Die Frage ist, ob ich unter meine Maximen auch eine solche aufnehmen kann, die alle Bemühungen um die Zwecke anderer aufheben würde, wenn sie ein allgemeines Gesetz wäre. Wenn mein Wille gut ist, so ist die erwartete oder erhoffte Hilfe von anderen nicht das Motiv meines Handelns. Aber wenn mein Wille vernünftig ist, so muß ich die Inkonsistenz ernst nehmen, die zwischen der Verfolgung meiner persönlichen Zwecke und einem Zustand einträte, in dem die Wahrscheinlichkeit ihrer Befriedigung zu nichts reduziert wäre.

Der Typus des so verstandenen moralischen Urteils verlangt keine Gleichförmigkeit der Handlungen, sondern nur die wechselseitige Interaktion einer Vielheit unter einer gemeinsamen Maxime. Diese Interpretation wird auch durch den Wortlaut der *Kritik* unterstützt, die zwar die Universalisierbarkeit der Maxime fordert, aber auch die „Verschiedenheit der Regel" (20) zuläßt. Aber sie ist, mit allen ihren Implikationen, nicht mit dem Wortlaut der Typik vereinbar, die die Universalisierbarkeit der Handlungen selbst fordert (69). Gegen diese Formulierung ist allerdings die Kritik Hegels[77] und anderer gültig, daß gewisse Handlungen, z. B. Almosengeben, nicht verallgemeinert werden können. Als Regel kann Almosengeben natürlich nicht verallgemeinert werden; wenn einige Almosen geben wollen, so müssen andere dazu außerstande sein. Als der Grundsatz, anderen in der Not zu helfen, kann diese Maxime einer unvollkommenen Pflicht hingegen verallgemeinert werden.

Am Ende dieses Kapitels entwickelt Kant ausführlich, was die Natur als Reich der Zwecke, das durch unsere Handlungen hervorgebracht werden soll, im Sinne eines Typus bedeutet. Die Natur selbst, nicht nur ihr Gesetz, wird als Typus oder Symbol betrachtet, nicht hingegen als das Reich moralischer Zwecke. Kant wendet sich daher gegen den Irrtum Wolffs und anderer, die das Reich der Natur und das Reich der Zwecke in ihrer Vollkommenheitslehre nicht zu unterscheiden vermochten.[78] In der Ethik läuft dieser Fehler auf einen umvermeidlichen heteronomen Empirismus hinaus, der die Reinheit der Sittlichkeit zerstört.[79] Daher warnt er davor, den Typus eines Reichs der Zwecke als das Schema einer transzendenten, intellektuellen Anschauung zu verstehen und so das bloße Gedankenideal eines Reichs der Zwecke mit der angeblichen Anschauung eines wirklich vorhandenen Reichs der Zwecke zu verwechseln.[80] In beiden Fällen verdrängt eine Seinslehre (einer Erscheinungswelt hier und einer transzendenten Welt dort) eine autonome Theorie des Sollens. Alle diese Theorien schreiben der Urteilskraft eine Rolle zu, die nur von einer Vernunft wirklich übernommen werden kann, die das von der Urteilskraft vorausgesetzte allgemeine Prinzip in der Bestimmung unseres Handelns liefert.

X DIE „TRANSZENDENTALE DEDUKTION" DES PRINZIPS DER REINEN PRAKTISCHEN VERNUNFT

Kommentar zu § 7 und AK.-A., V 42–50

1. Einleitung

Kants Darstellung in §§ 1–6 und im zweiten Hauptstück ist, wie wir sahen, analytisch und problematisch. Sie soll die Frage beantworten, welche Gestalt das Gesetz haben muß, wenn die Voraussetzung richtig ist, daß bloße Vernunft von sich aus ein a priori gültiges praktisches Gesetz geben kann. Während Kants Erklärungen über den Charakter der praktischen Vernunft als solche kategorisch und endgültig klingen, ist sein Verfahren in §§ 1–6 hinsichtlich der reinen praktischen Vernunft doch nur analytisch. Seine Frage ist zunächst nur: Welche Gestalt muß das Gesetz der reinen Vernunft haben und wie muß ein Wille beschaffen sein, der diesem Gesetz gehorchen kann, – *wenn* reine Vernunft praktisch ist?

Ein Mensch, der so fest wie Kant der Überzeugung ist, daß das Sittengesetz ein Gesetz der reinen Vernunft ist, kann indes mit dieser Überzeugung nicht vollkommen hinter dem Berg halten. An verschiedenen Stellen ist dieser Glaube an die Wirklichkeit der reinen praktischen Vernunft offensichtlich, bevor Kant in seiner Darstellung den Punkt erreicht hat, wo diese Behauptungen systematisch ausgewiesen werden.[1] Selbst in der *Kritik der reinen Vernunft*, in der Kant ebenfalls nicht die Wirklichkeit der Freiheit, sondern nur ihre Möglichkeit gezeigt zu haben behauptet, durchbricht er oft genug diese logisch geforderte Zurückhaltung und kommt zu Aussagen wie der folgenden: „(Den Satz, daß es wirklich reine moralische Gesetze gebe,) kann ich mit Recht voraussetzen, nicht allein, indem ich mich auf die Beweise der aufgeklärtesten Moralisten, sondern auf das sittliche Urteil eines jeden Menschen berufe, wenn er sich ein dergleichen Gesetz deutlich denken will."[2] Das „moralische Urteil eines jeden Menschen" ist der wahre Ausgangspunkt der Kantischen Ethik, und man sollte diese Tatsache nicht aus den Augen verlieren, mag auch die Struktur der zweiten *Kritik* synthetisch, und nicht analytisch, gemeint sein.

Kants Appell an die moralischen Überzeugungen des „gemeinen Mannes" überrascht den Leser im 20. Jahrhundert nicht als etwas Ungewöhnliches. Für uns ist dies der einzig mögliche Anfang. Aber die Schärfe seiner Antwort an Tittel[3] zeigt, daß (wenigstens in der kontinental-europäischen Philosophie) dieser Ansatz der ethischen Fragestellung etwas

Ungewöhnliches hatte. Der üblichere Weg war, ein Weltsystem aufzustellen, das in der Folge die alltäglichen moralischen Phänomene erklären, oft genug auch wegerklären sollte. Kant ist bei diesem Vorgehen Rousseau[4] und der pietistischen Gewissenhaftigkeit verpflichtet, wie sie sich ihm in der einfachen, aber tiefen Rechtschaffenheit seiner Eltern, die er sein ganzes Leben hindurch offen verehrte, darstellte. Gleichwohl kann dieses moralische Bewußtsein eine Illusion sein, „ein leerer Wahn und chimärischer Begriff"[5]. Wir wissen nicht, daß wahre Tugend irgendwo in der Welt gefunden werden kann, selbst wenn der Begriff der Tugend gültig ist; und kein Beispiel kann beweisen, daß sie existiert.[6]

In § 7 ändert sich plötzlich Kants Tonfall. Er versucht nicht länger, sich auf hypothetische Feststellungen zu beschränken, die von der unerwiesenen Voraussetzung abhängen, daß reine Vernunft praktisch ist. Er erklärt jetzt ohne Umschweife: „Reine Vernunft ist für sich allein praktisch, und gibt (dem Menschen) ein allgemeines Gesetz, welches wir das Sittengesetz nennen."[7] Um den Kontrast zwischen dem analytischen Teil und dieser assertorischen Aussage zu bemerken, vergleiche man die beiden folgenden Zitate:

> Bisweilen aber finden wir, oder glauben wenigstens zu finden, daß die Ideen der Vernunft wirklich Causalität in Ansehung der Handlungen des Menschen, als Erscheinungen, bewiesen haben.[8]

> Man darf nur das Urtheil zergliedern, welches die Menschen über die Gesetzmäßigkeit ihrer Handlungen fällen: so wird man jederzeit finden, daß, was auch die Neigung dazwischen sprechen mag, ihre Vernunft dennoch, unbestechlich und durch sich selbst gezwungen, die Maxime des Willens bei einer Handlung jederzeit an den reinen Willen halte, d. i. an sich selbst, indem sie sich als a priori praktisch betrachtet (32).

Was berechtigt Kant, den hypothetischen Charakter seiner These, daß reine Vernunft praktisch sein kann, aufzugeben? Ein Wechsel des Tonfalls hat noch nicht den Wert eines neuen Arguments.

Kant hat zwei Gründe: das angebliche „Faktum der reinen Vernunft" und die etwas irreführend bezeichnete „Deduktion" des Grundsatzes.

2. Das „Faktum der reinen Vernunft"

Was zunächst nur eine methodische Annahme war, die Voraussetzung eines moralischen Bewußtseins, wird nun zu einer gültigen Prämisse der Argumentation, obgleich Kant eingeräumt hat, daß diese Voraussetzung illusorisch sein könnte:

> Man kann das Bewußtsein dieses Grundgesetzes ein Factum der Vernunft nennen, weil man es nicht aus vorhergehenden Datis der Vernunft ... herausvernünfteln kann, sondern weil es sich für sich selbst aufdringt als synthetischer Satz a priori, der auf keiner, weder reinen noch empirischen Anschauung gegründet ist (31).

> Doch muß man, um dieses Gesetz ohne Mißdeutung als gegeben anzusehen, wohl bemerken: daß es kein empirisches, sondern das einzige Factum der reinen Vernunft sei (31).
>
> Diese Analytik thut dar, daß reine Vernunft praktisch sein, d. i. für sich, unabhängig von allem Empirischen, den Willen bestimmen könne – und dieses zwar durch ein Factum, worin sich reine Vernunft bei uns in der That praktisch beweiset, nämlich die Autonomie in dem Grundsatze der Sittlichkeit, wodurch sie den Willen zur That bestimmt.[9]
>
> Auch ist das moralische Gesetz gleichsam als ein Factum der reinen Vernunft, dessen wir uns a priori bewußt sind und welches apodiktisch gewiß ist, gegeben.[10]

Hinsichtlich dieser berühmten, aber dunklen Äußerungen stellen sich zwei Fragen: (a) Worin besteht das angebliche Faktum der Vernunft? und (b) ist es zur Grundlegung dessen, was Kant darauf begründen möchte, geeignet?

a) Worin besteht das Faktum der reinen Vernunft? – Kant hat sich, scheint es, nicht entschließen können, wie er es am besten formulieren sollte. Die Zitate lassen folgende Bedeutungen erkennen: Im ersten Zitat handelt es sich um das Bewußtsein des Gesetzes; im zweiten und im vierten Zitat ist es das moralische Gesetz selbst; im dritten Zitat ist es die Autonomie. Da Kant die Freiheit als Autonomie mit dem moralischen Gesetz identifiziert (33), können vielleicht die zweite und die dritte Bedeutung als gleichwertig gelten. Aber das „Bewußtsein des moralischen Gesetzes", das gewiß als ein Faktum existieren kann (ob wir es nun ein „Faktum der Vernunft" nennen oder nicht), und das Gesetz selbst, dessen wir uns bewußt sind (dessen Faktizität zweifelhaft ist), sind *prima facie* zu unterscheiden.

Wenn diese *prima facie*-Unterscheidung endgültig ist, so kommt Kants Argument nicht von der Stelle, es sei denn in einem Zirkel. Denn jedermann wird zugeben, daß das „Faktum" in der ersten Bedeutung existiert. Aber es impliziert kein Faktum in der zweiten Bedeutung. Das Faktum in dieser zweiten Bedeutung ist hingegen für Kants Argument entscheidend.

b) Handelt es sich wirklich um ein „Faktum" in der geforderten Bedeutung? Daß das Faktum in der zweiten Bedeutung zugegebenermaßen nicht erklärt werden kann, ist an sich kein Grund, es zurückzuweisen.[11] Einige Tatsachen müssen unerklärt bleiben. Aber warum gerade diese und nicht vielmehr eine andere, die damit unvereinbar ist? Vielleicht weil wir eine grundlegende Intuition oder Einsicht in seine Wahrheit haben? Dies war m. E. ohne Zweifel Kants Meinung, auch wenn er das Wort „Intuition" vermieden haben würde. Aber grundlegende Einsichten und Intuitionen scheinen sich in nichts von derartigen Beweisgründen zu unterscheiden, die Kant bereits als unzureichend anerkannt hat. Wenn man sich auf eine Einsicht oder eine Intuition beruft, so bedeutet dies das Eingeständnis, daß man kein Argument und keine Prämisse mehr aufbieten kann, um daraus die Wahrheit eines Satzes herzuleiten, und gleichwohl an seiner These festhalten möchte. Irgendeine Art von Intuition ist zweifellos grundsätzlich erforderlich; aber dies bedeutet leider nicht, daß irgendeine bestimmte Intuition notwendig oder unbezweifelbar wäre. Sie kann auch falsch sein. Vielleicht ist das moralische Gesetz jene Art von Faktum, das wir annehmen müssen, wenn wir unsere moralische Erfahrung erklären und verständlich machen möchten?[12] Wenn aber dies die Bedeutung ist, so verdient es kaum den Namen eines „Faktums". In diesem Falle handelt es sich um eine bloße Annahme; denn die Erfahrung, die es verständlich machen soll, ist selbst zweifelhaft und könnte vielleicht ebensogut mit Hilfe anderer Annahmen, z. B. denen der Psychoanalyse, organisiert werden.

Wenn wir so die *prima facie*-Unterscheidung zwischen zwei angeblichen Fakten als einen fundamentalen Dualismus stehen lassen, so ist ein Übergang von dem unbestreitbaren Faktum (daß wir uns eines moralischen Gesetzes bewußt sind[13]) zu dem zweifelhaften Faktum (daß es ein Gesetz gibt, das nur von reiner praktischer Vernunft kommen kann) unmöglich. Die Faktizität des letzteren aber ist zu erweisen, wenn das moralische Gesetz gerechtfertigt werden soll.

Ich glaube indes nicht, daß dieser Dualismus Kants Prämissen richtig wiedergibt. Darauf deuten zwei Hinweise. Kant erklärt, (1) die in Rede stehende Tatsache (was auch immer damit gemeint sei) sei das *einzige* Faktum der reinen Vernunft. Ich glaube nicht, damit sei auf die zufällige Einmaligkeit eines Faktums Bezug genommen. Dieses Faktum muß, wie mir scheint, als a priori einzigartig betrachtet werden. Es findet sich (2) ein dunkler und schwer zu deutender Hinweis, den Kant zwar nie erläutert hat, der aber als Leitfaden meiner Interpretation gut geeignet ist: „Freiheit und unbedingtes praktisches Gesetz weisen also wechselweise aufeinander zurück. Ich frage hier nun nicht: ob sie auch in der That verschieden seien, und nicht vielmehr ein unbedingtes Gesetz blos das Selbstbewußtsein einer reinen praktischen Vernunft, diese aber ganz einerlei mit dem positiven Begriffe der Freiheit [d. h. mit dem Begriff der Autonomie] sei" (29).

Um diesem Hinweis nachgehen zu können, brauchen wir eine weitere Unterscheidung in der Bedeutung des Ausdrucks „Faktum der reinen Vernunft". Dieser Ausdruck kann sich auf eine Tatsache beziehen, die *modo directo* von der reinen Vernunft als ihr Gegenstand erkannt wird. Er kann sich aber auch auf die Tatsache beziehen, daß es reine Vernunft gibt, die reflektierend von der Vernunft erkannt wird. So kann man zwischen einem „Faktum für die reine Vernunft" und einem „Faktum der reinen Vernunft" sprechen.

Wenn wir von dem moralischen Gesetz als einem Faktum für die reine Vernunft sprechen, so haben wir es mit dem Gegenstand einer besonderen und einzigartigen Einsicht oder Intuition zu tun. Schon die Einzigartigkeit dieses Faktums ist mindestens zweifelhaft. Die erste *Kritik* hat gezeigt, daß es gar keine aus reiner Vernunft, ohne sinnliche Anschauung, erkannte Tatsachen gibt. Tatsachen werden der Vernunft nur durch

Anschauungen vermittelt. Sollte es ein Faktum „für" die reine Vernunft geben, so wäre dies nur „gleichsam" ein Faktum. Wenn Kant hingegen betont von einem Faktum „der" reinen Vernunft spricht, so ist es frei von den Bedenken, die uns angesichts eines Faktums „für" die reine Vernunft kommen. Der Punkt, auf den es für Kant ankommt, ist: daß jeder Akt des Willens einen Grundsatz der reinen Vernunft enthält;[14] denn: „wenn sie, als reine Vernunft, wirklich praktisch ist, so beweiset sie ihre und ihrer Begriffe Realität durch die That."[15]

Nur ein Gesetz, das die Vernunft selbst der Vernunft gegeben hat, kann aus bloßer Vernunft a priori erkannt werden und ein Faktum der reinen Vernunft sein. Das moralische Gesetz drückt nichts anderes als die Autonomie der Vernunft aus (33). Es ist ein Faktum für die reine Vernunft nur, insofern es Ausdruck des Faktums der reinen Vernunft ist, nämlich der Tatsache, daß reine Vernunft praktisch sein kann. Dies ist der Grund, warum das moralische Gesetz das einzige Faktum der reinen Vernunft und für reine Vernunft ist.

Wenn dieses Argument etwas zu kunstreich anmutet, so wollen wir uns dem moralischen Phänomen zuwenden, auf das es sich bezieht. Ein ethischer Grundsatz bindet eine Person nicht, die diesen Grundsatz oder dieses Gesetz nicht kennt. Glaubt indes eine Person, ein Imperativ sei für sie gültig, so ist seine Gültigkeit insoweit für sie eben gegeben. Daß die Vernunft praktisch ist, zeigt sich hier bereits darin, daß die Person sich der Gültigkeit dieses Anspruchs bewußt ist. Dies gilt unabhängig davon, ob der Imperativ einen wirklich gültigen Anspruch ausdrückt oder nicht. Nur ein Wesen, das von der Normativität einen Begriff a priori besitzt, könnte sich in einer solchen Frage überhaupt täuschen. Die Gültigkeit eines normativen Anspruchs bestreiten, bedeutet: sich auf normative Gründe beziehen. Dies ist ebenso lächerlich wie der Versuch, durch Vernunft zu beweisen, daß es keine Vernunft gibt (12). „Ein jedes Wesen, das nicht anders als unter der Idee der Freiheit handeln kann, ist eben darum, in praktischer Rücksicht, wirklich frei."[16] Nun ist das moralische Gesetz nichts anderes als der Ausdruck der Idee der Freiheit. Das Bewußtsein einer moralischen Nötigung, d. h. eines Gesetzes – dies ist das Faktum der reinen Vernunft – beweist also *ipso facto* die Gültigkeit des praktischen Anspruchs des moralischen Gesetzes, – dies ist das Faktum für die reine Vernunft. Dies ist in der Tat eine wirklich seltsame Art von Faktum, und Kant spricht daher mit Recht von „gleichsam einem Faktum".

Um zusammenzufassen: Moralisches Bewußtsein, das Bewußtsein einer Verpflichtung, ist ein unbestreitbares Faktum. Dies rechtfertigt *prima facie* nicht die Behauptung, die Pflicht sei nicht ein chimärischer Begriff ohne Wahrheit. (Wenn ich z. B. glaube, es gebe einen Gott und durch seinen Willen werde meine Pflicht festgelegt, und wenn es Gott nicht gibt, dann mag das Faktum bleiben, daß ich mich verpflichtet fühle; aber es ist kein Faktum, daß die Pflicht eine objektiv gültige Nötigung ist.) Da aber das moralische Gesetz – das Faktum für die reine Vernunft – nichts anderes als die Gesetzgebung der Vernunft selbst ausdrückt, spiegelt sich im Faktum *für* die reine Vernunft nur das Faktum *der* reinen Vernunft wider. Wenn ein Wesen glaubt, es gebe eine Verpflichtung, so gibt es für dieses Wesen ein gültiges Gesetz. Die metaphysische Deduktion hat gezeigt, welche Gestalt dieses Gesetz haben muß; es ist das Faktum *für* die reine Vernunft.

3. Die Deduktion

In der *Kritik der reinen Vernunft* sagt Kant: „Die Rechtslehrer, wenn sie von Befugnissen und Anmaßungen reden, unterscheiden in einem Rechtshandel die Frage über das, was Rechtens ist *(quid iuris)*, von der, die die Thatsache angeht *(quid facti)*; und indem sie von beiden Beweis fordern, so nennen sie den erstern, der die Befugniß, oder auch den Rechtsanspruch darthun soll, die Deduktion." [17] Dies ist, wenigstens teilweise, die Bedeutung, in der Kant das Wort „Deduktion" hier verwendet. Es ist nicht strittig, ob wir das Kausalitätsprinzip anwenden oder ob wir glauben, moralisch verpflichtet zu sein. Aber die Frage, mit welchem Recht wir diese Begriffe anwenden, ist von der Frage ihres tatsächlichen Gebrauchs verschieden.

Die rechtliche Deduktion eines Juristen hat die Form eines Syllogismus: „X ist Rechtens; denn X ist A, und nach der Verfassung ist A Rechtens." Eine transzendentale Deduktion bei Kant hat eine nicht ganz so leicht faßliche Struktur. Es gibt keine dem menschlichen Geist eingeborenen Prinzipien, aus denen sich durch logische Deduktion die Grundsätze der Kausalität oder der Moralität als zulässig oder notwendig erweisen lassen. Ein solches Prinzip wäre um nichts besser beglaubigt als das Kausalitätsprinzip oder das ethische Sollen selbst. Die Herausforderung, die in Humes Diskussion des Kausalitätsprinzips liegt, würde davon gar nicht berührt. Wollten wir so das moralische Gesetz von irgendeinem anderen Faktum für die Vernunft, wie z. B. dem natürlichen Glücksstreben der Menschen, deduzieren, so wäre das Ergebnis kein notwendiges Gesetz. Es gibt keine besser beglaubigten Prinzipien, von denen moralische Grundsätze syllogistisch deduziert werden können.

Die transzendentale Deduktion ist keine lineare Ableitung, die von Prämissen zu logischen Konsequenzen führt. Gegenstand dieses Verfahrens ist ein vermeintlicher Tatsachenkomplex (z. B. die Mathematik oder die Naturwissenschaft), der in Frage gestellt worden ist. Aufgezeigt werden (a) die notwendigen Voraussetzungen dieses Komplexes und (b) die Konsequenzen, die sich aus der Leugnung dieser Voraussetzungen ergeben. So wurde z. B. die objektive Gültigkeit der Mathematik mit der These in Frage gestellt, ihre Sätze beruhten auf Erfahrung und seien daher ohne Notwendigkeit (Hume im *Treatise*) oder sie seien analytisch und daher ohne objektive Anwendung (Hume in der *Enquiry*). Die *Kri*-

tik der reinen Vernunft versucht zu zeigen, daß aus der Empirismusthese nicht nur die Unsicherheit der Mathematik folgt, sondern daß sich aus ihr auch sowohl die Endlichkeit wie die Unendlichkeit des Raums, von dem die Mathematik handelt, ableiten läßt. Eine empiristische Mathematik enthält mithin einen Widerspruch. Darauf formuliert Kant eine Theorie des Raums, die diesen Widerspruch nicht enthält, und zeigt, daß in dieser Theorie die mathematischen Sätze notwendig sind. Diese Deduktion soll nicht die mathematische Arbeit selbst unterstützen; denn diese war, nach Kants Auffassung, auch unter Voraussetzung ganz irriger Theorien über den Raum sehr gut weitergegangen. Die Deduktion soll dazu dienen, die Mathematiker vor zweifelhaften Schlußfolgerungen hinsichtlich der Natur und den Grenzen ihrer Wissenschaft zu bewahren, und Skeptiker daran zu hindern, sich mit ihren irrigen Ansichten über die Mathematik Hilfe und Bestätigung von der falschen Seite zu holen.[18] Auf ähnliche Weise versucht Kant, Humes Einwänden gegen das Kausalitätsprinzip zu begegnen. Dabei macht er nicht etwa das zur Voraussetzung, was Hume in Zweifel gezogen hatte,[19] um in einer linearen syllogistischen Ableitung die Schlußfolgerung zu erreichen, die Hume zurückgewiesen hat. Er versucht vielmehr zu zeigen, daß uns nicht einmal die Daten zur Verfügung stünden, von denen Hume durch einen Induktionsschluß zu seinen bescheidenen „kausalen" Generalisierungen zu kommen hoffte, wenn Kausalität nichts anderes als eine durch die Gewohnheit befestigte, subjektive Ideenassoziation ist. Denn nur in einem kausalen System können wir zwischen einer objektiven Ereignisfolge, die uns die Daten für einen Induktionsschluß liefert, und einer subjektiven Abfolge unserer Vorstellungen, die als Basis für einen Induktionsschluß zu schwach ist, unterscheiden.[20] Nur wenn gewisse Konsequenzen aus dem Kausalitätsprinzip bereits zur Verfügung stehen, kann daher nach Humes eigenen Voraussetzungen mit der empiristischen Rekonstruktion dieses Prinzips begonnen werden.

Kants Verfahren in der *Kritik der praktischen Vernunft* entspricht, aufs Ganze gesehen, diesem Vorgehen in der ersten *Kritik*, obgleich er, seltsam genug, nur die Unterschiede betont und sogar, im Widerspruch zum Titel dieses Abschnitts, bestreitet, es könne eine Deduktion des Grundsatzes der reinen praktischen Vernunft geben (47). Er tut dies freilich erst, nachdem er sich bereits des „Faktums der reinen Vernunft" vergewissert und behauptet hat, dieser Grundsatz bedürfe keiner Deduktion.

Bevor wir Kants Vorgehen im Rest dieses Abschnitts, dessen Überschrift *prima facie* so irreführend zu sein scheint, beschreiben, wollen wir bedenken, was wir von Kant in einer transzendentalen Deduktion zu erwarten gehabt hätten. Zu erwarten gewesen wäre die Einführung eines jetzt sehr geläufigen Begriffs, des Begriffs „moralische Erfahrung", und dieser wäre zu analysieren, zu artikulieren und zu begründen gewesen.[21] Eine kritische Rückbesinnung auf ihre Voraussetzungen hätte ihn auf einen synthetischen Satz a priori oder auch mehrere solche Sätze geführt.

Ihre Begründung würde nicht darin liegen, daß ihr Anspruch „an sich" wohlbegründet wäre, sondern in dem Nachweis, daß ohne diese Grundsätze die in Rede stehende Erfahrung, als das Gegebene, unverständlich bleiben müßte. Sollte dagegen eingewandt werden, dies sei eine *petitio principii*, so könnte zumindest die Gegenfrage gestellt werden, ob nicht in jedem Argument die Gesamtheit seiner Voraussetzungen enthalten ist. Einen Kritiker, der sich hartnäckig weigert, sich mit moralischen Phänomenen zu befassen, hätte dieses Argument ebensowenig überzeugen können, wie die *Kritik der reinen Vernunft* einen schweigenden Skeptiker erreichen konnte, der sich weigert, den Satz „7 + 5 = 12" zu behaupten oder zu bestreiten. „Moralische Erfahrung" würde hier denselben Status wie Kants „mögliche Erfahrung" in der ersten *Kritik* erhalten. Beide Gebiete müssen zumindest problematisch als gegeben vorausgesetzt werden, wenn die erkenntnistheoretische oder die ethische Analyse überhaupt einen Gegenstand haben soll.

Aber dies ist nicht Kants Vorgehen in unserer Schrift. Wir haben weder eine Deduktion des Prinzips der Ethik, noch benötigen wir sie. Um die besondere Methode der *Kritik der praktischen Vernunft* zu verstehen, müssen wir für einen Augenblick zu der *Grundlegung zur Metaphysik der Sitten* zurückkehren.

In der *Grundlegung* nimmt Kants Argument in etwa den erwarteten Verlauf. Die Begriffe eines absolut guten Willens und eines allgemein gesetzgebenden Willens sind synthetisch miteinander verknüpft. Wenn diese Verknüpfung notwendig ist, so muß sie durch eine dritte reine Erkenntnis (ähnlich der reinen Anschauung im Falle der theoretischen Erkenntnis) vermittelt sein. Diese dritte Erkenntnis liefert der positive Begriff der Freiheit, die Idee einer intelligiblen Welt als Archetypos der sinnlichen Welt, insofern sie unserem Willen unterworfen ist. Die intelligible oder übersinnliche Welt ist nichts anderes als die Welt der Natur, verstanden als eine Welt unter der Autonomie der reinen praktischen Vernunft (43.44). So weit scheint Kants Begriff einer „moralischen Welt", d. h. eines Systems der moralischen Erfahrung, im Hinblick auf die Rechtfertigung des Prinzips der Ethik zu reichen.

Indem nun Kant in der *Kritik* erklärt, das Prinzip der Ethik bedürfe keiner Deduktion, stellt er scheinbar das Argument der *Grundlegung* auf den Kopf. Er benutzt das moralische Gesetz, das Faktum der Vernunft, als das Gegebene, um daraus etwas anderes, nämlich Freiheit, zu deduzieren. Freiheit ist die *ratio essendi* des moralischen Gesetzes.

Obwohl Kant in Abrede stellt, daß es sich um eine Deduktion des moralischen Gesetzes handelt, gleicht seine Argumentation formal der Deduktion irgendeines anderen synthetischen Grundsatzes a priori in der ersten *Kritik*. Der Begriff der Freiheit wird ins Feld geführt und spielt eine ähnliche Rolle wie die Anschauung. Wäre die Freiheit Gegenstand einer Anschauung, so wäre die Parallelität der beiden Argumentationen vollkommen; aber sie ist es nicht. Wir können indes zeigen, daß in einer transzendentalen Deduktion eine Vernunftidee (Freiheit) an die Stelle der Anschauung treten kann. Dies nötigt uns freilich, uns abermals die abstrakte Struktur der Deduktion in der ersten *Kritik* in Erinnerung zu rufen. Denn sonst würde die zu prüfende Lehre vollkommen bizarr und unglaublich erscheinen.

Nach der transzendentalen Deduktion der Kategorien müssen Erkenntnisgegenstände in einer möglichen Erfahrung gegeben sein, damit die Kategorien auf sie angewandt werden können. Kant war daher genötigt, zunächst ihre Gegebenheitsweise (Anschauung) zu untersuchen, bevor er zu den Begriffen und Urteilen übergehen konnte, in denen Gegenstände der Anschauung gedacht werden. Da indes in der zweiten *Kritik* nicht Anschauungen, sondern Grundsätze das Gegebene sind, so mußte er hier mit diesen beginnen. Statt (wie bei der theoretischen Erkenntnis) unsere Begriffe an Anschauungen herabzuführen, mußte er beides vielmehr scharf trennen und die Begriffe an die Grundsätze heranbringen. Mit der Eliminierung des anschaulich oder empirisch Gegebenen (30) geht die zweite *Kritik* in eine andere Richtung. Bei der Eliminierung der empirischen Materie der theoretischen Erkenntnis bleiben die reinen Anschauungsformen übrig; wenn wir Entsprechendes in der *Kritik der praktischen Vernunft* tun, so bleibt uns nur die bloße Form des Sollens. Da synthetische theoretische Urteile nur in Verbindung mit den reinen Anschauungsformen möglich sind, so überspannt hier die Anschauung gleichsam die Kluft zwischen den Subjekts- und den Prädikatsbegriffen. Für die Ethik scheint dies zu bedeuten, daß in ihr synthetische reine Sätze überhaupt nicht möglich sind. Sie sind jedoch möglich und als ein „Faktum für die reine Vernunft" wirklich gegeben.

„Ein guter Wille d. h. reine praktische Vernunft hat als Maximen nur allgemeine Gesetze." Dies soll ein synthetisches Urteil a priori sein; denn „durch Zergliederung des Begriffs von einem schlechthin guten Willen kann jene Eigenschaft der Maxime nicht gefunden werden".[22] Wie kann dieses Urteil also begründet werden? Nicht durch den Aufweis einer Anschauung (wie in der theoretischen Philosophie), sondern durch den Nachweis eines Ersatzes für die Anschauung.[23] Dieser muß rein intellektuell sein, und daher genügt ein moralisches Gefühl nicht. Er muß a priori sein, damit auch der synthetische Satz a priori sein kann. Und er muß schließlich, wie die Anschauung, unabhängig beglaubigt sein, d. h. er darf nicht einfach das Ergebnis eines Gedankens sein, den er gerade rechtfertigen soll. Dieses Dritte, der Ersatz einer Anschauung, ist die Idee der Freiheit. Aber Freiheit ist überhaupt nichts Gegebenes. Nur ihre Idee ist gegeben.

Hier nimmt die Argumentation eine erstaunliche Wendung. Man hatte erwartet, Kant würde die Deduktion eines synthetischen Urteils a priori vorführen. Da dieses Urteil aber keiner Deduktion bedarf und fähig ist, so wird es zur Deduktion der Idee der Freiheit selbst benutzt. Zum Glück ist indes diese „Deduktion" keine direkte Ableitung. Während das moralische Gesetz für die Deduktion der Freiheit als Erkenntnisgrund dient, soll der Begriff der Freiheit seinerseits als „Kreditiv" des moralischen

Gesetzes dienen. Diese Rolle kann er spielen, weil er unabhängig beglaubigt ist. Dies allein bewahrt Kant vor dem Zirkel, von der Freiheit auf das moralische Gesetz und vom moralischen Gesetz auf die Freiheit zu schließen. Die unabhängige Beglaubigung des moralischen Gesetzes (dieses ist die *ratio cognoscendi* der Freiheit) ist das Faktum der reinen Vernunft. Die unabhängige Beglaubigung des Begriffs der Freiheit (diese ist die *ratio essendi* des moralischen Gesetzes) liegt in dessen theoretischem Gebrauch:

> Diese Art von Creditiv des moralischen Gesetzes, da es selbst als ein Princip der Deduction der Freiheit, als einer Causalität der reinen Vernunft, aufgestellt wird, ist, da die theoretische Vernunft wenigstens die Möglichkeit einer Freiheit anzunehmen genöthigt war, zu Ergänzung eines Bedürfnisses derselben, statt aller Rechtfertigung a priori völlig hinreichend (48).

„Zur Ergänzung eines Bedürfnisses der theoretischen Vernunft": Es handelt sich um die Vermeidung eines unlösbaren Widerspruchs oder einer Unvollständigkeit in der theoretischen Vernunft selbst. Die spekulative Vernunft zeigte die Möglichkeit der Freiheit, „um nicht durch vorgebliche Unmöglichkeit dessen, was sie doch wenigstens als denkbar gelten lassen muß, in ihrem Wesen angefochten und in einen Abgrund des Skeptizisms gestürzt zu werden" (3). Hier haben wir uns einer Besonderheit in Kants Auflösung der dritten Antinomie zu erinnern. Diese war nicht nur, wie die beiden ersten Antinomien, überhaupt aufzulösen, um einen eklatanten Widerspruch zu vermeiden; die Auflösung mußte zeigen, daß sowohl die Thesis wie die Antithesis wahr sind. Wäre nur die Antithesis wahr, so wäre der Widerspruch natürlich vermieden, aber das Vernunftinteresse[24] an der Idee einer zusammenhängenden Welt wäre vereitelt. Die Vernunft verlangt eine Totalität der Bedingungen; wenn aber eine Ursache, die nicht zugleich auch eine Bedingung ist, sich als unmöglich erwiese, so könnte dieses Verlangen weder in der phänomenalen noch in der noumenalen Welt befriedigt werden. Der Begriff der Freiheit könnte in diesem Falle nicht einmal als eine gültige regulative Vernunftidee dienen, wenn wir im Denken vom Bedingten zu den Bedingungen und den Bedingungen der Bedingungen zurückgehen. Die theoretische Vernunft befände sich in einer ebenso hoffnungslosen Lage, wie wenn der direkte logische Widerspruch überhaupt nicht beseitigt worden wäre.

Die theoretische Vernunft rechnet mit der Möglichkeit der Freiheit nicht einfach deshalb, weil sie kein gültiges logisches Argument gegen sie entdecken kann. Sie nötigt uns, die Möglichkeit der Freiheit anzunehmen.[25] Aber dies allein bedeutet noch nicht, daß wir ihre Realität erkennen. Ein Beweis, der unseren Anspruch, ihre Realität zu erkennen, rechtfertigte, würde „den Schlußstein von dem ganzen Gebäude eines Systems der reinen, selbst der spekulativen, Vernunft" machen. Diesen Beweis liefert die reine praktische Vernunft, und damit „steht auch die transzendentale Freiheit nunmehro fest, und zwar in derjenigen absoluten Bedeutung genommen, worin die speculative Vernunft beim Gebrauche des Begriffs der Causalität sie bedurfte" (3). Wir sollen die Begriffe der reinen praktischen Vernunft, wie den der Freiheit, nicht als „Einschiebsel" betrachten, „die etwa nur dazu dienen sollen, um Lücken des kritischen Systems der speculativen Vernunft auszufüllen, und, wie es bei einem übereilten Baue herzugehen pflegt, hintennach noch Stützen und Strebepfeiler anzubringen, sondern als wahre Glieder, die den Zusammenhang des Systems bemerklich machen, um Begriffe, die dort nur problematisch vorgestellt werden konnten, jetzt in ihrer realen Darstellung einsehen zu lassen" (7).

Die *Kritik der praktischen Vernunft* beginnt daher nicht mit einem bloßen *nihil obstat*, den von der ersten *Kritik* freigelassenen Raum einzunehmen, ohne daß klar wäre, wie dies geschehen soll. Dieser für die theoretische Erkenntnis leere Raum hat die Gestalt, die durch die Bedürfnisse der Erkenntnis dessen, was wirklich erkannt werden kann, hinreichend bestimmt ist. Die Leerstelle, die der Begriff der Naturkausalität nicht ausfüllen kann, paßt nur für eine Art von Platzhalter: „Diesen leeren Platz füllt nun reine praktische Vernunft, durch ein bestimmtes Gesetz der Causalität in einer intelligibelen Welt (durch Freiheit), nämlich das moralische Gesetz, aus."[26]

Am Ende dieses keineswegs gradlinigen Weges mag man sich fragen, was für den Grundsatz der reinen praktischen Vernunft mit alledem gewonnen ist. Das grundlegende Prinzip, zunächst als „Faktum" hingestellt, ist nicht länger eine trockene, isolierte Behauptung oder in ein geschlossenes, zirkuläres und leeres System hineingestellt. Es wird dadurch gestützt, daß es genau die Form hat, die von der Dialektik der theoretischen Vernunft verlangt wird, wenn diese nicht unauflösbar sein soll.

Die *Kritik der reinen Vernunft* erklärte, daß bei einem unauflöslichen Konflikt zwischen unserer Naturerkenntnis und unseren moralischen Grundsätzen die letzteren preisgegeben werden müßten.[27] Aber im Hinblick auf die zentrale Stellung der Idee der Freiheit hieß es auch, daß von *beiden* nichts übrig bliebe, wenn die Antinomie sich nicht lösen ließe.[28] Diese Gefahr eines Konflikts ist jetzt aufgelöst. Die theoretische Vernunft braucht die Idee der Freiheit, kann sie aber nicht begründen; die praktische Begründung liefert das Faktum der reinen Vernunft. Beide Systemteile unterstützen sich also wechselseitig, dies ist weit mehr als bloße Konsistenz. Die unabhängige Beglaubigung des Begriffs der Freiheit, die darin liegt, daß sie ein Bedürfnis der theoretischen Vernunft ist, dient als systematisches Kreditiv für die Realität der reinen praktischen Vernunft.

XI FREIHEIT

1. Einleitung

Erörterungen über die Freiheit sind in Kants Werken so zahlreich, daß die ganze Reichweite dieses Begriffs und der ihm anhängenden Probleme kaum in einem fortlaufenden Kommentar, der die Stellen in der Reihenfolge ihres Vorkommens bespricht, vorgeführt werden kann. Ich werde daher in diesem Kapitel versuchen, Kants Gedanken über die Freiheit in einer Ordnung zu besprechen, die in § 2 erläutert werden soll.

Einige Interpretationsschwierigkeiten der *Kritik* lassen sich beheben, wenn wir einsehen, daß ihre zentrale Lehre von der Willensfreiheit zwei verschiedene Begriffe von Freiheit und zwei verschiedene Begriffe des Willens enthält. Beide Begriffspaare hatten eine lange, an Verwicklungen reiche Geschichte vor Kant; beide spielten auch in seinen früheren Werken eine Rolle. Der wichtigste Beitrag der zweiten *Kritik* liegt in dem Nachweis, daß das, was in dem einen Begriffspaar brauchbar ist, Konsequenzen für das andere nach sich zieht. Aber Kant machte es dem Leser nicht eben leicht, sein Vorgehen zu durchschauen. Die beiden Begriffspaare werden nicht etwa zunächst eingeführt oder gar definiert und dann zusammengebracht. Ein argloser Leser wird gar nicht bemerken, daß Kant zwei Doppelbegriffe benutzt; denn er geht vom einen zum anderen über, ohne dies anzuzeigen, und seine Sprache läßt nur selten direkt erkennen, welchen er gerade gebrauchte. Überdies ist es keineswegs sicher, daß er selbst sich jederzeit dieser Verdoppelung der Begriffe und seiner Problematik bewußt war.

Dieses verwirrende Gewebe müssen wir uns vornehmen, wir müssen die beiden in ihm verwobenen Muster mit ihren verschiedenen Fäden aufspüren, und wir können erst zum Schluß, wenn überhaupt, ein einziges, größeres Muster zu finden hoffen, in dem sie beide enthalten sind. Dieses Arbeitsprogramm wird in § 2 zusammengefaßt; es füllt die §§ 3–12 aus, und es sollte erst im Licht dieser späteren Abschnitte beurteilt werden. Die §§ 13–14 erörtern zwei Themen, die von der Hauptthese dieses Kapitels unabhängig sind.

2. Zwei Begriffe von Wille und Freiheit

In der *Kritik der praktischen Vernunft* ist der Begriff des Willens, der Freiheit zu seinem Attribut hat, äquivok. Theorien über die Willensfreiheit, die miteinander inkonsistent zu sein scheinen, treten nebeneinander auf. In Wahrheit handelt es sich um Theorien über verschiedene Dinge und Antworten auf verschiedene Fragen. In der *Kritik* kommen zwei verschiedene, aber nicht ausdrücklich unterschiedene Auffassungen vom Willen und von der Willensfreiheit zusammen. Die eine stammt hauptsächlich aus der *Kritik der reinen Vernunft*; die andere ist aus der *Grundlegung* übernommen. Erst in den späteren Werken Kants werden sie ausdrücklich unterschieden, nachdem in der *Kritik der praktischen Vernunft* ihre Interdependenz gezeigt worden war. Wir müssen daher die *Kritik* als die Brücke verstehen, wo die verschlungenen Pfade der früheren Werke sich vereinigen, um dann auf der anderen Seite zum ersten Mal definitiv in verschiedene Richtungen zu gehen.

Aus der *Kritik der reinen Vernunft* ist der Begriff der Freiheit als Spontaneität, d. h. als die Fähigkeit, in der Zeit eine neue Kausalkette zu beginnen, übernommen. Aus der *Grundlegung* stammt der Begriff der Freiheit als Autonomie, d. h. als Gesetzgebung und mithin als Unabhängigkeit von irgendeinem vorgegebenen Gesetz. Die beiden entsprechenden Vermögen heißen gewöhnlich gleichlautend „Wille", und sie werden unter dem Titel eines einzigen Problems, des Problems der „Willensfreiheit", erörtert. Erst später half Kant dem Leser, sie zu unterscheiden, indem er „offiziell" jenes Vermögen „Willkür"[1], dieses hingegen „Wille" nannte.

Beide Wörter hatte Kant auch früher gebraucht, bisweilen um sie stillschweigend zu unterscheiden, bisweilen offenbar ohne Bedeutungsunterschied. Zu keiner Zeit aber hatte sich Kant absichtlich und konsistent darauf beschränkt, unter diesen Titeln das eine Problem unter Ausschluß des anderen zu erörtern. Selbst in der *Metaphysik der Sitten*, wo er eine brauchbare Unterscheidung zu treffen und Verwirrung zu vermeiden sucht, gelingt es ihm nicht eben oft, aus der Erörterung des einen Problems andrängende Fragen von dem anderen Problem fernzuhalten.

Kants formale Definitionen des Willens geben sich so, als ob der Wille ein Vermögen oder eine Kombination von Vermögen wäre, die beobachtbar sind und derer wir uns direkt bewußt sein können. Der Wille ist das Vermögen, unsere Kausalität durch die Vorstellung einer Regel zu bestimmen (32), und da für die Ableitung einer Handlung von einer Regel oder von einem Gesetz Vernunft erforderlich ist, so sind der Wille und die praktische Vernunft identisch. Das Begehrungsvermögen heißt wegen seines Verhältnisses zum Verstande Wille (55). Durch den Willen wird eine Vernunftregel zur Ursache einer Handlung und damit zur Ursache der Wirklichkeit eines Objekts; der Wille ist nie direkt durch das Objekt oder unsere Vorstellung des Objekts bestimmt, sondern stets durch eine Regel der Vernunft (60). Daß der Wille, so verstanden, frei von einer direkten sinnlichen Nötigung ist, ist ein empirisches Faktum.[2] Diese Auffassung des Willens als eines durch Vernunftregeln (Maximen) geleiteten Begehrungsvermögens wird später speziell „*Willkür*" genannt und definiert als das Vermögen, einen Gegenstand, der durch die

Maxime selbst nur unvollständig bestimmt ist, zu wählen. Die Willkür hat außer dem Gesetz daher eine Triebfeder zum Handeln, während der Wille keine Triebfeder hat.³ Wie weit sie frei ist, dies hängt von der Art des Gesetzes ab, das ihr als Maxime dient, und davon, wie weit die Maxime anstelle der augenblicklichen Vorstellung des Objekts das Handeln bestimmt. Sie ist nicht gesetzgebend, sondern sie hat nur Maximen; aber sie kann und muß, wenn sie moralisch ist, Gesetze zu ihren Maximen machen.⁴

Im Gegensatz dazu gibt es eine Auffassung, nach der der Wille nicht unmittelbar das Handeln bestimmt, sondern als Gesetzgeber für die Maximen auftritt, die das Handeln bestimmen. In diesem Sinne sagt Kant, wenn auch etwas ungenau, daß die Gesetze bestimmen, was geschehen soll, während die Maximen bestimmen, was geschieht.⁵ Der Punkt, auf den es ankommt, ist: Zur Formulierung eines Gesetzes ist Vernunft erforderlich; aber eine Maxime bestimmt das Handeln unmittelbar. In der Formulierung des Gesetzes zeigt sich der reale Gebrauch, nicht nur der logische Gebrauch der Vernunft.⁶ Beim „realen Gebrauch" stellt die Vernunft einen synthetischen Satz a priori auf, während sie beim „logischen Gebrauch" nur Handlungen von einer Regel ableitet. Reine praktische Vernunft hat nichts mit der logischen Ableitung der Handlungen von gegebenen Regeln zu tun. Sprachlich gibt es kaum einen Grund, eine solche reine praktische Vernunft überhaupt noch „Willen" zu nennen. Aber man kann ganz korrekt sagen, sie bestimme die Willkür und tue dies frei und unabhängig von sinnlichen Bedingungen.

Wenn praktische Vernunft die Willkür bestimmt, so können wir sagen, diese sei nach einem psychologischen oder komparativen Begriff der Freiheit frei (96), auch wenn es ein Naturgesetz geben mag, das die Gesetzgebung der praktischen Vernunft mit der Handlung verknüpft, und wenn sogar die Vorstellung dieses Gesetzes ein kausal determiniertes Naturereignis im Bewußtsein des Individuums und das Gesetz die Übertragung eines Naturgesetzes ins Praktische ist. Aber zu glauben, dies sei Freiheit im Sinne der Ethik, erschiene Kant ein „elender Behelf". Auch wenn alle Ursachen des Handelns im Menschen selbst, nicht außerhalb seiner liegen, wenn sie intellektuell und nicht sinnlich, und die Gesetze, die sie mit unseren Handlungen verknüpfen, psychisch und nicht physikalisch sind (97), so ist der entsprechende Begriff der Freiheit für die Ethik immer noch unangemessen.⁷

Es ist daher eine neue Auffassung der Freiheit erforderlich. Ein moralisches Gesetz darf nicht die Verbindung von Mitteln mit einem erstrebten Zweck sein und auf diese Weise ein Naturgesetz ins Praktische übertragen. Es muß der Natur von der Vernunft gegeben sein, um in der Natur verwirklicht zu werden; es darf nicht der Natur, wie sie ist, entnommen sein. Ein Wille oder eine Willkür, die einem solchen Gesetz gehorchen kann, muß unabhängig vom Naturmechanismus sein, in dem nur Phänomene miteinander verknüpft sind. Denn ein absolut, nicht nur kontingent gebietendes Gesetz muß rein formal sein, d. h. nicht aufgrund seines phänomenalen Inhalts, sondern aufgrund seiner durch die Vernunft erkannten Form gebieten. Diese Unabhängigkeit vom Naturmechanismus ist jene „absolute" oder „transzendentale" Freiheit, deren logische Möglichkeit in der ersten *Kritik* nachgewiesen worden war (29).

Woraus entspringt das Gesetz selbst? Kants wichtigste Entdeckung ist, daß das Gesetz nicht eine bloße Beschränkung der Freiheit, sondern selbst ein Produkt der Freiheit ist. Diese Auffassung ist es, die den Hauptfortschritt der zweiten *Kritik* gegenüber der ersten ausmacht. Dies ist Kants kopernikanische Wendung in der Ethik. In der *Kritik der reinen Vernunft* setzte die Vernunft der Freiheit, die selbst ohne Gesetz war, Grenzen.[8] Aber es blieb unklar, wie dies geschieht; weder der Ursprung des Gesetzes noch der Mechanismus seiner Anwendung waren thematisiert.

Das Gesetz ist ein Produkt des freien Willens *qua* reine praktische Vernunft, nicht *qua* Willkür. (Wenn man auch bedauern muß, daß Kant manchmal „Wille" schreibt, wenn „Willkür" korrekt wäre, so glaube ich doch nicht, daß er jemals „Willkür" gebraucht hat, um sich auf den Willen als reine praktisch gesetzgebende Vernunft zu beziehen.) Man kann nicht sagen, die Handlungen des *Willens* seien frei, weil der Wille nicht handelt.[9] Er gibt nur ein Gesetz, dem sich die Willkür unterwerfen soll, und diese ist es, welche handelt. Er ist jedoch frei, insofern sein Gesetz in seiner eigenen Natur begründet ist. Er vermittelt der auf die Befriedigung eines willkürlichen Zwecks bedachten Willkür keine Naturgesetze. Dies ist die Aufgabe der praktischen Vernunft in ihrem logischen Gebrauch. Er gibt keine Ratschläge, sondern gebietet, und er gebietet in eigenem Namen, nicht als Geschäftsführer. Indem sie sich unterwirft, erweitert die Willkür ihre negative Freiheit um eine positive. Diese erwächst ihr aus der Unterwerfung unter ihre eigene idealisierte Natur als rein vernünftigen Willen. Mit einer Metapher aus dem Bereich des Politischen, wie er sie oft gebrauchte, wenn er von Reichen und Territorien der Gesetzgebung der Vernunft sprach, erklärt Kant daher den Willen für autonom, frei an sich,[10] d. h. frei in positiver Bedeutung. An dieser Autonomie nimmt die Willkür in dem Maße teil, wie sie ihre negative Freiheit angesichts der Natur im Gehorsam gegen das Gesetz der reinen praktischen Vernunft ausübt. Reine praktische Vernunft erschafft spontan die Idee einer *natura archetypa*,[11] und indem die Willkür diese zu ihrem Zweck macht, wird sie zur Ursache dafür, daß die Welt der Natur die Form einer intelligibelen Welt erhält.

Man darf sich dies jedoch nicht so vorstellen, als seien hier zwei Vermögen äußerlich aufeinander bezogen, indem sie sich wechselseitig einschränken. Es gibt nur *ein* Vermögen, aber dieses hat *prima facie* zwei Arten von Freiheit, wobei das eine sich als die Vervollkommnung oder logische Form des anderen erweist. Wirklich spontan ist die Willkür nur, wenn ihre Handlungen durch eine Regel der gesetzgebenden reinen praktischen Vernunft geleitet werden. Es ist nicht leicht, den Anschein zu vermeiden, als handle es sich hier um zwei Vermögen, ohne in den entgegengesetzten Fehler zu verfallen, die beiden Rollen und die beiden Bedeutungen von „Freiheit" nicht mehr deutlich zu unterscheiden. Aber wenn wir nicht Kant schwieriger und dunkler machen wollen, als er schon ist, so müssen wir ebensowohl auf der Hut sein vor einer allzu einfachen Identifikation beider Funktionen wie vor einer Zwei-Vermögen-Theorie.

Freiheit in positiver Bedeutung ist nicht so mit Problemen beladen wie Freiheit in negativer Bedeutung. Wenn wir Freiheit voraussetzen könnten, so würde nach Kant das Gesetz analytisch aus ihr abzuleiten sein (31). Ein Wille (in dieser Bedeutung) und ein freier Wille sind identisch. Die Freiheit *dieses* Willens wird durch die Tatsache bewiesen, daß es absolute Verpflichtungen gibt. Wenn alle Gesetze der praktischen Vernunft empirisch wären, d. h. wenn praktische Vernunft nicht rein, mithin nicht autonom wäre, so würde es absolute Verpflichtungen nicht geben. Wenn auch beide Auffassungen vom Willen und von der Freiheit unauflöslich miteinander verbunden sind, so ergeben sich die metaphysischen Schwierigkeiten doch vor allem aus der Freiheit in negativer Bedeutung, aus ihrem Verhältnis zur Naturnotwendigkeit der phänomenalen Welt.

3. Kants Zusammenfassung des Arguments der ersten *Kritik*

Die beiden Abschnitte „Von dem Befugnisse der reinen Vernunft, im praktischen Gebrauche, zu einer Erweiterung, die ihr im spekulativen für sich nicht möglich ist" und „Kritische Beleuchtung der Analytik der reinen praktischen Vernunft" enthalten eine kurze Zusammenfassung des Beitrags, den die *Kritik der reinen Vernunft* zur Theorie der Freiheit lieferte. Sie können uns für den Anfang zur Orientierung auf den, wie Kant selbst sagte, „dornigen Pfaden" jenes Werks dienen.

Wie Hume in den *Prolegomena* die Ehre zufällt, Kant aus seinem „dogmatischen Schlummer" geweckt zu haben, so erscheint er auch hier als derjenige, der Kants kritische Arbeit in Gang gesetzt hat. Von dem Grundsatz ausgehend, daß keine Vorstellung ausgewiesen sei, die nicht von einem sinnlichen Eindruck herrührt, kam Hume zu dem Ergebnis, daß die Notwendigkeit einer Verknüpfung in keinem sinnlichen Eindruck ihre Grundlage hat.

Er schloß also, daß „der Begriff einer Ursache", d. h. einer notwendigen synthetischen Verknüpfung von Ereignissen in der Zeit, „selbst lügenhaft und betrügerisch" sei, „weil er eine an sich nichtige, chimärische, vor keiner Vernunft haltbare Verknüpfung fordert, der gar kein Objekt jemals korrespondieren kann" (51; vgl. 56).

Kant gibt die Gültigkeit des Schlusses, den Hume aus seinen Prämissen gezogen hatte, zu. Humes einziger Fehler liegt nach Kant in seiner Prämisse, daß Gegenstände der Erfahrung Dinge an sich sind (53). Daß Hume diese Prämisse zugeschrieben wird, wo er doch hinsichtlich der Erkenntnis der Gegenstände allgemein als Phänomenalist oder Subjektivist angesehen wird, klingt vielleicht seltsam. Aber wenn wir Kant richtig auffassen, so sehen wir, daß dies in der Tat Humes Prämisse war, auch wenn sie in einer nicht-kantianischen Terminologie weniger überraschend formuliert werden kann. Hume glaubte, wie Kant zeigen möchte, daß die Gegenstände der Erkenntnis, auch wenn sie „Eindrücke" (impressions) genannt werden, erkannt werden, wie sie an sich sind, in der Ordnung, in der sie uns gegeben sind, ohne daß wir an ihrer Erzeugung und Synthesis aktiv teilnehmen. Bei Dingen an sich (mögen sie nun „Eindrücke" oder, wie bei Locke, Substanzen sein) ist es aber unbegreiflich, warum das eine gegeben sein muß, wenn ein anderes gegeben war. Das Kausalitätsprinzip entspringt nicht aus der Vernunft; denn die Verknüpfung von Ursache und Wirkung ist nicht von der Art, daß ihre Negation einen Widerspruch enthält (53). Es entspringt aber auch nicht aus der Erfahrung; denn eine notwendige Verknüpfung kann nicht empirisch erkannt werden. Wenn Hume recht hat, so ist dieses Prinzip „nichts anderes als ein Bastard der Einbildungskraft ..., die, durch Erfahrung beschwängert" [12] ist.

Mit ihrer kopernikanischen Wendung rettete indes die erste *Kritik* die notwendige Verknüpfung von Ereignissen: Wenn diese für die Erkenntnis von Objekten notwendig ist, so gibt sie doch nur, wie Kant zeigt, Erkenntnis von Gegenständen der Erfahrung. Denn die Gegenstände sind nur nach Regeln verknüpfte Erscheinungen, nicht die unerkennbaren Dinge an sich. Die Regeln der Synthesis sind, anders als Humes Synthesis aus bloßer Gewohnheit, notwendig. (Da die Regel nicht aus der Erkenntnis von Objekten [Erfahrung] abgeleitet ist, sondern Erfahrung im Gegenteil erst möglich macht, muß sie ihren Ursprung im reinen Verstand haben.) Wegen ihres reinen intellektuellen Ursprungs lassen sich, so scheint es, der Begriff und die Regel auch auf Dinge, die nicht Gegenstände einer möglichen Erfahrung sind, sondern jenseits ihrer Grenzen liegen, anwenden (54). Dies ist auch ganz richtig, freilich mit einem sehr wichtigen Vorbehalt, der Kant von seinen rationalistischen Vorgängern unterscheidet. Wenn der Ursprung des Begriffs empirisch wäre, so könnte er nicht dazu dienen, Gegenstände jenseits der Erfahrungsgrenzen auch nur zu denken. Es folgt jedoch nicht, daß er dazu dienen kann, sie zu erkennen, weil sein Ursprung nicht empirisch ist. Die Beschränkung seines Gebrauchs innerhalb des Denkens fällt weg, aber eine an Hume erinnernde Beschränkung seines Gebrauchs der Erkenntnis bleibt.

Was eine kausale Naturerkenntnis möglich macht, ist genau das, was in unserem Denken transzendenter Dinge fehlt, nämlich Anschauung. Anschauung, d. h. sinnliche Gegebenheit, ist unerläßlich, damit irgendeine Synthesis von Begriffen stattfinden kann. Jede notwendige Verknüpfung reiner Begriffe ist analytisch; aber Begriffe können sich auf Anschauungen beziehen und so durch Beziehung auf ein notwendiges

Drittes in ein notwendiges, aber synthetisches Verhältnis zueinander gebracht werden. Unsere Anschauung ist sinnlich, d. h. sie gibt uns die Dinge nur, so wie sie uns affizieren und uns erscheinen, nicht wie sie an sich sind. Wenn wir indes die Dinge, wie sie an sich sind, zu erkennen versuchen und die Kategorien auf sie anwenden, so fehlt die anschauliche Grundlage, und eine intellektuelle Anschauung haben wir nicht (31).

Dieser Mangel hindert uns jedoch nicht daran, mit Hilfe der Kategorien die Dinge, wie sie an sich sind, zu denken. Solches Denken kann sogar gültig sein, aber es ist keine Erkenntnis der Dinge an sich. Wenn es irgendwelchen Grund gibt, die Kategorien anzuwenden, dann befähigt uns der reine, nicht-empirische Ursprung der Kategorien dazu, sie anzuwenden. Wenn Humes Lehre über ihren Ursprung richtig wäre, so wäre dies nicht möglich (55).

Kants Zusammenfassung weicht an dieser Stelle in einem sehr wichtigen Punkt von der tatsächlichen Argumentation in der *Kritik der reinen Vernunft* und seiner genaueren Wiedergabe an anderen Stellen der *Kritik der praktischen Vernunft* ab.[13] Denn hier erklärt er, es sei nicht ein theoretischer, sondern nur ein praktischer Zweck, der die Anwendung der Begriffe auf Gegenstände jenseits der Erfahrungsgrenzen notwendig macht.[14] Um diesen wichtigen Unterschied adäquat herausarbeiten zu können, müssen wir uns der ersten *Kritik* selbst zuwenden.

4. Freiheit als theoretische Idee

Eine von den Einschränkungen möglicher Erfahrung befreite Kategorie, die der Vernunft zur vollständigen Synthesis aller Erfahrung dient, heißt eine „Idee".[15] Alle Synthesis der Vorstellungen durch den Verstand ist nur partiell, aber die Vernunft fordert eine totale und unbedingte Synthesis, d. h. die Vernunftideen beziehen sich stets auf das Ganze und Unbedingte, das alle Bedingungen der Teile umfaßt (107). Das Prinzip der Vernunft besagt, daß die Gesamtheit der Bedingungen gegeben sein muß, wenn das Bedingte gegeben ist. Daher muß das absolut Unbedingte, es ist entweder die Gesamtheit der Bedingungen oder ein Glied der Kette der Bedingungen, gegeben sein. Im Verlauf der Untersuchung über das Unbedingte ergibt sich, daß es ebensoviele Ideen wie Kategorien der Bedingtheit gibt. Wir werden uns in diesem Paragraphen hingegen nur mit der Kategorie Ursache – Wirkung und der ihr entsprechenden Vernunftidee beschäftigen.

Auf das Kausalverhältnis zweier Ereignisse ist das soeben formulierte Prinzip anzuwenden, daß auch das Unbedingte gegeben sein muß, wenn das Bedingte gegeben ist. Das bedingte Ereignis würde überhaupt nicht eintreten, wenn anders das Gegebensein der Totalität seiner Bedingungen die notwendige Bedingung seines Eintretens ist. Auf der Suche nach diesem Unbedingten haben wir zwei Alternativen zu erwägen, um uns wenigstens eine klare Vorstellung von ihm zu machen, da es in einer Erfahrung ja nicht unmittelbar gegeben sein kann: (1) Wir können annehmen, die Reihe der Bedingungen sei unendlich, so daß kein Glied der Reihe, wohl aber die Reihe als Ganzes unbedingt ist. (2) Wir können annehmen, die Reihe sei endlich und es gebe ein unbedingtes Glied der Reihe, das erste Glied. Die erste Alternative ist äquivalent mit der Annahme, Naturkausalität, das Verhältnis zweier zeitlicher Ereignisse – Ursache und Wirkung – zueinander, sei die einzige Art von Kausalität. Da kein zeitliches Ereignis gegeben sein kann, das nicht zugleich die Wirkung eines früheren ist, läuft dies auf die Lehre hinaus, daß eine unendliche Reihe von Ereignissen die Bedingung jedes gegebenen Ereignisses ist. Die zweite Alternative ist äquivalent mit der Annahme, daß Naturkausalität nicht die einzige Art von Kausalität ist, da in einer unendlichen Reihe das Unbedingte nicht zu finden ist. Und dies läuft auf die Annahme einer anderen Art von Kausalität, einer „Kausalität durch Freiheit" hinaus, d. i. einer absoluten Spontaneität der Ursachen, „eine Reihe von Erscheinungen, die nach Naturgesetzen läuft, von selbst anzufangen".[16]

Keine dieser beiden Annahmen ist willkürlich. Trotz ihres Gegensatzes sind wir zu beiden genötigt, und daher gerät die theoretische Vernunft notwendig in eine Antinomie. Der Gegensatz dieser beiden Thesen in der Antinomie ist nicht einfach eine Kuriosität der Philosophie, sondern ein unentrinnbarer Gegensatz zwischen zwei nicht aufgebbaren Interessen des Geistes. Auflösbar muß er sein durch den Rückgang auf die Vernunfttätigkeit, da er durch die Vernunft hervorgebracht wurde. Da die Interessen der Philosophie so sehr an beiden Thesen der Antinomie und ihrer Auflösung hängen, kann sie diesen Gegensatz nicht gelassen oder resigniert hinnehmen.[17]

Wir wollen kurz den Beweis jeder der beiden widerstreitenden Thesen durchgehen. Die eine lautet: „Die Kausalität nach Gesetzen der Natur ist nicht die einzige, aus welcher die Erscheinungen der Welt insgesamt abgeleitet werden können. Es ist noch eine Kausalität durch Freiheit zu Erklärung derselben anzunehmen notwendig." Ihr Beweis ist weithin eine Wiederholung des aristotelisch-thomistischen Beweises für die Unmöglichkeit einer unendlichen Reihe von Ursachen und für die Notwendigkeit einer ersten Ursache, die nicht selbst Wirkung und daher frei in der definierten Bedeutung ist. In einer Reihe von Bedingungen und Bedingungen der Bedingungen gibt es nämlich niemals eine erste Bedingung; es ist aber ein Naturgesetz, daß nichts ohne eine a priori hinreichende Bedingung geschieht. Wenn daher überhaupt irgendetwas geschieht, so ist das Naturgesetz, in unbeschränkter Allgemeinheit verstanden, widersprüchlich. Naturkausalität, Kausalität unter dem Naturgesetz, ist daher nicht die einzige Art von Kausalität; usw.

Die Antithese lautet nun: „Es ist keine Freiheit, sondern alles in der Welt geschieht lediglich nach Gesetzen der Natur." Dies wird folgendermaßen bewiesen: Wenn es eine spontane Ursache oder einen absoluten Anfang in der natürlichen Ursachenkette gibt, so sind die späteren Glieder der Reihe unabhängig von den früheren, und die „Einheit der Erfahrung", die auf der Gesetzmäßigkeit der zeitlichen Ereignisse beruht, ist unmöglich geworden. Ein Kriterium für empirische Wahrheit oder Objektivität ist nicht mehr erreichbar.[18]

Die Thesis wird den Dogmatikern (z. B. Platon), die Antithesis den Empirikern (z. B. Epikur) zugeschrieben.[19] Das moralische und religiöse Interesse ist gewöhnlich auf der Seite der Thesis, und hier liegt auch das Interesse der reinen Vernunft;[20] das Interesse der Wissenschaft in ihrer beharrlichen Suche nach Ursachen innerhalb der Erfahrung steht auf der Seite der Antithesis. Dieses Interesse ist indes mit dem moralischen Interesse nur dann unvereinbar, wenn der Empirismus selbst dogmatisch wird, d. h. wenn er sich mit der beharrlichen Erforschung der Erscheinungen nicht zufrieden gibt, sondern seine Ansprüche und Methoden in die Metaphysik hineinträgt, so daß „dem praktischen Interesse der Vernunft ein unersetzlicher Nachteil verursacht wird".[21] Aber auch jenes praktische Interesse ist nicht notwendig unvereinbar mit dem wissenschaftlichen; es besteht nur die Gefahr, daß die Thesis „zwar zum Praktischen vortreffliche Prinzipien an die Hand gibt, aber eben dadurch ... der Vernunft erlaubt, idealischen Erklärungen der Naturerscheinungen nachzuhängen und darüber die physische Nachforschung zu verabsäumen".[22] *Einen* Vorteil hat indes die Thesis eindeutig: „Die Sätze der Antithesis sind von der Art, daß sie die Vollendung eines Gebäudes von Erkenntnissen gänzlich unmöglich machen ... Daher führt das architektonische Interesse der Vernunft (welches nicht empirische, sondern reine Vernunfteinheit a priori fordert) eine natürliche Empfehlung für die Behauptungen der Thesis bei sich."[23] Das Interesse nicht nur der praktischen, sondern auch der spekulativen Vernunft steht daher auf der Seite der Freiheit.[24] Aber gäbe es nicht die Antinomie, so wäre die Metaphysik nur eine Fortsetzung der Physik, d. h. die zum Dogma erhobene Antithesis. Die Antinomie, die dies verhindert, ist daher die „glücklichste Verlegenheit", in die die reine Vernunft fallen konnte.[25]

5. Die Auflösung der dritten Antinomie

Der Grundsatz, aus dem die Antinomie entsprang, lautet: Wenn das Bedingte gegeben ist, so ist die ganze Reihe seiner Bedingungen gegeben; das Bedingte ist gegeben; folglich ist auch das Unbedingte gegeben. Hier liegt, wie Kant sagt, ein Trugschluß vor. Denn in der ersten der beiden Prämissen (Maior) ist das Bedingte eine reine Kategorie; in der zweiten Prämisse (Minor) ist es hingegen ein empirischer Verstandesbegriff, der auf Erscheinungen angewandt wird. In der Erfahrung sind indes nicht alle Bedingungen als Erscheinungen gegeben. Sie sind nicht *gegeben*, sondern *aufgegeben*. Im Bereich der Erscheinungen ist das Bedingte das aufgegebene Untersuchungsobjekt. Die Antithesis ist richtig, wenn das Bedingte im Sinne einer zeitlichen Bedingung eines Phänomens verstanden wird; denn es gibt kein erstes Phänomen. Die Thesis ist hingegen richtig, wenn das Bedingte im Sinne der Maior verstanden und nicht auf die zeitlichen Bedingungen eingeschränkt wird.[26] Wenn der Ausdruck „das Bedingte" hingegen in beiden Prämissen in derselben Bedeutung genommen wäre, so wäre die Antinomie in der Tat unauflösbar, d. h. wir könnten zeigen, daß die Bedingungen sowohl eine unendliche Reihe des Gleichartigen wie auch eine endliche Reihe des Ungleichartigen sind (95). Wir sehen aber, daß die Antithesis von den innerzeitlichen Ereignissen nicht nur wahr sein kann, sondern wahr sein muß, während die Thesis von den Dingen an sich in ihrem Verhältnis zu den Erscheinungen wahr sein kann und muß. Die Antinomie und ihre Auflösung liefern daher nach Kant einen indirekten Beweis für die Idealität der Erscheinungen, nachdem die transzendentale Aesthetik bereits einen direkten Beweis gegeben hatte.[27]

Die Idee einer Totalität der Bedingungen ist daher keine konstitutive Idee der Erfahrung, der ein Erfahrungsobjekt jemals entsprechen könnte. Sie ist nur eine regulative Idee oder „eine Regel, welche in der Reihe der Bedingungen gegebener Erscheinungen einen Regressus gebietet, dem es niemals erlaubt ist, bei einem schlechthin Unbedingten stehen zu bleiben".[28] Wir können sie die „regulative Idee des Kausalmechanismus" nennen. Sie verbietet uns, freie Ursachen in unsere Naturforschung einzuführen, und weist uns an, die Bedingungen jedes Phänomens in einem anderen Phänomen zu suchen. Wenn wir hingegen die Erscheinungen als Dinge an sich betrachten, so muß diese regulative Idee als konstitutiv betrachtet werden. Wir geraten dann in die Antinomie, und weder Freiheit noch Naturkausalität können gerettet werden.[29]

Wenn es einen Grund gibt, die Existenz einer freien Kausalität anzunehmen, so impliziert dies, wie Kant anschließend zu zeigen versucht, keinen Widerspruch gegen den Naturmechanismus. Die Wirkungen einer freien Kausalität würden sich in der Reihe der Erscheinungen und folglich in der mechanischen Naturordnung finden. Jede Erscheinung ist die Erscheinung einer Realität; mit anderen Erscheinungen ist sie nach dem Gesetz der Naturkausalität verknüpft und so mit Sicherheit vorauszusagen. Aber in ihrem Verhältnis zu dem, was nicht Erscheinung und nicht ein Glied der Zeitreihe ist, d. h. zum noumenon, ist sie die Wirkung einer frei tätigen Ursache, wobei Freiheit als das Vermögen einer Ursache, die nicht Wirkung ist, definiert wird. *Jedes* Ereignis in der Welt ist daher grundsätzlich ein Produkt sowohl der Naturkausalität wie der Kausalität aus Freiheit. Dies zweite Verhältnis ist für uns unerkennbar; wir können allein die Verknüpfungen der Erscheinungen untereinander erkennen. Die Kategorie der Kausalität können wir nicht auf die Dinge an sich anwenden, so als ob wir sie erkennen könnten. Aber wir können diese Kategorie analog³⁰ auf die Beziehung von *noumena* und *phaenomena* anwenden und jene als freie Ursachen der letzteren denken, ohne das Prinzip der mechanischen Kausalität, insofern unsere mögliche Erkenntnis betroffen ist, zu verletzen.

Dabei müssen wir vermeiden, mehr zu behaupten, als wir einlösen können. Kant besteht auf diesem Recht, Freiheit zu denken. Aber erkennen können wir die freie Kausalität des Dinges an sich nicht.³¹ Es ist nicht denkbar, daß das Ding an sich zu verschiedenen Zeiten und an verschiedenen Orten wirkt; denn es ist nicht in Raum und Zeit.³² Der Begriff der Freiheit kann uns nicht dazu dienen, unseren Begriff von Naturkausalität zu vervollständigen, solange wir nicht wissen, wie der letztere in einem besonderen Fall angewandt werden sollte. Unsere Beschreibung des Verlaufs natürlicher Prozesse ändert sich nicht dadurch, daß wir die Möglichkeit freier Ursachen annehmen.³³ Kant behauptet lediglich, gezeigt zu haben, daß Kausalität aus Freiheit mit der Naturkausalität wenigstens nicht unvereinbar ist. Seine Absicht war nicht, die (reale) Wirklichkeit oder die „Realität" der Freiheit zu beweisen.³⁴ Freiheit ist daher nur ein problematischer Begriff.

6. Praktische Freiheit

In der dritten Antinomie weist Kants Beweis der Thesis eine Besonderheit auf, die unsere Aufmerksamkeit verdient. Er wiederholt, wie ich schon sagte, im wesentlichen das aristotelische Argument für die Existenz einer ersten Ursache. Was trägt es also zur Begründung der Freiheit bei? Dazu erklärt Kant in der Anmerkung zur Thesis:

> Nun haben wir diese Notwendigkeit eines ersten Anfangs einer Reihe von Erscheinungen aus Freiheit, zwar nur eigentlich in so fern dargetan, als zur Begreiflichkeit eines Ursprungs der Welt erforderlich ist . . . Weil aber dadurch doch einmal das Vermögen, eine Reihe in der Zeit ganz von selbst anzufangen, bewiesen (obzwar nicht eingesehen) ist, so ist es uns nunmehr auch erlaubt, mitten im Laufe der Welt verschiedene Reihen, der Kausalität nach, von selbst anfangen zu lassen, und den Substanzen derselben ein Vermögen beizulegen, aus Freiheit zu handeln.³⁵

Man ist zu sagen versucht, daß dieser Beweis, wenn er gelungen ist, viel zuviel beweist. Wenn es gelungen ist, in einem Falle Freiheit nachzuweisen, so scheint sie damit für alle Fälle bewiesen zu sein. Denn jedes Phänomen steht in beiden Beziehungen; es steht im Verhältnis zu früheren Phänomenen und zum Ding an sich. Diese letztere Beziehung ist für das Freiheitsproblem, wie man es auch auffassen mag, nicht relevant, da sie ohne jeden Unterschied universal ist. Freiheit als universales Prädikat ist ohne Interesse. Der Begriff einer noumenalen Kausalität ist leer, wenn wir nicht entweder die in Rede stehende Substanz oder das noumenale

Gesetz ihrer Tätigkeit erkennen können. Bei einem Stein wissen wir z. B. weder das eine noch das andere, und daher müssen wir mit der Erkenntnis seiner phänomenalen Beziehungen zu phänomenalen Steinen zufrieden sein, und wir sind es auch leichten Herzens. Wenn es aber um uns selbst geht, so erkennen wir uns zwar auch nur als Erscheinungen, aber wir kennen das Gesetz noumenaler Tätigkeit, nämlich das moralische Gesetz. Kant beruft sich daher auf die noumenale Kausalität nur, wo wir einen Grund haben, über die phänomenale Kausalität hinauszugehen, und dies ist nur beim menschlichen Wollen der Fall. Auch außerhalb der Moralität ist der Begriff der noumenalen Kausalität anwendbar;

> bei der leblosen, oder bloß tierischbelebten Natur, finden wir keinen Grund, irgend ein Vermögen uns anders als bloß sinnlich bedingt zu denken. Allein der Mensch, der die ganze Natur sonst lediglich nur durch Sinne erkennt, erkennt sich selbst auch durch bloße Apperzeption, und zwar in Handlungen und inneren Bestimmungen, die er gar nicht zum Eindrucke der Sinne zählen kann.[36]

Hier kommt das „Interesse der reinen Vernunft", das nach Kant auf der Seite der Thesis steht, zu seinem Recht. Der praktische Begriff der Freiheit hat in der transzendentalen Idee der Freiheit, wie Kant sagt, seine Grundlage. Ohne diesen könnte jener nicht bestehen,[37] Freiheit in praktischer Bedeutung ist die Unabhängigkeit der Willkür von der Nötigung sinnlicher Triebe. Der Mensch hat ein Vermögen der Selbstbestimmung, und darin ist er unabhängig von der Natur. Praktische Freiheit setzt voraus, daß etwas hätte geschehen sollen, obwohl es nicht geschehen ist, d. h. daß die Ursache im Felde der Erscheinungen eine Kausalität unseres Willens nicht mit Notwendigkeit ausschloß. Obwohl alles, was wir tun, indirekt sinnlichen Trieben zuzuschreiben sein mag, so können doch Triebe und alle Phänomene unter dem Naturgesetz nicht den Begriff des Sollens hervorbringen. Dieser setzt eine freie Kausalität und keine Naturkausalität voraus. „Es mögen noch so viel Naturgründe sein, die mich zum *Wollen* antreiben, noch so viel sinnliche Anreize, so können sie nicht das *Sollen* hervorbringen, sondern nur ein noch lange nicht notwendiges, sondern jederzeit bedingtes Wollen, dem dagegen das Sollen, das die Vernunft ausspricht, Maß und Ziel, ja Verbot und Ansehen entgegensetzt."[38] Der. Gedanke des Sollens ist unmöglich, wenn alle Gesetze Naturgesetze sind.[39] Der Gedanke des Sollens setzt den Gedanken eines freien Könnens voraus. Wenn reine Vernunft in der Kontrolle des Verhaltens wirklich ist, dann gibt es freie Kausalität in transzendentaler ebenso wie in praktischer Bedeutung. Damit hört transzendentale Freiheit auf, ein allumfassender und somit leerer Begriff zu sein.

In beiden *Kritiken* besteht Kant darauf, daß die Realität der praktischen Freiheit transzendentale Freiheit voraussetzt.[40] Es gibt eine empirische Freiheit – Kant nennt sie „komparativ" –, die nicht mit absoluter oder transzendentaler Spontaneität gleichzusetzen ist. Wir können sie empirisch in gewissen Akten nachweisen, z. B. in Akten, wo man umgangssprachlich von Selbstbeherrschung spricht, während sie in anderen, z. B. in Handlungen des Zorns oder der Wollust, fehlt. Die bestimmenden Ursachen liegen bei dieser komparativen Freiheit im Handelnden selbst. Er wird nicht von außen gezwungen. Dies ist die Freiheit eines Projektils; nachdem es einmal auf seine Bahn gebracht ist, bewegt es sich aus einem inneren Impuls mit Notwendigkeit. Selbst wenn die inneren Ursachen Gedanken oder Gründe, also intellektuell und keine Triebe sind, so ist diese Freiheit immer noch die Freiheit einer gutgebauten Maschine, etwa einer Uhr.[41] Empiristen, und hier denkt Kant zweifellos an Schriftsteller wie Ulrich und Schulz, halten diesen komparativen Begriff der Freiheit für eine hinreichende Bedingung der Ethik; aber dies ist ein Irrtum. Der Freiheitsbegriff ist der „Stein des Anstoßes für alle Empiristen" (7), und ihr eigener Begriff der komparativen Freiheit ist nur ein „elender Behelf" (96).

Die Frage entsteht sofort: Verstößt nicht Kants Lehre, mit ihrer Stoßrichtung gegen die empiristische Auffassung, gegen den Naturmechanismus? Wenn aber nicht, – verdient sie in der Ehtik auch nur den geringsten Vorzug vor der empiristischen Auffassung? Kant versichert, sein Begriff der Freiheit taste die Naturgesetze nicht an, und doch soll er die Grundlage der moralischen Zurechnung sein. Um dies zu zeigen, unterscheidet Kant zwischen dem intelligiblen Charakter – dem noumenalen oder transzendentalen Subjekt (*causa noumenon*) – und dem empirischen Charakter (seiner Erscheinung in Raum und Zeit)[42].

Jener wird als frei gedacht; dieser steht unter dem Naturgesetz. Jener wird als unveränderliche Substanz, die außerhalb der Zeit verharrt, gedacht (nicht erkannt); dieser ist die Entfaltung des intelligiblen Charakters in der Zeit unter den kausalen Bedingungen der Natur. Wir schließen von der Gestalt des empirischen Charakters auf den intelligiblen Charakter. Wir strafen oder belohnen den empirischen Charakter des Menschen in der Überzeugung, daß er eine Manifestation der Freiheit des intelligiblen Charakters ist. Die Freiheit des empirischen Charakters ist zunächst nur negativ zu verstehen, d. h. er ist nicht durch den Naturablauf bedingt. Die Freiheit des intelligiblen Charakters hingegen ist positiv, denn sie läßt eine Ereignisreihe in der Welt entspringen, die ohne den intelligiblen Charakter so nicht zustande gekommen wäre.[43] Im menschlichen Verhalten kann daher jedes Ereignis unter zwei Aspekten gesehen werden: als notwendige Konsequenz voraufgegangener Ereignisse und als unmittelbare Wirkung des intelligiblen Charakters.

7. Kritische Erörterung dieser Lehre

Dies ist keine eingängige Lehre. Kant selbst räumt ein, daß Urteile nach dieser Lehre „dem ersten Anscheine nach aller Billigkeit ganz zu widerstreiten scheinen" (99). Nur „dem ersten Anscheine nach"? Warum sollte jemand eine unrechte Tat bereuen (98)? Wie kann man daran festhalten, ein Mensch sei für seine Handlungen verantwortlich, wenn man zugleich behauptet: „Jede (der willkürlichen Handlungen) ist im empirischen Charakter des Menschen vorher bestimmt, eher noch als sie geschieht"?[44] Kann man behaupten, der Mensch sei frei, nachdem man erklärt hat: Wenn wir alle empirischen Tatsachen und die Naturgesetze ihrer Verknüpfung kennten, so würden wir „eines Menschen Verhalten auf die Zukunft mit Gewißheit, so wie eine Mond- oder Sonnenfinsternis, ausrechnen" können (99)? Dies nötigt uns, eine säkularisierte Version des klassischen theologischen Problems hinzunehmen, wie menschliche Freiheit mit Gottes Vorsehung zu vereinbaren ist. Die Struktur dieser Lehre scheint nicht verständlicher und ihr Ergebnis nicht befriedigender zu sein, als jenes ergraute Mysterium.

Wenn „Freiheit" noumenale Kausalität bedeutet und die *noumena* unerkennbar sind, dann gibt es in der Erforschung der Phänomene keine Möglichkeit zu begründen, warum es in einigen Fällen erlaubt sein soll, den Begriff der Freiheit anzuwenden, und in anderen Fällen nicht. Die Gleichförmigkeit menschlicher Handlungen ist grundsätzlich ebenso groß wie die des Sonnensystems. Es gibt unter diesen Umständen keinen Grund, Aussagen über die Freiheit unserer Handlungen irgendwelche empirischen Konsequenzen zuzuschreiben. Wenn das Vermögen noumenaler Freiheit für die Gleichförmigkeit der Natur etwas zu bedeuten hat, dann gibt es diese Gleichförmigkeit nicht mehr. Hat sie dafür keine Bedeutung, so ist „Freiheit" eine eitle Prätention.

Aus diesem Dilemma sehe ich nur einen Ausweg. Schwache Hinweise dazu finden sich in zwei weit voneinander entfernten Werken Kants. Aber diese Hinweise hat Kant selbst niemals ausgearbeitet. Er selbst scheint das Paradoxe seiner Auffassungen, das allen seinen Kritikern und den meisten seiner Schüler bewußt war, nicht bemerkt zu haben.

Der erste Hinweis ist: Sollten wir nicht, statt une eine Welt zu denken, die aus zwei Reichen unter verschiedenen Gesetzen – einem Reich der Erscheinungen und einem Reich der Dinge an sich – besteht, von *einer* Welt unter zwei Aspekten sprechen? Diese beiden Aspekte wären nicht ontologisch, sondern methodologisch im Hinblick auf die Zwecke zu definieren, die uns dazu nötigen, diese beiden Perspektiven einer gemeinsamen Welt einzunehmen. Kant kommt einer solchen Zwei-Aspekte-Theorie, im Gegensatz zur bekannteren Zwei-Welten-Lehre, nahe, wenn er die theoretische Einstellung des Beobachters und die praktische Einstellung des Handelnden gegenüberstellt[45]. Darauf deutet auch sein Satz: „So ist die übersinnliche Natur, soweit wir uns einen Begriff von ihr machen können, nichts anders, als eine Natur unter der Autonomie der reinen praktischen Vernunft" (43).

Der zweite Hinweis ist für die volle Ausarbeitung des ersten unentbehrlich. In der dritten *Kritik*[46] kommt Kant zu dem Ergebnis, die Unterscheidung zwischen Naturgesetz und moralischem Gesetz sei durch die besondere Natur unseres Verstandes bestimmt. Wir können diese

Texte so interpretieren, daß nicht das eine Gesetz dem anderen im Aufbau unserer Erfahrungswelt untergeordnet ist, sondern daß beide Arten von Gesetzen einander beigeordnet sind. Der einzige Beleg dafür, daß Kant einer solchen Auffassung zuneigte, findet sich in § 70 der *Kritik der Urteilskraft*. Hier spricht er von der Thesis einer vollständigen mechanischen Determiniertheit der Natur und ihrem antinomischen Verhältnis zu einer teleologischen Kausalität als einer hinsichtlich der Natur gleichfalls möglichen regulativen Idee. Es fällt nicht schwer, dieses antinomische Verhältnis auf das Begriffspaar Freiheit – Naturkausalität zu übertragen. Dieser Gedanke läßt sich als Maxime ausdrücken: „Alle Produktion materialer Dinge und ihrer Formen muß nach rein mechanischen Gesetzen für möglich gehalten werden."

Hätte Kant bei der Auflösung der dritten Antinomie in der ersten *Kritik* erklärt, die Antithesis sei in Wahrheit nicht ein konstitutives Prinzip der Natur, sondern eine methodologische Maxime, so hätten wir zwei Maximen erhalten:

> Suche (in der Naturwissenschaft) stets mechanische Ursachen und lasse nirgends nicht-natürliche Ursachen bei der Erklärung von Naturphänomenen zu.
> Handle (in der Ethik) so, als ob die Maxime des Willens ein hinreichender Bestimmungsgrund der auszuführenden oder zu beurteilenden Handlung sei.

Keine dieser beiden Maximen ist eine programmatische Feststellung a priori; sie erklären vielmehr, was wir tun müssen, um die Rolle eines Betrachters oder eines Handelnden annehmen zu können. Man kann indes nicht beides gleichzeitig und hinsichtlich derselben Handlung tun.[47]

Es ist sehr wohl möglich, daß wir nach diesen Regeln bisweilen einen Menschen bei Handlungen, die er nicht vermeiden konnte, für verantwortlich halten; denn die menschliche Freiheit, scheint mir, ist weit beschränkter, als Kant glaubte. In diesem Falle urteilen wir einfach ungerecht. Es mag auch geschehen (obwohl wir dies nie wissen können), daß wir ein Ereignis, das nicht ausreichend kausal erklärt werden kann, abstrakt und schematisch mit Hilfe des Kausalitätsprinzips erklären. In diesem Falle verfahren wir bei unserer naturwissenschaftlichen Arbeit dogmatisch, ohne dies auch nur vermeiden zu können. Aber die Alternative zu „manchmal ungerecht" ist „immer ungerecht". Falls wir Kant folgen, urteilen wir – Kant zum Trotz – immer ungerecht, wenn wir einen Menschen bei irgendeiner seiner Handlungen für verantwortlich halten; denn nach Kant konnte keine seiner Handlungen im Lauf der Natur und der Geschichte, wie er durch das Naturgesetz konstituiert ist, unterbleiben.

Die vorgeschlagene Lösung nötigt dazu, die transzendentale Analytik der ersten *Kritik* im Lichte einiger Schlußfolgerungen der transzendentalen Dialektik neu zu überdenken. Des näheren ergibt sich, daß die scharfe Unterscheidung zwischen konstitutiven Kategorien und regulativen Ideen aufgegeben werden muß, daß auch die Kategorien nicht als notwendig gegebene Strukturen einer unabänderlich konstituierten

Naturerfahrung, sondern als Lösungsvorschlag für die Regulierung unserer Erfahrung betrachtet werden, und daß die Analogien der Erfahrung, die Kant nur in sehr abgeschwächter Bedeutung „regulativ" nannte,[48] nunmehr als regulativ in der vollen Bedeutung der transzendentalen Dialektik verstanden werden.[49]

Wenn wir diese Revision vornehmen, so dürfen wir den Bereich der Praxis und Ethik als einen Aspekt des Bereichs unserer Erfahrung betrachten, der sich uns, durch andere regulative Ideen (Kategorien) gedacht, als Bereich der Natur darstellt. Wir sind dann nicht länger genötigt, der Naturwissenschaft den Bereich der Erscheinungen (in einer ontologisch irgendwie pejorativen Bedeutung) und der Ethik den Bereich der *noumena* (in einer erkenntnistheoretisch irgendwie pejorativen Bedeutung) zuzuweisen. Die apriorischen Strukturen beider Bereiche können intakt bleiben; beide können die gesamte relevante Erfahrung ihres Bereichs zu erfassen beanspruchen.[50] Aber sie werden verschiedene Zwecke haben und gelegentlich miteinander in Konflikt geraten. Dieser Konflikt wird jedoch durch eine ethische Analyse, die der unendlichen Vielfalt des tatsächlichen Lebens Rechnung trägt, beigelegt werden müssen. Aber es wird nicht, wie nach der orthodoxen Theorie Kants, zu einem stets notwendigen Konflikt kommen. Daß diese beiden Reiche sich wechselseitig begrenzen, daß die Kategorien des einen von denen des anderen abgeleitet werden können, dies ist eine Auffassung, die in klassischer Form Fichte entwickelt hat und die sowohl im Idealismus wie im Pragmatismus stark vertreten ist. Sie geht weit über das hinaus, was Kant sagte und vermutlich akzeptiert hätte, auch wenn die Wurzel dieser Auffassung in der dritten *Kritik* enthalten ist.

8. Freiheit als Begriff des Handelnden: Spontaneität

Daß wir berechtigt sind und es sogar notwendig finden, in unseren Handlungen von dem Begriff der Freiheit Gebrauch zu machen – unabhängig davon, wie die dritte Antinomie aufgelöst wird und ob die Freiheit mit der Naturkausalität vereinbar ist oder nicht –, daß der Handelnde in einer moralischen Situation handeln muß, als ob er frei wäre, und dabei alle Verantwortung auf sich nehmen muß, die er hätte, wenn seine Freiheit theoretisch bewiesen wäre, dies zeigt Kant auf verschiedenen Wegen. Er zeigt dies jedoch nicht, indem er von der „komparativen Freiheit" Gebrauch macht, d. h. von empirisch beobachteter, relativer Unabhängigkeit von äußeren Reizen und inneren Trieben bei umsichtigem, intelligentem Verhalten. Kant zeigt dies allein durch Analyse des Phänomens der Entscheidung und durch einen Rückgang auf seine Voraussetzungen.

In der zweiten Auflage der *Kritik der reinen Vernunft* taucht eine Auffassung von der Existenz des Subjekts auf, die in der ersten Auflage, wenigstens in dieser Ausdrücklichkeit, fehlt. Es handelt sich um die Auffassung, daß wir eine unmittelbare Erfahrung von unserer eigenen spontanen Aktivität als Substanz haben.[51] Diese Erfahrung ist weder eine sinnliche Anschauung[52] noch ein abstrakter Gedanke.

Kant erklärt sich nie darüber, welchen erkenntnistheoretischen Status sie besitzt; aber als Tatsache ist sie anerkannt, auch wenn die Erkenntnistheorie der *Kritik der reinen Vernunft* ihr kaum gerecht wird.

Ein solches Bewußtsein der eigenen Spontaneität und die mit ihm verbundene Voraussetzung der Freiheit findet sich sogar im Akt des theoretischen Denkens, wenn wir auch den Begriff des Ich als einer denkenden Substanz in keiner theoretischen Erklärung der Bewußtseinstatsachen verwenden können.[53]

Das klarste Zeugnis unserer Spontaneität und Freiheit – oft wird es als das einzige Zeugnis bezeichnet[54] – ist das Bewußtsein unserer moralischen Verpflichtung. Sie ist eine von jeder natürlichen Abhängigkeit völlig verschiedene Nötigung, die ein einzigartiges Gefühl hervorbringt (92). Sie verweist auf unsere Freiheit zumal dann, wenn das moralische Gesetz zwar anerkannt, aber nicht befolgt wird.[55] Da sie vom Naturdeterminismus vollkommen verschieden ist, kann sie nicht theoretisch begriffen werden. Die Freiheit, die wir begreifen, sagt Kant in seiner Ulrich-Rezension, nützt uns in der Ethik nichts; und die Freiheit, die wir in der Ethik brauchen, kann nicht begriffen werden.[56] Wir gelangen nur dazu, ihre Unbegreiflichkeit[57] zu begreifen und sie als etwas hinzunehmen, das uns durch das Faktum der reinen Vernunft, also durch das moralische Gesetz als Zeugnis der Freiheit, verbürgt ist.[58]

Mit diesem Argument, daß das Bewußtsein des moralischen Gesetzes selbst die Realität der Freiheit beweist,[59] gelangen wir zu einem neuen Begriff der Freiheit, den wir jetzt untersuchen wollen.

9. Freiheit als oberste Gesetzgebung: Autonomie

Wir wollen einmal annehmen, die *Kritik der reinen Vernunft* habe bewiesen, die Behauptung sei ohne Widerspruch, daß der Mensch eine *causa noumenon* ist, d. h. ein Vermögen besitzt, eine neue Kausalkette in der Welt zu beginnen. Dieses Vermögen würde „Freiheit in negativer Bedeutung"[60] oder Freiheit von der Naturkausalität heißen. Freiheit ist jedoch keine regellose Willkür, ebensowenig wie ihre Wirkungen in Natur und Geschichte gesetzlos sind. Was aber beschränkt die Freiheit und macht sie gesetzmäßig? Nach der *Kritik der reinen Vernunft* setzt die Vernunft der Freiheit eine Grenze.[61] Aber wie dies geschieht, wird nicht untersucht oder erklärt.

Die Beantwortung dieser Frage gehört zu den Absichten der *Grundlegung zur Metaphysik der Sitten*. Es handelt sich darum, ein Gesetz zu finden, dem der Wille gehorchen kann, ohne durch eben diesen Akt des Gehorsams gegen das Gesetz seine Freiheit zu verlieren. Den Naturgesetzen kann der Wille „gehorchen", indem er sie – in der Form von Mittel-Zweck-Sätzen – vorsätzlich zur Verwirklichung seiner Zwecke in der Natur benutzt. Wenn wir aber von dem Anfang unseres Strebens nach Glückseligkeit, einem mit unserer natürlichen Existenz gegebenen Ziel, frei sein sollen, so darf das Vernunftgesetz nicht auf diese Weise der Natur entlehnt sein und unser Handeln letztlich, wenn auch indirekt, unter der Herrschaft der Natur belassen. Das Gesetz muß durch die Vernunft gegeben sein. Die Willkür als menschliches Vermögen kann frei in der negativen Bedeutung einer spontanen Tätigkeit sein; die praktische Vernunft aber ist ebenso etwas Spontanes, insofern sie gesetzgebend ist, statt sich einem fremden Gesetz zu unterwerfen. Sie gibt der Willkür ein Gesetz, das sie frei gegeben hat, aus der Notwendigkeit ihrer eigenen Natur. Dieses Vermögen der Gesetzgebung ist der Wille im Sinne der reinen praktischen Vernunft, und seine Gesetzgebung ist „Freiheit in positiver Bedeutung" oder Autonomie. Kant gebraucht hier wieder, wie so oft, politische Metaphern und Analogien, wie sie in der politischen Philosophie Rousseaus häufig begegnen.

Dies ist eine völlig andere Bedeutung von „Freiheit", als wir sie bisher untersucht haben. Es handelt sich nicht mehr darum, ob das handelnde Subjekt eine neue Kausalreihe beginnen kann, sondern es geht um den Ursprung des Gesetzes, das das Subjekt dabei beachtet. Nicht die Befolgung, sondern das Bewußtsein des moralischen Gesetzes ist es, was Freiheit in der positiven Bedeutung bezeugt (47). Die Freiheit und das unbedingte Gesetz bedingen einander wechselseitig. Dieses ist die *ratio cognoscendi* von jenem; jenes ist die *ratio essendi* von diesem (4 Anm.). Die Freiheit folgt aber *analytisch* aus der Vernunft.[62] Das moralische Gesetz offenbart uns ein „bewundernswürdiges Vermögen", ein rein intellektuelles Prinzip der Bestimmung unserer Existenz.[63]

Damit ist es an der Zeit, daß wir uns einem der bekanntesten Argumente Kants für die Freiheit zuwenden. Es besagt, daß ein Wesen, das nur unter der Idee der Freiheit handeln kann, in praktischer Hinsicht wirklich frei ist und durch die Gesetze, die aus dieser Idee folgen, verpflichtet ist, unabhängig davon, ob seine Freiheit theoretisch bewiesen werden kann oder nicht.[64] Welche Freiheit wird durch dieses Argument verbürgt? Jedenfalls nicht die Freiheit spontanen Handelns; denn das Bewußtsein dieser Freiheit kann täuschen. Jeder, selbst der Fatalist oder der Determinist, gibt – mit Mephistopheles – zu: „Du glaubst zu schieben." Der Fatalist oder der Determinist fügt nur hinzu: „Aber du wirst geschoben." Kants Argument bezieht sich auf die Freiheit im Zusammenhang mit dem Ursprung der Verpflichtung, nicht der Befolgung einer Pflicht. Denn wir sind nicht unmittelbar verpflichtet, irgendetwas zu tun, eine bestimmte Kausalkette in der Zeit zu beginnen. Unmittelbar und ausnahmslos sind wir nur dazu verpflichtet, eine bestimmte Maxime anzunehmen und nach ihr zu handeln, und Maximen und Handlungen, die mit ihr unvereinbar sind, zurückzuweisen. Dieser Gedanke allein beweist bereits eine Gesetzgebung der Vernunft, die von der Natur nicht abgeleitet ist; denn die Natur zeigt uns kein Sollen. Wer glaubt, zu einer Handlung verpflichtet zu sein, ist wirklich zu einer Handlung verpflichtet. (Dies muß freilich nicht genau diejenige Handlung sein, zu der man sich verpflichtet glaubt.[65]) Der Gedanke einer Verpflichtung rechtfertigt sich daher in einer Weise selbst, wie das bloße Gefühl der Spontaneität sich nicht selbst ausweist. Man kann daher sagen, Freiheit im Sinne der Gesetzgebung sei wirklich, selbst wenn man zugäbe, in der gesamten Geschichte der Menschheit sei vielleicht nie eine freie *Handlung* aufgeführt worden.

10. Die Synthesis dieser beiden Begriffe

Man muß es bedauern, daß Kant diese beiden Konzeptionen von Willensfreiheit nicht deutlich unterschied und alsdann ihre Beziehungen zueinander formal untersuchte. Kant handelt gleichzeitig von ihnen, ohne jemals klarzumachen, von welcher er gerade spricht. Hätte er eine wirklich synthetische Methode angewandt, so hätte er beide Begriffe zuerst entwickelt und dann aufeinander bezogen. Gleichwohl müssen wir das Verhältnis beider Begriffe durch eine Analyse dieses komplexen Zusammenhangs bestimmen. Glücklicherweise ist dies nicht schwer, und Kant tut es, zwar unausdrücklich, selbst in § 6 (29 f.). Ich werde diesen Text daher im folgenden paraphrasieren, indem ich die beiden Konzeptionen des Willens und der Freiheit deutlich mache, und so die synthetische oder überbrückende Funktion dieses wichtigen Abschnitts herausstellen.

Vorausgesetzt, der Mensch ist frei in der praktischen und phänomenologischen Bedeutung dieses Wortes,[66] d. h.: vorausgesetzt, er hat die Fähigkeit, eine Kausalkette in der Natur spontan zu beginnen, was ist dann das Gesetz seines Handelns? Ein Gesetz muß einen Inhalt haben, der aus der Natur stammen kann, und eine Form, die Form der Allgemeinheit. Diese kann nur aus der Vernunft stammen.[67] Wenn die Willkür ein Gesetz wegen seines Inhalts befolgt, so kann sie gleichwohl in praktischer Bedeutung frei sein. Denn der Wille beweist seine Freiheit selbst in der Befolgung hypothetischer Imperative und sogar in Handlungen, die böse sind. Soll seine Willkür aber notwendig, d. h. unabhängig von den Begierden, die die Materie seines Wollens sind, bestimmt sein – eine solche notwendige Bestimmtheit ist im Falle der Pflicht gegeben –, so muß sie durch die Form des Gesetzes, nicht durch seinen Inhalt bestimmt sein. Die Form des Gesetzes liegt in seiner Allgemeinheit, seiner Tauglichkeit für eine allgemeine Gesetzgebung. Indem die Vernunft ein solches

Gesetz gibt, entspricht sie nicht einem natürlichen Drang. Sie ist folglich als Gesetzgeber spontan und frei.

Wenn eine freie, d. h. spontane Willkür gut ist, so wird sie mithin durch einen freien, d. h. autonomen Willen oder reine praktische Vernunft, die das Gesetz gibt, bestimmt.[68] Nur dieses Gesetz kann die Willkür befolgen, ohne ihre Freiheit zu beeinträchtigen. Sie gewinnt vielmehr an Freiheit dazu, da sie jetzt sowohl ein autonomer, wie ein spontaner Wille ist. Zum negativen Begriff der Freiheit (spontane Unabhängigkeit von fremden Gesetzen) tritt der positive Begriff der Freiheit (autonome Gesetzgebung) hinzu. Was sie aufgibt, ist nur gesetzlose Freiheit: „Denn wo das sittliche Gesetz spricht, da giebt es objektiv weiter keine freie Wahl in Ansehung dessen, was zu thun sei."[69]

Die Willkür kann das Gesetz des Willens nur darum befolgen, ohne ihre eigene Freiheit zu verlieren, weil Wille und Willkür nicht zwei äußerlich bezogene Vermögen sind. Sie sind nur zwei Aspekte der praktischen Vernunft und unterscheiden sich wie Legislative und Exekutive voneinander. Die Legislative bindet die Exekutive; der Wille ist die reine Form der Willkür, d. h. er gibt ein Gesetz, das die Willkür befolgen *würde*, wenn sie ein heiliger Wille wäre und ihre Möglichkeit, reiner Wille zu sein, voll ausschöpfte. Das Gesetz ist nicht außerhalb der Willkür gefunden worden, sondern im Rückgang auf die Bedingungen einer vollkommenen Willensfreiheit, auch wenn diese im natürlichen Menschen nicht wirklich gegeben sind. So sagt Kant ausdrücklich, daß wir den Willen finden, indem wir auf die Bedingungen der Willkür zurückgehen.[70]

Der menschliche Wille ist kein einfacher Begriff, sondern er hat zwei verschiedene Aspekte. Er kann sowohl eine Verpflichtung schaffen, wie eine Verpflichtung übernehmen. Dies ist eine der aufregendsten Thesen der Kantischen Philosophie, nicht weniger aufregend als die ihr entsprechende kopernikanische Wendung in der theoretischen Philosophie. Solange der Ursprung des Gesetzes der Natur, der Erfahrung oder Gott zugeschrieben wurde, wie rigoros und bestimmt dies auch geschehen mochte, mußte der Gehorsam gegen das Gesetz auf Heteronomie beruhen und die Freiheit beschränken. Daß das moralische Gesetz vernünftig sei, daß es a priori erkannt werden müsse, daß es den Menschen unabhängig von Lohn und Strafe, die der Glauben an die Befolgung des Gesetzes geknüpft hatte, verpflichte, – all dies war in der deutschen Schulphilosophie zu Kants Zeiten eine bekannte Lehre. Aber wegen ihrer abstrakten Vollkommenheits-Ontologie konnte die Schulphilosophie kein spezifisches Gesetz aus dem mutmaßlichen Ursprung des moralischen Gesetzes herleiten; als einzige Begründung für den Gehorsam gegen das Gesetz drohte stets der Eudämonismus übrig zu bleiben. Weil Kant das Gesetz aus dem Begriff des vernünftigen Willens, nicht aus einer abstrakten Vollkommenheit oder einem „Willen überhaupt",[71] entwickelte und seine Formel aus dem Begriff dieser seiner Quelle herleiten konnte, weil diese Quelle eine Idealisierung des Willens als eines Vermögens der

Spontaneität im Menschen war, brauchte Kant keine äußere Motivation für den Gehorsam gegen das Gesetz zu suchen. Die vernünftige Persönlichkeit des Menschen äußert sich gesetzgebend in einem „ist", das für nur teilweise vernünftige Wesen *eo ipso* zu einem „soll" wird.

Das Gesetz und der ihm entsprechende Imperativ auf der einen Seite und die zur Befolgung des Gesetzes notwendigen Bedingungen auf der anderen Seite haben eine gemeinsame Quelle, die Kants Vorgänger niemals finden konnten, ja nicht einmal suchten. Daher waren sie niemals imstande, ihre formalistische Ethik in eine praktische Lehre zu überführen, ohne die angebliche Formalität ihres Prinzips zu beeinträchtigen oder zu zerstören.

Vor Kant hat nur Rousseau die Lehre von der Autonomie formuliert. Während die anderen Autoren des 18. Jahrhunderts das Gesetz nur als eine Beschränkung der Freiheit verstehen konnten, sah Rousseau den wesentlichen Zusammenhang zwischen Gesetz und Freiheit. Er entwickelte diesen Gedanken freilich nur in der politischen Philosophie, und hier konnte ihn Kant mit geringen Änderungen von ihm übernehmen. Aber Kant vertiefte den Gedanken der politischen Autonomie freier Bürger zu einer ethischen und metaphysischen Lehre. So kommt er dazu, mit Rousseau zu erklären, nur der Gehorsam gegen ein Gesetz, das man sich selbst gegeben hat, sei wirkliche Freiheit.[72] In Kants Ethik gibt es mithin, entsprechend der „Kopernikanischen Wende" in seiner Erkenntnistheorie, eine „Rousseauistische Wende". Gesetzgebung und Gehorsam gegen das Gesetz bleiben indes ganz verschiedene Aufgaben. Kann unser menschlicher Wille sowohl autonom wie spontan sein? Diese Frage kann man aus verschiedenen Gründen bejahen. Denn erstens kann der Wille nicht ohne Autonomie spontan sein,[73] es sei denn, die Freiheit wäre gesetzlos und mithin ebenso bedeutungslos für die Ethik wie unvereinbar mit der wissenschaftlichen Erkenntnis. Umgekehrt kann der Wille, zweitens, spontan sein, weil er es als autonomer Wille sein soll.[74] Wenn das Bewußtsein unserer Pflicht unerfüllbare Ansprüche an uns stellte, etwa weil unsere Willkür nicht einmal potentiell frei wäre, so wäre der Gedanke der Pflicht eine Illusion. Woher aber wissen wir, daß er es nicht ist? Nur durch das positive Zeugnis des Faktums der reinen Vernunft[75] und die Auflösung der dritten Antinomie. Diese macht Freiheit möglich, jenes macht sie wirklich. Drittens und letztens glaubt Kant im Hinblick auf die empirische Natur des Menschen zeigen zu können, daß die Argumente, die die Unmöglichkeit einer Autonomie des Menschen beweisen sollen, falsch sind.

Man hat oft gegen Kants Ethik eingewandt, sie sei in zwei Beziehungen paradox: (1) Kant ist (angeblich) in seiner Ethik „Individualist"; gleichwohl ist die moralische Person für ihn nur eine Abstraktion, die das Individuum irgendwie beherrschen und beschränken soll. (2) Kants Ethik ist so autonom, daß der soziale oder universalistische Aspekt der Moralität unbegründet bleibt; denn er stellt nur eine äußere Beschränkung der von Kant proklamierten Freiheit dar.[76]

Abgesehen davon, daß diese beiden angeblichen Paradoxa einander ausschließen, läßt sich zeigen, daß beide unzutreffend sind und aus einem Mißverständnis des soeben besprochenen Gedankens entstehen. Wenn man sie genauer ausarbeitet, so stößt man bei beiden auf die Voraussetzung, es gäbe in Kants Lehre zwei Willen. Welches Paradox dann hervortritt, hängt von der Meinung des Kritikers darüber ab, welches von beiden in Kants Lehre das wichtigere ist. (Dies ist dann genau dasjenige, das der Kritiker für weniger wichtig hält; denn so will es das Verlaufsmuster einer philosophischen Polemik.) (1) Wenn der Wille oder reine praktische Vernunft als ein abstrakter theoretischer oder moralischer Begriff das Übergewicht erhält, dann wird die Willkür des Individuums eingeschränkt, und sie ist nicht frei. (2) Wenn die Gesetzgebung der individuellen Willkür zugeschrieben wird, so sieht man nicht mehr, wie die so entstandenen Gesetze dem Erfordernis sozialer Universalität und Harmonie genügen können.[77]

Wir haben es indes nicht mit zwei Willen zu tun. Es handelt sich um *einen* Willen mit seiner formalen Bedingung der Möglichkeit, d. i. eine allgemein gültige Vernunft, und seiner materialen Bedingung, die aus den Besonderheiten seiner Lage in der Welt zu verschiedenen Zeiten und an verschiedenen Stellen entspringt. Und die beiden Paradoxa sind nicht Paradoxa der Kantischen Ethik, sondern vielmehr Manifestationen des menschlichen Schicksals, das uns dazu bestimmt, als Individuen universalen Geboten und Ansprüchen zu genügen. Der Mensch ist das einzige Wesen in der Welt, das nicht nur etwas Universales manifestiert, sondern zugleich Beispiel für ein anderes Allgemeines sein soll. Er ist ein Individuum, das anderen nur solche Gesetze auferlegt, die es sich selbst gegeben hat, das für sich keine Privilegien in Anspruch nimmt, die es nicht zugleich anderen zugesteht. Hätte Kants Lehre das verfehlt, was an diesen Paradoxa wahr ist, so wäre sie weniger wahr gewesen, und sie hätte dem paradoxen Aspekt des menschlichen Lebens weniger entsprochen. Denn der Mensch ist weder ein Tier noch ein Gott, weder nur Einzelnes, noch nur Allgemeines.

Unter allen Mißdeutungen Kants ist indes keine, die ebenso offensichtlich falsch wie weithin akzeptiert ist: die Anklage, Kant vertrete eine irgendwie „preußische" Philosophie, in der blinder Gehorsam gegen das Gesetz als absolute Tugend gilt, so daß weder politische noch moralische Freiheit mehr als ein bloßes Wort sein kann. Dieser Vorwurf ist zu lächerlich, als daß er für sich eine ernsthafte Widerlegung wert wäre; er muß nur zurückgewiesen werden, weil er so weit verbreitet ist.[78] Aber die Widerlegung ist nicht schwer: Diese Interpretation unterscheidet nicht nur zwei Willen innerhalb des Individuums, sondern verteilt sie auf verschiedene Personen, indem sie der einen die Rechte und der anderen die Pflichten zuweist.[79] Sie übersieht, daß moralische Disziplin für Kant Selbstdisziplin ist und diese zwar nicht das Ganze der Moralität, aber immerhin eine notwendige Bedingung der Moralität ist. Sie übersieht, daß Kant lehrte, alle gerechte Herrschaft beruhe auf Selbstbestimmung.

Es ist derselbe Mensch, der kraft desselben Vermögens in seiner positiven und negativen Bedeutung, sowohl Untertan wie auch Gesetzgeber im Reich der Zwecke und in einem gerechten Staat ist.

11. Zusammenfassung

Wir wollen hier innehalten, um die Ergebnisse unserer Erörterung, die wir in § 2 bereits vorweggenommen haben, zusammenzufassen und sie mit einigen anderen Begriffen der Kantischen Ethik in Beziehung setzen.

Wir sprechen vom Willen in zwei Bedeutungen: Der Wille ist praktische Vernunft in gesetzgebender Funktion; die Willkür ist die diesem Vermögen zugeordnete exekutive Funktion im Menschen.

Autonomie ist die Freiheit des Willens; dieser gibt der Willkür ihr Gesetz. Das Gesetz bestimmt sich aus der Natur des Willens und aus sonst nichts in der Welt, auch nicht durch den menschlichen Willen oder den Willen Gottes. Das moralische Gesetz ist ein synthetischer Satz a priori, der feststellt, was eine Willkür notwendig tun würde, wenn sie ausschließlich rational wäre. Für eine Willkür, die nicht von Natur aus tut, was das Gesetz verlangt, ist dieses Gesetz ein Imperativ der Pflicht. In ihrem realen Gebrauch entdeckt und formuliert die praktische Vernunft das moralische Gesetz; darüber hinaus hat sie noch einen rein logischen Gebrauch, indem sie Regeln des Handelns entweder vom moralischen Gesetz oder, im Falle der Klugheit, von menschlichen Begierden und den Naturgesetzen ableitet.

Spontaneität, das Vermögen, eine neue Kausalkette in der Natur zu beginnen, ist die Freiheit der Willkür. Sie kann diese (negative) Freiheit auf zwei Weisen ausüben: (1) Sie kann das Gesetz der reinen praktischen Vernunft aus Achtung vor dem Gesetz und der Vernunftperson, die dieses Gesetz aufstellt, zur einschränkenden Bedingung ihrer Maxime machen. Sie ist dann ein guter Wille, der aus Pflicht handelt. Wenn die Willkür dies ohne inneren Widerstand kraft ihres eigenen Wesens täte, so wäre sie ein heiliger Wille; da sie aber gegen sinnliche Triebe zu kämpfen hat, so ist sie höchstens ein tugendhafter Wille. (2) Die Willkür kann aber auch einen anderen, von der praktischen Vernunft in ihrem logischen Gebrauch aufgestellten oder angenommenen Grundsatz als formales Prinzip sich zu eigen machen. In diesem Falle gibt es zwei Möglichkeiten: (a) Wenn der Grundsatz nicht im Gegensatz zur Gesetzgebung der Vernunft steht, so ist die Handlung legal und die Handlung bisweilen klug. (b) Steht der Grundsatz aber im Gegensatz zum Gesetz der reinen praktischen Vernunft, so ist die Willkür böse. Frei ist sie jedoch in beiden Fällen.

Es ist jedoch auch möglich, daß die Willkür ihre Freiheit nicht wahrnimmt und ihre Fähigkeit, frei in negativer Bedeutung zu sein, nicht realisiert. Dies ist der Fall, wenn sie dem Drang der Sinne Raum gibt. Die Bezeichnung „Wille" verdient sie dann nicht mehr, sie ist nur noch ein *arbitrium brutum*.[80] Reine praktische Vernunft hingegen kann nicht anders als frei[81] und autonom sein, wie wenig sie auch bei ihrer Kontrolle der Willkür ausrichten mag. Aber wie verdorben die Willkür auch sei, sie hört immer noch die „himmlische Stimme" der reinen praktischen Vernunft, so daß selbst der ärgste Verbrecher vor diesem Gerichtshof zittert (35.80.).

12. Das moralisch Böse

Manche Verteidiger Kants, die dem Ergebnis zustimmten, daß der gute Wille ein freier Wille ist, sind in das folgende Dilemma geraten. Wenn es das Böse gibt, so muß es von fehlender Freiheit herrühren. Entweder also gibt es das moralisch Böse nicht, weil alles Schlechte bloß natürlich ist und der menschlichen Verantwortlichkeit daher nicht zugerechnet werden kann, oder die Äquivalenz von gutem Willen und moralischer Freiheit wird hinfällig. Man hat daraus geschlossen, Kant sei von seiner eigenen kritischen Lehre abgewichen, als er in seiner Schrift *Religion innerhalb der Grenzen der bloßen Vernunft* vom „Radikal-Bösen" in der menschlichen Natur sprach. Je nach dem Standpunkt des Interpreten gilt dies dann als ein Zeichen dafür, daß Kant einen kräftigen Sinn für die harten Tatsachen des moralisch Bösen besaß und dieses ohne Rücksicht auf die Einteilungen seines Systems zuließ, oder es wird als eine bedauerliche Inkonsistenz und als Preisgabe seiner kritischen Lehre zur Kenntnis genommen.

Im Licht unserer Analysen verschwindet indes der angebliche Gegensatz zwischen Kants kritischer Lehre und den Auffassungen der Religions-Schrift. Von der Realität des moralisch Bösen spricht Kant ausgerechnet im Zusammenhang seiner extremsten Äußerungen über die kausale Determiniertheit menschlichen Handelns (100), die Freiheit zu sowohl moralischem wie unmoralischem Handeln wird hier auf die härteste Probe gestellt. Kant sagt nämlich von einem bösen Menschen, daß seine Handlungen „wegen der Gleichförmigkeit des Verhaltens einen Naturzusammenhang kenntlich machen, der aber nicht die arge Beschaffenheit des Willens notwendig macht, sondern vielmehr die Folge der freiwillig angenommenen bösen und unwandelbaren Grundsätze ist, welche ihn nur noch um desto verwerflicher und strafwürdiger machen."

Dies ist mit der ausführlicheren Darstellung in der Religions-Schrift vereinbar, und beide Darstellungen passen zu der in § 11 gegebenen Zusammenfassung. In der Religions-Schrift gilt die „Natur des Menschen" als der subjektive Entscheidungsgrund seiner Willkür. Sie ist von der Bestimmung durch Triebe unabhängig; denn sonst würde es weder das moralisch Gute noch das moralisch Böse geben. Der subjektive Grund muß selbst ein „Aktus" der Freiheit sein; er kann „nur in einer Regel, die die Willkür sich selbst für den Gebrauch ihrer Freiheit macht", liegen. Das moralisch Böse hat mithin seinen Grund nicht darin, daß unter den Bedingungen der Natur die Möglichkeit der Freiheit nicht wahrgenommen wird, sondern darin, daß eine frei angenommene Maxime im Gegensatz zur Maxime der reinen praktischen Vernunft steht.[82] (Diese Maxime steht nicht, wie die Triebe, im Gegensatz zur Willkür.) Diese Geneigtheit, eine andere Maxime als das moralische Gesetz zum herrschenden Prinzip des Handelns zu machen, kann ebensowenig erklärt werden wie die entgegengesetzte Disposition, sich an das moralische Gesetz zu halten. Es handelt sich in beiden Fällen um eine Geneigtheit, nicht um kausale Determination freier Akte, die in keiner Weise erklärt werden können.

Solange die Willkür sich durch Begierden und andere natürliche Triebe bestimmen läßt, bleibt der Eindruck bestehen, jedesmal wenn sich die Willkür vom Gehorsam gegen das moralische Gesetz abbringen lasse, sei ihre Freiheit *eo ipso* aufgehoben, so daß die resultierende böse Tat ihr nicht moralisch zugerechnet werden könne. Dazu bemerkt Kant: „Die Freiheit der Willkür ist von der ganz eigentümlichen Beschaffenheit, daß sie durch keine Triebfeder zu einer Handlung bestimmt werden kann, als nur sofern der Mensch sie in seine Maxime aufgenommen hat (es sich zur allgemeinen Regel gemacht hat, nach der er sich verhalten will); so allein kann eine Triebfeder, welche sie auch sei, mit der absoluten Spontaneität der Willkür (der Freiheit) zusammen bestehen."[83] Die Geneigtheit zu bösen oder auch guten Handlungen ist, wie Kant schon in der *Kritik* sagt, frei gewählt.[84]

Man kann leicht einsehen, wie die klare Trennung von Wille und Willkür die Zurechenbarkeit des Bösen sicherstellt, so daß man von den Ergebnissen in § 11 her die Grundzüge von Kants Theorie des Bösen angeben könnte, selbst wenn wir keine Ausführungen in der Religions-Schrift nicht besäßen. Wenn die Willkür kraft ihrer Spontaneität nach Maximen handelt, die mit dem moralischen Gesetz nicht vereinbar sind, so ist ihre Handlung moralisch böse. Nur die Freiheit des Willens als reine praktische Vernunft ist mit der Moralität analytisch verknüpft, aber dieser Wille gibt nur Anweisungen, denen die Willkür gehorchen mag oder nicht. Der Wille ist weder der Sünde noch einer tugendhaften Handlung fähig, weil er überhaupt nicht handelt.[85] Nur weil man glaubte, mit *einer* Funktion des Willens und *einer* Art von Freiheit auskommen zu können, verfiel man in den Irrtum zu glauben, die *Kritik* identifiziere freie und moralische Akte. Es war darum ganz natürlich zu meinen, Kant geriete in eine ernste Inkonsistenz, wenn er vom moralisch Bösen sprach.

13. Freiheit und Schöpfung

Das Verhältnis von Freiheit und metaphysischer oder theologischer Notwendigkeit wird heutzutage wohl als weniger wichtig angesehen als das Verhältnis von Freiheit und Naturnotwendigkeit. Zu Kants Zeiten war dies weitaus weniger klar, und seine früheste Diskussion des Freiheitsproblems (in der *Nova dilucidatio*) erstreckt sich auch auf die alte Frage, wie menschliche Freiheit mit Gottes Vorsehung und Vorherbestimmung vereinbart werden kann. Als junger Mann war Kant von dem klassischen Problem der Vorherbestimmung in ihrem Verhältnis zur Ethik und von ihrer Tragweite für das Problem des Bösen fasziniert. In seinen späteren Schriften kam er gelegentlich darauf zurück.[86] Ein Spezialproblem der *Kritik* betrifft die Möglichkeit der Freiheit in einer Welt, in der das Reich der Natur und das Reich der Gnade durch eine prästabilierte Harmonie (Leibniz) verknüpft sind. Dieser Lehre kam Kant gefährlich nahe. Wenn menschliche Freiheit und Gottes Allwissenheit bei Leibniz – seiner eigenen Meinung zum Trotz – nicht vereinbar sind, so können sie auch bei Kant nicht vereinbar erscheinen. Diese Form des alten Rätsels, weniger seine calvinistischen Varianten, veranlassen Kant hier zu seiner Auseinandersetzung.

Wenn Gott die Ursache der Handlungen eines Menschen durch die ursprüngliche Schöpfung der menschlichen Substanz ist, so gibt es nur komparative Freiheit, und Moralität ist unmöglich. Kant ist bereit, den Vordersatz dieses Schlusses für die Erschaffung der Noumena zuzugeben. Aber er bestreitet die Gültigkeit des Schlußsatzes. Denn dieser Syllogismus enthält vier Terme: „Kausalität" und „Schöpfung" sind keine äquivalenten Begriffe. Gültig wäre der Schluß nur, wenn die Dinge an sich in der Zeit existierten. In diesem Falle würde auch der Versuch Mendelssohns, die Freiheit mithilfe der Zeitlosigkeit Gottes zu retten,[87] scheitern. Denn wenn die Dinge an sich in der Zeit sind, so ist die Schöpfung, unabhängig von der Natur Gottes, ein zeitlicher Akt, der den Bedingungen der Zeit unterliegt. Dies ist aber weder mit Gottes theologischen und metaphysischen Prädikaten noch mit dem Ursprung einer neuen Kausalkette in der Zeit vereinbar.

Da aber Dinge an sich und, a fortiori, Gott nicht in Raum und Zeit existieren, kann das Verhältnis zwischen Gott und den Dingen an sich nicht kausal determiniert sein, auch wenn wir es nach der Analogie der Kausalität denken müssen. Denn ein Kausalverhältnis kann nur zwischen Erscheinungen bestehen. Wenn dieses Verhältnis ontologisch real wäre, wenn die Schöpfung ein Kausalverhältnis wäre, so wäre der Mensch eine „Marionette", oder ein „Vaucansonsches Automat", und der Spinozismus verbliebe als einzige Lösung.[88] Aber da Kant aus anderen Gründen die Zeitlichkeit der Dinge an sich bestritten hat, kann er Gott in seinem Verhältnis zu ihnen und, a fortiori, zu den zeitlichen Erscheinungen[89] nicht als Ursache zulassen.

Man kann Kants Auffassung folgendermaßen zusammenfassen: Ein Syllogismus, der in seiner Major den Ausdruck „Schöpfung" und in seiner Minor den Ausdruck „Kausalität" enthält, ist formal ungültig. Überdies läßt sich aus den Obersätzen „X erschafft Y" und „Die Erscheinungen von Y sind die Ursache der Erscheinungen von Z" nichts über das Verhältnis von X zu den Erscheinungen von Z ableiten.

Ich sehe jedoch nicht, daß dies den hier erörterten Punkt trifft. Denn X ist gleichzeitig auch der Schöpfer von Z. Die Erscheinungen von Y und Z können nicht anders sein, als sie sind, ohne daß jedem einzelnen ein anderes Ding an sich zugrunde läge.[90] Da jedes von X geschaffen worden ist, ist nicht einzusehen, wie X so leicht aus der Verantwortung für die Erscheinungen von Z entlassen werden kann.

Kant scheint selbst gefühlt zu haben, daß sein Argument hier nicht vollkommen überzeugen kann, und er scheint es auch nur *faute de mieux* vorgebracht zu haben. Der letzte Absatz dieses Abschnitts (103) läßt sich als Ausdruck einer solchen Unzufriedenheit verstehen.[91] Vermutlich konnte Kant für diese alte Aporie der Theologie und des klassischen Rationalismus in seiner kritischen Periode nicht viel mehr Interesse aufbringen als in seinen Anfängen. Das Verhältnis Gottes zur Welt ist nicht Gegenstand theoretischer Erkenntnis, sondern eines praktischen Glaubens. Dieser besondere Aspekt des Verhältnisses hat keine positiven ethischen Konsequenzen, die Kant dazu genötigt hätten, näher auf dieses Problem einzugehen. Im *Streit der Fakultäten* werden solche Aporien fallengelassen.

14. Freiheit als Postulat

Die einzige Idee der reinen Vernunft, die wir erkennen können, ist die Freiheit. Sie wird durch ein apodiktisches Gesetz der praktischen Vernunft bewiesen. Alle anderen Ideen behalten nur durch ihre Verbindung mit der Freiheit Realität; nur so erkennen wir, daß sie Gegenstände haben.[92] Es handelt sich um die Ideen Gottes und der Unsterblichkeit der Seele. Sie heißen „Postulate", weil sie auf dem Bedürfnis der menschlichen Vernunft beruhen, die Möglichkeit des höchsten Gutes sicherzustellen. Für die Moralität sind sie nicht unmittelbar notwendig, und sie werden nicht unmittelbar durch das Faktum der reinen Vernunft erschlossen. Sie können nicht theoretisch gerechtfertigt werden.

Es ist daher nicht gerade überraschend, wenn Kant die Freiheit in ihrer positiven Bedeutung zu den Postulaten der reinen praktischen Vernunft rechnet.[93] Dies erklärt sich auf drei Weisen. Kant gebraucht, erstens, das Wort „Postulat" in sehr weiter Bedeutung. Seine Bedeutungsvielfalt wird in Kapitel XIII erörtert werden.

Das Freiheitsproblem steht, zweitens, nicht nur in Beziehung zum moralischen Gesetz selbst, sondern mehr noch zum *summum bonum*. Im Hinblick auf das höchste Gut als Objekt eines notwendigen menschlichen Bedürfnisses kann alles das als ein Postulat gelten, was notwendig angenommen werden muß, damit dieses Objekt erreichbar ist. Die Analytik hat zwar stärkere Gründe für die Behauptung der Freiheit geliefert als diese Notwendigkeit im Hinblick auf das höchste Gut; aber wenn dieses selbst der Gegenstand der Erörterung ist, so muß alles das, was wir annehmen müssen, um die reale Möglichkeit dieses höchsten Guts zu zeigen, insoweit als ein Postulat betrachtet werden. Daraus läßt sich nicht schließen, die Lehre der Analytik sei in irgendeiner Weise aufgegeben oder auch nur modifiziert. Denn was dort „deduziert" war, wird hier „postuliert". Die Lehre von der Freiheit als Postulat ist in Kants Werk tatsächlich früher als die Deduktion der Freiheit. In der Dialektik der zweiten *Kritik* vernehmen wir ein letztes Echo der in der *Kritik der reinen Vernunft* entwickelten Lehre, nach der Gott, Freiheit und Unsterblichkeit auf genau derselben Stufe stehen.[94]

Freiheit als Bedingung des moralischen Gesetzes und Freiheit als Bedingung des *summum bonum* bedeuten, drittens, nicht dasselbe. Freiheit in der letzteren Bedeutung ist ein Gegenstand des Glaubens, nicht des Wissens.[95] Es ist das Vertrauen in die Erreichbarkeit des *summum bonum*, d. h. der Glaube an die Tugend als eine hinreichende Bedingung, das höchste Gut zu erreichen. Freiheit in diesem Sinne ist nicht bloße Autonomie, sondern „Autokratie" des Willens.[96]

XII DIE „AESTHETIK" DER REINEN PRAKTISCHEN VERNUNFT

Kommentar zum dritten Kapitel der Analytik, zu einem Teil der Dialektik und zur Methodenlehre

1. Das psychologische und das ethische Problem

Kant hat wiederholt auf die Notwendigkeit hingewiesen, zwischen den subjektiven, psychologischen Faktoren einer Handlung, die wir durch Beobachtung in Erfahrung bringen, und dem objektiven Gesetz a priori oder der moralischen Norm, die wir nur durch reine Vernunft erkennen, zu unterscheiden. Die *Grundlegung zur Metaphysik der Sitten* versuchte zu zeigen, daß bereits das normale moralische Bewußtsein diese Unterscheidung enthält, mag es sonst auch in der Disziplin des Denkens nicht sehr geübt sein, und sie so gültig herauszuarbeiten, daß der Grundsatz a priori in seiner Einfachheit und Reinheit erfaßt werden konnte. Dagegen steht die synthetische oder rekonstruktive Methode der *Kritik der praktischen Vernunft*. Sie beginnt also nicht mit dem Bewußtsein der Pflicht, um zu zeigen, daß es Merkmale aufweist, die sich nicht vollständig aus psychologischer Erfahrung erklären lassen, sondern sie stellt eine Abgrenzung der formalen und materialen Elemente alles Wollens an den Anfang. Erst am Ende des ersten Hauptstücks der Analytik wird der oberste Grundsatz der reinen praktischen Vernunft formuliert. Dieser beruht nicht auf irgendwelchen Daten der Erfahrung, die mit dem Wesen des Menschen gegeben sind oder sich auf die Natur des Menschen beziehen, sondern er ist ein Gesetz für Vernunftwesen im allgemeinen und gilt als Norm oder regulatives Prinzip für Menschen und für andere Vernunftwesen in der Welt, die keine reinen Vernunftwesen sind, – wenn es solche gibt. Für reine Vernunftwesen ist dieses Gesetz mithin a priori deskriptiv; für nur teilweise vernünftige Wesen ist es ein regulativer Begriff, und insofern ist er auch auf menschliche Wesen anwendbar.

„Anwendbar" kann zweierlei bedeuten. Es kann bedeuten, daß dieses Gesetz bei der Bewertung menschlichen Handelns als Norm dient. In diesem Falle ist es ein Standard, mit dessen Hilfe man das, was ist, und das, was sein soll, miteinander vergleicht. Es kann aber auch bedeuten, daß man dieses Gesetz befolgt. In diesem Falle ist es der wichtigste Faktor im Prozeß unseres Entscheidens und unseres darauf folgenden Verhaltens. Die erste dieser beiden Bedeutungen wird hauptsächlich in der *Metaphysik der Sitten* in einer Reihe kasuistischer Analysen vertieft. Von

Ausnahmen abgesehen wird in der *Kritik der praktischen Vernunft* nur die Tragweite der zweiten dieser beiden Bedeutungen untersucht. Dies geschieht in zwei getrennten, aber eng zusammenhängenden Erörterungen; im dritten Hauptstück der Analytik („Von den Triebfedern der reinen praktischen Vernunft") und in der Methodenlehre am Schluß des Buchs. Einige verwandte Fragen werden im Kapitel über die Auflösung der Antinomie, zu der die Idee eines *summum bonum* führt, besprochen.

Das Problem dieser Erörterungen enthält für Kant eine besondere Schwierigkeit. Denn in seinen übrigen ethischen Untersuchungen über das Moralprinzip befaßt sich Kant mit Vernunftwesen im allgemeinen; der Weg von der Erkenntnis a priori zu ihrer Anwendung auf die Bedingungen der Erfahrung ist jedoch stets, und nicht nur für Kant, schwierig. Dieser Weg muß mit äußerster Vorsicht beschritten werden, und Kant weiß, daß in diesem, wie in seinen anderen Werken, ein Fehler in der Analyse der Faktoren a posteriori Zweifel auf die Gültigkeit der apriorischen Elemente der Erfahrung, sein Hauptanliegen, werfen muß. In keinem seiner Werke ist es Kant indes gelungen, diesen Übergang zur vollen Zufriedenheit seiner Kritiker zu bewerkstelligen. Da sie sich mit seiner Psychologie nicht befreunden konnten, hat dies einer gewissen Skepsis gegenüber den Thesen seiner reinen Philosophie Vorschub geleistet. Gleichwohl muß dieser Übergang gemacht werden, wenn reine Vernunft praktisch sein soll.

Der Mensch ist ein Vernunftwesen; aber er ist auch ein Wesen der Bedürfnisse, der Triebe und der Sinnlichkeit. Er ist ein freies Wesen oder er kann frei handeln; aber er ist zugleich ein Teil im Mechanismus der Natur. Sein Ich ist ein Ding an sich; aber er hat auch einen empirischen Charakter, und ist so von allen anderen Vernunftwesen und allen anderen empirischen Gegenständen unterschieden. Wie also läßt sich dieses Verhältnis, das tatsächliche und das ideelle, zum reinen moralischen Gesetz beschreiben? Wie kann das Sittengesetz oder unser Bewußtsein dieses Gesetzes ein bestimmender Faktor unseres Handelns werden, wie es der Fall ist, wenn wir uns mit Recht als moralische Wesen betrachten?

Bevor wir uns auf Kants tatsächliche Antwort auf diese Fragen einlassen, wollen wir uns klarzumachen versuchen, wie in seiner Begriffssprache eine befriedigende Antwort aussehen müßte. Diese Frage ist nach Kant gleichbedeutend mit der anderen Frage, wie der Wille frei sein kann, und auf diese Frage gibt es ebensowenig eine Antwort, wie auf alle anderen Fragen, die sich auf fundamentale Vermögen beziehen. Wir können kein höheres Prinzip finden, das auf solche Tatsachen wie den sinnlichen Charakter unserer Anschauung, die Freiheit des Willens, die Tatsache, daß reine Vernunft praktisch ist, oder die Tatsache, daß unsere Vernunft nicht intuitiv, sondern diskursiv ist, ein Licht werfen würde. Aber wir können ihre Unerklärbarkeit erklären und zeigen, daß alle Versuche, sie aufzulösen, zum Scheitern verurteilt sind. Obwohl also die *Kritik der praktischen Vernunft* das unauflösbare Rätsel des Menschen nur um eine Stufe verschiebt, versucht sie eine psychologische Erklärung dafür zu geben, wie die Erkenntnis des Sittengesetzes unser Handeln bestimmen kann. Wir werden also „nicht den Grund, woher das moralische Gesetz in sich eine Triebfeder abgäbe, sondern was, sofern es eine solche ist, sie im Gemüte wirkt (besser zu sagen, wirken muß) a priori anzuzeigen haben" (72). Wesentlich ist, daß dieses Rätsel nicht mehr gleichsam an der Oberfläche der Erscheinungen angesiedelt sei; denn die Sache selbst ist so erstaunlich, daß Zweifel an ihrer Realität die Wirksamkeit dieser Triebfeder herabsetzen müßten. Dies aber würde bedeuten, daß es nur noch Legalität (gesetzmäßiges Handeln), aber keine Moralität mehr gäbe. Wer indes praktisch zu ethischem Handeln anleiten soll, der muß wissen, welche Schritte geeignet sind, diese Triebfeder wirksam und hinreichend zu machen. Dies ist nur möglich, wenn wir wissen, wie sie wirksam wird, und wenn wir so Zweifel daran, daß sie wirksam werden kann, zerstreuen können. Immerhin waren es diese Zweifel, die z. B. Hume dazu brachten, die Vernunft nicht, wie Kant, als Herrin, sondern als Sklavin der Leidenschaften zu betrachten.

Kant hat einen weiteren Grund, sich ausführlich mit der Frage zu befassen, wie das Bewußtsein des Gesetzes eine moralische Haltung und moralische Absichten bewirken kann. Der eigentliche Gegenstand eines moralischen Urteils ist nicht das Gesetz, sondern der Mensch. Moralisch handelt ein Mensch nur, wenn er zwei Bedingungen erfüllt: Seine Handlungen müssen gesetzmäßig sein, und das Gesetz muß die Triebfeder seiner Handlungen sein. Eine Handlung ist mithin moralisch, weil sie aus Pflicht getan wird. Wir können unmöglich die subjektiven Erscheinungen der Moralität verstehen oder eine sichere Basis für die moralische Zurechnung einer Handlung oder für eine moralische Entscheidung haben, wenn wir nicht begreifen, wie das moralische Gesetz uns bewußt wird und Forderungen an uns stellt. Wenn wir dies nicht begreifen, so überlassen wir denen das Feld, die einfachere Erklärungen geben, die zwar leichter verständlich, aber theoretisch falsch sind und der Moralität selbst schaden.[1]

Die Rechtfertigung dafür, daß die Erörterung dieser Fragen unter den Titel „Aesthetik" gestellt werden, ergibt sich aus den Analogien, die Kant zwischen den analytischen Teilen der beiden ersten *Kritiken* findet.[2] Ihre Einteilungen entsprechen einander, aber in umgekehrter Reihenfolge. Die erste *Kritik* beginnt mit der sinnlichen Gegebenheit der Vorstellungen, sie untersucht sodann ihre Synthesis zum Bewußtsein von Gegenständen, und sie steigt schließlich zu den regulativen Prinzipien auf, durch die das Bewußtsein von Gegenständen zu einer Erfahrungswelt verknüpft wird. Die zweite *Kritik* beginnt mit den Grundsätzen (erstes Hauptstück), sie wendet sie sodann auf Gegenstände der reinen Vernunft an (zweites Hauptstück), und sie schließt im dritten Hauptstück mit ihrer Anwendung auf das Subjekt und sein sinnliches Vermögen in einer „Aesthetik der reinen praktischen Vernunft (wenn es mir erlaubt ist, diese sonst gar nicht angemessene Benennung[en], bloß der Analogie wegen, hier zu gebrauchen)" (90). (Kants Einschränkung bezieht sich zugleich auch auf die Verwendung des Ausdrucks „Logik" in der transzendentalen Analytik der praktischen Vernunft.)

Es dürfte angebracht sein, kurz zu erwägen, wie weit dieser Ausdruck hier angemessen ist oder nicht. Er paßt, insoweit das Wort „Aesthetik" sich allgemein auf Sinnlichkeit bezieht;[3] hier handelt es sich um das Gefühl als einen Sinn.[4] Aber es wäre ein Fehler, zuviel Ähnlichkeit von den beiden Aesthetiken zu erwarten. Die transzendentale Aesthetik der ersten *Kritik* hat es mit den sinnlichen Bedingungen einer synthetischen Erkenntnis a priori zu tun. Die praktische Philosophie hingegen wurde von der Transzendentalphilosophie ausgeschlossen,[5] und Kant ist hier nicht damit befaßt, wie die *Gegenstände* der praktischen Vernunft für die Erkenntnis gegeben sind. Es geht vielmehr darum, das Affiziertsein des Subjekts als eines sinnlichen Wesens durch die Grundsätze (nicht: Gegenstände) der reinen praktischen Vernunft zu untersuchen.

2. Ein anderes hierhergehöriges Problem

Man könnte meinen, die Fragen dieses Kapitels seien, so gut Kant diese Antwort geben kann, bereits beantwortet. Man könnte darauf hinweisen, daß wir uns schon mit dem intelligiblen und dem empirischen Charakter des Menschen beschäftigt haben und daß diese Unterscheidung von Ding an sich und Erscheinung nach Kants Auffassung der Kern der Lehre von der transzendentalen Freiheit ist.

Die moralphilosophischen Probleme hängen eng mit dem Verhältnis von Erscheinung und Ding an sich zusammen. Gleichwohl stellt dieses Verhältnis ein etwas anderes Problem dar. Transzendentale Freiheit ist nach Kant eine notwendige Bedingung der moralischen oder praktischen Freiheit, aber keine hinreichende Bedingung. Dies ist der Grund, warum das Problem der Aesthetik mit der Auflösung der dritten Antinomie nicht gelöst ist. Kant hat es hier mit einem Problem innerhalb der Erscheinungswelt zu tun, nicht mit einem metaphysischen Problem im Verhältnis von Erscheinung und Realität. Die Frage ist jetzt nicht unmittelbar: Wie kann ein Gesetz der intelligiblen Welt in der Erscheinungswelt die Ereignisse bestimmen? Sie lautet vielmehr: Wie kann ein Wesen der Erscheinungswelt aus seiner Erkenntnis des Gesetzes der intelligiblen Welt sein Handeln so bestimmen, daß dieses Gesetz tatsächlich Wirksamkeit erlangt? Um diese Frage beantworten zu können, benötigen wir nicht weniger Erkenntnis über den Menschen als über das Gesetz, und eine Behandlung der transzendentalen Freiheit kann uns diese Information nicht geben.

3. Einige frühere Lösungsversuche

Schon vor der *Grundlegung zur Metaphysik der Sitten* hatte sich Kant mit unserem Problem beschäftigt; aber erst nachdem er die ganze Höhe seiner kritischen Philosophie erreicht hatte, begann er die Schwierigkeit jeder Lösung überhaupt zu ermessen.

In der Preisschrift *Über die Deutlichkeit der Grundsätze der natürlichen Theologie und Moral* hat Kant bereits, unter dem Einfluß Wolffs und der englischen Moralphilosophen, das formale Prinzip „Tu das Vollkommenste, was du tun kannst". Aber er fügt, gegen den Rationalismus, hinzu, daß aus diesem formalen Prinzip keine bestimmte Verpflichtung abgeleitet werden kann,[6] außer wenn „unerweisliche materiale Grundsätze der praktischen Erkenntnis" hinzukommen.[7] Damals glaubte Kant, es gebe ein nicht weiter auflösbares „Gefühl des Guten", das diese materialen Prinzipien liefert, und auch wenn er dies nicht ausdrücklich sagt, so ist doch ziemlich klar, daß die bewegende Kraft in der Ethik nach seiner damaligen Auffassung von den moralischen Gefühlen, und nicht vom formalen Prinzip selbst herrührt. Diese kleine Schrift endet jedoch mit einer unerwartet vorsichtigen Bemerkung: „... indem noch allererst ausgemacht werden muß, ob lediglich das Erkenntnisvermögen oder das Gefühl (der erste innere Grund des Begehrungsvermögens) die erste Grundsätze dazu entscheide." Dies macht den Eindruck, als ob Kant schon damals nicht vollkommen davon überzeugt war, in der Ethik sei das Gefühl ein unabhängiger Faktor.

In den *Beobachtungen über das Gefühl des Schönen und Erhabenen* aus demselben Jahr scheint sich Kant für das Gefühl als Quelle der moralischen Ideen entschieden zu haben. Da gutartige Neigungen als Basis der Ethik allein nicht ausreichen, verlangt Kant allgemeine Prinzipien zur Begründung der Moralität. Von diesen heißt es: „Diese Grundsätze sind nicht spekulativische Regeln, sondern das Bewußtsein eines Gefühls, das in jedem menschlichen Busen lebt und sich viel weiter als auf die besonderen Gründe des Mitleidens und der Gefälligkeit erstreckt. Ich glaube, ich fasse alles zusammen, wenn ich sage, es sei das Gefühl von der Schönheit und der Würde der menschlichen Natur." Damit will Kant erklären, wie dieses Gefühl und die mit ihm verbundene „erweiterte Neigung" unsere gutartigen Triebe beherrschen und die „Schönheit der Tugend" hervorbringen kann.[8]

Das ist blanker Eudämonismus. Und in den *Träumen eines Geistersehers* versucht Kant eine „pneumatologische" Erklärung[9] dieser umfassenden Sozialgefühle, die er „moralische" nennt. Er denkt dabei an eine Gemeinschaft von Vernunftwesen unter psychischen Gesetzen, vergleichbar dem Mechanismus der Newtonschen Gesetze, die die physikalische Natur zusammenhalten und beherrschen. Das ist spekulative Metaphysik des moralischen Gefühls. Die in der Erfahrungswelt gültige Erklärungsart wird hier lediglich hypothetisch auf die Metaphysik übertragen. Aber wenn wir uns daran erinnern, was „Methaphysik" bei Kant vor und nach 1770 bedeutet, und wenn wir den Wandel vor Augen haben, der sich in Kants Auffassung von den Grenzen und der Methode der Metaphysik in dieser Zeit ereignete,[10] so werden wir über den sich entwickelnden Intellektualismus nicht überrascht sein, der sich in einer sehr bemerkenswerten Äußerung Kants über eine ethische Schrift seines früheren Schülers Marcus Herz findet. Sie lautet: „Der oberste Grund der Moralität muß ... selbst im höchsten Grade wohlgefallen ... muß Bewegkraft haben und daher ob er zwar intellectual ist so muß er doch eine gerade Beziehung auf die erste Triebfedern des Willens haben."[11]

Obgleich dieser Gedanke nicht weiter entwickelt wird und die kurze Äußerung weitreichende Interpretationen nicht tragen kann, ist sie vermutlich doch als die erste Andeutung der kritischen Lehren aus den achtziger Jahren anzusehen. In der Zwischenzeit scheint Kant so sehr zwischen zwei unvereinbaren Lehren über die moralische Motivation hin und her gerissen gewesen zu sein (wenn er zu einer Beschäftigung mit diesen Fragen überhaupt Zeit fand), daß wir in der *Kritik der reinen Vernunft* sie beide auf einer einzigen Seite vertreten finden können. Kant spricht hier von der Notwendigkeit der Belohnungen und Strafen zur Beförderung der Moralität in einer Weise, die an religiösen Eudämonismus erinnert: „Es ist notwendig, daß unser ganzer Lebenswandel sittlichen Maximen untergeordnet werde; es ist aber zugleich unmöglich, daß dieses geschehe, wenn die Vernunft nicht mit dem moralischen Gesetze, welches eine bloße Idee ist, eine wirkende Ursache verknüpft, welche dem Verhalten nach demselben einen unseren höchsten Zwecken genau entsprechenden Ausgang, es sei in diesem, oder in einem anderen Leben, bestimmt. Ohne also einen Gott, und eine für uns jetzt nicht sichtbare, aber gehoffte Welt, sind die herrlichen Ideen der Sittlichkeit zwar Gegenstände des Beifalls und der Bewunderung, aber nicht Triebfedern des Vorsatzes und der Ausübung."[12] Aber unmittelbar darauf und ohne erkennbare Konsistenz stellt Kant sodann in Abrede, daß die Aussicht auf zukünftige Glückseligkeit Moralität ermöglicht. Sittlichkeit ist die Würdigkeit, glücklich zu sein, und die Hoffnung auf Glückseligkeit wird durch ein „Postulat" begründet. Aber das Verlangen nach Glückseligkeit bringt nicht Sittlichkeit hervor.[13]

Während sich diese zweite Auffassung immer wieder in Kants Schriften findet, hat Kant den religiösen Eudämonismus des voranstehenden Zitats überwunden und niemals mehr vertreten. Nach einer Analyse des Bestrebens, der Glückseligkeit würdig zu sein, das nicht mehr eudämonistisch, sondern echt moralisch ist, suchen wir in der ersten *Kritik* vergebens. Ohne eine solche Analyse stellt sich die in der *Kritik der reinen Vernunft* vertretene Auffassung als ein unhaltbares Gebilde dar.

Eine solche Analyse finden wir dann in dem berühmten Duisburg-Fragment 6.[14]

Das Glücksverlangen ist hier zwar immer noch grundlegend, auch wenn Kant erneut anerkennt, daß es nicht *eo ipso* Tugend hervorbringt.

Aber die Definition der Glückseligkeit ist jetzt moralisch, so daß das Streben nach Glückseligkeit einen moralischen Charakter erhält. Sie wird definiert als ein Wohlergehen, das nicht auf zufälligen Umständen, sondern auf unserer Wahl beruht. Sie ist mithin nichts anderes als „wohlgeordnete Freiheit", die Selbstzufriedenheit bewirkt. Sie besteht in der Einheit aller Handlungen unter allgemeinen Gesetzen und bedeutet dasselbe wie Sittlichkeit. Kant schließt daraus, daß Sittlichkeit eine notwendige Bedingung der Glückseligkeit ist und sie ermöglicht, daß sie aber nicht Glückseligkeit zum Zweck hat. Sie ist eine apriorische Form der Glückseligkeit, während ihr Inhalt von den Umständen abhängt. Tugend und nur Tugend allein kann Glückseligkeit hervorbringen, aber sie bewirkt dies nicht mit Notwendigkeit, und selbst dann ist dies nicht der Grund ihres Werts. Das Gefühl hingegen, selbst Urheber eines Zustandes zu sein, der uns der Glückseligkeit würdig macht (d. h. die Bedingung a priori der Glückseligkeit zu erfüllen), ist selbst ein positives Gefühl der Selbstzufriedenheit, und *dies* macht den menschlichen Wert der Sittlichkeit aus. Es ist ein notwendiger Faktor in der Glückseligkeit. Die innere Zustimmung ist ein hinreichendes Motiv und ein „intellektuelles Wohlgefallen" am Genuß der Freiheit.[15]

Dieses Fragment bildet den Übergang von einer dualistischen zu einer monistischen Theorie des moralischen Motivs. Wenn man den einen Satz des Briefs an Herz ausnimmt, so hatte Kant die kognitiven und die konativen Faktoren des Handelns stets auseinander gehalten, – mit dem Ergebnis, daß die These, reine Vernunft sei praktisch, nicht mehr konsistent vertreten werden konnte. Das konative Element wird selbst intellektualisiert[16] und formalisiert. Eine moralische Glückseligkeit, nämlich eine Befriedigung *in* der Sittlichkeit, anstelle einer von ihr resultierenden Glückseligkeit, wird das Ziel. Als Kant dann wenige Jahre später die Lehre von der Autonomie formulierte, wurde selbst diese moralische Zufriedenheit eine Nebenwirkung, und sie hörte auf, ein eigener, selbständiger Faktor moralischer Absichten zu sein. Damit sind wir genügend vorbereitet, uns dem letzten und entscheidenden Wandel in Kants Auffassungen zuzuwenden.

4. Triebe

Das Begriffswort „Triebfeder" bedeutet bei Kant den dynamischen oder konativen Faktor des Wollens.[17] Sie kann, wie bei einem Tier, ein bloßer Trieb sein; sie kann aber auch ein Interesse sein, bei dem die Vorstellung eines natürlichen oder moralischen Gesetzes das Handeln leitet.[18] Richtet sich unser Interesse auf einen Gegenstand des Handelns, so muß die Triebfeder, wie Kant bereits gezeigt hat, eine sinnliche Begierde unter dem Grundsatz der Selbstliebe sein (22). Sind wir hingegen an der Handlung unmittelbar interessiert, so beruht unsere Zufriedenheit auf dem Gesetz des Handelns. Die Frage ist dann: Wie kann ein sinnliches Wesen an einem reinen rationalen Prinzip Interesse nehmen? Oder wie kann ein rationales Prinzip selbst Triebfeder eines sinnlichen Wesens sein?

In der *Grundlegung* unterschied Kant zwischen Triebfeder und objektivem Bewegungsgrund des Wollens (Motiv), entsprechend der Unterscheidung von subjektiven Zwecken des Begehrens und allgemeinen, für jedes Vernunftwesen gültigen Zwecken.[19] Aus dem kategorischen Imperativ schloß Kant daher jedes Interesse als Triebfeder konsequent aus. Dies bedeutete, daß unsere Triebfedern nicht der Ursprung irgendeines moralischen Gesetzes sind, und von dieser Auffassung wich Kant auch in der Folgezeit nicht mehr ab. Die Zuweisung der Triebfedern an die sinnliche Seite unserer Natur hingegen und die daraus folgende Gegenüberstellung von Triebfeder und Motiv ließ er später wieder fallen. Obgleich alle Triebfedern, in einer noch näher zu erläuternden Bedeutung, subjektiv sind, brauchen sie doch nicht privat und sinnlich sein. Ja, bereits in der *Grundlegung* heißt die Idee einer intelligiblen Welt (das Reich der Sittlichkeit) eine „Triebfeder",[20] und dies beweist, daß der private Charakter der Triebfeder für Kants Sprachgebrauch nicht entscheidend ist. Mit der „Subjektivität" der Triebfeder kann so zweierlei gemeint sein: (a) Sie bezieht sich auf die private, persönliche Motivation eines Subjekts und beruht so auf sinnlichen Trieben, die höchstens von der Vernunft geleitet werden; (b) sie bezieht sich auf die Wirksamkeit des – objektiven – moralischen Prinzips in der Verfassung eines menschlichen Subjekts, so daß das moralische Prinzip als Triebfeder wirkt. In diesem Fall ist die Triebfeder offensichtlich ebensosehr subjektiv bedingt wie objektiv bestimmt, und diese Bedeutung von „subjektiv" wird in der *Kritik* beibehalten, wenn es heißt, daß unter Triebfeder „der subjektive Bestimmungsgrund des Willens eines Wesens verstanden wird, dessen Vernunft nicht, schon vermöge seiner Natur, dem objektiven Gesetze notwendig gemäß ist" (72). „Subjektiv" bedeutet hier lediglich, daß etwas zur Konstitution eines Subjekts gehört und so teilweise von dessen Konstitution abhängt; aber es bedeutet nicht, daß diese Subjektivität individuelle Unterschiede in der Abhängigkeit von sinnlichen Begierden zuläßt. Ohne Widerspruch kann Kant daher sagen, das objektive Gesetz müsse die Triebfeder sein, auch wenn es als Triebfeder subjektiv sei und die „Sinnlichkeit mithin auch die Endlichkeit solcher Wesen ... voraussetze".[21]

Im Verhältnis des moralischen Gesetzes zur Triebfeder kehrt daher eine formale Unterscheidung wieder, wie wir sie schon im Verhältnis des Gesetzes zum kategorischen Imperativ, bzw. des Gesetzes zur Pflicht kennenlernten. Der Imperativ ist das Gesetz, wie es einem endlichen Wesen, dessen Wille dem Gesetz nicht von Natur aus folgt, erscheint; der Imperativ ist das Gesetz, aber in der Form eines Gebots. Ähnlich erscheint auch sinnlichen Wesen das Gesetz als eine Nötigung, mithin als Pflicht. Das „Sein" des Gesetzes ist für uns ein „Sollen".[22] Das moralische Gesetz dagegen ist ein Gebot der reinen praktischen Vernunft, die als solche keine Triebfeder hat.[23] Triebfedern findet man folglich nur in einem sinnlich affizierten Wesen, und zwar nicht, weil die Triebfeder etwas Subjektives in pejorativer Bedeutung wäre, sondern weil ein nichtsinnliches Vernunftwesen von Natur aus und ohne Triebfeder dem moralischen Gesetz folgen würde.

5. Begierde und Lust

Wir müssen daher etwas über die sinnliche Natur des Menschen wisssen, wenn wir verstehen wollen, wie das moralische Gesetz als etwas Objektives zur subjektiven Triebfeder werden kann. Dazu müssen wir uns mit Kants Psychologie befassen und uns seinen „transzendentalen Definitionen" zuwenden, die, wie er sagt, das einzige sind, was er „aus der Psychologie entlehnt".[24]

Daß Menschen in der Welt existieren, daß der Mensch ein sinnlich affiziertes und der Lust folgendes Lebewesen ist, dies sind empirische Tatsachen. Das Verhältnis von Lust und Begierde muß empirisch ermittelt werden, sobald die Begierde einen empirischen Inhalt (wie Hunger, Durst u. ä.) hat. Aber es kommt entscheidend darauf an, daß die Definitionen der Psychologen nicht implizite Hypothesen über Dinge seien, die nur empirisch festgestellt werden können.[25] Sie müssen vielmehr für eine empirische Bestimmung der Beziehungen zwischen den definierten Gefühlen offen sein und, wie Kant nicht ganz korrekt hinzufügt,[26] „aus lauter Merkmalen des reinen Verstandes, d. i. Kategorien zusammengesetzt (sein), die nichts Empirisches enthalten". Es gibt drei solche Definitionen:

Leben ist das Vermögen eines Wesens, nach Gesetzen des Begehrungsvermögens zu handeln.
Das Begehrungsvermögen ist das Vermögen desselben, durch seine Vorstellungen Ursache von der Wirklichkeit der Gegenstände dieser Vorstellungen zu sein.
Lust ist die Vorstellung der Übereinstimmung des Gegenstandes oder der Handlung mit den subjektiven Bedingungen des Lebens (9 Anm.).

Von der Unterscheidung zwischen einem unteren und oberen Begehrungsvermögen war bereits die Rede.[27] Im einen Fall handelt es sich um das Erlebnis eines subjektiven Bedürfnisses, das mittelbar, durch die Realisierung seines Gegenstandes, Lust bereitet; im anderen Fall geht es um ein Vermögen, dessen Gegenstand nur durch reine Vernunft vorgestellt und kraft dieser Vorstellung realisiert werden kann. Gegenstand des oberen Begehrungsvermögens ist daher nicht ein Ding als solches, sondern nur sofern es einem Gesetz gemäß ist und sofern es wegen seiner Angemessenheit an das Gesetz und wegen seiner Hervorbringung durch das Gesetz gefällt. Da nur die Vernunft ein Gesetz vorstellen kann, ist die Vernunft das obere Begehrungsvermögen, und ihr Grundsatz a priori ist eine Zweckmäßigkeit, die beim Setzen eines jeden bestimmten Zwecks als Imperativ auftritt.[28]

Die Frage dieses Kapitels kann daher wie folgt formuliert werden: Wie kann die Vernunft ein oberes Begehrungsvermögen sein, statt nur *post facto* Normen der Beurteilung zu liefern?

6. Die Genese des Gefühls der Achtung

Wir können uns nun mit dem ersten Teil des dritten Hauptstücks systematisch befassen. Er steckt leider voller Wiederholungen und ist nicht gerade überlegen disponiert. Eine Anzahl unglücklicher Wendungen schien manchen Kritikern von ernst zu nehmender Inkonsistenz zu zeugen. Dennoch: Die Hauptpunkte des Arguments kommen mehr als einmal vor, manchmal sogar mit denselben Formulierungen und als Ergebnisse ähnlicher Gedankengänge, so daß für ernsthafte Mißverständnisse und Zweifel an Kants Meinung wenig Raum bleibt.

„Das Wesentliche alles sittlichen Werts der Handlungen kommt darauf an, daß das moralische Gesetz unmittelbar den Willen bestimme": so beginnt das dritte Hauptstück (71). Wenn dies nicht der Fall ist, so muß ein vom moralischen Gesetz unabhängiges Gefühl oder Begehren die Ursache des Handelns sein, und die Handlung ist bestenfalls legal. Bei sittlichem Handeln ist das moralische Gesetz die Triebfeder.

Warum und wieso das moralische Gesetz eine solche Triebfeder ist, das ist die unbeantwortbare und vielleicht sinnlose Frage: Warum sollte ich moralisch sein? Aber in Frage steht hier nicht die Autorität des moralischen Gesetzes; es geht um die Bedingungen, unter denen ein Wesen wie der Mensch an dem Gesetz ein Interesse nehmen oder das Gesetz als Triebfeder haben kann. Und diese Frage kann, nach Kant, mithilfe der „transzendentalen Definitionen" a priori beantwortet werden.

Unsere Neigungen sind nicht von Natur aus in Übereinstimmung mit dem Gesetz. Das moralische Gesetz wird daher von einem mit praktischer Vernunft begabten Wesen als Nötigung empfunden. Einige Neigungen diszipliniert es und bringt sie in ein kohärentes System, wie Fragment 6 darlegt. So werden selbstsüchtige Neigungen zu einer vernünftigen Selbstliebe diszipliniert.[29] Aber es gibt eine Art von Neigungen,[30] die in absolutem Gegensatz gegen das moralische Gesetz steht. Dies ist die Neigung, so zu tun, als hätten die eigenen subjektiven Maximen und Interessen die Autorität eines Gesetzes. Die moralische Arroganz dieses „Eigendünkels" ist mit der Sittlichkeit vollkommen unvereinbar. Das moralische Gesetz schlägt jeden Eigendünkel nieder und demütigt jede Arroganz. Es bringt ein Gefühl hervor, das unter die transzendentale Definition des Schmerzes fällt. Was uns erniedrigt, ist ein Gegenstand der Achtung. Wir achten daher das moralische Gesetz, und wir haben ein Gefühl der Achtung vor dem Gesetz, selbst wenn wir ihm nicht gehorchen.

Das moralische Gesetz gibt aber auch Veranlassung zu einem positiven Gefühl. Denn das Interesse und der Zweck der Vernunft ist die Herrschaft des Sittengesetzes, und alles, was mit diesem Interesse übereinstimmt, ist notwendig mit einem Gefühl der Lust oder des Wohlgefallens verbunden. Im vorliegenden Kapitel sagt Kant an keiner Stelle ausdrücklich, daß die Achtung diese Komponente des Wohlgefallens enthält, wie er überhaupt den Charakter des Unbehaglichen im Gefühl der Achtung mehr hervorhebt. Aber an anderer Stelle nennt er die Achtung eine „negative Lust".[31] Als solche ist sie der Grund eines Gefühls der Lust oder der Befriedigung (116). Wenn wir hier also auch höchstens das Analogon einer Lust haben, so sind doch die positiven und die negativen Wirkungen der Achtung auf unsere Gefühle beide anerkannt: Die Majestät des Sittengesetzes schlägt uns nicht nur nieder, sie erhebt uns auch zu einer Höhe und Würde der Bestimmung, die keine unserer natürlichen Anlagen erreichen könnte. Aus Sorge, die Achtung könne als ein passiv erfahrenes, sinnliches Gefühl verstanden werden, scheint Kant zu zögern, sie als Lust, ja sogar als Gefühl zu bezeichnen. Immerhin wirkt sie auf unser Verhalten ähnlich wie Lust und Schmerz. Aber einfach von Lust oder Schmerz zu sprechen, würde doch die einzigartigen phänomenalen Merkmale der Achtung verdunkeln (88).

> Die Ungleichartigkeit der Bestimmungsgründe (der empirischen und rationalen) wird durch diese Widerstrebung einer praktisch gesetzgebenden Vernunft wider alle sich einmengende Neigung, durch eine eigenthümliche Art von Empfindung, welche aber nicht vor der Gesetzgebung der praktischen Vernunft vorhergeht, sondern vielmehr durch dieselbe allein und zwar als ein Zwang gewirkt wird, nämlich durch das Gefühl einer Achtung, dergleichen kein Mensch für Neigungen hat, sie mögen sein, welcher Art sie wollen, wohl aber fürs Gesetz, ... kenntlich gemacht (92).

Aber das Wohlgefallen ist unverkennbar, und bedenklich ist nur die „Subreption", ihr den falschen Ort anzuweisen und sie in der Bestimmung des Willens durch das Gesetz für eine Ursache anstelle einer Wirkung zu halten. Wir müssen die innere Befriedigung als eine Art von Lust gelten lassen, die den Gehorsam gegen das Gesetz notwendig begleitet, aber wir müssen auf der Hut sein, sie als den Bestimmungsgrund oder den Gegenstand des Handelns zu betrachten.

Die Erhabenheit des Sittengesetzes ist für Kant mehr als eine Metapher. Nicht zufällig benutzt Kant die Sprache einer Aesthetik des Erhabenen, wenn er das moralische Gesetz beschreibt; er beschreibt den Ursprung des Gefühls der Erhabenheit und der Achtung auf die gleiche Weise. Beide Gefühle enthalten eine Demütigung und eine Behinderung unserer sinnlichen Natur (unseres Wahrnehmens und Vorstellens beim Erhabenen, unseres Selbstgefühls bei der Achtung). Dies ruft eine schmerzhafte Empfindung hervor, die sich in eine Art von Erhebung verwandelt, wenn wir in uns eine Kraft entdecken, die größer ist als das, was uns demütigte (beim Erhabenen) oder was in uns gedemütigt wurde (bei der Achtung und beim Erhabenen). Aber während beim Gefühl des Erhabenen notwendig eine „Subreption" eintritt, indem wir nämlich dem Gegenstand dieses Gefühls eine Erhabenheit zuschreiben, die in Wahrheit uns selbst zukommt, richtet sich das Gefühl der Achtung auf ein Gesetz, das das Gesetz unserer eigenen Freiheit ist, ein nicht von außen auferlegtes, sondern uns von uns selbst gegebenes Gesetz, und auf Personen, uns selbst oder andere, die sich dieses Gesetz zu eigen gemacht haben. Die Achtung vor dem Gesetz und die Achtung vor unserer Persönlichkeit sind daher nicht zwei verschiedene oder gar konkurrierende Gefühle, wie die beiden Gefühle, die in unserer Erfahrung des Erhabenen auftreten.[32]

7. Eine angebliche Inkonsistenz

Man will in Kants Erörterungen über die Triebfeder moralischen Handelns schwerwiegende Inkonsistenzen gefunden haben. Kant erklärt:

> Das Wesentliche alles sittlichen Werths der Handlungen kommt darauf an, daß das moralische Gesetz unmittelbar den Willen bestimme. Geschieht die Willensbestimmung zwar *gemäß* dem moralischen Gesetze, aber nur vermittelst eines Gefühls, welcher Art es auch sei, das vorausgesetzt werden muß, damit jenes ein hinreichender Bestimmungsgrund des Willens werde, mithin nicht *um des Gesetzes willen:* so wird die Handlung zwar Legalität, aber nicht Moralität enthalten (71).

Mit diesen Sätzen beginnt das dritte Hauptstück, und sie müssen daher entsprechend ernst genommen werden.

In der Folge heißt es einmal, die Achtung vor dem Gesetz sei die Triebfeder zur Sittlichkeit,[33] die Achtung sei nicht die Triebfeder zur Sittlichkeit, sondern die Sittlichkeit selbst (76), und dann wieder, das Gesetz sei die Triebfeder (72).

Man muß es bedauern, daß Kant hier nicht sorgfältiger formulierte, auch wenn dann die Schar seiner Kommentatoren ohne Beschäftigung geblieben wäre. Aber es ist ungerecht, nicht nur seine Sorglosigkeit zu bedauern, sondern auch ernste und nicht aufhebbare Inkonsistenzen finden zu wollen, wo die Entwicklung des Gedankengangs selbst manchmal den einen, manchmal den anderen Ausdruck nahelegt, während erst die aus dem Zusammenhang gerissenen Formulierungen den Eindruck der Unvereinbarkeit machen.

Das Gesetz selbst ist, Kants Formulierungen zum Trotz, nicht die Triebfeder. Ein Gesetz gehört nicht in die Klasse der Gegenstände, die als Triebfeder in Betracht kommen. Das Bewußtsein eines Gesetzes kann höchstens Triebfeder sein. Würde das Gesetz, ohne Vermittlung durch das Bewußtsein (und dazu gehört für uns Menschen auch das Gefühl), den Willen bestimmen, so wäre es kein praktisches Gesetz, und wir Menschen wären nicht frei. Kant spricht oft von der Wirkung eines Gesetzes, wenn er sagen will, ein Gesetz beschreibe den Lauf der Welt (Naturgesetz) oder das Bewußtsein des Gesetzes veranlasse ein Vernunftwesen, dem Gesetz zu folgen (moralisches Gesetz).[34]

Die richtige Frage lautet daher: Wie ist das Bewußtsein des Gesetzes beschaffen, wenn es zur Triebfeder werden kann? Wenn dies in der *Kritik* noch unklar bleiben sollte, so ist die *Metaphysik der Sitten* vollkommen klar. Dort heißt es: „Die Achtung vor dem Gesetze, welche subjectiv als moralisches Gefühl bezeichnet wird, ist mit dem Bewußtsein seiner Pflicht einerlei."[35] Wir haben demnach keine theoretische Erkenntnis unserer Pflicht und unseres damit nicht notwendig übereinstimmenden Willens und außerdem als Folge ein Gefühl der Achtung. Das Bewußtsein einer Verpflichtung ist, anders als Sokrates meinte, noch nicht die Erfüllung der Pflicht. Aber das Gebot der Pflicht zu kennen und Achtung vor ihm zu haben, vielleicht ohne es zu befolgen,[36] dies gehört für Kant zusammen. Selbst die Erkenntnis des moralischen Gesetzes ist nicht keimfrei theoretisch. Der falsche Gegensatz zwischen Gesetz und Achtung fällt mithin in sich zusammen, wenn wir „Gesetz" im Sinne von „Bewußtsein des Gesetzes" verstehen, womit nichts anderes als die Weise gemeint ist, wie ein praktisches Gesetz, im Unterschied zu einem Naturgesetz, wirksam werden kann.

Was bedeuten also die beiden Anfangssätze? Der zweite Satz ist oft so verstanden worden, als habe Kant an eine unmittelbare Willensbestimmung durch das Gesetz gedacht, ohne daß das Gesetz und die Entscheidung durch ein Gefühl vermittelt worden wären. Dies wäre mit dem Rest des Kapitels nicht vereinbar. Aber dies ist gewiß nicht die Bedeutung. Denn das Wort „vorausgesetzt" soll hier zwei Irrtümer abwehren: die Lehren der Moral-sense-Philosophie und den entgegengesetzten Irrtum, das Gesetz müsse oder könne den Willen ohne jede Vermittlung durch ein Gefühl bestimmen. Die Willensbestimmung durch das Gesetz bedarf keiner Vermittlung durch ein Gefühl als *Voraussetzung*, d. h.: sie bedarf keines vom Bewußtsein des Gesetzes unabhängigen und diesem Bewußtsein vorgeordneten Gefühls. Weder das Gefühl der Achtung noch irgendein anderes Gefühl, dem dann ein Objekt – das Gesetz – gegeben werden könnte, darf in der menschlichen Natur vorausgesetzt werden. Das Gefühl der Achtung setzt das Gesetz und unser Bewußtsein des Gesetzes voraus, bzw. es ist nichts anderes als dieses Bewußtsein. Der erste Satz des dritten Hauptstücks steht daher nicht im Widerspruch, sondern im Einklang mit der späteren Aussage: „Hier geht kein Gefühl im Subjekt vorher, das auf Moralität gestimmt wäre."[37]

8. Das moralische Gefühl

Kant gebrauchte zwar den Begriff eines moralischen Gefühls in seinen vorkritischen Schriften, aber die allgemeine Tendenz seiner Lehre schien den Verzicht auf alles Gefühl in der Ethik zu fordern. Vielleicht hat ein Zerrbild von Kants Persönlichkeit, das ihn als einen reinen Verstandesmenschen zeichnete, dazu geführt, daß man seine positive Theorie des moralischen Gefühls ignorierte; vielleicht hat auch die Verzeichnung seiner Ethik das falsche Bild eines weltabgewandten Mannes hervorgerufen. Jedenfalls finden sich beide Auffassungen gewöhnlich beisammen, und beide sind falsch.

Kant nahm dem Gefühl in der Ethik seine positive Bedeutung nur insoweit, als das Gefühl sinnlich erregt ist und, als moralisches Gefühl, fälschlich zur Quelle des Vernunftprinzips gemacht wird. So kritisiert er Epikur, weil er die Lust in die Ethik hineinbringt, ohne andere Merkmale als die des Angenehmen zur Definition der Moralität zu besitzen (115). So rechnet er alle Theorien, die ein moralisches Gefühl (*moral sense*) zur Grundlage der Ethik machen, unter das Prinzip der Selbstliebe (38), weil alle Lust, unabhängig von ihrer Herkunft, von derselben Art ist (23). Überdies lehrt er, daß jede ethische Theorie, die ein moralisches Gefühl zugrundelegt, notwendig zum Subjektivismus und Relativismus führt. Wenn das Gefühl die Quelle der moralischen Billigung oder Mißbilligung ist, so hat jeder das Recht, sich einer moralischen Pflicht zu entziehen, wenn ihm die gebotene Handlung unangenehm ist.[38]

Gleichwohl hat das moralische Gefühl in Kants Ethik seinen Platz, wie das dritte Hauptstück lehrt. Aber es ist Wirkung und nicht Voraussetzung des moralischen Gesetzes: Es entsteht, indem das Bewußtsein des moralischen Gesetzes auf das sinnliche Gefühl wirkt. Es entdeckt nicht, was das Gesetz grundsätzlich von uns verlangt, und es ist kein mystisches Gefühl, das in einer Inspiration aus einer anderen Welt seine Quelle hat.

Das moralische Gefühl hat zwei Komponenten. Denn wenn man alles andere beiseite läßt, so ist es zwar nichts anderes als das Gefühl der Achtung (75.80); aber es enthält auch, wie wir sehen werden, einige andere Gefühle, die mit der Achtung zusammenhängen. Während nun Kant in seinen Erörterungen über die Achtung die für die Erhabenheit des Gesetzes wesentliche Demütigung des Selbstgefühls in den Vordergrund stellt, liegt beim moralischen Gefühl der Akzent mehr auf der in einer moralischen Einstellung empfundenen Freude an der Spontaneität und Freiheit.

Bevor wir uns dieser positiven Bedeutung der Freude in der Moralität zuwenden, die Kant nicht ausdrücklich zum moralischen Gefühl rechnet,[39] müssen wir uns kurz mit einer Beschreibung des moralischen Gefühls befassen, die Kant an anderer Stelle gibt, und dann auf die Begriffe der Pflicht und Tugend eingehen.

In der *Metaphysik der Sitten* führt Kant unter dem Titel „Ästhetische

Vorbegriffe der Empfänglichkeit des Gemüts für Pflichtbegriffe überhaupt" die subjektiven Vorbedingungen auf, kraft derer wir verpflichtet sind, auch wenn das Bewußtsein der Pflicht seinerseits das Bewußtsein des moralischen Gesetzes voraussetzt. Zu diesen Vorbedingungen gehört auch das moralische Gefühl,[40] und hier weicht Kant in einigen bemerkenswerten Punkten von seiner Darstellung in der *Kritik* ab.

Das moralische Gefühl wird definiert als die „Empfänglichkeit für Lust oder Unlust, bloß aus dem Bewußtsein der Übereinstimmung oder des Widerstreits unserer Handlungen mit dem Pflichtgesetze".[41] Und in dem darauf folgenden schwierigen Satz heißt es: Alle Bestimmung der Willkür gehe von der Vorstellung der möglichen Handlung aus, indem wir an ihr oder ihrer Wirkung (durch das Gefühl der Lust oder Unlust) ein Interesse nehmen, und führe so zur Tat. Der so entstandene „ästhetische Zustand" sei entweder ein pathologisches oder ein moralisches Gefühl. Wenn das Gefühl „vor der Vorstellung des Gesetzes vorhergeht", so ist es pathologisch; wenn es „nur auf diese folgen kann", so haben wir ein moralisches Gefühl.

Der Unterschied zwischen diesen Darlegungen und denen in der *Kritik der praktischen Vernunft* rührt daher, daß Kant von zwei verschiedenen Dingen unter demselben Namen redet, unter einem Namen, dessen Anwendung in beiden Fällen eine lange Geschichte hinter sich hat. In der *Kritik* spricht Kant vom Gefühl eines sinnlichen Vernunftwesens bei der Anerkennung einer Pflicht; in der *Metaphysik der Sitten* handelt es sich nicht um ein Gefühl als ein Bewußtseinsereignis, sondern um ein Vermögen, eine „Empfänglichkeit". Diese muß natürlich, logisch oder zeitlich, dem tatsächlichen Gefühl der Achtung voraufgehen. Aber dies bringt höchstens einen verbalen Gegensatz zu der Aussage, es dürfe „gar keine besondere Art von Gefühl, unter dem Namen eines praktischen, oder moralischen, als vor dem moralischen Gesetze vorhergehend und ihm zum Grunde liegend, angenommen werden". Es bedeutet dasselbe, wie wenn man sagte: „Ein Mensch muß Gefühl haben, bevor er ein Gefühl haben kann", – eine vielleicht nicht sehr erhellende Art, etwas Einfaches zu sagen, aber gewiß kein Beweis für eine fundamentale Verworrenheit des Sprechenden.

Gleichwohl unterscheiden sich die Analysen des aktuellen moralischen Gefühls (im Gegensatz zum Gefühl als Vermögen) in der *Kritik* und in der *Metaphysik der Sitten*. Nach der *Metaphysik der Sitten* ist das moralische Gefühl entweder Lust oder Unlust, Lust im Falle der Übereinstimmung mit dem Gesetz, Unlust im anderen Falle. In der *Kritik* heißt es hingegen, es handle sich um ein der Lust und Unlust entsprechendes Gefühl, auch wenn die Handlung mit dem Gesetz übereinstimmt; denn das Bewußtsein der Demütigung ist ein Gefühl der Unlust, das aus der Niederhaltung unserer Neigungen entspringt.

Eine wirkliche Inkonsistenz liegt freilich nicht vor. Die *Metaphysik der Sitten* unterscheidet scharf zwischen pathologischem und moralischem Lust/Unlust-Gefühl und erörtert nur das letztere. Die Befolgung des Gesetzes bereitet keine moralischen Unlust-Gefühle; diese entspringen höchstens aus der Niederhaltung pathologischer Gefühle. Aber da Kant zwischen pathologischen und moralischen Gefühlen unterschieden hatte, kann er diesen Aspekt hier beiseite lassen. In der *Kritik der praktischen Vernunft* macht er diese Unterscheidung nicht und betrachtet das pathologische Gefühl als die Materie des moralischen Gefühls. So „ist die sinnliche Gefühl, was allen unseren Neigungen zum Grunde liegt, die Bedingung derjenigen Empfindung, die wir Achtung nennen" (75). Da diese Beziehungen in der *Metaphysik der Sitten* nicht berücksichtigt werden, ist von dieser eigenartigen Mischung der Lust/Unlust-Gefühle dort nicht die Rede. Daß Kant von dem aktuellen moralischen Gefühl in den beiden Werken in verschiedenem Zusammenhang spricht, macht übrigens auch die Tatsache verständlich, daß in der *Metaphysik der Sitten* das moralische Gefühl nicht, wie in der *Kritik,* mit dem Gefühl der Achtung gleichgesetzt wird.

9. Pflicht[42] und Persönlichkeit

In der *Grundlegung zur Metaphysik der Sitten*[43] definiert Kant: „Pflicht ist die Notwendigkeit einer Handlung aus Achtung fürs Gesetz." Wir sind nun endlich in der Lage, in voller Bedeutung und mit allen seinen Verästelungen den Satz zu verstehen: „Und so ist die Achtung fürs Gesetz nicht Triebfeder zur Sittlichkeit, sondern sie ist die Sittlichkeit selbst" (76). Sittlichkeit ist die zur zweiten Natur gewordene Gewohnheit oder Disposition, dem Gesetz zu folgen, weil es das Gesetz ist, und wer das Gesetz in der hier beschriebenen Bedeutung achtet, der handelt aus Pflicht. Pflicht ist die durch ein Gesetz begründete Notwendigkeit einer Handlung im Bewußtsein und im Verhalten einer Person, die nicht von Natur aus notwendig gesetzmäßig handelt. Ein nicht-sinnliches Vernunftwesen würde überhaupt keine Triebfeder zu einem solchen Gehorsam gegen das Gesetz haben (72), und daher wäre der Begriff der Pflicht hier nicht anwendbar; ein solches Wesen würde einen heiligen Willen haben. Das „soll" des moralischen Imperativs ist für ein solches Wesen ein „ist".[44] Der Mensch hingegen steht als sinnliches Wesen „unter der Disziplin einer Vernunft" (82). Sein Wille ist nicht heilig; er ist bestenfalls tugendhaft.

Aber der Mensch ist eine Person und als solche etwas Heiliges. Er ist ein nach Zwecken handelndes Wesen und daher Zweck an sich selbst. Er ist kein Ding, das einen Wert hat, sondern er hat Würde. Persönlichkeit – das Merkmal, das Vernunftwesen von Sachen unterscheidet – setzt Freiheit vom Naturmechanismus und die Fähigkeit, sich selbstgegebenen Gesetzen zu unterwerfen (Autonomie), voraus. Seine empirische Person, die nur negative Freiheit hat, ist „ihrer eigenen Persönlichkeit, sofern sie zugleich zur intelligiblen Welt gehört" unterworfen (87). Die Persönlichkeit ist etwas Erhabenes, und wenn wir Achtung vor einem Menschen haben, so achten wir in ihm das Gesetz der intelligiblen Welt, das er mehr oder weniger vollkommen in der Erscheinungswelt repräsentiert (77 f.). Kategorische Imperative für die empirische Person sind Gesetze der intelligiblen Persönlichkeit. Das „Sollen" der Person ist für die Persönlichkeit ein „Wollen". Als empirisches Wesen ist der Mensch zwar unheilig genug, aber die Persönlichkeit und die Menschheit in seiner Person muß ihm heilig sein.

Vom Begriff der Pflicht her wird so Kants Begriff der Persönlichkeit verständlich. Während Kant in der ersten *Kritik* die Unmöglichkeit einer rationalen Psychologie der Seele als Substanz betont hatte und auch in der zweiten *Kritik* das Ich als bloße Erscheinung betrachtet, findet sich hier und anderswo der Übergang zu einer mehr metaphysischen Interpretation der Person. Der intelligible Charakter des Menschen ist hier nicht nur ein Gegenstand des Denkens, sondern auch der Erkenntnis und der unmittelbaren Erfahrung.[45] Obgleich die phänomenalistische Interpretation der Person gleichsam die offizielle Kantische Lehre ist, gibt es gelegentlich ein Zeichen dafür, daß Kant sie durch einen metaphysischen Personalismus und Aktivismus überhöht. Diese Lehre setzt bei der Erfahrung der Spontaneität im Selbstbewußtsein, die den Menschen von der übrigen Natur trennt, ein. Aber im Gegensatz zur vorkritischen Metaphysik des Rationalismus handelt es sich hier um eine dogmatische Metaphysik, die nicht theoretisch, sondern praktisch ist:

> Indessen kann ... der Begriff der Persönlichkeit (so fern er bloß transzendental ist, d. i. Einheit des Subjekts, das uns übrigens unbekannt ist, in dessen Bestimmungen aber eine durchgängige Verknüpfung durch Apperzeption ist) bleiben, und so fern ist dieser Begriff auch zum praktischen Gebrauche nötig und hinreichend, aber auf ihn, als Erweiterung unserer Selbsterkenntnis durch reine Vernunft, ... können wir nimmermehr Staat machen.[46]

Immer wieder kommt Kant darauf zurück, daß wir diesen Begriff theoretisch (zu Unsterblichkeitsbeweisen) nicht gebrauchen können. Aber das Bewußtsein der Spontaneität und unsere Erkenntnis des Gesetzes der Person als Ding an sich enthalten gewiß eine gehaltvollere Konzeption der Persönlichkeit als die kritische Lehre von der transzendentalen Einheit der Apperzeption, auch wenn diese Konzeption nicht in theoretischem, sondern in praktischem Kontext von Bedeutung ist.

Persönlichkeit ist folglich keine Kategorie, sondern eine Vernunftidee. Sie ist nichts empirisch Gegebenes. Wir sind Personen; aber kein endliches sinnliches Wesen entspricht vollkommen der Idee der Persönlichkeit. Die Erfahrung lehrt uns höchstens, daß die menschliche Natur eine „Anlage für die Persönlichkeit" besitzt, d. h. eine „Empfänglichkeit der Achtung für das moralische Gesetz, als einer für sich hinreichenden Triebfeder der Willkür".[47]

Diese Anlage kann durch Tätigkeit ausgebildet und verwirklicht werden. So entsteht ein tugendhafter und guter Charakter. Ein guter Mensch in der Erscheinungswelt ist der, der das Gesetz seines Handelns von der Idee der Persönlichkeit in der intelligiblen Welt hernimmt und es aus Achtung vor ihr befolgt. Aber selbst in einem bösen Menschen, der sich für Maximen entschieden hat, die mit dem moralischen Gesetz nicht vereinbar sind, ist die Anlage zur Persönlichkeit nicht verloren. Sie ist durch eine freie Entscheidung gegen die Ansprüche des moralischen Gesetzes nur unwirksam gemacht. Das moralisch Böse besteht in der willentlichen Verletzung der Ansprüche, die wir als Persönlichkeit, d. h. als reine praktische gesetzgebende Vernunft selbst erheben.

10. Tugend

Tugend ist ein „natürlich erworbenes Vermögen" eines nichtheiligen Willens (33) und daher „moralische Gesinnung im Kampfe".[48] Ohne die beiden Pole einer sinnlichen Neigung und eines reinen Vernunftprinzips kann sie nicht entstehen. Wir stehen unter der Disziplin einer Vernunft; im moralischen Kampf erhalten wir Befehle; wir sind Dienstpflichtige und keine Volontäre, die aus persönlicher Entscheidung kämpfen. Wir sind Mitglieder im Reich der Zwecke; der Gesetzgebung dieses Reichs sind wir unterworfen und nicht in erster Linie ihr Urheber (82). Die Tugend ist bei Menschen immer mangelhaft, und die Tugend selbst ist, ebenso wie die Persönlichkeit, eine bloße Idee, für die in der Erscheinungswelt keine vollkommene Entsprechung zu finden ist.[49]

In vielen Beispielen, die Kant für die Notwendigkeit gibt, nicht aus Neigung, sondern aus Achtung vor dem Gesetz zu handeln, sieht es so aus, als sollten wir ohne oder sogar gegen unsere Neigungen handeln. Auf diesen Punkt kommt es aber in den Beispielen gerade nicht an, und dies ist nicht Kants Lehre. Aus bloßer Neigung zu handeln ist nicht böse; der Ursprung des Bösen liegt erst darin, daß wir das Handeln aus Neigung zur Maxime machen und unsere sinnlichen Triebfedern einer rationalen Triebfeder nicht unterordnen wollen, und dies ist eine freie, spontane und grundsätzliche Entscheidung.[50]

Der Sinn der Beispiele tugendhaften Handelns wird nur im Zusammenhang ihres polemischen oder pädagogischen Zwecks richtig verstanden. Wenn uns unsere Neigung zu einer Handlung treibt, die zugleich auch die Pflicht gebietet, so erscheint dies leicht so – zumal für einen Beobachter mit Kants skeptischer Abneigung gegen jede Form von Scheinheiligkeit –, als handelten wir nur *aus* Neigung gesetzmäßig. Selbst wo unsere Neigungen dem Gesetz zu widerstreben scheinen, können wir nie sicher sein, daß eine gründliche Gewissenserforschung als den wirklichen Bestimmungsgrund nicht das „liebe Ich" aufdecken wird.[51] Wo aber das „liebe Ich" diese Rolle spielt, dort gibt es keine Sittlichkeit. Die besten *Beispiele* echter Sittlichkeit finden sich daher dort, wo das

„liebe Ich" offensichtlich in eine andere Richtung strebt. Aber dies bedeutet nicht, wie wir sogleich sehen werden, daß zur Sittlichkeit notwendig eine aktive und qualvolle Selbstverleugnung gehört. Tugend fordert keinen Verzicht auf Glückseligkeit, sondern nur eine Bereitschaft, „sobald von Pflicht die Rede ist, darauf gar nicht Rücksicht (zu nehmen)" (93).

Diejenigen, die Kants Beispiele nicht im Zusammenhang des Textes, den sie erläutern sollen, zu lesen verstehen, haben Kants Ethik stets als besonders abstoßend empfunden. Wenn diese Beispiele besonders typisches, schätzenswertes moralisches Handeln illustrierten, dann mußte diese Ethik unannehmbar sein.[52] In Kants Ethik haben jedoch Neigungen und Gefühle ihr Recht und ihren Ort (was man jenen Beispielen nicht entnehmen kann). Man muß sie sogar als notwendige Bedingungen wahrer Tugend gelten lassen, denn ohne inneren Widerstand ist nur ein heiliger, nicht ein tugendhafter Wille.[53] Aber die „kalte Pflicht" ist nicht, wie Hegel meinte, ein „unverdauter Klotz im Magen"; das rationale Element kann verstärkt werden, so daß es eine Revolution des ganzen natürlichen Menschen bewirkt.[54] Was vor dieser Revolution moralisch indifferent oder sogar böse ist, kann zum Zeichen der vollkommensten Tugend werden.[55]

11. Moralische Befriedigung

Das moralische Handeln enthält, wie wir oben (§ 7) feststellen, in der Erfahrung unserer eigenen autonomen Spontaneität ein Gefühl der Befriedigung, und dies ist das positive Element in der Achtung als einem moralischen Gefühl.[56] Angesichts des Sittengesetzes fühlt sich der Mensch gedemütigt, und vor seiner Majestät zittert selbst der kühnste Sünder (80). Aber er fühlt sich erhoben in dem Bewußtsein, daß diese Demütigung ein Zeichen seiner höheren Berufung ist; denn er wird durch sich selbst gedemütigt: als heteronomes natürliches Wesen durch sich selbst als autonomes intelligibles Wesen (vgl. 76 über Fontenelle).

Im Bewußtsein der Bestimmtheit durch das Gesetz enthält die Sittlichkeit daher ein Gefühl der Freude, über die Beförderung des Vernunftinteresses (116). So wird die Freiheit selbst, als Ausübung des moralischen Willens, ein Gegenstand der Freude. Dies ist nicht Glückseligkeit, aber doch eine notwendige Bedingung der Glückseligkeit.[57] Diese Freude kann indes nicht die Tugend definieren, da sie nur aus einem vorgängigen Bewußtsein der Tugend entspringt, und diese ist, abstrakt und formal gesehen, etwas ganz anderes als die Glückseligkeit selbst. Der fundamentale logische Fehler des Eudämonismus bestand ja gerade darin, die Tugend als Quelle der Glückseligkeit in uns selbst zu empfehlen, die aus einem Bewußtsein der Tugend und der Zufriedenheit mit uns selbst entspringen sollte, ohne zugleich auch ein Kriterium für diese Selbstzufriedenheit anzugeben, das es erlaubt hätte, das Vorliegen einer wohlbegründeten Zufriedenheit festzustellen. Aber der Fehler Epikurs und der Moral-sense-Philosophie (38.116), auf den schon Hutcheson und Price hingewiesen hatten,[58] sollte uns nicht zu dem entgegengesetzten Fehler verführen, eine positive Freude im moralischen Handeln zu leugnen.

Hume[59] hatte das Fehlen eines Namens für dieses Gefühl eines moralischen Wohlergehens bedauert. Als wollte er Hume unmittelbar antworten, sagt Kant dazu:

> Hat man aber nicht ein Wort, welches nicht einen Genuß, wie das der Glückseligkeit, bezeichnete, aber doch ein Wohlgefallen an seiner Existenz, ein Analogon der Glückseligkeit, welche das Bewußtsein der Tugend nothwendig begleiten muß, anzeigte? Ja! Dieses Wort ist Selbstzufriedenheit, welches in seiner eigentlichen Bedeutung jederzeit nur ein negatives Wohlgefallen an seiner Existenz andeutet, in welchem man nichts zu bedürfen sich bewußt ist. Freiheit und das Bewußtsein derselben als eines Vermögens, mit überwiegender Gesinnung das moralische Gesetz befolgen, ist Unabhängigkeit von Neigungen, wenigstens als bestimmenden (wenn gleich nicht als afficirenden) Bewegursachen unseres Begehrens, und, so fern als ich mir derselben in der Befolgung meiner moralischen Maximen bewußt bin, der einzige Quell einer nothwendig damit verbundenen, auf keinem besonderen Gefühle beruhenden, unveränderlichen Zufriedenheit.[60]

In Kants Theorie der Erziehung ist es eine fundamentale These, daß dieses Gefühl umso stärker ist, je reiner das moralische Gesetz vorgestellt wird.[61] Andere, unreine Motive können zwar dahin wirken, daß wir gesetzmäßig (legal) handeln (81), aber sie können auch unseren Blick für das Einzige, was uns zur Sittlichkeit und zu dauernder Ausgeglichenheit führt, trüben. Daher fährt Kant fort:

> Selbst dies Gefühl des Mitleids und der weichherzigen Theilnehmung, wenn es vor der Überlegung, was Pflicht sei, *vorhergeht* und Bestimmungsgrund wird, ist wohldenkenden Personen selbst lästig, bringt ihre überlegte Maximen in Verwirrung und bewirkt den Wunsch, ihrer entledigt und allein der gesetzgebenden Vernunft unterworfen zu sein.[62]

Eine Reaktion darauf war es zweifellos, als Schiller schrieb:

> In der Kantischen Moralphilosophie ist die Idee der Pflicht mit einer Härte vorgetragen, die alle Grazien davon zurückschreckt, und einen schwachen Verstand leicht versuchen könnte, auf dem Wege einer finstern und mönchischen Ascetik die moralische Vollkommenheit zu suchen. Wie sehr sich auch der große Weltweise gegen diese Mißdeutung zu verwahren suchte, die seinem heitern und freien Geist unter allen gerade die empörendste sein muß, so hat er, däucht mir, doch wirklich durch die strenge und grelle Entgegensetzung beider auf den Willen des Menschen wirkenden Prinzipien einen starken (obgleich bei seiner Absicht vielleicht kaum zu vermeidenden) Anlaß dazu gegeben.[63]

Darauf antwortet Kant, völlig konsistent mit seinen Lehren in der *Kritik der praktischen Vernunft*, in der Religions-Schrift (– fände sich dieser

Text schon in der *Kritik*, so würde man nicht einmal auf den Gedanken kommen, es habe dazu für Kant einer äußeren Veranlassung bedurft):

> Frägt man nun, welcherlei ist die ästhetische Beschaffenheit, gleichsam das Temperament der Tugend, mutig, mithin fröhlich, oder ängstlich-gebeugt und niedergeschlagen? So ist kaum eine Antwort nötig. Die letztere sklavische Gemüthstimmung kann nie ohne einen verborgenen Haß des Gesetzes statt finden und das fröhliche Herz in Befolgung seiner Pflicht (nicht die Behaglichkeit in Anerkennung derselben) ist ein Zeichen der Ächtheit tugendhafter Gesinnung, selbst in der Frömmigkeit, die nicht in der Selbstpeinigung des reuigen Sünders (welche sehr zweideutig ist und gemeiniglich nur innerer Vorwurf ist, wider die Klugheitsregel verstoßen zu haben[64]), sondern im festen Vorsatz, es künftig besser zu machen besteht, der, durch den guten Fortgang angefeuert, eine fröhliche Gemüthstimmung bewirken muß, ohne welche man nie gewiß ist, das Gute auch lieb gewonnen, d. i. es in seine Maxime aufgenommen zu haben.[65]

Dies möge genügen, das Gespenst eines alten Irrtums zur Ruhe zu bringen. Aber man hört oft, daß die Kantische Lehre der menschlichen Natur „widerspricht", insofern sie die Rolle des spontanen Gefühls gerade darin unterschätze oder verkenne, daß sie die Gefühle hinter die vernünftige Willensbestimmung auf den zweiten Platz verweise.[66] Kant scheint damit an den natürlichen Menschen ebenso unmögliche wie unakzeptable Forderungen zu stellen. Diese Forderungen mögen, wegen Kants Lehre „Du kannst, denn du sollst", vielleicht nicht transzendental unmöglich sein; aber man kann vernünftigerweise nicht erwarten, daß der lebendige, natürliche Mensch sie anerkennt.

Auf diese Kritik gibt es drei Antworten. Die erste ist, daß sie irrelevant ist. Eine ethische Theorie kann, wie Kant gezeigt hat, nicht mit Tatsachen über die menschliche Natur widerlegt werden (über die wir im übrigen viel zu wenig wissen, um, je nach unserem Geschmack, ungeprüfte pessimistische oder optimistische moralische Urteile ohne nähere Begründung in unsere Theorie einführen zu können).[67] Zweitens (und damit zusammenhängend) sollte man sich daran erinnern, daß solche Urteile über die Gebrechlichkeit des Menschen Kant selbst nicht fremd sind. Seine ernüchternden Urteile über die moralischen Aspekte der menschlichen Natur und der menschlichen Gesellschaft sind vielmehr schärfer als die des Aristoteles oder Deweys, zwei anderer bedeutender Vertreter einer vernünftigen Sittlichkeit.[68] Und drittens sah Kant sehr genau die Notwendigkeit, trotz seiner Warnungen in der *Kritik*, wo er die reine praktische Vernunft einer Prüfung unterzog, das reine sittliche Motiv durch andere, unserer menschlichen Natur mehr entsprechende Motive zu ergänzen. Unter diesen ist die Liebe das wichtigste:

> Wenn es nicht bloß auf Pflichtvorstellung, sondern auch auf Pflichtbefolgung ankommt, wenn man nach dem subjectiven Grunde der Handlungen fragt, aus welchem, wenn man ihn voraussetzen darf, am ersten zu erwarten ist, was der Mensch thun werde, nicht bloß nach dem objectiven, was er thun soll: so ist doch die Liebe, als freie Aufnahme des Willens eines Andern unter seine Maxi-

men, ein unentbehrliches Ergänzungsstück der Unvollkommenheit der menschlichen Natur (zu dem, was die Vernunft durchs Gesetz vorschreibt, genöthigt werden zu müssen.)[69]

Diese Liebe kann nicht befohlen werden; sie ist auch keine Pflicht. Man kann nicht vorschreiben, etwas aus Neigung zu tun, weil dies einen Widerspruch enthalten würde.[70] Sie muß daher von der Liebe, die geboten werden kann und im Evangelium geboten wird, unterschieden werden: einer praktischen Liebe, einer Bereitschaft, alle unsere Verpflichtungen gegen andere willig zu erfüllen. Überzeugt, daß der wahre Kern aller religiösen Wahrheit moralischer Natur ist, setzt Kant diese Bereitschaft mit der Nächstenliebe der Christen gleich.[71]

12. Moralische Erziehung

Wie kann das Menschengeschlecht in einen Zustand versetzt werden, in dem die moralische Gesinnung entsteht und gedeiht? Wie kann in einem zivilisierten Staat ein Kind vom Zustand der Unschuld zur sittlichen Reife gebracht werden? Diese beiden Fragen hängen eng zusammen, und wenn auch Kant in der *Kritik* nur auf die zweite Frage eingeht, so beschäftigte ihn doch in den Jahren unmittelbar vor der Abfassung dieser Schrift auch die erste Frage.

Im Zeitalter der Aufklärung wurde die Religion als Sittenlehrerin der Menschheit immer mehr aus ihrer Vorrangstellung verdrängt. Obgleich Kant sie als Sittenlehrerin der Menschheit schätzte, war die Religion für ihn eben doch nur die Lehrerin, nicht der Ursprung der Sittlichkeit. Die großen Aufklärungsphilosophen suchten nach einem allgemeinen, natürlichen Ursprung der Sittlichkeit, die sich zunächst nur in religiöser Gestalt ausgebreitet hatte. Lessing, Herder, Kant und Schiller waren sich darin einig, daß es darauf ankam eine natürliche Geschichte der Freiheit und damit der Moralität zu entdecken, wenn auch mindestens für Kant der Vorbehalt galt, daß weder der Geschichtsverlauf noch eine göttliche Offenbarung die besondere Gestalt und die einzigartige Autorität des moralischen Gesetzes erklären kann. Dies führte zu einer Geschichtsphilosophie, in der die Erziehung des Menschengeschlechts, wie die Titel der Schriften Lessings und Schillers zeigen, das Hauptthema war. Daß die Menschheit selbst ihren Fortschritt bewirken müsse, sprach Kant klar und unmißverständlich aus:

> Die Natur hat gewollt: daß der Mensch alles, was über die mechanische Anordnung seines thierischen Daseins geht, gänzlich aus sich selbst herausbringe und keiner anderen Glückseligkeit oder Vollkommenheit theilhaftig werde, als die er sich selbst frei von Instinct, durch eigene Vernunft, verschafft hat.

Es ist
> als wollte sie: der Mensch sollte, wenn er sich aus der größten Rohigkeit dereinst zur größten Geschicklichkeit, innerer Vollkommenheit der Denkungsart und (so viel es auf Erden möglich ist) dadurch zur Glückseligkeit empor gearbeitet haben würde, hievon das Verdienst ganz allein haben und es sich selbst nur verdanken dürfen; gleich als habe sie es mehr auf seine vernünftige Selbstschätzung, als auf ein Wohlbefinden angelegt.[72]

Es gibt im Menschen eine natürliche Anlage zur Sittlichkeit, nicht aber eine natürliche Sittlichkeit. Aus einem Zustand natürlicher Unschuld ist der Mensch dem Bösen verfallen, und die Geschichte ist der Prozeß, in dem er sich aus diesem Zustand allmählich herausarbeitet. Kants Schrift *Über den mutmaßlichen Anfang der Menschengeschichte* behandelt das Buch Genesis als eine Allegorie dieses Sündenfalls und seiner Konsequenzen: „Die Geschichte der Natur fängt also vom Guten an, denn sie ist das Werk Gottes; die Geschichte der Freiheit vom Bösen, denn sie ist Menschenwerk."[73] Die Schrift *Idee zu einer allgemeinen Geschichte in weltbürgerlicher Absicht* wird eine Geschichte der menschlichen Sozialisierung, der Maßnahmen zur Kontrolle der Übel, die aus der „ungeselligen Geselligkeit" der menschlichen Natur, dem Antagonismus aufeinander angewiesener menschlicher Individuen entspringen. Der Kampf ist, wie schon Heraklit lehrte, der Ursprung aller Dinge, und das Ergebnis ist der Staat und die menschliche Zivilisation. Diese nötigen den Menschen dazu, die Rolle eines uneigennützigen, seine Mitbürger respektierenden Partners anzunehmen und mit Anstand zu tragen, – eine Rolle, über die man sich keiner Täuschung hingeben darf und die als „erlaubte moralische Heuchelei" beschrieben werden kann.[74] Wirkliche Sittlichkeit kann indes aus ihr hervorgehen, wenn sich die „instrumentelle" Vernunft allmählich vervollkommnet und sich ihrer höheren Berufung bewußt wird. So entsteht ein echtes Interesse an der Moralität und es wird allmählich möglich, die „moralische" Unlauterkeit, Verstellung und Heuchelei zu bekämpfen.[75]

Wenn aber echte sittliche Vorstellungen schon bis zu einem gewissen Grade in der Gesellschaft verbreitet sind, wie kann dann ein Kind dazu gebracht werden, sie anzuerkennen und nach ihnen zu handeln? An dieser Stelle beginnt die Aufgabe einer moralischen Erziehung im engeren Sinne. So ergibt sich eine für Kant charakteristische, grundlegende Einteilung der Erziehungslehre. Sie hat nicht nur methodische Gründe, sondern sie beruht auf Kants Eintreten für Gleichheit der Menschen auch in der Ethik. Die Aufklärungsphilosophen waren im allgemeinen überzeugt, daß eine verbesserte Ethik von der Einsicht ausgehen müsse und daß Fortschritte in der Erkenntnis die Voraussetzung oder geradezu die Garantie eines moralischen Fortschritts seien. In der Praxis waren sie hingegen bereit, eine populäre, religiös begründete Moral, mochte sie ihnen auch philosophisch unhaltbar erscheinen, als eine Art „Interims-Ethik" zu tolerieren. Gegen diese beiden Prämissen und gegen die Schlußfolgerung wandte sich Kant mit Entschiedenheit. Mehr als irgendein anderer Philosoph seiner Zeit achtete er das normale moralische Bewußtsein der „gemeinen Menschenvernunft". In seiner Jugend unter dem Einfluß des Pietismus und später durch Rousseau gelangte er dazu, die unerschütterlichen moralischen Überzeugungen der einfachen Leute als die Basis der philosophischen Analyse zu betrachten. Weit entfernt davon, als Morallehrer der Menschheit auftreten zu wollen (8 Anm.), übernimmt seine Philosophie so die Aufgabe, dieses normale sittliche Bewußtsein gegen äußere Feinde – die Lehren einer heteronomen Ethik – und gegen innere Gefahren – moralischen Fanatismus und Mystizismus – zu verteidigen.[76]

Aus diesem Gleichheitsgrundsatz ergibt sich nun, daß die Erziehung zur Sittlichkeit selbst bei Kindern nur erfolgreich sein kann, wenn sie eine sokratische Methode befolgt. Streng genommen mag eine moralische Erziehung vielleicht unmöglich sein; denn Sittlichkeit ist das Ergebnis einer plötzlichen inneren Revolution des Wollens[77], und jeder Akt des Wollens muß als ein vollkommen neuer Anfang betrachtet werden.[78] Aber da in uns Menschen die Tugend immer nur unvollkommen ist, besteht das Gute allein in einem beständigen Streben nach dem Guten,[79] und dieses Streben kann angeregt und geleitet werden.

In der „Methodenlehre der reinen praktischen Vernunft" gibt Kant an, welche Maßnahmen ihn zu dieser Stimulierung und Lenkung am geeignetsten zu sein scheinen. Grundlegend ist für ihn die Überzeugung, daß die Achtung vor dem moralischen Gesetz die einzige Triebfeder zur Sittlichkeit ist und daß diese Triebfeder umso stärker wirkt, je reiner das Gesetz zum Bewußtsein gebracht wird.[80] Ein Fehler ist es daher, die Tugend aus anderen Gründen als wegen ihres inneren Werts empfehlen zu wollen. Wenn man sie wegen ihrer Nützlichkeit empfiehlt, so wird der auf seinen Vorteil Bedachte stets einen bequemeren und kürzeren Weg zu seinem Ziel finden.[81] Zu vermeiden ist aber auch eine „sentimentale" Erziehung, die das Kind zu hochfliegenden Phantasien und verdienstvollen Taten statt zur Pflichterfüllung inspirieren möchte.[82] Anstelle von Überredung und vergeblichen Versuchen, dem Kind eine moralische Gesinnung einträufeln zu wollen, als könnte sie wie ein Serum injiziert werden, schlägt Kant die sokratische Methode vor, um die „dunkle gedachte Metaphysik, die jedem Menschen in seiner Vernunftanlage beiwohnt,"[83] ans Licht zu bringen. In Anlehnung an Rousseaus *Emile* legt er einen moralischen Katechismus vor, durch den das Kind zwischen moralischer Würde und dem Preis der Dinge unterscheiden lernen soll.[84] Beispiele aus der Geschichte sollen die Lehrer zu demselben Zweck analysieren; Kant selbst erinnert in diesem Zusammenhang an die Versuche, einen Zeugen im Prozeß gegen Anna Boleyn zur falschen Aussage zu verleiten.[85] Wenn ein Kind die wesentlichen Unterschiede in der Analyse einer Handlung zu beurteilen lernt, beginnt sein Interesse am Vernunftgesetz zu erwachen und sein Unterscheidungsvermögen zu wachsen. Damit ist es für den letzten Schritt der sittlichen Erziehung vorbereitet. Es soll „in der lebendigen Darstellung der moralischen Gesinnung an

Beispielen die Reinigkeit des Willens" erkennen lernen.⁸⁶ So kommt das Kind zur Erfahrung der Zufriedenheit und Selbstachtung, wie sie nur aus der Tugend entspringt, und sein Herz wird „von einer Last, die es jederzeit insgeheim drückt, befreit" (161).

Da die *Kritik der praktischen Vernunft* „nur eine Vorübung" ist, handelt sie nicht von der Erziehung zu bestimmten Pflichten. Dies ist ein kasuistisches Problem, das Kant in der *Metaphysik der Sitten*, den *Vorlesungen über Ethik* und den *Vorlesungen über Pädagogik* angeht.

TEIL III

XIII DIE DIALEKTIK DER REINEN PRAKTISCHEN VERNUNFT

Kommentar zur Dialektik, Kapitel I und II ohne Abschn. IV und V

1. Was ist Dialektik?

Die praktische Vernunft hat, wie die theoretische, ihre Dialektik, und dies aus denselben Gründen: Die Vernunft such das Unbedingte zu allem Bedingten; dies aber kann ihr als Gegenstand der Erkenntnis nicht gegeben sein, wenn es auch scheint, solange eine Kritik fehlt, es sei ihr gegeben (107). Die Dialektik ist die Erörterung des Scheins, das von der Vernunft geforderte Unbedingte sei ein Gegenstand einer bestimmten, spezifischen Erkenntnis.

Die *Kritik der reinen Vernunft* legt ausführlich dar, was Dialektik ist. Die allgemeine Logik, heißt es dort, wird bisweilen so gebraucht, als sei sie ein Organon zur Hervorbringung von Erkenntnissen und nicht ein Kanon zur Gewinnung und Beurteilung von Schlußfolgerungen, aus Erkenntnissen, die ihren Ursprung in der Erfahrung haben.[1] Als ein solches Organon wird sie zur Kunst, der Unwissenheit und Sophisterei den Anschein der Wahrheit zu geben. Aber die Unterweisung in einer solchen Kunst ist unter der Würde der Philosophie, und daher hat die Dialektik die Bedeutung einer „Kritik des dialektischen Scheins", wie ihn die Kunst des Sophisten hervorbringt, angenommen.

Ganz ähnlich bringt auch die transzendentale Logik den Schein einer Erkenntnis hervor, wenn die Kategorien des Verstandes, die nur in Beziehung auf Erfahrung Erkenntnis liefern, als ein Organon zur Erkenntnis der Dinge überhaupt, mögen sie nun in der Erfahrung gegeben sein oder nicht, gebraucht werden.[2] Der transzendentale Schein, der auf diese Weise entsteht, ist weder willkürlich noch beabsichtigt, wie der des sophistischen Dialektikers bei seinen forensischen Zwecken, sondern er entsteht notwendig aus einem unvermeidlichen, aber unerfüllbaren Bedürfnis des Denkens. Die Bedingungen alles Urteilens sind die Kategorien; aber dort, wohin die Erfahrung nicht reichen kann, werden sie zu bloßen Ideen, Regeln oder Maximen zum Gebrauch unserer Vernunft. Losgelöst von aller Erfahrung erscheinen sie unvermeidlich als höchste objektive Wahrheiten, da die Erfahrung sie nie entkräften kann. Sie haben den Anschein der Wahrheit so lange, bis dieser Schein durch die Kritik aufgedeckt wird. Diese hat daher die Aufgabe, uns vor den Täuschungen des transzendentalen Scheins zu bewahren, auch wenn sie das Aufkommen dieses Scheins ebensowenig verhindern kann, wie die

Kenntnis der optischen Gesetze uns vor optischen Täuschungen bewahrt.³

Das wichtigste Verfahren zur Erörterung eines dialektischen Scheins ist die „skeptische Methode", die darin besteht, „einem Streite der Behauptungen zuzusehen, oder vielmehr ihn selbst zu veranlassen, nicht, um endlich zum Vorteile des einen oder des andern Teils zu entscheiden, sondern, um zu untersuchen, ob der Gegenstand desselben nicht vielleicht ein bloßes Blendwerk sei."⁴ Das Ziel der skeptischen Methode ist nicht die Skepsis, sondern die Gewißheit. Denn durch die Erörterung des bestehenden Scheins will sie verhindern, daß der ganze Organismus der Vernunft vom Zweifel befallen wird. Indem sie die unberechtigten Ansprüche der theoretischen Erkenntnis zurückweist, öffnet sie den Weg zu einem praktischen Gebrauch der Vernunft. Die Antinomie, in die die Vernunft gerät und die eine spekulative oder theoretische Metaphysik des Übersinnlichen unmöglich macht, wird so zur „wohltätigsten Verirrung, in die die menschliche Vernunft je hat geraten können" (107).

2. Der dialektische Schein der reinen praktischen Vernunft

Man könnte überrascht sein, daß es eine Dialektik der reinen praktischen Vernunft geben soll. In der ersten *Kritik* heißt es, auf die Ethik sei die skeptische Methode nicht anzuwenden; denn die Moral könne „ihre Grundsätze insgesamt auch *in concreto*, zusamt den praktischen Folgen, wenigstens in möglichen Erfahrungen geben, und dadurch den Mißverstand der Abstraktion vermeiden".⁵ Während das Überschreiten der Grenzen sinnlicher Erfahrung in der theoretischen Erkenntnis zu einer Dialektik und einem „Chaos von Ungewißheit, Dunkelheit und Unbestand" führt, fängt im praktischen Bereich „die Beurteilungskraft denn eben allererst an, sich recht vorteilhaft zu zeigen, wenn der gemeine Verstand alle sinnliche Triebfedern von praktischen Gesetzen ausschließt."⁶ Es bedarf keiner Kritik der praktischen Vernunft, um zu sehen, ob sich die Vernunft mit einem solchen Vermögen, „als einer bloßen Anmaßung, nicht übersteige"; denn nur die theoretische Vernunft verliert sich „leichtlich über (ihre) Grenzen, unter unerreichbare Gegenstände, oder gar einander widerstreitende Begriffe" (3.16).

Gleichwohl stellt Kant in der Einleitung zur *Kritik der praktischen Vernunft* eine Dialektik in Aussicht „als Darstellung und Auflösung des Scheins in Urteilen der praktischen Vernunft" (16). Dies bezieht sich nicht auf den Schein, der daraus entsteht, daß die empirisch bedingte praktische Vernunft ihre Grenzen überschreitet und die Stelle der reinen praktischen Vernunft einzunehmen strebt;⁷ denn der entsprechende Titel führt die Überschrift „Dialektik der *reinen* praktischen Vernunft".

Hier scheint ein offener Konflikt mit dem jeweils ersten Absatz des Vorworts und der Einleitung vorzuliegen.

Aber die praktische Vernunft ist keine Vernunft, durch die wir irgendetwas erkennen. Sie „beweiset ihre und ihrer Begriffe Realität durch die Tat", und soweit es um das Wollen geht, hat sie stets „objektive Realität". Wir können also sagen, daß die reine praktische Vernunft, soweit sie *praktisch* ist, keine Dialektik hat und keinen dialektischen Schein entstehen läßt, da sie keine Behauptungen aufstellt. Sie bezieht sich – gebietend, kontrollierend und beurteilend – auf Handlungen, die auch unterbleiben können, aber stets möglich sind. Sofern sie indes *Vernunft* ist, sucht sie die unbedingte Bedingung der Handlungen, Urteile und Entscheidungen, und dazu braucht sie, als theoretische Vernunft, „praktische Daten".[8] Dies läßt sich an Kants Formulierung der letzten Fragen aller Philosophie zeigen. „Was kann ich wissen?" ist eine rein spekulative Frage. „Was soll ich tun?" ist eine rein praktische Frage. Die Frage „Was darf ich hoffen?" ist „praktisch und theoretisch zugleich, so, daß das Praktische nur als ein Leitfaden zu Beantwortung der theoretischen, und, wenn diese hoch geht, spekulativen Frage führet".[9]

Die Dialektik der reinen praktischen Vernunft ist nicht auf den dialektischen Schein beschränkt, der daraus entsteht, daß mit der Pflichterfüllung Hoffnungen (auf ein Jenseits) verbunden sind. Aber dies ist das Hauptproblem. Kants Darlegungen lassen sich unter die Formel bringen, daß das Praktische als solches nicht dialektisch ist und daß in der praktischen Philosophie als solcher die skeptische Methode nicht benötigt wird. Der dialektische Schein liegt in theoretischen Täuschungen über die Sittlichkeit, nicht in sittlichen Täuschungen. Die sittliche Täuschung, nämlich Heteronomie, ist schon in der Analytik erörtert worden (109).

Aber da der hier zu behandelnde dialektische Schein theoretisch ist, kann die Dialektik der reinen praktischen Vernunft gegenüber der transzendentalen Dialektik der ersten *Kritik* nicht soviel Neues bringen wie die Analytik. Die meisten Probleme sind bereits in der transzendentalen Dialektik der *Kritik der reinen Vernunft* erörtert worden, wenn auch nicht immer mit demselben Ergebnis.

Eine dialektische Täuschung, von der ausdrücklich die Rede ist, entspringt daraus, daß die praktische Vernunft *Vernunft* ist und daher nach dem Unbedingten fragt. Das Unbedingte als Bestimmungsgrund des Willens kann sie in der Vollkommenheit oder im Willen Gottes suchen (41). Von diesem Irrtum ist in der Analytik die Rede gewesen. Wenn nun aber die wirkliche unbedingte Bedingung der Sittlichkeit (das moralische Gesetz) gegeben ist, so kann sie das Unbedingte auch als Totalität des Gegenstands der reinen praktischen Vernunft im Begriff des höchsten Gutes theoretisch zu erkennen suchen (108). Diese dialektische Täuschung wird in der Dialektik aufgelöst.

Es gibt indes noch eine weit wichtigere dialektische Täuschung, die Kant in der Dialektik beschäftigt. Dies ist der Schein, es gebe einen notwendigen Konflikt zwischen theoretischer und praktischer Vernunft

(121): der Schein, die erste *Kritik* habe ihm untersagt, das zu tun, was er in der zweiten *Kritik* tut. Ein großer Teil der Dialektik ist der Darstellung und Auflösung dieses scheinbaren Konflikts der Vernunft mit sich selbst gewidmet.

3. Der Begriff des höchsten Gutes

Der Begriff des höchsten Gutes (*summum bonum*) ist der Begriff des Unbedingten zu allem praktisch Bedingten, d. h. der Begriff eines letzten Zwecks, in dem alle anderen Zwecke vereinigt sind. Ohne diesen Endzweck würde es kein System der Zwecke geben. Als ein vermeintlich individueller, konkreter Sachverhalt, der durch seine Definition vollkommen bestimmt ist, wird er „Ideal" und nicht nur „Idee" oder „Begriff" genannt.[10] Als ein System der Zwecke umfaßt der Endzweck nicht nur die Form des Willens, sondern auch die Gegenstände des Willens. Während die Analytik in der Lehre vom sittlich Guten zeigte, daß das sittlich Gute der einzige Gegenstand der reinen praktischen Vernunft ist, abstrahiert die Dialektik von den verschiedenen Zwecken des Willens nicht, sondern sie definiert die Bedingung, unter der sie alle in einem einzigen System verbunden sein können und müssen. Dazu ist erforderlich, daß sie nicht-moralische Güter unter einer moralischen Bedingung einführt, und der Begriff dieser systematischen Verknüpfung verschiedener Arten von Gütern enthält nun eine synthetische Verbindung a priori zwischen der Sittlichkeit (als *bonum supremum*) mit dem Inbegriff aller anderen Güter (zusammengefaßt als „Glückseligkeit"[11]). Das Ganze dieser synthetischen Verknüpfung wird *bonum consummatum* oder das „vollständige Gut" genannt. Dieser Begriff des höchsten Gutes als eines *bonum consummatum* stellt uns drei wichtige Fragen: (1) Ist es der Bestimmungsgrund eines sittlichen Willens? (2) Ist es moralisch notwendig (Pflicht), es zu erstreben und zu befördern? (3) Wie ist es möglich? Mit den ersten beiden Fragen werden wir uns in diesem Paragraphen beschäftigen.

1. Ist das höchste Gut der Bestimmungsgrund eines sittlichen Willens? – Kant verneint diese Frage häufig; gleichwohl ist seine Antwort nicht so klar und unmißverständlich, wie man wünschen möchte. Man betrachte daraufhin nur die zwei letzten Absätze des ersten Hauptstücks der transzendentalen Dialektik (109 f.). Im ersten dieser beiden Absätze erfahren wir, daß das Sittengesetz der einzige Bestimmungsgrund eines sittlichen Willens ist; denn jeder andere Bestimmungsgrund führt zur Heteronomie. Im nächsten Absatz lehrt Kant indes, daß der Begriff des höchsten Guts und „die Vorstellung der durch unsere praktische Vernunft möglichen Existenz desselben zugleich der Bestimmungsgrund des

reinen Willens sei". Dies wird jedoch damit begründet, daß das moralische Gesetz im höchsten Gut enthalten und in seinem Begriff mitgedacht ist. Nur das Gesetz als notwendige Komponente des höchsten Guts ist mithin der Bestimmungsgrund.[12] Im Grunde wird damit dieselbe Sache nur zweimal ausgedrückt. Das höchste Gut ist, außer oder anstelle einer der beiden Komponenten des höchsten Gutes, kein unabhängiger Bestimmungsgrund des Willens. Es kann diese eine Komponente nicht ersetzen, ohne die Reinheit des Willens zu trüben. Aber Kant scheint nicht bereit zu sein, diese Schlußfolgerung unzweideutig zu ziehen. Denn, so sagt er, der sittliche Wille muß einen Gegenstand ebenso wie eine Form haben, und wegen des endlichen und sinnlichen Charakters des Menschen ist zur Sittlichkeit, wenn auch nicht zur Definition der Pflicht, der Begriff der Möglichkeit des höchsten Guts notwendig.[13] Aber wenn mit „Möglichkeit des höchsten Guts" mehr gemeint ist als eine notwendige Bedingung der Sittlichkeit, so ist dies insoweit unvereinbar mit allem, was Kant früher und konsistenter über die gesetzmäßige Form der Maxime, die selbst Gegenstand eines moralischen Willens ist, gesagt hatte.[14] Kant kann einfach nicht beides haben. Er kann nicht sagen, das höchste Gut sei eine Triebfeder für den reinen Willen, und zugleich erklären, das höchste Gut sei dies nur unter der einschränkenden Bedingung, daß der Mensch ein Objekt haben muß, das nicht ausschließlich sittlich ist (denn die Glückseligkeit enthält nichts Sittliches, es sei denn, daß die Würdigkeit, glücklich zu sein, seine Bedingung ist, und selbst dann liegt der moralische Wert nicht in der Glückseligkeit, sondern in der Würdigkeit). Die Lehre der Analytik nötigt dazu, die Auffassung zurückzuweisen, der Begriff des höchsten Guts sei ein selbständiges Motiv sittlichen Handelns. Während die Hoffnung auf das höchste Gut faktisch eine notwendige Triebfeder sein mag, damit wir das tun, wozu uns der Begriff der Pflicht allein nicht bewegen könnte, so ist doch klar, daß das Hereinnehmen dieses menschlich–allzu menschlichen Faktums in den Motivationszusammenhang sittlichen Handelns eine Preisgabe der Autonomie bedeutet.

Die Existenz oder auch nur Möglichkeit des höchsten Guts kann daher nicht in Konsistenz mit Kants übrigen, wohlbegründeten Lehren, als ein logisch oder ethisch notwendiges Motiv echter Sittlichkeit behauptet werden. Die Hoffnung auf ein höchstes Gut kann höchstens zur Annäherung an die Moralität, vielleicht sogar zur nächsten uns Menschen erreichbaren Annäherung, psychologisch notwendig sein; der Glaube an seine Möglichkeit kann eine legitime Begleiterscheinung der reinen und autonomen Sittlichkeit sein. Aber ob dieses „kann" durch ein „ist" ersetzt werden sollte, dies ist eine empirische Frage, und darauf scheint es keine konsistente Antwort in der Analytik und in der Dialektik zu geben.

2. In welchem Verhältnis steht das höchste Gut zum moralischen Gesetz hinsichtlich unserer Handlungszwecke? – Die Vernunft gebietet uns nach Kant, nach der Verwirklichung des höchsten Guts zu streben.

Wenn das höchste Gut nicht möglich wäre, so wäre das moralische Gesetz null und nichtig.[15] Aus diesem Grunde scheint es für ihn so wesentlich zu sein, die Möglichkeit des höchsten Guts zu erweisen.

Die Einführung dieses Vernunftgebots geschieht indes nur beiläufig. In keiner der zahlreichen Formulierungen des kategorischen Imperativs ist es als Inhalt enthalten. In der *Metaphysik der Sitten*, wo Kant unmittelbar mit der Frage befaßt ist, was das moralische Gesetz von uns fordert, gehört das höchste Gut nicht zu den „Zwecken, die zugleich Pflicht sind". Und es ist auch nicht schwer einzusehen, warum dieses Vernunftgebot nicht ausführlich erörtert wird: Es existiert gar nicht.

Wenigstens existiert es nicht als ein eigenes Gebot, unabhängig vom kategorischen Imperativ, und dieser wird unabhängig von ihm entwickelt. Denn angenommen, ich tue alles, was in meinen Kräften steht (und mehr kann kein sittliches Gebot von mir verlangen), um das höchste Gut zu befördern, was wird da von mir verlangt? Nichts anderes als aus Achtung vor dem Gesetz zu handeln, und dies kannte ich bereits. Ich kann überhaupt nichts tun, um Glückseligkeit und Verdienst miteinander auszugleichen, – dies ist die Aufgabe eines moralischen Weltenlenkers, nicht eines Arbeiters im Weinberg. Meine Aufgabe ist es nicht. Meine Aufgabe ist, die *eine* Bedingung des höchsten Gutes zu realisieren, die in meiner Macht steht (143 Anm.). Es führt zu ernsthaften Schwierigkeiten, wenn Kant sagt, es gebe ein Gebot, das höchste Gut zu verwirklichen, wenn dies etwas anderes sein soll als das Gebot, seine Pflicht zu erfüllen.

Die beiden ersten Fragen, die wir soweit behandelt haben, müssen daher negativ beantwortet werden. Das höchste Gut ist ein synthetischer Begriff, aber alle moralischen Konsequenzen, die von ihm als Motiv oder als Gegenstand des Handelns gezogen werden müssen, beziehen sich auf eine seiner Komponenten, das moralische Gesetz (*bonum supremum*), nicht auf das Ganze (*bonum consummatum*).

Der Begriff des höchsten Guts ist in Wahrheit überhaupt kein praktischer Begriff, sondern ein dialektisches Ideal der Vernunft. Es spielt nicht wegen irgendwelcher praktischer Konsequenzen, die es haben könnte, eine Rolle in Kants Philosophie; denn außer denen, die sich aus dem Begriff des *bonum supremum* ergeben, hat es keine. Eine Rolle spielt es nur für die Architektonik der Vernunft, die die zweifache Gesetzgebung der Vernunft, die theoretische und die praktische, in einer Idee zu vereinigen sucht.[16] Dies Thema gehört indes in eine praktisch-dogmatische Metaphysik, die etwas ganz anderes als eine Metaphysik der Sitten ist. Die Vernunft kann ein Chaos der Zwecke nicht hinnehmen; sie fordert ihre apriorische Verknüpfung zu einem System. Ein unbeteiligter Beobachter kann es nicht billigen, wenn die Glückseligkeit und die Würdigkeit, glücklich zu sein, nicht ausgeglichen sind. Aber weder in der Natur noch im Sittengesetz kann Kant mehr als eine kontingente Verbindung zwischen beiden auffinden. Die Vernunft fordert zu ihrer eigenen Befriedigung (nicht zur Befolgung des Gesetzes; denn diese spricht mit gebietender Autorität, lange bevor die Vernunft ihr „Kreditiv" präsentiert) ein System der Zwecke. Damit wir uns ein solches System denken können, müssen wir das höchste Gut für möglich halten. Aber wir dürfen uns nicht der Täuschung hingeben, wie es m. E. Kant tat, die Möglichkeit des höchsten Gutes für eine notwendige Bedingung der Sittlichkeit zu halten oder zu glauben, es sei unsere sittliche Pflicht, es zu befördern, – unabhängig von der Pflicht, die durch die Form und nicht durch den Inhalt oder den Gegenstand des moralischen Gesetzes definiert wird.

4. Die Antinomie der reinen praktischen Vernunft

Wenn der Leser den Schlußfolgerungen zustimmt, die ich soeben gezogen habe, wird er der Antinomie im Begriff des höchsten Guts schwerlich eine solche Bedeutung beimessen können, wie sie Kant zu finden vorgibt. In der (freilich inkonsistenten) Annahme, das moralische Gesetz stehe oder falle mit der Möglichkeit oder Unmöglichkeit des höchsten Guts,[17] gibt Kant eine ganz übertriebene Vorstellung von der Bedeutung der Antinomie, die er gefunden zu haben vermeint. Er geht bis zu der Behauptung, die Darstellung der „Widersprüche der reinen praktischen Vernunft" nötige uns zu einer Kritik dieses Vermögens (109), und weist dieser Antinomie dieselbe Rolle zu, wie sie die theoretische Antinomie bei der Entstehung der ersten *Kritik*, wie wir sahen, tatsächlich hatte.[18] Dies ist zweifellos nicht mehr als eine *façon de parler*, und bei der Prüfung erweist sich diese Antinomie denn auch als ein ziemlich armseliges und unscheinbares Ding, völlig außerstande, diese große historische und systematische Last zu tragen. Zu unserem Bedauern werden wir auch feststellen müssen, daß Kants gewöhnlich sehr hohe handwerkliche Meisterschaft sich in der Diskussion der Antinomie nicht eben eindrucksvoll geltend macht.

Beginnen möchte ich mit einer summarischen Darlegung des Arguments, um dann zu zeigen, wie es revidiert werden müßte, damit es Kants Absichten wirklich genügt.

Das höchste Gut ist kein einfacher Begriff, wie die Stoiker und die Epikureer glaubten, als sie die Motive, die zum sittlichen Handeln führen, mit denen identifizierten, die auf die Glückseligkeit gerichtet sind. Es ist kein Begriff, dessen Prädikat analytisch gefunden werden kann, sondern ein synthetischer Begriff mit zwei unabhängigen Komponenten.[19] Aber es ist ein Begriff a priori, da die Vernunft eine notwendige Verbindung zwischen den beiden Komponenten, Glückseligkeit in angemessenem Verhältnis zur Würdigkeit, glückselig zu sein, fordert.[20]

Als synthetischer Begriff muß der Begriff des höchsten Guts eine Verbindung zwischen den beiden Komponenten enthalten, die die eine zum Grund und die andere zur Folge macht. Es gibt daher zwei Möglichkeiten:

Thesis: Das Streben nach Glückseligkeit muß eine notwendige und hinreichende Bedingung (Motiv) der Sittlichkeit sein.

Antithesis: Die Maxime sittlichen Handelns muß eine notwendige und hinreichende Bedingung der Glückseligkeit sein.[21]

Die Thesis ist, wie die Analytik lehrt, vollkommen auszuschließen. In der Welt unserer Erfahrung ist aber auch die Antithesis unmöglich; denn die Glückseligkeit hängt von den Umständen und der Klugheit, nicht von der bloßen Absicht und dem reinen Herzen ab. Jede Verbindung von Tugend und Glückseligkeit ist in dieser Welt zufällig, und dies befriedigt nicht das Bedürfnis unserer Vernunft nach einer notwendigen Verbindung. Die Verknüpfung ist also weder analytisch noch a priori synthetisch; der Begriff des höchsten Guts ist daher für die Vernunft „unmöglich". Damit erweist sich das moralische Gesetz, das wir als notwendiges Objekt erstreben sollen, als trügerisch.

Die zweite Seite der Alternative (Antithesis) ist jedoch nicht vollkommen falsch. Falsch ist sie nur unter der Voraussetzung, daß die Verbindung zwischen Tugend und Glückseligkeit aufgrund von Naturgesetzen gefunden werden muß. Und selbst dann ist sie nur subjektiv falsch, d. h. unsere Vernunft kann zwar nicht begreifen, wie diese Verbindung möglich sein soll, aber sie kann nicht ihre Unmöglichkeit beweisen (145). Wie bei der Antinomie der Freiheit die Auflösung darin gefunden wurde, daß die Wahrheit der Thesis im Hinblick auf die übersinnliche Natur des Menschen behauptet wurde, so wird hier die Auflösung der Antinomie darin gefunden, daß die Verknüpfung von Tugend und Glückseligkeit in eine intelligible Welt verlegt wird. Die *Möglichkeit* des höchsten Guts ist damit erwiesen,[22] wenn wir annehmen, es gebe eine intelligible Welt, in der ein moralisches Wesen Glückseligkeit in einem angemessenen Verhältnis zur Tugend austeilt.

So Kant. Aber es sollte klar sein, daß eine Antinomie in irgendeiner strengen Bedeutung hier nicht vorliegt. Trotz Kants Behauptung (109), daß wir es mit „Widersprüchen der reinen praktischen Vernunft" zu tun haben, stehen Thesis und Antithesis nicht kontradiktorisch gegeneinander. Beide Seiten der Alternative sind ferner nicht unabhängig beglaubigt;[23] die eine Seite ist offenkundig falsch. Die ganze Antinomie ist ausgedacht und künstlich. Die Auflösung der Antinomie entspricht schließlich nicht dem, was man nach der Analogie der dritten Antinomie erwarten sollte. Denn dort gilt die Antithesis in der phänomenalen und die Thesis in der noumenalen Welt; hier aber gilt die Thesis überhaupt nicht.

Gleichwohl kann man die Antinomie so formulieren, daß sie Kants Absichten besser entspricht. Ich möchte zwei solche Formulierungen zu erwägen geben:

I. Thesis: *Die Maxime der Tugend muß die Ursache der Glückseligkeit sein.*

Antithesis: *Die Maxime der Tugend ist nicht die Ursache der Glückseligkeit*; Glückseligkeit ist nur durch Erkenntnis und erfolgreiche Anwendung der Naturgesetze zu erlangen.

Dies ist eine wirkliche Antinomie, da die Urteile nicht konträr, sondern kontradiktorisch zueinander stehen. Jedes Urteil formuliert ein unvermeidliches, moralisches oder theoretisches Vernunftinteresse, und jedes ist eine wahre Formulierung eines dieser beiden Interessen. Die Auflösung dieser Antinomie entspricht im übrigen der der dritten Antinomie in der ersten *Kritik*. Es ist das Unglück des Tugendhaften, daß die Antithesis in der sinnlichen Welt wahr ist und wahr bleibt; der Wind nimmt auf das geschorene Lamm keine Rücksicht, und der Regen fällt über Gerechten und Ungerechten. Die Thesis ist falsch „in einer Natur, die bloß Objekt der Sinne ist" (115). Aber sie kann wahr sein in einer intelligiblen Welt, in der nach den Gesetzen dieser intelligiblen Welt (d. i. nach Gesetzen der Intentionen moralischer Personen) Glückseligkeit ausgeteilt wird („als Wirkung in der Sinnenwelt" unter natürlichen Bedingungen[24]). Das Tugendstreben bedeutet daher kein Zurücktreten von der Hoffnung auf eine immerhin mögliche Angemessenheit der Glückseligkeit an die Tugend.

Aber auch eine zweite Formulierung der Antinomie[25] erscheint möglich, und diese hat den Vorzug, daß sie das höchste Gut im Mittelpunkt der Aufmerksamkeit beläßt.

II. Thesis: *Das höchste Gut ist möglich.* Beweis: Das Sittengesetz erfordert es.

Antithesis: *Das höchste Gut ist nicht möglich.* Beweis: Die Verbindung zwischen Tugend und Glückseligkeit ist weder analytisch noch a priori synthetisch noch empirisch gegeben.

Auflösung: Die Antithesis ist wahr in der sinnlichen Welt, wenn die Naturgesetze ausschließlich herrschen; die Thesis kann in der intelligiblen Welt wahr sein, weil eine synthetische Verknüpfung von Tugend (als Grund) und Glückseligkeit (als Folge) nicht absolut unmöglich ist.

Bei beiden Formulierungen können wir sehen, daß der Begriff eines höchsten Guts nicht unmöglich ist. In der Überzeugung, es sei moralisch notwendig, wendet sich Kant anschließend jenen Bedingungen zu, die es wirklich machen, wenn Sittlichkeit, die einzige in unserer Macht und Kompetenz stehende Bedingung, gegeben ist.[26]

5. Der Primat der reinen praktischen Vernunft

Die Frage ist: Haben wir ein Recht, Vernunftbegriffe zu gebrauchen, und Gegenstände von ihnen anzunehmen, die jenseits der Grenzen liegen, die die theoretische Vernunft für theoretisches Erkennen ausgemacht hat? Es genügt hier nicht, lediglich darauf hinzuweisen, daß die Interessen der Praxis weiterreichen als die der Theorie. Die theoretische Vernunft allein kann nicht zwischen der Thesis und der Antithesis der dritten Antinomie entscheiden. Sie würde uns in einem Zustand des Schwankens lassen, der sich, wäre dies der einzige Vernunftgebrauch, nur durch eine von den Bedürfnissen der Praxis uns aufgenötigte Entscheidung beendigen ließe.[27] Diese Entscheidung würde in der Tat zugunsten der Thesis ausfallen. Die Unfähigkeit der theoretischen Vernunft, zwischen Thesis und Antithesis zu entscheiden, würde uns erlauben, den „Glauben" aus der Requisitenkammer des Dogmatismus hervorzuholen; wir würden dem Glauben aber nicht die „Form der Wissenschaft", d. h. eine systematische, rationale Struktur geben können.[28]

Nachdem in der Analytik die Funktion der reinen praktischen Vernunft aufgewiesen worden ist, ist in der zu treffenden Entscheidung jetzt kein Rest von Willkür oder Irrationalität mehr enthalten. Wir haben es nicht mehr mit einem Gegensatz von „Vernunft" und „Glauben" zu tun, sondern mit dem Gegensatz zwischen „theoretischer Vernunft" und „Vernunftglaube", d. h. mit einem Vermögen a priori, das über die Grenzen theoretischer Erkenntnis hinausreicht. Ein Kontrast ist geblieben, aber nicht notwendig ein Gegensatz. Denn es gibt (a) nur *eine* Vernunft mit zwei Interessen, nicht zwei Arten von Vernunft mit gegensätzlichen Interessen (121), und (b) das praktische Interesse nötigt uns nicht dazu, irgendetwas zurückzunehmen, was die theoretische Vernunft erwiesen hat oder erweisen kann. Um es in der Sprache der klassischen Theologie zu sagen: Der Gegenstand des Glaubens liegt jenseits der Gegenstände der *theoretischen* Vernunft, aber nicht jenseits der Vernunftgegenstände überhaupt (*simpliciter*). Es gibt keinen gültigen Glauben, der der theoretischen Vernunft widerspräche.

Die theoretische Vernunft treibt in ihrem Streben nach dem Unbedingten ihre Untersuchung bis zu den entferntesten Grenzen. Dabei kann sie keine Erkenntnis des Unbedingten erhalten, aber ihr Interesse richtet sich auf alles, was der Erkenntnis des Unbedingten dient.[29] Ihr wahres Interesse liegt daher nicht in einer bestimmten Erkenntnis oder Definition des Unbedingten, sondern allein in der Beschränkung des „spekulativen Wahnsinns". Das Interesse der praktischen Vernunft liegt „in der Bestimmung des Willens, in Ansehung des letzten und vollständigen Zwecks" (120), und alles, was die Möglichkeit dieses Zwecks erweist, fördert das praktische Interesse.

In einer oberflächlichen Betrachtung könnte es scheinen, als stünden diese beiden Interessen miteinander in Konflikt. Aber sie stehen nicht im Gegensatz, wenn das Interesse der theoretischen Vernunft nicht in einem unerreichbaren Zweck (Erkenntnis der Dinge an sich) liegt, sondern nur in der Sicherheit eines geordneten Fortschreitens der Wissenschaft, und wenn das Interesse der praktischen Vernunft sich nicht auf eine Erkenntnis, sondern auf die Willensbestimmung zu Handlungen richtet. In diesem Falle können Urteile, die das praktische Interesse fördern, mit dem theoretischen Vernunftinteresse vereinbar sein. Diese Urteile sind dann keine theoretischen Sätze, deren Wahrheit theoretisch erkannt werden kann, sondern Postulate.

Die *Kritik der reinen Vernunft* hat selbst den Weg zur Behauptung des Primats des praktischen Vernunftinteresses vor dem theoretischen freigemacht. Das Interesse der spekulativen Vernunft an den von der reinen praktischen Vernunft geforderten Ideen ist nur gering.[30] Gleichwohl sind die Ideen, die die spekulative Vernunft für ihre eigenen Zwecke fordert, dieselben wie die der reinen praktischen Vernunft.[31] Die theoretische Vernunft kann sie nur als problematische Begriffe gelten lassen.[32] Wenn es einen Konflikt zwischen der praktischen und der theoretischen Vernunft gibt, so würde die praktische Vernunft mit dem Recht des Besitzers in den Kampf eintreten.[33] Wenn ein Gegensatz fehlt, so betrifft die Frage allein die Maxime, die befolgt werden soll: der „Kanonik des Epikurs" hartnäckig zu folgen und keinerlei nicht-empirische Objekte zuzulassen oder „gewisse theoretische Positionen" zuzulassen, die mit praktischen Prinzipien a priori unzertrennlich verbunden sind, „die sich gleichwohl aller möglichen Einsicht der spekulativen Vernunft entzögen (ob sie zwar derselben auch nicht widersprechen müßten)" (120). Die Lehre vom Primat der praktischen Vernunft verhindert, daß aus dem Unterschied der Vernunftinteressen ein Gegensatz wird, indem sie die Beiordnung der Interessen auf eine Unterordnung zurückführt. Und bei dieser Unterordnung hat die Praxis den Primat, „weil alles Interesse zuletzt praktisch ist".[34]

Wenn der theoretischen Vernunft Gewißheit darüber verschafft werden kann, daß diese „theoretischen Positionen" für das praktische Interesse erforderlich sind, und zwar über ihr eigenes Interesse hinausgehen, nicht aber mit ihm in Gegensatz stehen, so ist dieser Primat zur Gewißheit erhoben. Kant macht geltend, daß die Auflösung der Antinomie der praktischen Vernunft und die Notwendigkeit seiner Konzeption des höchsten Guts die Unumgänglichkeit dieser theoretischen Positionen beweisen. Abschnitte VI–IX dieses Kapitels der *Kritik* sollen das Fehlen eines Gegensatzes erweisen.

6. Die Postulate der reinen praktischen Vernunft[35]

Schon in der Vorrede[36] macht Kant darauf aufmerksam, daß der Gebrauch des Worts „Postulat" in der *Kritik* nicht mit dem mathematischen Gebrauch verwechselt werden darf. Da aber die Bedeutung dieses Ausdrucks in der heutigen Mathematik von der damaligen Bedeutung verschieden ist, werden die Dinge durch Kants Erklärung ohne seine Schuld nur noch unklarer. Es ist daher notwendig, etwas ausführlicher auf mathematische Postulate einzugehen.

Für Kant und seine Zeitgenossen[37] war ein mathematisches Postulat ein unbeweisbarer praktischer (genauer: technisch-praktischer) Satz, der die Regel der Synthesis zu einem Gegenstand der Anschauung enthält, wenn die Möglichkeit des Gegenstands a priori bekannt ist. Mathematische Beweise beruhen auf der Konstruktion von Gegenständen der Anschauung, und die Postulate sind die apriorischen Regeln für eine solche Konstruktion. Hinsichtlich der Möglichkeit, einen Kreis zu konstruieren, lautet das Postulat z. B.: „Beschreibe um den Mittelpunkt C mit dem Radius CA oder dem Durchmesser AB einen Kreis."[38] In der neueren Mathematik weicht der Sprachgebrauch von Kants Theorie der Mathematik ab und kommt der Bedeutung sehr nahe, die das Wort in seiner Ethik hat. Der Grund liegt darin, daß die neuere Mathematik weniger „konstruktiv" und im stärkeren Maße „deduktiv" ist. Da ein Postulat eine Annahme ist, die zur Erreichung irgendeines mathematischen Zwecks gemacht wird, ist nicht mehr, wie im 18. Jahrhundert, der Satz „Konstruiere zu einer gegebenen Geraden durch einen gegebenen Punkt eine Parallele" ein Postulat, sondern die Annahme „In einer Ebene existiert zu einer Geraden durch einen außer ihr liegenden Punkt eine und nur eine Parallele". Ein Postulat unterscheidet sich jetzt von einem Axiom, wenn überhaupt, nur noch dadurch, daß es nicht intuitiv gewiß ist; aber es ist wie das Axiom kein praktischer, sondern ein theoretischer Satz. Mit der allgemeinen Billigung einer Spieltheorie der Mathematik ist der Unterschied zwischen Axiom und Postulat nur noch verbal. Für Kant hingegen unterschied sich ein Postulat von einem Axiom nicht dadurch, daß es nicht intuitiv gewiß war, sondern dadurch, daß es nicht ein theoretischer, sondern ein praktischer Satz ist. Kein philosophischer Satz war für ihn axiomatisch.[39] In der Philosophie hingegen ist ein Postulat die auf die Anerkennung eines notwendigen Gesetzes gestützte Behauptung, daß ein Gegenstand möglich oder wirklich ist.[40] Der praktische Satz ist das Gesetz (oder vielmehr der zugehörige Imperativ); das Postulat ist ein theoretischer Satz, der aber nicht theoretisch (d. h. apodiktisch) gewiß ist.

Zwischen Hypothese und Postulat unterscheidet Kant ähnlich.[41] Wenn X, sei es als wirklich oder als notwendig, gegeben ist, so ist Y postuliert, wenn a priori feststeht, daß Y die einzige Bedingung ist, unter der X als auch nur möglich erkannt werden kann. Y wird hingegen hypothetisch angenommen oder vorausgesetzt, wenn es eine mögliche Erklärung für X liefert.[42] Bisweilen schreibt Kant so, als läge der Unterschied darin, daß die bei der Erklärung von X angestrebten Zwecke verschieden sind. Wenn X notwendig ist und Y als eine a priori notwendige Bedingung voraussetzt, dann ist Y postuliert; wenn hingegen die Erkenntnis von X ein frei gewählter (theoretischer) Zweck ist, so ist Y selbst dann nur eine Hypothese, wenn Y die notwendige Bedingung von X ist.[43] Dies ist es, was Kant im Auge hat, wenn er sagt, wir müßten z. B. die Existenz Gottes postulieren, weil Sittlichkeit (sie nimmt hier die Stelle von X ein) notwendig und Gott eine notwendige Bedingung der Sittlichkeit ist, während die Existenz Gottes in der natürlichen Theologie oder in der spekulativen Physik nur als Voraussetzung auftritt, – nicht weil dieser Begriff dort weniger notwendig, sondern weil der Erkenntniszweck frei gewählt ist. Überdies ist eine Hypothese ein theoretischer Satz, der (wie z. B. eine naturwissenschaftliche Hypothese) durch Fortschritt der Erkenntnis zur Gewißheit erhoben werden kann oder der (wie z. B. die Hypothese der Existenz Gottes in der natürlichen Theologie) nur auf einem subjektiven Bedürfnis der Vernunft beruht. In diesem Falle wird zwar Erkenntnis angestrebt, aber die Hypothese kann die Würde einer Erkenntnis grundsätzlich nicht erreichen. Ein Postulat hingegen kann durch die Erkenntnis neuer Tatsachen weder ergänzt noch korrigiert werden. Streng genommen erhebt es auch nicht den Anspruch, objektive Erkenntnis zu sein, obwohl es „dem Grade nach keinem Wissen nachsteht, ob es gleich der Art nach völlig unterschieden ist."[44]

Ein Postulat ist mithin in der *Kritik der praktischen Vernunft* „ein theoretischer, als solcher aber nicht erweislicher Satz, sofern er einem a priori unbedingt geltenden praktischen Gesetz unzertrennlich anhängt" (122). Das Gesetz fordert eine Handlung, nicht die Anerkennung irgendeines damit zusammenhängenden theoretischen Satzes. Dieser Satz wird nicht anerkannt, weil er geboten wäre, sondern: Wenn wir uns unter das Sittengesetz stellen, „so ist das Prinzip, was unser Urteil hierin bestimmt, zwar subjektiv, als Bedürfnis, aber auch zugleich als Beförderungsmittel dessen, was objektiv (praktisch) notwendig ist, der Grund einer Maxime des Fürwahrhaltens in moralischer Absicht".[45] Mir ist m. a. W. geboten, das höchste Gut zu suchen; das kann ich nur, wenn das höchste Gut objektiv möglich ist und ich (subjektiv) dies für möglich halte; mir ist aber nicht geboten, irgendetwas zu *glauben* (144). Mir ist etwas geboten, was ich nicht tun könnte und das ich nicht für geboten halten könnte, wenn ich nicht, ohne objektiven Beweis, gewisse Dinge für möglich hielte.

Und dennoch: Wenn das Gebot, das höchste Gut zu befördern, wie wir in § 3 sahen, sich auf das Gebot, unsere Pflicht zu tun, reduziert, so ist diese enge Verbindung zwischen dem moralischen Gesetz und den Postulaten (mit Ausnahme des Freiheitspostulats) unerweislich. Kant meint, diese Verknüpfung sei rational; sie ist jedoch gleichsam nur subjektiv rational, ähnlich wie die Notwendigkeit in der spekulativen Metaphysik, sich die Hypothese vom Dasein Gottes zu eigen zu machen. Sie hat nur „praktische Realität", und dies bedeutet: Gültigkeit für die Praxis, nicht für die Erkenntnis. Tatsächlich geht indes dieser Anspruch zu weit; denn es liegt nur an der Naturbeschaffenheit des Menchen, wenn er zur Erfüllung seiner Pflicht irgendeine Bestärkung, in Form eines Glaubens, braucht.[46] Im Licht dieser Tatsache wird man schwerlich Kant zugeben können, er habe den gewichtigen Einwand Wizenmanns ausgeräumt (143 Anm.).

Das Vernunftbedürfnis, an die Existenz eines höchsten Guts zu glauben und die Existenz seiner Bedingungen zu postulieren, entspringt in der Tat aus einem „objektiven Bestimmungsgrund des Willens", aber nur wegen „unvermeidlicher Einschränkungen des Menschen". Es ist mithin kein „Bedürfnis der reinen Vernunft", sondern ein Bedürfnis der allzu menschlichen Vernunft. Mit dieser Kritik an Kants Antwort auf Wizenmann weisen wir ihm indes keinen Platz unter den pragmatistischen Anwälten eines „Willens zum Glauben" zu. Denn James, um ein typisches Beispiel zu nennen, vertrat die Auffassung, das „Recht zum Glauben" entspringe aus einem „Willen zum Glauben", ganz präzise deshalb, weil die reine Vernunft für ihn *nicht* praktisch sein konnte. Das pragmatistische Bedürfnis des Glaubens beruht auf der Unfähigkeit der Vernunft, die Wahrheit dessen zu erweisen, was wir glauben müssen, wenn wir moralisch handeln sollen. In dieser Lage erhebt der Pragmatist den Anspruch, daß wir ein Recht haben, uns an „unsere leidenschaftliche Natur" zu halten, während Kant erklärt, wir hielten uns an die Vernunft, die mehr als ein theoretisches, kognitives Vermögen sei. Für den Glauben gibt es also bei Kant, wenigstens vermeintlich, ein rationales Kriterium und Motiv, und dies ist bei den Pragmatisten nicht der Fall. Wenn indes meine Argumentation richtig ist, so führt überhaupt kein Bedürfnis der *reinen* Vernunft zu den Postulaten, – nicht, weil die reine Vernunft keine Bedürfnisse haben kann, sondern weil sich ihr Bedürfnis in der Formulierung des moralischen Gebots erschöpft. Wenn „Vernunft" hingegen in weiterer Bedeutung genommen wird und die Beförderung des Guten unter menschlichen Bedingungen bedeuten soll, so wird der Unterschied zwischen Kants Auffassung und der der Pragmatisten im wesentlichen verbal. Kants Entgegnung auf Wizenmann ist nicht überzeugender als das, was James seinen Kritikern zu antworten wußte.

Doch wir wollen zum Text zurückkehren.[47] Hier soll nun gezeigt werden, daß Sätze, die für die spekulative Vernunft problematisch waren, Gegenstände haben (134), weil sonst das moralische Gesetz leer und nichtig wäre.[48] Wenn ich zu tun bereit bin, was meine Pflicht von mir erfordert, so weiß ich nicht, daß es einen Gott gibt, obwohl ich dessen, hier ganz wörtlich verstanden, moralisch gewiß bin. Nicht *es* ist gewiß, sondern *ich* bin dessen gewiß.[49] Wenn ich zu tun bereit bin, was die Pflicht erfordert, so handle ich, als ob es einen Gott gäbe, oder „ich will, daß ein Gott (sei)".[50] Ich werde dadurch nicht zu irgendeiner Einsicht in das Wesen Gottes oder in die übrigen Bedingungen des höchsten Guts befähigt. Kein synthetischer Satz ist hier möglich, da hier keine Anschauung meine Begriffe mit ihren Gegenständen verknüpft. Die theoretische Vernunft gewinnt durch diese Erweiterung unseres Vernunftgebrauchs nichts; denn über den Gebrauch hinaus, den sie von ihnen als regulativen Begriffen bereits machte, dienen ihr die von der praktischen Vernunft übernommenen Begriffe zu nichts (136). Das moralische Argument durchbricht daher nicht die Mauern, die die theoretische Vernunft zwischen dem, was erkannt werden kann, und dem, was nicht erkannt werden kann, so gründlich errichtet hatte. Die Aufgabe der theoretischen Vernunft hinsichtlich dieser Gegenstände ist und bleibt rein negativ. Es handelt sich um eine polizeiliche Funktion:[51] Fanatismus zu verhindern, diese Begriffe von anthropomorphen Elementen zu reinigen, die ihnen einen sinnlichen Inhalt geben und damit gerade ihre sittliche Bedeutung zerstören (141), und dogmatische Angriffe auf sie fernzuhalten.[52]

7. Glaube und Nichtwissen

Die Erkenntnisweise, die Kant einem Postulat zuschreibt, heißt „Glauben der reinen praktischen Vernunft", „moralischer Glaube" oder „Vernunftglaube".[53] Damit bezieht Kant in die Philosophie ein, was vor ihm eine Erkenntnisweise außerhalb der Philosophie oder im Gegensatz zu ihr war. Vor Kant entsprach der Gegensatz zwischen Glaube und Vernunft dem Gegensatz zwischen Offenbarungstheologie und Philosophie. Indem Kant mehrere Arten von Glauben unterscheidet, kann er eine davon gleichsam gezähmt und domestiziert in die Philosophie hineinnehmen.

Wie vernünftig ein Glaube auch sei, er bleibt im Gegensatz zur Erkenntnis. Erkenntnis ist die Zustimmung aus Gründen, die sowohl objektiv wie subjektiv hinreichend sind; bloße Meinung ist eine Zustimmung aus Gründen, die weder objektiv noch subjektiv ausreichen. Ein Glaube indes ist eine Zustimmung aus Gründen, die subjektiv genügen, während sie objektiv unzureichend sind.[54] Die subjektiv ausreichenden Gründe, an die hier zu denken ist, können in einem spekulativen Bedürfnis (doktrinaler Glaube), in einer Offenbarung und in einem christlichen Dogma (historischer Glaube), in einem Bedürfnis von Zwecken für einen willkürlichen Gebrauch der Geschicklichkeit (pragmatischer Glaube) oder in einem Bedürfnis der Vernunft zur Befolgung der Pflicht (Vernunftglaube, ein Glaube der reinen Vernunft) liegen. Die ersteren sind Gründe eines theoretischen Glaubens, das letztere ist der Grund eines praktischen Glaubens.[55]

Ein Glaube der reinen Vernunft ist nötig, damit wir uns im „leeren Raum" des Denkens jenseits der Erfahrungsgrenzen orientieren[56] in jenem „weiten und stürmischen Ozean, dem eigentlichen Sitze des Scheins, wo manche Nebelbank, und manches wegschmelzende Eis neue Länder lügt".[57] Es muß ein Glaube an Gegenstände der praktischen Vernunft sein, da die theoretische Vernunft, wegen des Fehlens einer Anschauung, keinen Orientierungspunkt liefert. In der Bestimmung dieser Gegenstände können subjektive Bedürfnisse, die von Mensch zu Mensch verschieden sind, keine Rolle spielen; denn sie beziehen sich alle auf Gegenstände der Erfahrung, deren Erkenntnis grundsätzlich möglich ist. Dies hatte bereits Wizenmann mit Recht hervorgehoben (143 Anm.). Aber das Subjektive muß nicht willkürlich und zufällig sein; „subjektiv" bedeutet: von der Natur des Subjekts abhängig, und dies kann sowohl a priori wie a posteriori zu verstehen sein. Subjektive Bedürfnisse wollen befriedigt sein, und sie können vollgültig befriedigt werden, wenn die Erkenntnis am Ende ihrer Kraft ist. Dies ist einer der Gründe, warum es so wichtig ist, a priori den Unterschied zwischen einer bloßen Schranke und einer Grenze der Erkenntnis zu bestimmen.[58] Nur wenn wir sicher sind, daß die Theorie an ihr Ende gekommen ist, können wir uns auf den Glauben einlassen.

Dieser Glaube kann nicht geboten werden, und er ist für die Sittlichkeit auch nicht wesentlich.[59] Aber wer ihn hat, erfreut sich eines positiven moralischen Wertes,[60] und obwohl die Sittlichkeit mit einem „zweifelnden Glauben" vereinbar ist, kann sie doch nicht mit einem dogmatischen Unglauben zusammengehen, der die Möglichkeit des Gegenstandes der reinen praktischen Vernunft nicht zuließe.[61] In keinem Fall hingegen enthält der Glaube die Prämissen der Ethik und der Sittlichkeit, und aller Glaube ist Fanatismus und Aberglaube, der über die Grenzen dessen hinausgeht, was zur Sittlichkeit erforderlich ist. Die Religionsgeschichte ist die Geschichte einer allmählich fortschreitenden Ersetzung des historischen Glaubens durch seinen Kern, den Vernunftglauben, der in der christlichen Religion, wenn auch verhüllt, enthalten war.[62]

Aber ist dieser Glaube nicht einfach ein Surrogat für die Art von Erkenntnis, deren Unmöglichkeit die erste *Kritik* bewiesen hatte? Keineswegs, wenn wir Kant folgen. Während er in seiner vorkritischen Periode in der Tat meinte, eine Erkenntnis des Übersinnlichen sei sowohl möglich wie vereinbar mit den Ansprüchen der Sittlichkeit (wenn auch nicht für sie wesentlich), bestritt er in seiner kritischen Periode nicht nur die Möglichkeit dieser Erkenntnis wegen des mit ihr verbundenen dialektischen Scheins, sondern er betrachtete dies sogar als einen Sieg der Vernunft, und zwar nicht nur der praktischen Vernunft. Denn wenn eine Erkenntnis des Übersinnlichen möglich wäre, so wären lediglich die Grenzen der theoretischen Erkenntnis erweitert und die Methoden und Schlußfolgerungen der Naturwissenschaft in das übersinnliche Reich hineingetragen. Dies würde die Vernunfterkenntnis höchstens quantitativ vermehren, aber es würde die Möglichkeit einer ganz anderen Erweiterung des Vernunftgebrauchs, des praktischen, ausschließen. Im Hinblick auf diese Befreiung der Vernunft zur Entfaltung ihrer eigensten Möglichkeiten formuliert Kant: „Ich mußte also das Wissen aufheben, um zum Glauben Platz zu bekommen."[63]

Der Preis hingegen, den Kant dafür zu zahlen hatte, daß er die Ethik vor dem metaphysischen Dogmatismus bewahrte, ist die Unwissenheit, die andere Seite des Glaubens. Denn nehmen wir einmal an, eine Erkenntnis des Übersinnlichen wäre möglich und die so erkannten Gegenstände wären ferner keine Gegenstände unter Gesetzen der Erscheinungen, angenommen also, es wäre möglich, eine rationale, spekulative Metaphysik aufzubauen, die *nicht* als Fundament „alles der Moralität widerstreitenden Unglaubens, der jederzeit gar sehr dogmatisch ist,"[64] dienen könnte und wir hätten jene „höhere" Erkenntnis Gottes, der Freiheit und der Unsterblichkeit, deren sich einige Metaphysiker rühmten und von der sich Kant höchstens zu amüsierter Geringschätzung provozieren ließ,[65] – und dann?

Ein in der Faust-Tradition vielfach behandeltes Thema,[66] das im letzten Abschnitt der Dialektik ausgearbeitet wird.[67]

Wären alle diese unmöglichen Voraussetzungen gegeben, und würde dieser Zuwachs an Erkenntnis nicht einen Wandel in unserer „ganzen Natur" zuwege bringen, so würde dies den Vernunftglauben nur in pragmatischen Glauben verwandeln, und Tugend wäre unmöglich (146), und es würden „die mehresten gesetzmäßigen Handlungen aus Furcht, nur wenige aus Hoffnung und gar keine aus Pflicht geschehen, ein moralischer Wert der Handlungen aber, worauf doch allein der Wert der Person und selbst der der Welt, in den Augen der höchsten Weisheit, ankommt, würde gar nicht existieren. Das Verhalten der Menschen, solange ihre Natur, wie sie jetzt ist, bliebe, würde also in einen bloßen Mechanismus verwandelt werden, wo, wie im Marionettenspiel, alles gut gestikulieren, aber in den Figuren doch kein Leben anzutreffen sein würde" (147). In der ersten *Kritik* sagte Kant, das moralische Interesse läge auf der Seite des Dogmatismus, dargestellt in den Thesen des Antinomien-Kapitels. Daß die Thesen wahr sind, ist in der Tat ein Interesse der reinen praktischen Vernunft. Daß sie aber auch als wahr erkannt sein sollen, bringt einen Konflikt mit dem moralischen Interesse unter menschlichen Einschränkungen mit sich. Als junger Mann, lange bevor seine ethische Theorie entwickelt war, schrieb Kant: „Es ist durchaus nötig, daß man sich vom Dasein Gottes überzeuge; es ist aber nicht eben so nötig, daß man es demonstriere".[68] Als ein alter Mann entdeckt er jetzt die tiefste moralische Wurzel und die Gefahr dieses faustischen Strebens, die Geheimnisse der anderen Welt zu erkennen, – Geheimnisse, mit denen er selbst gespielt hatte, als er seine *Träume eines Geistersehers* schrieb. Da wir keine Erkenntnis besitzen, erlaubt uns das moralische Gesetz eine Vermutung oder einen Blick in das Geheimnis; aber „Gott und Ewigkeit, mit ihrer furchtbaren Majestät," können uns nicht „unabläßlich vor Augen liegen". In unserer prekären menschlichen Lage würden sie uns blenden und jene Bewußtseinsstellung zerstören, in der wir unvollkommene Wesen, die von Natur aus nach der eigenen Glückseligkeit streben, sittlich autonom sind. „Es ist gut, daß wir nicht wissen, sondern glauben, daß ein Gott sey."[69]

Mit seinem Gegensatz gegen die übertriebenen Hoffnungen der Aufklärung auf die Allmacht der Erkenntnis – sie waren nur eine Säkularisierung der übertriebenen Erwartungen, die sich vor der Aufklärungszeit an den Gottesglauben und an die Erkenntnis Gottes geheftet hatten – steht Kant zwischen Rousseau und Goethe: „Ein guter Mensch in seinem dunklen Drange / ist sich des rechten Weges wohl bewußt."[70] Eine weiter reichende Erkenntnis des Übersinnlichen brauchen wir nicht und sollten wir nicht besitzen.

XIV DIE POSTULATE DER REINEN PRAKTISCHEN VERNUNFT

Kommentar zur Dialektik, Kapitel II, Abschn. IV und V, und zum Schlußabschnitt

1. Einleitung

In den Kapiteln XI und XIII war bereits die Rede davon, daß Kant das Wort „Postulat" ziemlich frei gebraucht und daß er seine Liste der praktischen Postulate von Stelle zu Stelle ändert. Selbst in der *Kritik der praktischen Vernunft* gibt es Unterschiede. Die Möglichkeit[1] und die Wirklichkeit[2] Gottes, der Freiheit und der Unsterblichkeit, die Möglichkeit des höchsten Guts[3] und das Sittengesetz selbst[4] heißen Postulate. Trotz dieser Unterschiede ist Kants Meinung und Absicht in der *Kritik* klar: Offiziell, und mit Bedacht so genannt, gibt es nur drei Postulate, – die wirkliche Freiheit des Willens, die Unsterblichkeit der Seele und die Existenz Gottes.

Mit dem Begriff der Freiheit und mit der Bedeutung, in der die Freiheit ein Postulat genannt werden kann, haben wir uns bereits befaßt.[5] In diesem Kapitel sind also nur noch die beiden übrigen Postulate zu besprechen. Wir werden indes mit der Frage beginnen, was ein Postulat ist und wie ein Postulat „bewiesen" wird. Daran soll sich die Erörterung der Postulate selbst anschließen, und wir werden schließen, indem wir das Verhältnis von Ethik und Religion erörtern. Im letzten Paragraphen gehen wir auf Kants Schlußbetrachtung am Ende des Werks ein, die zwar hinter der Methodenlehre steht, sich aber eng an die Dialektik anschließt.

2. Die Struktur eines moralischen Arguments

In der zweiten *Kritik* benutzt Kant den Ausdruck „moralisches Argument" nicht; aber in der dritten *Kritik* bezieht er sich so auf dieses Argument. Obgleich diese Bezeichnung nicht ganz paßt, ist sie so weitgehend übernommen worden, daß man sie vergeblich zurückweisen würde. Aber wir müssen versuchen, ganz genau zu sagen, was ein „moralisches Argument" ist; denn wenn wir diesen Terminus zu vage gebrauchen, schließt er Argumentationen ein, die logisch gänzlich von dem zunächst so genannten Argument verschieden sind.

Es wird allgemein anerkannt, daß ein Werturteil oder ein praktischer Satz, der ein Sollen enthält, nicht aus Prämissen abgeleitet werden kann, die ausschließlich ein Sein enthalten. Enthymeme, bei denen dies gewöhnlich der Fall ist, enthalten versteckte Werturteile als Prämissen, und diese werden nur ausgelassen, weil ihre Anerkennung als selbstverständlich vorausgesetzt wird. Nur ein Philosoph würde einen Vorbehalt machen, wenn es heißt: „Wenn du Kopfschmerzen hast, solltest du eine Aspirin nehmen." Aber auch ein Philosoph würde zu weit gehen, wenn er darauf bestände, solche Schlüsse zu vervollständigen. Gleichwohl ist dieses Argument nicht gültig, wenn das fehlende Werturteil nicht als Prämisse hinzugenommen wird.

Ein moralisches Argument liegt vor, wenn ein Seinssatz aus Werturteilen als Prämissen, sei es unmittelbar oder in Verbindung mit einem anderen Seinssatz, gefolgert wird.[6] Ein solches Argument ist offensichtlich formal ungültig. Es ist daher von vornherein unwahrscheinlich, daß ein Philosoph von dem Format und Sachverstand Kants auf eine solche sophistische Augenwischerei verfallen sein sollte. Trotzdem wird ihm nach der gewöhnlichen Interpretation des moralischen Arguments ein solcher Unsinn zugetraut.

Wenn man auf zwei Wörter in Kants Definition eines Postulats achtet, so sieht man, daß Kant sich dieser Art von Irrtum sehr wohl bewußt war, auch wenn man nicht durch die Analyse eines einzigen Satzes von ihm entscheiden kann, ob er nicht am Ende doch diesem Fehler in irgendeiner besonders subtilen und tückischen Form zum Opfer gefallen ist. Unter einem Postulat versteht Kant, wie er sagt, „einen theoretischen, als solchen aber nicht erweislichen Satz, sofern er einem a priori unbedingt geltenden praktischen Gesetze unzertrennlich anhängt" (122). Worauf es hier ankommt, ist das „als solchen".

Ob ein Satz theoretisch oder praktisch ist, hängt letztlich von seiner Funktion, nicht von seiner formalen Struktur oder seinem Inhalt ab, auch wenn wir diese Funktion mit syntaktischen oder semantischen Mitteln sichtbar machen müssen. „A bewirkt B" ist ein theoretischer Satz; „wenn du B willst, mußt du A tun" ist ein praktischer Satz; „A ist ein Mittel zu B" hat die Merkmale beider Arten von Sätzen. Wie wir von einem theoretischen zu einem praktischen Satz durch Ergänzung einer praktischen Prämisse übergehen können (z. B. „wenn du X willst, solltest du tun, was zu X führt"), so könnte es möglich erscheinen, von einem praktischen zu einem theoretischen Satz durch Ergänzung einer anderen Prämisse weiterzugehen. Die einzige Prämisse, auf die es ankäme, wäre indes das Werturteil, so daß der Mittelbegriff dieses Schlusses ein Wertprädikat wäre. Das moralische Gesetz ist, wie wir bereits sahen, ein theoretischer Satz, der a priori angibt, wie ein reines Vernunftwesen handeln würde, und der kategorische Imperativ formuliert dieses Gesetz als Imperativ, mithin als einen praktischen Satz, für Vernunftwesen, deren Wille nicht rein ist. Es ist nicht schwer, einen Syllogismus zu formulieren, in dem der theoretische Satz über reine Vernunftwesen von dem praktischen Imperativ für uns Menschen abgeleitet wird: Die Maxime, nach der ich handeln soll, ist die Maxime, nach der ein Vernunftwesen handeln würde; die Maxime, nach der ich handeln soll, ist Y; Y ist folglich die Maxime eines reinen Vernunftwesens.

In der Postulatenlehre der Dialektik geht es jedoch nicht einfach um Fragen der Syntax und der formalen Logik. Es ergibt sich folgendes Bild: Gegeben ist ein praktischer Satz, und Kant behauptet, er könne auch für die Praxis nur gültig sein, wenn zugleich auch ein theoretischer Satz anerkannt wird, der als solcher weder beweisbar noch widerlegbar ist. An die Stelle einer fehlenden theoretischen Begründung dieses theoretischen Satzes tritt mithin die Notwendigkeit, an den praktischen Satz praktisch heranzugehen. Der theoretische Satz wird aus einem moralischen Grund angenommen, und dieser ist erkenntnistheoretisch (nicht psychologisch) subjektiv, d. h. der Grund liegt in einem „Bedürfnis der Vernunft", nicht in einem objektiven Befund. Ein so begründeter theoretischer Satz ist ein Postulat. Es dient keinem theoretischen Zweck, und wie alle Gründe für seine Annahme praktisch sind, so müssen auch alle aus ihm folgenden Konsequenzen auf die Praxis beschränkt werden.

Ein so begründeter theoretischer Satz trägt nichts zu unserer Erkenntnis der Wahrheit dieses Satzes bei, wenn Wahrheit ein theoretischer Begriff oder ein Prädikat von Seinssätzen bleiben soll. Kant bleibt, wie sich zeigen wird, nicht immer genau innerhalb dieser Grenzen seines „Beweises"; aber er bemüht sich darum.

Eine solche Argumentation erlaubt uns nicht, wie Kant mit Recht sagt, zu begreifen, wie die Ideen Gottes, der Freiheit und der Unsterblichkeit (die Ideen der Objekte der Postulate) möglich oder theoretisch bestimmbar sind: Von der Freiheit wird „nur, daß eine solche sei, durchs moralische Gesetz und zu dessen Behuf postuliert," und „so ist es auch mit den übrigen Ideen bewandt" (133). Wenn dies richtig ist, so können wir dem kategorischen Imperativ nur gehorchen und nach dem höchsten Gut streben, wenn wir an die Möglichkeit des höchsten Guts glauben, und dies ist nur möglich, wenn wir an die Existenz dieser Objekte glauben. Dieser Glaube entspringt nicht einfach dem subjektiven, zufälligen Wunsch, das höchste Gut möchte möglich sein; denn dann wäre der Imperativ, der es zu befördern gebietet, nur hypothetisch. Auch ist dieser Glaube keine Hypothese, an der ich zu einem theoretischen Zweck nur darum mit Zuversicht festhalte, weil ich sie zu diesem Zweck benötige und sie nicht widerlegt werden kann. Es handelt sich nach Kant um einen Glauben, auf den ich nicht verzichten kann, ohne zugleich auf den kategorischen Imperativ zu verzichten, und dies kann ich nicht, ohne zugleich in meinen eigenen Augen ein Gegenstand der Verachtung und des Hasses zu werden.

Dieses „nicht können" soll den Wert einer transzendentalen Unmöglichkeit haben, d. h. sie soll nicht logisch sein, weil die Beziehung zwischen dem moralischen Gesetz und der Existenz Gottes nicht analytisch ist, und sie soll nicht psychologisch sein, weil mancher in einer Welt, in der er weder Trost noch Ermunterung gefunden hat, gleichwohl tatsächlich zur Tugend gelangt ist. Das Wort „transzendental" wird hier in der Bedeutung der *Kritik der reinen Vernunft* verwandt und bezieht sich mithin auf die Bedingungen der Möglichkeit synthetischer Sätze a priori.[7] Aber das letzte Zitat zeigt, daß diese transzendentale Verknüpfung nicht zwischen dem von mir anerkannten moralischen Gesetz und den objektiven Bedingungen des höchsten Guts besteht. Es wird nicht behauptet, die Anerkennung des moralischen Gesetzes setze die Existenz Gottes voraus oder sie begründe eine theoretische Erkenntnis seiner Existenz. Sie setzt nur voraus, daß ich an Gottes Existenz *glaube*. Auch wenn Gott nicht existiert und ich nur an seine Existenz glaube, bleiben die praktischen Konsequenzen für die Befolgung des Sittengesetzes dieselben. Ein Postulat muß daher nicht als wahr erkannt sein, es braucht nicht einmal wahr zu sein, um seine praktische Funktion zu erfüllen. Dem ersten Teil dieses Satzes stimmt Kant zu. Aber auch wenn er aus seinem moralischen Argument nicht zu folgern scheint, daß die Wahrheit der Postulate erkannt werden kann, so scheint er doch zu meinen, ihre Wahrheit folge aus dem moralischen Argument.

Wenn Kants Postulatenlehre auf den sehr bescheidenen Anspruch heruntergeschraubt wird, daß sie nur die Notwendigkeit eines Glaubens behaupten oder beweisen soll, ohne zugleich die Wahrheit des Geglaubten zu behaupten (abgesehen höchstens davon, daß man etwas als falsch Erkanntes nicht glauben kann), so hat sie kein großes philosophisches Interesse. Sie würde in eine Phänomenologie des moralischen Verhaltens gehören, aber die praktische Vernunft wäre aufgrund eines solchen Arguments nicht berechtigt, den „leeren Raum" auszufüllen, den die Theorie offengelassen hatte.

Was aus Kants Argument, wenn es im übrigen gültig ist, folgt, ist lediglich die Notwendigkeit der Handlung, in der etwas Bestimmtes postuliert wird, nicht die Wahrheit des so Postulierten. Aber Kant grenzt, wie gesagt, seine Folgerungen nicht in dieser Weise ab. Er betrachtet den Beweis für die Notwendigkeit des Postulierens als einen, wenn auch geringfügigen Beitrag zur Theorie.[8] Denn durch das moralische Argument wird, nach Kant, die theoretische Vernunft „genötigt, daß es solche Gegenstände gebe, einzuräumen, ohne sie doch näher zu bestimmen". Die Erkenntnis erfährt so eine „Erweiterung", auch wenn sie keine synthetischen Urteile a priori über diese Gegenstände zu formulieren erlaubt. Während aber diese Ideen für die theoretische Vernunft objektiv leer waren, gilt jetzt als erwiesen, daß sie „Gegenstände" haben. Einmal im Besitz dieses „Zuwachses", wird die spekulative Vernunft nur „negativ, d. i. nicht erweiternd, sondern erläuternd, mit jenen Ideen zu Werke gehen". Die Objekte der Ideen indes gibt es; sie werden behauptet; die Kategorie Existenz wird angewandt.[9] All diese entwaffnenden Vorbehalte, wie wenig im Grunde für die Theorie gewonnen ist, erinnern an das Verhalten jener jungen Dame, die nicht gern zugeben wollte, daß sie ein uneheliches Kind hatte, und großen Wert auf die Feststellung legte, ihr Baby sei wirklich nur sehr, sehr klein.

Wie rechtfertigt es Kant also, daß er von dem Ausdruck „es muß postuliert werden..." zu dem Satz „die Postulate haben Objekte" übergeht? Dies geschieht mit der Lehre vom Primat der reinen praktischen Vernunft (119 ff.). Sie stützt sich, wie wir sahen, auf die Überzeugung, daß wir nicht eine zweifache Vernunft, sondern nur *eine* Vernunft mit zwei Interessen haben, daß diese Interessen nicht unvereinbar sind, sondern in dieselbe Richtung weisen, während nur einer der beiden Zugangswege zum Unbedingten mit einem Beweis ohne Fehler zum Ziel führt.

Diese Lehre vom Primat der praktischen Vernunft ist Kants deutlichste Antizipation der späteren Kohärenz-Theorie der Wahrheit. Wenn wir die theoretische Vernunft streng von der praktischen trennen und ihr allein die Erkenntnis der Wahrheit zuschreiben, so ergibt sich (a), daß wir kein kohärentes, autonomes System aufstellen können, und (b), daß unter der Voraussetzung, die Postulatenlehre besage nur etwas über das Postulieren als einen praktischen Akt, aber nichts über die Wahrheit der Postulate, ein ganzes, in sich völlig rationales Feld menschlicher Erfahrung in jeder Theorie über die Welt anscheinend ohne Grundlage bleibt. Wenn wir hingegen mit Kant sagen, beides gehöre so zusammen, daß die Unzulänglichkeit der theoretischen Vernunft durch den Primat der praktischen Vernunft ergänzt wird, so sind wir von der Methodologie der späteren Idealisten nicht mehr weit entfernt, die alles das als wahr betrachtet, was zur „Rettung der Phänomene" angenommen werden muß, ob nun die „Phänomene" empirisch-theoretisch oder praktisch sind. Kants Sachlichkeit oder Selbstbescheidung zeigt sich auch darin, daß er auf jede spekulative Verwendung der so gesetzten Objekte verzichtet. Es scheint indes nur wenig Zweifel daran geben zu können, daß er das moralische Argument als ein Argument für die so gesetzten Objekte und nicht nur als ein Argument für die Notwendigkeit des Setzens dieser Objekte betrachtet hat.

3. Ideen und Postulate

Die *Kritik der reinen Vernunft* enthält zwei ganz verschiedene Auffassungen von den transzendentalen Ideen. Nach der einen Auffassung sind die nicht im Erkennen schematisierten, sondern im Denken auf die Dinge an sich angewandten Kategorien Ideen, d. h. Begriffe, denen kein adäquates Objekt in der Erfahrung entspricht. Nach der anderen Auffassung sind die Ideen ein ursprünglicher Besitz der Vernunft, nämlich Prinzipien für die Systematisierung der Erfahrung, Begriffe von unbedingten Bedingungen. In dieser zweiten Theorie wird der logische Ursprung der Ideen nicht in der Tafel der Urteilsformen gefunden, die als Leitfaden zur Auffindung der Kategorien dient, sondern in den drei Arten von Vernunftschlüssen. Eins aber haben die Ideen in beiden Auffassungen gemeinsam: Sie sind für die Vernunft zwar a priori notwendig; da ihnen aber keine Gegenstände der Anschauung entsprechen können, ist ihr Gebrauch mit Notwendigkeit dialektisch, wenn sie nicht rein regulativ bleiben.

Der dialektische Schein kann aufgelöst werden; die Notwendigkeit der Ideen bleibt indes durch den Nachweis erhalten, daß sie notwendige Maximen des Denkens sind, nicht durch den Nachweis, daß sie wirklich Objekte haben. Ob sie Objekte haben, bleibt vielmehr ein unlösbares Problem der spekulativen Vernunft; aber die spekulative Vernunft braucht dieses Problem aus eigenem Interesse nicht aufzulösen. Ihr genügt es zu wissen, daß die Ideen als Erkenntnisse nicht widerlegt und als Maximen notwendig sind.

Die zweite dieser beiden Auffassungen von den Ideen wird in Kants praktischer Philosophie wichtig. Denn das Ziel der Postulatenlehre ist der Nachweis, daß die drei Ideen, die hier auftreten, Gegenstände haben. Die drei Ideen dieser zweiten Auffassung sind: die Idee der absoluten Einheit des Subjekts der Erfahrung (die Seele), die Idee der absoluten Einheit der Reihe der Bedingungen von Erscheinungen (die Welt) und die Idee der absoluten Einheit der Bedingung aller Dinge überhaupt (Gott).[10] Die spekulative Metaphysik hatte diese drei Ideen zu definieren und den Nachweis der Realität ihrer Objekte zu erbringen versucht. Die *Kritik der reinen Vernunft* unterzieht diese Beweise der spekulativen Metaphysik einer Prüfung. Die Beweise für die erste Idee wurden im Paralogismen–Kapitel besprochen, die Beweise für die zweite finden sich im Antinomien-Kapitel, und die Beweise für die dritte Idee schließlich werden im Kapitel über das Ideal der reinen Vernunft erörtert.[11] Diesen drei Vernunftideen entsprechend finden wir in der *Kritik der praktischen Vernunft* die drei Postulate. Dabei versucht Kant zu zeigen, daß die theoretische und die reine praktische Vernunft zu denselben Objekten tendieren, und daß wir ihrer auf dem Weg der praktischen Vernunft definitiv habhaft werden, während sie auf dem Weg der spekulativen Vernunft uns stets entweichen.[12]

4. Die Unsterblichkeit der Seele

Die Lehre von der Unsterblichkeit der Seele nahm Kant stets sehr wichtig. Theoretischen Argumenten zu ihrer Begründung traute er hingegen nicht viel zu. Selbst als er noch in seinem traditionellen Rationalismus befangen war, suchte er die Begründung für die Unsterblichkeit der Seele in der „unvollständigen Harmonie zwischen der Sittlichkeit und ihren Folgen in der Welt". Aber er vertrat keinen rohen Eudämonismus; denn er zog es vor, den Glauben an die Unsterblichkeit auf die Sittlichkeit statt die Sittlichkeit auf die Hoffnung zukünftiger Belohnungen zu gründen.[13]

In der *Kritik der reinen Vernunft* entdeckte Kant, daß alle synthetischen Urteile a priori über die Seele durch Schlüsse bewiesen werden, die einen Paralogismus enthalten. Obgleich seine Argumentation lang und komplex ist, kann ihr wesentlicher Kern sehr einfach wiedergegeben werden. Der Gedanke des Ich in der transzendentalen Einheit der Apperzeption, das „ich" im „ich denke", das „alle meine Vorstellungen muß begleiten können", ist der Gedanke einer einfachen Substanz. Aber obgleich die Seele als Substanz gedacht wird, ist sie doch nicht unter der einzigen Bedingung gegeben, unter der eine Substanz erkannt werden kann, der Zeit. Also ist das Urteil, von dem die Unsterblichkeit der Seele abgeleitet werden soll, das Urteil „das Ich ist eine einfache Substanz", kein gültiges synthetisches Urteil a priori, und kein synthetisches Prädikat über die Seele kann daher bewiesen werden. Der dialektische Schein, ein solcher Beweis sei möglich, entsteht, weil der Paralogismus nicht durchschaut wird, der darin liegt, daß in der Major der reine Begriff der Substanz auftritt, während in der Minor und im Schlußsatz die Substanz als eine zeitliche Existenzweise gedacht wird.[14]

Dieses theoretische Argument, bemerkt Kant witzig, „ist so auf eine Haaresspitze gestellt, daß selbst die Schule ihn auf derselben nur solange erhalten kann, als sie ihn als ein Kreisel um denselben sich unaufhörlich drehen läßt".[15] Gleichwohl wird durch dieses Scheitern der Versuch eines theoretischen Beweises „für die Befugnis, ja gar die Notwendigkeit, der Annehmung eines künftigen Lebens nach Grundsätzen des mit dem spekulativen verbundenen praktischen Vernunftgebrauchs, hiebei nicht das Mindeste verloren".[16] Diese Beweise, „die für die Welt brauchbar sind", bleiben vielmehr „alle in ihrem unverminderten Werte", und das Fehlschlagen der spekulativen Beweisversuche ist selbst ein wertvoller „Wink", sich in diesen Dingen von der leeren Spekulation abzuwenden und auf einen „fruchtbaren praktischen Gebrauch" zu vertrauen.[17]

Die „für die Welt brauchbaren Beweise" der *Kritik der reinen Vernunft* sind etwas anderes als die Beweise, die Kant schließlich in der zweiten *Kritik* für annehmbar hält. Es gibt deren zwei. Der erste besteht in dem Analogieschluß, daß jedes Organ seiner spezifischen Funktion angemessen ist und daß die „Naturanlage des Menschen" die Grenzen ihrer Nützlichkeit „in diesem Leben" so weit übersteigt, daß ihre spezifische Funktion und Bestimmung nicht auf ihre körperliche Existenz beschränkt werden kann.[18] Der andere Beweis ist das Postulat der Unsterblichkeit der Seele als einer notwendigen Bedingung des höchsten Guts, ohne das die herrlichen Ideen der Sittlichkeit zwar Gegenstände des Beifalls und der Bewunderung, aber nicht Triebfedern des Vorsatzes und der Ausübung sind.[19] Jener Analogieschluß ist ein Beispiel für das teleologische Argument, das Kant achtete und empfahl, obgleich er seine theoretische Ungültigkeit zeigen konnte.[20] Es wird uns noch einmal beschäftigen. Der zweite Beweis ist ein Argument, das mit dem Autonomie-Gedanken nicht vereinbar ist und das Kant später in verdiente Vergessenheit versinken ließ.[21]

Mehr als diese beiden Argumente antizipiert eine Bemerkung in der ersten *Kritik*, die unmittelbar vor der Abfassung der *Kritik der praktischen Vernunft* niedergeschrieben wurde, die Unsterblichkeitslehre der zweiten *Kritik*. In der Vorrede zur zweiten Auflage der *Kritik der reinen Vernunft* erklärt Kant, der Glaube an die Unsterblichkeit der Seele gründe sich auf „die jedem Menschen bemerkliche Anlage seiner Natur, durch das Zeitliche (als zu den Anlagen seiner ganzen Bestimmung unzulänglich) nie zufriedengestellt werden zu können".[22] Diese Äußerung liest sich wie ein Hinweis auf das moralische Argument, das Kant wenige Monate später entwickeln sollte. Aber sie ist so sehr ein bloßes *obiter dictum* und mit dem doktrinalen Glauben, bzw. der theoretischen Hypothese des voranstehenden Absatzes so eng verbunden, daß es ungerechtfertigt erscheinen könnte, in ihr mehr als einen dunklen Hinweis auf das spätere Argument zu erblicken.

Der Beweis in der *Kritik der praktischen Vernunft* ist hingegen ein Musterbeispiel ökonomischer Luzidität. Zur Erleichterung unserer Diskussion wollen wir es in einer Reihe numerierter Sätze vorführen.

1. Das höchste Gut ist ein notwendiges Objekt des Willens.

2. Heiligkeit oder vollkommene Angemessenheit der Gesinnung an das moralische Gesetz ist eine notwendige Bedingung des höchsten Guts.

3. Heiligkeit ist in einem sinnlichen Vernunftwesen nicht anzutreffen.

4. Sie kann nur in unendlicher Annäherung erreicht werden, und da Heiligkeit gefordert ist, ist ein solcher unendlicher Fortschritt das wahre Objekt des Willens.

5. Ein solcher unendlicher Fortschritt ist nur möglich, wenn die Persönlichkeit eines Vernunftwesens endlos dauert.

6. Das höchste Gut kann also nur verwirklicht werden „unter der Voraussetzung der Unsterblichkeit der Seele" (122).

Ich gehe zuerst auf Satz 6 ein. Wenn Kant sagt, das höchste Gut sei „unter der Voraussetzung der Unsterblichkeit der Seele" möglich, so kann dies bedeuten, daß das höchste Gut praktisch nur für ein Wesen möglich sei, das seine Unsterblichkeit voraussetzt, d. h. postuliert. Es kann aber auch bedeuten, es sei praktisch nur möglich, wenn die Seele unsterblich *ist*. Im Hinblick auf das, was wir oben über die Postulate gesagt haben, und im Hinblick auf Kants Satz: „Ich will, daß ... mein Dasein in dieser Welt, auch außer der Naturverknüpfung, noch ein Dasein in einer reinen Verstandeswelt sei" (143), könnte man zur zweiten Interpretation neigen. Wir haben es hier, wie so oft, nur mit einer *façon de parler* Kants zu tun. In allen seinen Werken finden sich Stellen, wo Kant Ausdrücke wie „der Begriff von X" gebraucht, wo der Gedanke einfach „X" erlaubt oder sogar erfordert. An unserer Stelle scheint es mir indes klar zu sein, daß beide Seiten der Alternative mitgemeint sind. Wir sollten daher Satz 6 umformulieren und lesen: „Das höchste Gut kann daher nur verwirklicht werden, wenn die Seele unsterblich ist; und ein moralisches Wesen, das das Gesetz anerkennt, muß voraussetzen, daß es unsterblich ist."

Mit Satz 1 haben wir uns bereits ausführlich beschäftigt.[23] Wir sind aber noch nicht auf den *nervus probandi* dieses Arguments eingegangen. Denn Kant spricht hier, wie Satz 4 zeigt, wenigstens unmittelbar nicht im mindesten von der zweiten Komponente des höchsten Guts. Er denkt an die Tugend und ihre Vervollkommnung, und sein Gedankengang würde offenbar nicht im geringsten beeinträchtigt, wenn die zweite Komponente des höchsten Guts völlig ausgelassen würde. Warum also bringt er in Satz 1 und Satz 2 die Konzeption des höchsten Guts herein, um sie in Satz 4 sogleich wieder fortzulassen?

Ich zögere fast anzugeben, was mir der einzige Grund zu sein scheint, da doch kaum zu glauben ist, Kant könnte einen solchen Fehler gemacht haben. Aber mangels anderer plausibler Erklärungen muß ich einen Grund vorschlagen, der von anderen Kritikern der Postulatenlehre nicht beachtet worden zu sein scheint.

Kant hat m. E. die „oberste Bedingung" (*bonum supremum*)[24] des höchsten Guts, d. i. Tugend, mit der höchsten Vollkommenheit der Tugend verwechselt, so als ob seine Definition des höchsten Guts eine Verbindung der vollkommenen Glückseligkeit mit der Vollkommenheit der Tugend (d. h. Heiligkeit) wäre. Diesen Begriff möchte ich den „Maximalbegriff des *summum bonum*" nennen: vollkommene Seligkeit unter der Bedingung der Heiligkeit.[25] Wenn man den Maximalbegriff des höchsten Guts an die Stelle des von Kant formal definierten Begriffs setzt (110), d. h. an die Stelle des Begriffs der dem jeweiligen Grad der Tugend entsprechenden Glückseligkeit – ich möchte diesen Begriff den „Rechtsbegriff des höchsten Guts" nennen –, so erhält man die für Kants Argument erforderliche Prämisse.

Nur weil Kant an dieser Stelle den Maximalbegriff des höchsten Guts im Sinne hatte, konnte er unterstellen, aus der Notwendigkeit des höchsten Guts folge die Notwendigkeit eines heiligen Willens, und aus dieser wiederum lasse sich ableiten, daß die Unsterblichkeit der Seele notwendig sei. Daß er mit dem Rechtsbegriff des höchsten Guts begann, verrät der Gedanke, wenn man das Dasein Gottes voraussetze, so sei eine notwendige Verknüpfung von Sittlichkeit und Glückseligkeit in der sinnlichen Welt möglich (115). Daß er dann aber zum Maximalbegriff des höchsten Guts überging, zeigt sich im Abschnitt über die Unsterblichkeit der Seele an dem Gedanken, „der Unendliche" fordere „unnachlaßlich" von uns Heiligkeit, „um seiner Gerechtigkeit in dem Anteil, den er jedem am höchsten Gute bestimmt, gemäß zu sein" (123).

Wir wollen nun versuchen, die Luft von dieser verfehlten Konzeption des höchsten Guts zu reinigen, indem wir Satz 1 und Satz 2 umformulieren zu (I) „Es gibt einen notwendigen moralischen Imperativ: Sei vollkommen". Satz 3 möge als ein betrüblicher Kommentar auf die menschliche Natur stehen bleiben. Satz 4 gibt an, daß die Vollkommenheit entweder (a) ein Zustand oder (b) ein unendlicher Fortschritt in Richtung auf einen Zustand ist und daß *a* und *b* zwar für uns Menschen verschieden, aber in einer intellektuellen, überzeitlichen Schau, wie wir sie Gott zuschreiben dürfen, zusammenfallen können. Satz 5 gibt an, daß (4 b) möglich ist, wenn das menschliche Dasein kein Ende hat.

Wir können nun das ganze Argument erneut formulieren.

I. Der moralische Imperativ verlangt vom Menschen, vollkommen (heilig) zu sein.

II. Kein sinnliches Wesen kann in einem Zustand der Vollkommenheit (Heiligkeit) sein.

III. Vor Gott aber ist ein beharrlicher und unendlicher Fortschritt zur Vollkommenheit mit einem Zustand der Vollkommenheit nach der distributiven Gerechtigkeit des höchsten Guts gleichwertig.

IV. Dieser Fortschritt ist nur möglich, wenn die Seele unsterblich ist.

V. Der moralische Imperativ (I) kann daher nur befolgt werden, wenn die Seele unsterblich ist; ein Wesen, das diesen Imperativ anerkennt, muß daher sich selbst für unsterblich halten.

Gegen diese Neuformulierung kann man zwei Einwendungen machen. Es ist erstens darauf hinzuweisen, daß in Satz III die Existenz Gottes vorausgesetzt wird und daß sie auf der zweiten, „weicheren" Komponente des höchsten Guts beruht. Die Sätze I und II sind vereinbar (unter der Voraussetzung, daß Satz I wahr und das moralische Gesetz gültig ist) nur dann, wenn man – mit Kant – nach Satz III Gott eine intuitive Intelligenz zuschreibt. Gott wird hingegen nur postuliert, um zwischen den beiden Komponenten des höchsten Guts zu vermitteln, und dieses wird tatsächlich in der sinnlichen Welt nicht erreicht.

Der zweite Einwand betrifft die Formulierung von Satz I selbst. Wäre es nicht weit einfacher, so könnte man fragen, dem Wort „Vollkommenheit" seine gewöhnliche Bedeutung zu lassen, d. h. sie als einen Zustand zu verstehen, und den moralischen Imperativ so zu modifizieren, daß er das Streben nach Vollkommenheit gebietet? Wir sollen nach dem Reich Gottes streben, nicht in ihm uns niederlassen. Dies ist in der Tat alles, was klar von mir gefordert ist, und durch den so formulierten Imperativ wird keineswegs das moralische Gesetz „von seiner Heiligkeit gänzlich abgewürdigt, indem man es sich als nachsichtlich (indulgent) und so unserer Behaglichkeit angemessen, verkünstelt".[26] Dieser Imperativ und seine Befolgung würden den mutmaßlichen Geboten Gottes genügen – falls die Existenz Gottes bewiesen werden kann –, ohne daß wir die spekulative Lehre einführen müßten, für Gott sei ein Zustand, was für uns ein unendlicher Fortschritt in der Zeit ist.

Nur durch die Einsetzung des Maximalbegriffs des höchsten Guts anstelle des Rechtsbegriffs scheint es so, als sei ein Zustand der Heiligkeit

– und bestünde sie auch im unendlichen Fortschritt – geboten. Weder Kants Text noch die christliche Lehre, die Kant hier rationalisiert, noch die Stimme der Pflicht selbst verlangen die Maximalkonzeption.

Was bleibt also vom Postulat der Unsterblichkeit? Nichts als eine Hoffnung. „Was dem Geschöpf allein... zukommen kann, wäre das Bewußtsein seiner erprüften Gesinnung, um aus seinem bisherigen Fortschritt vom Schlechteren zum moralisch Besseren und dem dadurch ihm bekannt gewordenen unwandelbaren Vorsatze eine fernere ununterbrochene Fortsetzung desselben, wie weit seine Existenz auch immer reichen mag, selbst über dieses Leben hinaus, zu hoffen."[27] Diese Hoffnung braucht die Autonomie der Sittlichkeit nicht im geringsten zu beeinträchtigen. Wenn wir annehmen, daß unsere sittliche Lage, mit der dieses Leben für uns endet, beim Eintritt in ein anderes Leben erhalten bleibt, so ist es ratsam zu handeln, als gäbe es ein zukünftiges Leben.[28] Die Sittlichkeit mag diesen Glauben unvermeidlich erzeugen. Aber dieser Glaube ist keine Pflicht,[29] und wenn meine Analysen richtig sind, so hat Kant nicht gerade starke Gründe geliefert, diesen Glauben anzunehmen.

Es möge genügen, zum Schluß auf zwei Schwierigkeiten aufmerksam zu machen, die in Kants Unsterblichkeitslehre enthalten sind. Wenn die Seele in der Tat unsterblich ist, so dürfte sie nach dem Tode nicht mehr in der raum-zeitlichen Welt existieren; wenn wir überdies mit Kant sagen, die Akte der reinen praktischen Vernunft seien nicht zeitlich (98 f.), und daraus schließen, die Seele habe nie unter raum-zeitlichen Bedingungen existiert, so vervielfältigen wir nur die Schwierigkeiten der Frage, auf die ich hinweisen möchte. Wenn die Seele nicht mehr unter zeitlichen Bedingungen existiert, so ist unverständlich, was mit einem „dauernden und endlosen Fortschritt" gemeint sein kann. Wir können uns Substanzen nur unter zeitlichen Bedingungen vorstellen, und unsere Sprache muß auf diese zeitlichen Bedingungen Rücksicht nehmen, auch wenn dies zugestandenermaßen nicht gerechtfertigt ist. Wenn wir sagen, die Seele sei unsterblich, und damit ihre Ewigkeit meinen, so könnten wir hinzufügen: „Unser Verstand kann sich natürlich die Ewigkeit nur als endlose zeitliche Dauer vorstellen; aber die Ewigkeit ist kein Zeitquantum, sondern sie ist zeitlos." Ausgezeichnet, – aber wir dürfen nicht vergessen, daß die Prämissen für die Ewigkeit der Seele den Begriff einer dauernden Veränderung enthalten, und diese ist nicht etwas Ewiges, sondern etwas Zeitliches.

Die andere Schwierigkeit betrifft die Glückseligkeit der unsterblichen Seele. Sie ist von größerer Bedeutung bei der Interpretation des Gottesbeweises als bei der des Unsterblichkeitsbeweises; denn nur dort spielt das Verlangen nach Glückseligkeit als Teil des höchsten Guts in die Argumentation hinein. Gleichwohl ist eine Glückseligkeit oder Seligkeit bei einem Wesen schwer vorstellbar, das nicht mehr von Begierden affiziert ist, auch wenn „die Bestimmung des Willens unmittelbar, bloß durch die Vernunft, der Grund des Gefühls der Lust" ist (116). Schon immer bereitete es Schwierigkeiten, selbst mit den Voraussetzungen des

Hedonismus, sich ein Leben nach dem Tode vorzustellen, das zugleich intellektuell und wirklich attraktiv wäre. Wenn diese hedonistischen Prinzipien nun auch noch bestritten oder die Bedingungen für ihre Anwendung auf die Seele in ihrer Unsterblichkeit aufgehoben werden, so scheint es unmöglich zu sein, von Glückseligkeit als einem Lohn der Tugend oder als Komponente des höchsten Guts bei Wesen zu sprechen, die von allen sinnlichen Begierden frei sind.

Ich muß sehr stark bezweifeln, daß diese Einwendungen gegen seine Auffassung vom Leben nach dem Tode Kant gestört haben würden. Ihm ging es in keiner Weise um eine theoretische Bestimmung der übersinnlichen Welt, da sie aus theoretischen Gründen unmöglich und ohne praktische Bedeutung gewesen wäre.

5. Die Existenz Gottes

In seiner Schrift *Über den einzig möglichen Beweisgrund für die Existenz Gottes* (1764) legte Kant ein ontologisches Argument vor, das von der kartesischen Form erheblich abwich, und im zweiten Teil dieses Werks fügte er ihm ein teleologisches Argument hinzu. Der ontologische Gottesbeweis in seiner kartesischen Form wurde in der *Kritik der reinen Vernunft* widerlegt, aber Kant kam später nie mehr auf die besondere Form des ontologischen Arguments zurück, die er selber erdacht hatte. Es verschwand, wie der Rest der spekulativen rationalistischen Metaphysik, einfach durch Nichtbeachtung, da es an dem fundamentalen Fehler aller ontologischen Argumente litt. Es ist eben nicht möglich, aus reinen Begriffen die Existenz irgendeines Gegenstandes zu erkennen (139).

In der *Kritik der reinen Vernunft* wird Gott das „Ideal der reinen Vernunft" genannt. Gott ist also nicht einfach eine Idee; denn Gott wird als eine einzelne, individuelle Substanz und als Grund der Existenz und Einheit aller Dinge überhaupt gedacht. Drei theoretische Beweisarten werden unterschieden: der ontologische (der Existenzbeweis aus dem Begriff der Vollkommenheit), der kosmologische (der Existenzbeweis einer ersten Ursache aus der Erkenntnis der Welt) und der physiko-theologische (der Beweis aus dem empirischen Befund für einen vernünftigen Weltplan). Dies sind die einzigen möglichen Beweise; denn diese müssen als Prämisse entweder einen reinen Begriff, einen Existenzbegriff oder den Begriff eines spezifischen Daseins haben. Die Struktur der Widerlegungen läßt sich kurz angeben. Der ontologische Beweis ist ungültig, weil „es gibt einen Gott" ein synthetisches Urteil ist und daher nicht ohne Anschauung bewiesen werden kann; Anschauung von einem übersinnlichen Wesen ist jedoch unmöglich. Die beiden anderen Argumente führen zwar gleichsam auf einen Begriff von Gott hin, sie können diesen Begriff jedoch nicht realisieren, ohne insgeheim das ontologische Argument wiedereinzuführen. Kein theoretischer Beweis für das Dasein Gottes ist daher möglich.

Das teleologische Argument indes ist achtbar und bleibt subjektiv überzeugend, selbst wenn seine formale Unschlüssigkeit klar geworden ist. Es bleibt nützlich, wenn sein Gottesbegriff, Gott als Urheber der Naturordnung, lediglich als regulative Idee in der Antizipation einer natürlichen Zweckmäßigkeit gebraucht wird. Dieser Gebrauch als regulative Maxime kann der wissenschaftlichen Erkenntnis in der Naturerklärung stets Nutzen bringen und nur bei Mißbrauch schaden, selbst wenn die so entdeckten Tatsachen die antizipierte teleologische Natureinheit nicht zu tragen vermögen.[30] Aber wenn Gott als Ursprung der Naturordnung zum Gegenstand einer Erkenntnis gemacht wird, wie in der prätendierten Erkenntnis der natürlichen Theologie, so wird das Interesse der theoretischen Vernunft verletzt, da man Gott jetzt „anthropomorphistisch bestimmt, und denn der Natur Zwecke, gewaltsam und diktatorisch, aufdringt, anstatt sie, wie billig, auf dem Wege der physischen Nachforschung zu suchen".[31] Die Forschung soll vielmehr von der regulativen Idee geleitet sein, daß die Mannigfaltigkeit der Natur mit einem Minimum von Gesetzen erklärt werden soll, – was unter der Annahme eines Plans einleuchtend gelingt.

Wie die übrigen Vernunftideen ist also auch die Idee Gottes streng genommen ein problematischer Begriff, der von der theoretischen Vernunft nicht assertorisch gebraucht werden kann, und für Zwecke der Theorie auch nicht assertorisch gebraucht werden muß. Wenn die Möglichkeit dieser Vernunftidee sichergestellt ist, so darf die theoretische Vernunft sie gebrauchen.[32] Aber die Bedürfnisse der praktischen Vernunft machen aus dieser Möglichkeit eine assertorische Aussage. Der erste Versuch, dies zu rechtfertigen, fand schon in der ersten *Kritik* statt.

Der Leser dieses Kommentars ist bereits mit der Stelle, wo dies geschieht, bekannt gemacht worden. Eine kurze Erinnerung kann daher hier genügen. Das höchste Gut ist nur möglich, wenn die Seele unsterblich ist und Gott existiert; denn in dieser Welt entsprechen Glückseligkeit und die Würdigkeit, glücklich zu sein, einander nicht, und sie können nur durch eine übernatürliche Wirkung zur Übereinstimmung gebracht werden. Das höchste Gut ist ein notwendiges Objekt des Willens, und daher muß es mit seinen Bedingungen postuliert werden. Aber obgleich Kant betont, die Triebfeder moralischen Handelns sei nicht das Streben nach Glückseligkeit, nicht einmal Glückseligkeit in Übereinstimmung mit der Tugend, so betont er doch immerhin, ohne das höchste Gut und seine Bedingungen seien „die herrlichen Ideen der Sittlichkeit zwar Gegenstände des Beifalls und der Bewunderung, aber nicht Triebfedern des Vorsatzes und der Ausübung".[33] Wir postulieren die Existenz Gottes, „um (dem moralischen Gesetz) Effekt zu geben."[34]

In der zweiten *Kritik* ist das Element der Belohnung im Unsterblichkeitsbeweis keine Hauptprämisse mehr, aber in dem anschließenden Beweis für das Dasein Gottes hat Kant dieses Element nicht eliminiert.[35]

Gleichwohl macht das Argument der ersten *Kritik* im Zusammenhang mit der Entwicklung der Autonomielehre einen entscheidenden Wandel durch. Der Glaube an die Existenz Gottes ist zwar weiterhin auf die vermeintliche Notwendigkeit des zweiten Elements im höchsten Gut gegründet (124), aber Kant vermag nun deutlicher zu erklären, wie dieses Element eine Rolle spielen kann, ohne als Triebfeder aufzutreten. (In der ersten *Kritik* gelang dies nicht, wie erinnerlich sein dürfte, und dies beschwor einen Heteronomie-Verdacht gegen Kant herauf.) Die Begründung für die Annahme des höchsten Guts und seiner Bedingungen liegt jetzt nicht mehr in dem natürlichen Streben des Menschen nach Glückseligkeit, der zweiten Komponente des höchsten Guts: Das sittliche Gebot würde, wo nicht gerade unwirksam, so doch null und nichtig sein, wenn es das Unmögliche geböte, und das höchste Gut wäre (wenigstens nach menschlichem Ermessen: 145) unmöglich, wenn Gott nicht existierte.

Wir sind nun in der Lage, Kants Argumentation für dieses Postulat zusammenzufassen.

1. Glückseligkeit ist der Zustand eines Vernunftwesens in der Welt, in dessen ganzem Dasein alles wunschgemäß geht.
2. Der Mensch ist nicht der Urheber der Natur und vermag die Welt nicht in vollkommene Übereinstimmung mit den Grundsätzen seines Willens zu bringen.
3. Es gibt folglich im moralischen Gesetz (oder im Naturgesetz) keinen Grund, mit einer notwendigen Verknüpfung von Sittlichkeit und Glückseligkeit der Menschen zu rechnen.
4. Aber eine solche Verknüpfung ist im Begriff des höchsten Guts gesetzt und in dem Gebot, daß wir nach dem höchsten Gut streben sollen, postuliert.
5. Das höchste Gut muß daher möglich sein.
6. Wir müssen daher eine dem höchsten Gut adäquate Ursache postulieren.
7. Eine solche Ursache muß der durch Denken und Wollen handelnde Urheber der Natur, mithin Gott sein (125).

Wir wollen unsere Diskussion dieses Arguments mit Satz 3 beginnen. Das Mißverhältnis zwischen der Würdigkeit, glücklich zu sein, und der tatsächlichen Glückseligkeit ist mit Recht oft eher als Beweis *gegen* das Dasein Gottes angesehen worden, wenigstens im Sinne von Satz 7. Wie gelingt es also Kant, diese Prämisse seiner Gegner in ein Argument *für* das Dasein Gottes zu verwandeln? Die Antwort liegt nicht in irgendeinem angeblichen theoretischen Faktum oder einer Hypothese, wie sie gewöhnlich eingeführt werden, um das Problem des Bösen in der Welt zu „lösen", sondern in einer praktischen Prämisse (4), nämlich „Strebe nach der Verwirklichung des höchsten Guts".

Wir haben uns mit diesem angeblichen Imperativ bereits ausführlich beschäftigt.[36] Unser Argument war, daß er als ein Imperativ nur das Gebot ist, nach Tugend zu streben, mögen die eschatologischen Würfel nun so oder so fallen. Kant hingegen betrachtet die zweite Komponente des höchsten Guts als wesentlich, weil er an einem Ideal der Vernünftigkeit in der Ethik festhält. Er stellt dies am Anfang des zweiten Hauptstücks der Dialektik dar. Glückseligkeit, so heißt es dort, ist zum höchsten Gut erfordert, „und zwar nicht bloß in den parteiischen Augen der Person, die sich selbst zum Zweck gemacht, sondern selbst in Urteilen einer unparteiischen Vernunft, die jene überhaupt in der Welt als Zwecke an sich betrachtet". (Hier begegnet uns Kants Version der Figur des interesselosen Beobachters, die aus der britischen Philosophie bekannt ist.) Kant fährt fort: „Denn der Glückseligkeit bedürftig, ihrer auch würdig, dennoch aber derselben nicht teilhaftig zu sein, kann mit dem vollkommenen Wollen eines vernünftigen Wesens, welches zugleich alle Gewalt hätte, wenn wir uns auch nur ein solches zum Versuche denken, gar nicht zusammen bestehen."[37]

Dies nimmt sich unschuldig genug aus. Aber man beachte, daß dies Satz 4 vollkommen durcheinander bringt, dessen praktische Komponente aus dem Beweis der zweiten *Kritik* gerade ein *moralisches* Argument machte.[38] Das angebliche Gebot, nach dem höchsten Gut zu streben, trägt nun nichts mehr zu der Konzeption einer der Würdigkeit entsprechenden Verteilung der Glückseligkeit der Welt bei. Das auf die Konzeption des höchsten Guts gegründete Argument ist rational nur, insofern es eine Revision des rein theoretischen teleologischen Arguments ist.

Es handelt sich natürlich nicht um ein physiko-theologisches Argument, sondern nur um eine Analogie dazu. Es ist ein teleologisches Argument, das sich nicht auf das in Rede stehende moralische Gebot stützt, sondern darauf, daß die Sittlichkeit als phänomenaler Befund eine ordnende Vernunft fordert, die zwei miteinander nicht zusammenhängende Dinge zusammenbringt. In der *Kritik der praktischen Vernunft*, wo die Überlegenheit des moralischen Arguments über den physiko-theologischen Gottesbeweis behauptet wird (138), wird dies nicht klar. Aber es beherrscht die theologischen Schlußabschnitte der *Kritik der Urteilskraft*, und in der Zeit, als Kant seine Abhandlung über die Religion schrieb, wird das moralische Argument der zweiten *Kritik* bereits auf den bescheidenen Platz einer schwierigen Fußnote verwiesen. Die Ausformulierung des neuen teleologischen Arguments findet sich dann in der *Metaphysik der Sitten*, in Kants Beispiel eines moralischen Katechismus. Dieser Text lautet:

> Lehrer: Wenn wir uns aber auch eines solchen guten und thätigen Willens, durch den wir uns würdig (wenigstens nicht unwürdig) halten glücklich zu sein, auch bewußt sind, können wir darauf auch die sichere Hoffnung gründen, dieser Glückseligkeit theilhaftig zu werden?
> Schüler: Nein! darauf allein nicht... Also bleibt unsere Glückseligkeit immer

nur ein Wunsch, ohne daß, wenn nicht irgend eine andere Macht hinzukommt, dieser jemals Hoffnung werden kann.
Lehrer: Hat die Vernunft wohl Gründe für sich, eine solche die Glückseligkeit nach Verdienst und Schuld der Menschen austheilende, über die ganze Natur gebietende und die Welt mit höchster Weisheit regierende Macht als wirklich anzunehmen, d. i. an Gott zu glauben?
Schüler: Ja; denn wir sehen an den Werken der Natur, die wir beurtheilen können, so ausgebreitete und tiefe Weisheit, die wir uns nicht anders als durch eine unaussprechlich große Kunst eines Weltschöpfers erklären können, von welchem wir uns denn auch, was die sittliche Ordnung betrifft, in der doch die höchste Zierde der Welt besteht, eine nicht minder weise Regierung zu versprechen Ursache haben: nämlich, daß, wenn wir uns nicht selbst der Glückseligkeit unwürdig machen, welches durch Übertretung unserer Pflicht geschieht, wir auch hoffen können, ihrer theilhaftig zu werden.[39]

Dieser Abschnitt verdient besondere Beachtung. Eine Erörterung des höchsten Guts findet sich in der *Metaphysik der Sitten* nicht. Der Gottesbeweis ist ein Argument aus der Zweckmäßigkeit und nur aus der Zweckmäßigkeit. Als Argument verdient dieser Beweis „jederzeit mit Achtung genannt zu werden",[40] aber er ist weder theoretisch zwingend, noch vom ontologischen Argument unabhängig. Es bleibt jedoch, wenn meine Analysen richtig sind, der verborgene Sinn des moralischen Arguments, da die praktische Prämisse des moralischen Arguments – das Gebot, nach dem ganzen höchsten Gut zu streben – nur auf der Zwiespältigkeit dieses Begriffs beruht, ohne eine Verpflichtung zu begründen, nach der zweiten Komponente des höchsten Guts zu streben.

Der Übergang vom praktischen zum theoretischen Argument trägt indes nichts zur theoretischen Ergiebigkeit des Gottesbegriffs bei. Er kann sie sogar mindern. Denn theoretische Argumente könnten, wie die erste *Kritik* lehrt, wären sie gültig, nur zum kosmologischen Begriff einer Ursache führen und dies ist weniger, als der Begriff Gottes enthält, – es sei denn wir wollten den Begriff der ersten Ursache aufgrund von Analogieschlüssen mit anthropomorphen Prädikaten anreichern.[41] Aber selbst diese Analogien würden nie zu jenen Superlativen führen, die der Begriff Gottes verlangt.[42] Beseitigt man hingegen die anthropomorphen Elemente aus der physiko-theologischen Konzeption, so bleibt von Gott nichts als der bloße Name übrig.

Das moralische Argument führt seltsamerweise zu einer weniger anthropomorphen Gottesvorstellung als die Beweise der natürlichen Theologie. Denn die Attribute, die Gott hier zugeschrieben werden, sind nur Begriffe, die ein Vernunftwesen, das mit einem Willen begabt ist, definieren (131 Anm.), und dies sind keine empirischen, psychologischen Begriffe. Wir brauchen uns nicht an die besondere Natur des menschlichen Verstandes und Willens zu halten –, daran daß unser Verstand diskursiv und unser Wille sinnlich affiziert ist –, wenn wir die moralische Persönlichkeit definieren wollen, sondern nur an das kanonisch gewordene Verhältnis von Wille und Verstand.[43] Von diesem Verhältnis geht das moralische Argument für das Dasein Gottes aus, und dies ist hier der einzige Inhalt des Gottesbegriffs, auf den es ankommt. Alles, was man aus diesem Gottesbegriff schließen kann, bezieht sich auf Verstand und Wille in ihren wechselseitigen Beziehungen und hat nur moralische Bedeutung. Wenn wir nun den Gottesbegriff sinnlich vorzustellen suchen, so schwächen wir seine moralische Kraft, indem wir aus der menschlichen Natur stammende empirische Begriffe mit dem reinen Vernunftbegriff eines moralischen Wesens überhaupt vermischen.

Die einzige gültige Theologie ist daher die Moraltheologie. Der Gottesbegriff gehört nicht in die Naturphilosophie mit ihrer Fortsetzung, der Metaphysik, sondern in die praktische Philosophie (138). Die auf der Naturwissenschaft beruhende Metaphysik bedurfte keiner rationalen Theologie, bis ethische Fragen Gegenstand philosophischer Reflexion wurden; erst mit der moralischen Reflexion tritt auch die natürliche Theologie auf.[44] Ähnlich ist auch die Zweckmäßigkeit in der Welt letztlich keine Frage der Naturphilosophie, sondern eine Frage der Ethik. Der Endzweck der Schöpfung ist ein moralischer, das höchste Gut (130). Der Mensch dient und verherrlicht Gott, bildlich gesprochen – und nur bildlich kann man nach Kant von Gott sprechen –, durch Achtung und Gehorsam gegen sein Gebot.

Die theologische Diskussion der zweiten *Kritik* endet hier, ohne daß Kant die am meisten interessierenden philosophischen und ethischen Konsequenzen, die in ihr enthalten sind, entwickelt. Das theoretische Interesse am Gottesbegriff liegt darin, einen absoluten und hinreichenden Grund für die Einheit der Welt, eine Ursache aller Ursachen, einen Zweck aller Zwecke zu finden. Wenn wir diese Lehre eine Weile bedenken, so dürfte der Übergang vom vorletzten zum letzten Absatz in Abschnitt V weniger plötzlich erscheinen. Dort heißt es: „Daß, in der Ordnung der Zwecke, der Mensch (mit ihm jedes vernünftige Wesen) Zweck an sich selbst sei, ... folgt nunmehr von selbst."[45] Wie dies folgt, wird indes erst in der *Kritik der Urteilskraft* erklärt.

In der dritten *Kritik* gibt Kant zu bedenken, daß die Zweckmäßigkeit der Naturordnung selbst als zwecklos gelten muß, wenn wir in ihr nichts finden, das ein absoluter Zweck ist, unter den alle anderen Zwecke subsumiert werden können. Dieser absolute Zweck muß ein autonomer Wille sein; denn nur durch einen guten Willen kann ein Wesen absoluten, d. h. nicht-relativen Wert und so auch die Welt einen letzten Zweck haben, d. h. ein vernunftgemäßes und der Vernunft genügendes System sein[46].

Die Zwecke der phänomenalen, unter Naturgesetzen stehenden Welt können so allein in der Idee einer intelligiblen Welt synthetisiert werden, in der der Endzweck ein moralischer ist, die Existenz von Vernunftwesen in einem Reich der Zwecke.[47]

Unsere Begriffe von Zweckmäßigkeit und Naturmechanismus hängen von der Tatsache ab, daß wir einen diskursiven Verstand besitzen. Hätten wir einen intuitiven Intellekt, so könnten diese beiden Begriffe konstitutiv, statt nur regulativ vereinigt sein. In der regulativen Idee einer vollständigen teleologischen Ordnung, die nur unter der Voraussetzung einer moralischen Autonomie als Zweck in sich selbst möglich ist, erweist sich, daß die beiden Gesetzgebungen der Vernunft, die theoretische und die praktische, bzw. das Reich der Natur und das Reich der Zwecke, wenigstens miteinander vereinbar sind. Nur unter der Voraussetzung einer solchen Welt, in der die Gesetzgebung der Natur bei einem moralischen Weltherrscher liegt, können wir uns die notwendige Verbindung zwischen den beiden Elementen des höchsten Guts denken. Ohne eine solche Konzeption hätten wir hingegen diesen Begriff eines höchsten Guts aufzugeben oder darauf zu vertrauen, daß die Vereinigung jenseits der Welt der Natur zustande gebracht wird oder in dieser Welt, deren gesetzmäßige Ordnung nichts mit dem moralischen Gesetz zu tun hat, ein wunderbarer Zwischenfall bleibt.[48]

Es sind der Begriff des höchsten Guts als des Endzwecks der Welt und der damit zusammenhängende Gottesbegriff, die die Kluft zwischen Natur und Moralität endgültig überbrücken. Durch diese Begriffe glaubt Kant dem Ziel einer systematischen Einheit der Philosophie am nächsten zu kommen[49] und die schließliche Einheit der praktischen und theoretischen Vernunft zeigen zu können. Das System, in dem diese Einheit zustande gebracht ist, existiert indes nur für die reflektierende Urteilskraft, d. h. als leitende Maxime für die Systematisierung der Erfahrung, nicht als bestimmender Grundsatz, aus dem spezifische natürliche oder moralische Konsequenzen gezogen werden können. Beruhte es hingegen nicht auf einem bloß regulativen Prinzip für die Urteilskraft, so hätten wir die doppelte Absurdität einer theologischen Physik und einer theologischen Moralität.[50]

6. Moralität und Religion

Es gibt keine theologische Ethik, d. h. ein System moralischer Regeln, die aus unserer Erkenntnis Gottes abgeleitet sind. Dies hat drei Gründe. Wir verfügen nämlich, erstens, über eine solche Erkenntnis nicht. Besäßen wir sie aber und gebrauchten wir sie als eine Prämisse der Ethik, so wäre, zweitens, die Autonomie der Ethik vernichtet. Und drittens hängen moralische Gesetze nicht von einem Gesetzgeber ab, so als ob ein Unterschied im Wesen Gottes oder die Nicht-Existenz Gottes einen Unterschied in der Bestimmung der Pflicht nach sich ziehen würde. Eine theologische Ethik begeht ein *hysteron proteron*; denn unser ganzer Gottesbegriff entspringt, soweit er gültig ist, aus unseren moralischen Begriffen.[51] Dies gilt natürlich nicht für den tatsächlichen Glauben; denn dieser hat einen historischen, keinen rationalen Ursprung.[52] Er beruht auf Offenbarung oder angeblicher Offenbarung und ist nie rein, sondern er enthält historisches und psychologisches Beiwerk. Es ist in ihm indes auch ein verborgener Kern eines reinen Vernunftglaubens enthalten, und diesen sucht Kant in seiner Schrift über die Religion, im „Streit der Fakultäten" und im „Mutmaßlichen Anfang der Menschengeschichte" freizulegen.

Religion ist die „Erkenntnis aller Pflichten als göttlicher Gebote, nicht als Sanktionen, d. i. willkürliche für sich selbst zufällige Verordnungen, eines fremden Willens, sondern als wesentlicher Gesetze eines jeden freien Willens für sich selbst".[53] Als Gebote können sie nur unter der Annahme eines Gesetzgebers anerkannt werden, aber dieser Gesetzgeber braucht in der Religion nicht als Urheber des Gesetzes, sondern nur als der Ursprung unserer Verpflichtung zum Gehorsam gedacht zu werden. Es gibt keine Pflichten gegen Gott,[54] am wenigsten eine Pflicht, an seine Existenz zu glauben. Wenn wir indes alle Pflichten als göttliche Gebote eines moralisch vollkommenen und allmächtigen Gesetzgebers der Natur und der Sitten ansehen, so verbindet sich mit der Sittlichkeit die Hoffnung auf das höchste Gut, und der Achtung für das Gesetz wächst die Dimension der Liebe und Verehrung Gottes zu.[55]

Dies ist keine völlig überraschende und allzu leichtfertige Anpassung ethischer Grundsätze an eine überkommene religiöse Tradition. Kants sittliche Haltung hatte von Anfang an eine religiöse Demut und Schlichtheit, und er nimmt hier nur für sich in Anspruch, daß sein moralisches System bereits die wesentlichen Elemente der Religion enthält. Recht verstandene Religion ist nichts anderes als die Anerkennung der Heiligkeit der Sittlichkeit. Diese zu verteidigen, war der Sinn seines gesamten ethischen Werks von Anfang an gewesen.

Gleichwohl eröffnet die Anerkennung der Religion eine Dimension des Sittengesetzes, die es durch die kopernikanische Wendung der Ethik verloren hatte. In der deutschen Philosophie waren die Ausdrücke „Sittengesetz" und „Moralgesetz" zu Kants Zeit verhältnismäßig neu. Vor Kant bedeuteten sie, neben Naturrecht und positivem Recht, ein aus dem Willen Gottes stammendes Gesetz der Sittlichkeit. Diese Konzeption eines moralischen Gesetzes säkularisierte Kant im Gegensatz gegen die theonomen Lehren der Wolffschen Schule (z. B. Baumgartens) und der Kritiker Wolffs (besonders Crusius) und schuf so die „erste nicht-theologische philosophische Ethik seit Thomasius".[56]

Die Anerkennung der Religion fügt zur Substanz, zur Autorität und zum Inhalt des moralischen Gesetzes nichts Neues hinzu. Sie bedeutet weniger eine Umformung der ethischen Position, die Kant gerade gegen die Theonomie seiner Vorgänger bezogen hatte, als eine Eingrenzung des weiterreichenden Anspruchs der Religion selbst, von der Ethik unabhängige Dogmen und Einsichten zu besitzen. Es handelt sich bei dem im zweiten Absatz dieses Paragraphen zitierten Satz um eine Definition im strengen Sinne, nicht um eine erschlichene Modifikation moralischer Begriffe.[57]

Das Christentum, die einzige wahre Religion,[58] enthält auch allein die wahre Morallehre. Sie ist nicht heteronom, weil sie uns gebietet, ohne Rücksicht auf göttliche Belohnungen nach Heiligkeit zu streben. Und sie gründet die Erkenntnis dessen, was das Gesetz gebietet, nicht auf die Anerkennung irgendeines historischen Dogmas. Während sie aber ebenso rein ist wie die stoische Lehre, ist sie zugleich wirklichkeitsnäher; denn sie erlaubt uns nicht, die Heiligkeit (oder Weisheit) für etwas dem Menschen ohne göttliche Gnade Erreichbares zu halten. Und ohne dieses Eingeständnis der menschlichen Ohnmacht wird das moralische Ideal insgeheim auf eine dem natürlichen Menschen erreichbare Ebene herabgezogen. Angesichts der Erhabenheit des moralischen Gesetzes ist indes nicht der Stolz des Stoikers, sondern Demut die einzig angemessene Haltung (127 Anm.).

7. Die zwei Gegenstände der Ehrfurcht

Der Teil der natürlichen Theologie, der aus der Betrachtung der Natur entspringt, wird durch eine andere Betrachtung ersetzt. Ihr Gegenstand ist noch Gott; denn über Gott haben wir nur „Mutmaßungen". Seine „schreckliche Majestät" können wir nicht anschauen. Dieser andere Teil der natürlichen Theologie hebt vielmehr damit an, daß wir auf die „himmlische Stimme der Pflicht" in uns hören.

In dem berühmten Schlußabsatz seiner *Kritik der praktischen Vernunft* bringt Kant diese beiden Reiche der Vernunft, das theoretische und das praktische, in scharfem Gegensatz zusammen: „Zwei Dinge erfüllen das Gemüt mit immer neuer und immer zunehmender Bewunderung und Ehrfurcht, je öfter und anhaltender sich das Nachdenken damit beschäftigt: der gestirnte Himmel über mir, und das moralische Gesetz in mir" (161). Oft zuvor hatte Kant diese beiden Reiche zusammen vorgestellt,[59] jedoch nie mit der großartigen Einfachheit dieser Stelle. Daß beides in Kants eigenem Lebensgefühl tief verwurzelt waren, gewiß schon durch Kants Mutter geweckt,[60] wird durch seine ersten Biographen, die ihn persönlich kannten, hinreichend bezeugt.

Diese Stelle enthält indes, nicht nur stilistisch, sondern auch philosophisch, einen deutlichen Fortschritt. Er liegt darin, daß Kant früher noch nicht klar zwischen den beiden Gesetzgebungen der beiden Reiche zu unterscheiden vermochte. In seinen früheren Schriften hatte Kant im gestirnten Himmel über uns eine mögliche Heimat moralischer Wesen von einer höheren Ordnung als der unsrigen oder als Ort der Seelen nach dem Tode erblickt. Dies alles wird jetzt durch die einander ergänzenden Konzeptionen einer amoralischen Astronomie und einer nicht-naturalistischen Ethik überwunden. Was von der früheren Verbindung des moralischen Gesetzes mit dem Naturgesetz bleibt, ist die Typik. Der starke Gegensatz zwischen den beiden Reichen, und nicht eine gewagte einfache Harmonie zwischen ihnen, gibt der kühnen Zusammenstellung ihre Kraft. Vor Kant suchte man die Synthese im Ausgang von den Naturdingen, von den Befunden einer Naturteleologie und von dem natürlichen Ursprung der Sittlichkeit her. Jetzt erblickt Kant die Synthese in einem Gegensatz innerhalb der vernünftigen Natur des Menschen selbst. Der gestirnte Himmel erscheint als erhaben, weil der Mensch sich durch ihn zunächst seiner Ohnmacht bewußt wird, um sich dann in dem Bewußtsein, daß seine das Universum umfassende Vernunft durch die vor ihr sich auftuende Größe und Macht nicht niedergedrückt, sondern erhöht wird, zu erheben. Er täuscht sich über sich selbst, wenn er die Erhabenheit der Natur zuschreibt, während sie in Wirklichkeit ihm selbst als einem Vernunftwesen zukommt.[61] Die fälschlich der Natur zugeschriebene Erhabenheit ist so ein Hinweis auf seine eigene Überlegenheit über die Natur; denn wir verwandeln „unsere Achtung für die Idee der Menschheit in unserm Subjekte" in eine „Achtung für das Objekt".[62] Was der gestirnte Himmel nur indirekt in uns weckt, wird durch die Betrachtung des an sich erhabenen moralischen Gesetzes und seines Trägers, des moralisch Handelnden, unmittelbar gewirkt.

Die so im Menschen entstandene Demut ist selbst erhaben.[63]

Hier ist keine Neigung mehr zu spüren, Naturbegriffe zur Artikulierung und Ausarbeitung moralischer Ideen zu benutzen oder das eine mit dem andern, zum Schaden beider, zu verwechseln. Aber Kant führt uns die beiden erhabenen Gegenstände nicht nur zum Zwecke einer literarischen Peroration vor. Noch auf den letzten Seiten seines Werks zieht er aus der Entsprechung zur Geschichte der Astronomie eine Lehre für die Ethik.

„Bewunderung und Achtung können zwar zur Nachforschung reizen, aber den Mangel derselben nicht ersetzen" (162). In der Geschichte der Erforschung des Himmels war das Ergebnis der passiven Bewunderung und der sich einmischenden menschlichen Bedürfnisse die Astrologie.[64] Eine ähnliche disziplinlose Beschäftigung mit der „edelsten Eigenschaft in der menschlichen Natur" führte in Ethik und Religion zu Schwärmerei oder Aberglauben. Mit der Vervollkommnung der Methode wissenschaftlicher Forschung in Astronomie und Physik wurde schließlich eine „klare und für alle Zukunft unveränderliche Einsicht in den Weltbau" erworben (163). Vielleicht noch wichtiger ist, daß sie als Vorbild dazu dienen kann, die Philosophie auf den sicheren Weg einer Wissenschaft zu bringen.[65] Dieselbe Methode empfiehlt Kant jetzt auch für die „Behandlung der moralischen Anlagen unserer Natur": „Wissenschaft (kritisch gesucht und methodisch eingeleitet) ist die enge Pforte, die zur Weisheitslehre führt."

Die Kritik der praktischen Vernunft bietet sich als der Schlüssel zu dieser engen Pforte an.

ANMERKUNGEN

VORWORT ZUR ENGLISCHEN AUSGABE

1 Wenn man nicht August Messers *Kommentar zu Kants ethischen und religionsphilosophischen Hauptschriften* (1929) ausnehmen möchte, der auf alle Hauptschriften einzugehen versucht und kaum über Paraphrasen hinauskommt. Auf den Titel kommt es natürlich nicht an. Barnis *Examen*... (1851) ist ein Kommentar in mehr als einem Sinne, auch wenn der historische und literarische Zusammenhang wenig Beachtung findet. Barni möchte keinen „sterilen Kommentar, sondern eine fruchtbare Auseinandersetzung auf höherer Ebene" vorlegen und wenigstens in seinem analytischen Kapitel „einen genauen und nützlichen Kommentar liefern" (S. VI. VII).

ZITIERWEISE

1 Kant's gesammelte Schriften. Herausgegeben von der Königlich Preußischen Akademie der Wissenschaften, Verlag Walter de Gruyter & Co., Berlin. Die Werke sind auch als Taschenbücher erhältlich.

I DIE ENTSTEHUNG DER „KRITIK DER PRAKTISCHEN VERNUNFT"

1 An Garve, 7. 8. 1783; an Mendelssohn, 16. 8. 1783 (X 338. 345). Der letzte Teil dieses Satzes enthält noch keine Anerkennung der „Flickwerk-Theorie" (vgl. H. J. Paton, Kant's Metaphysics of Experience, London 1936, I 41).
2 Eine ausdrückliche Warnung Kants findet sich am Ende der Einleitung der *Prolegomena*. In einer undatierten Notiz (5040) heißt es: „Wenn ich auch wie Hume alle Verschönerung in meiner Gewalt hätte, so würde ich doch Bedenken tragen, mich ihrer zu bedienen. Es ist wahr, daß einige Leser durch Trokkenheit abgeschrekt werden. Aber ist es nicht nothig, einige abzuschreken, bey denen die Sache in schlechte Hände kommt?"
3 Vgl. *KrV* A XVIII-XIX.
4 Kant vertrug einen Scherz über seinen eigenen Stil, wenigstens über diesen Aspekt. In einem Brief an Goethe berichtete Zelter die folgende Anekdote und fügte hinzu, Kant selbst habe der Bericht nicht wenig erheitert. Wlömer, ein Bankier, habe erklärt, er habe einige von Kants Werken gelesen und würde mehr davon gelesen haben, wenn er mehr Finger hätte. Als Kant ihm dies zu erklären bat, habe er geantwortet: „Ja, lieber Freund, Eure Schreibart ist so reich an Klammern und Vorbedingtheiten, welche ich im Auge behalten muß; da setze ich denn den einen Finger aufs Wort, dann den zweiten, dritten, vierten, und ehe ich das Blatt umschlage, sind meine Finger alle."
(Vorländer, *Immanuel Kant. Der Mann und das Werk* II 99)
5 *Preisschrift, II 300.*
6 In diesem Sinne stellt er Rousseau an die Seite Newtons; denn beide entdeckten „die verborgenen Gesetze deren Beobachtung die Vorsehung rechtfertigt" (*Bemerkungen zu den Beobachtungen*, XX 58–59). Ähnlich schätzt er das Werk Shaftesburys, Hutchesons und Humes ein, da sie Methoden zu enthalten

schienen, durch die „die verborgene Natur des Menschen" in der Mannigfaltigkeit ihrer empirischen Erscheinungen entdeckt werden kann. Dies preist er als eine „glänzende Entdeckung unserer Tage", und dementsprechend stellt er in Aussicht, historisch und philosophisch zu würdigen, was geschieht, und erst dann zu zeigen, was geschehen soll (*Nachricht von der Einrichtung seiner Vorlesungen in dem Winter Halbjahr 1765 bis 1766*, II 311). An jeder dieser Stellen spricht Kant von der analytischen Methode, nach der er vorgehen will: Er beginnt mit Beobachtungen und steigt dann durch Abstraktion von empirischen zu metaphysischen Begriffen auf. Die Stelle in den Vorlesungsankündigungen beweist indes nicht, daß Kant zu jener Zeit eine deskriptive, rein empirische Ethik für möglich hielt, auch wenn sie von einigen Autoren in diesem Sinne interpretiert worden ist.

[7] *Preisschrift*, II 298.
[8] Brief an Lambert vom 31. 12. 1765 (X 56).
[9] Brief an Herder vom 9. 5. 1768 (X 74). Der Verleger Kanter kündigte das Werk an unter dem Titel „Kritik des moralischen Geschmacks". Der Ausdruck „Metaphysik der Sitten" wurde vor Kant wenig gebraucht. Nach Max Wundt, *Die deutsche Schulphilosophie im Zeitalter der Aufklärung* (Tübingen 1945, S. 223) geht dieser Titel auf Canz, *Disciplinae morales omnes* (1739) zurück. Wundt (a. a. O. 251) weist auch auf A. F. Hoffmanns Auffassung von Metaphysik und Moralphilosophie hin, die Kant näher steht als Wolff (*Vernunftlehre*, 1737).
[10] *Inaugural-Dissertation* § 24.
[11] Vgl. *KrV* A 843 = B 871.
[12] (*Inaugural-Dissertation* § 9, Übersetzung von Hinske-Weischedel). — Auch verworrene moralische Begriffe sind nicht sinnlich oder empirisch, sondern werden von dem reinen Intellekt selbst erkannt. Frühere rationalistische Metaphysiker hatten das „Sinnliche" und „Verworrene" zur Kennzeichnung von Erkenntnisarten benutzt und wegen der ethischen Prinzipien auf eine höchst erstaunliche Weise den Rationalismus ihrer Philosophie als ganzer mit einem Empirismus in der Ethik verbunden. Die *Inaugural-Dissertation* läßt erkennen, daß Kant dieser Verwirrung nicht länger unterlag, sondern über sie hinausgewachsen ist, – wenn er ihr je verfallen sein sollte.
[13] Brief an Lambert vom 2. 9. 1770 (X 97).
[14] Brief an Herz vom 7. 6. 1771 (X 123).
[15] Brief an Herz vom 21. 2. 1772 (X 132).
[16] „Kritik der reinen Vernunft" ist hier vermutlich noch nicht als der Titel des geplanten Buchs zu verstehen.
[17] Brief an Herz vom Ende 1773 (X 145).
[18] *KrV*, A 841 = B 869. [19] A. a. O. A XII Anm. [20] A. a. O. A XXI.
[21] A. a. O. B 29. Die *KrV* schließt die Moralphilosophie von der Transzendentalphilosophie aus, weil diese es nur mit den kognitiven Elementen unseres Denkens zu tun hat, nicht weil jene nicht rein ist (vgl. A 801 = B 829). Kant erweiterte den Begriff der Transzendentalphilosophie stillschweigend in demselben Maße, wie er den der Metaphysik eingrenzte, so daß die Transzendentalphilosophie schließlich von der Kritik selbst kaum mehr unterschieden werden konnte. Wenn er auch die Ethik nie ausdrücklich in die Transzendentalphilosophie einschloß, so wird sich doch zeigen, daß in Diskussionen der *Kritik der praktischen Vernunft* der ganze Apparat der Transzendentalphilosophie ins Spiel gebracht wird.
Diese Entwicklung beruht nicht nur auf einer Erweiterung der transzendental-

philosophischen Fragestellung. Sie hängt auch mit einer Vertiefung der ethischen Analysen selbst zusammen. So sagt Kant an der soeben zitierten Stelle, daß in einem System der Moralphilosophie empirische Begriffe in den *Begriff der Pflicht* eingeführt werden müssen, während er in A 15 (dem entsprechenden Abschnitt der ersten Auflage) weniger vorsichtig erklärt, daß „die Begriffe der Lust und Unlust, der Begierden und Neigungen, der Willkür etc., die insgesammt empirischen Ursprunges sind, dabei vorausgesetzt werden müßten".

In beiden Auflagen unterscheidet Kant zwischen einer Tugendlehre (angewandter Ethik) und reiner Ethik, so daß die erstere teilweise von empirischen oder psychologischen Grundsätzen abhängt (A 54 f = B 79). Die *Kritik der praktischen Vernunft* und die *Grundlegung zur Metaphysik der Sitten* sind, im Sinne dieses Abschnitts, natürlich als reine Ethik verstanden, auch wenn in der *Kritik* Definitionen psychologischer Begriffe gebraucht werden, um den Begriff der Pflicht herauszuarbeiten und die Beziehung des Menschen zum Sittengesetz zu beschreiben, das seinerseits ohne Rückgriff auf psychologische Begriffe formuliert werden kann. Es wird sich freilich zeigen, daß in der Ausarbeitung der zweiten *Kritik* und selbst der *Metaphysik der Sitten* Kants Bemühungen, die Fragen der reinen Ethik von denen der angewandten Ethik oder die Fragen der Metaphysik von denen der Kritik oder die Fragen der Metaphysik und Kritik von denen des Systems sorgfältig zu trennen, nicht sehr beharrlich waren (s. o. 62 f.).

Daß Kant den praktischen Prinzipien einen ähnlichen (wenn nicht den gleichen) transzendentalen Status zuschrieb wie den theoretischen Prinzipien, dies wird sich als einer der Faktoren erweisen, die zu dem Entschluß führten, eine zweite *Kritik* zu schreiben und die ethischen Fragen auf derselben transzendentalphilosophischen Ebene zu behandeln, wie die theoretischen Fragen in der ersten *Kritik* erörtert worden waren. Während die *Kritik der reinen Vernunft* ursprünglich die Grundlage auch für die Metaphysik der Sitten sein sollte, gelangte Kant später zu der Auffassung, daß die erste *Kritik* keine zureichende Propädeutik für die gesamte Metaphysik sein konnte. Dies zeigt sich implizit darin, daß er sich auf die erste *Kritik* regelmäßig nicht mit ihrem korrekten Titel bezieht, sondern mit Ausdrücken wie „Kritik der spekulativen Vernunft", wie z. B. in dem ersten Absatz der zweiten Kritik (3).

[22] *KrV* A 806 = B 834. Es ist nicht ganz richtig zu sagen, dies sei ihr einziger Gebrauch; denn die beiden Prinzipien leiten auch die theoretische Unterscheidung, aber sie tragen nichts Wesentliches zur Erkenntnis bei.
[23] Brief an Mendelssohn vom 16. 8. 1783 (X 346 f).
[24] *Grundlegung* 391.
[25] Reflexion 7202.
[26] *Grundlegung* 391.
[27] Brief an Schütz vom 13. 9. 1785 (X 406).
[28] Vgl. P. Natorp in seiner Ausgabe der *KpV* (V 497); A. R. C. Duncan, Practical Reason and Morality, 23. 35. 132.).
[29] *KrV*, Vorrede zur zweiten Auflage, B XLIII. In der Vorrede zur ersten Auflage hatte Kant lediglich eine „Metaphysik der Natur" versprochen.
[30] Brief an Bering vom 7. 4. 1786 (X 441). In seiner Antwort vom 10. Mai (X 445) bedauert Bering die Verzögerung und gibt seinem Wunsch Ausdruck, ein Gespräch mit Kant zu führen. „Vielleicht gelingt es in der Kürze unsern Aeronauten ihre Schifffahrth minder kostbar und gefährlich zu machen, und dann ist freilich eine Reise von 140 (sic!) Meilen (von Marburg nach Königsberg) eine Kleinigkeit."

[31] Born an Kant, 8. 11. 1786 (X 471).
[32] Vgl. Ak.-A. III 556. Daß diese Information von Kant selbst kam oder doch jedenfalls nicht eine Erfindung des Herausgebers (Schütz) war, geht aus einem Brief von Schütz an Kant vom 3. 11. 1786 (X 469) hervor. Kant hatte am selben Tag (26. 5. 1786) an Born und an Schütz geschrieben; er kann von seinem Plan in beiden Briefen gesprochen haben. Born hatte jedenfalls seine Information, bevor sie von Schütz publiziert war. Leider sind beide Briefe Kants verlorengegangen.
[33] „Metaphysik der Sitten" und „System der praktischen Philosophie" sollten in Kants späteren Vorstellungen zwei Teile eines Werks darstellen. Das „System der praktischen Philosophie" würde dann anthropologische Daten enthalten haben und eine Metaphysik der Sitten voraussetzen, die ihrerseits nichts Anthropologisches enthalten sollte (*Metaphysik der Sitten*, Einleitung, § II, VI 216 f.). In der Ausführung ist die Metaphysik der Sitten indes eher das geplante „System". Die vielfältigen Wandlungen in Kants Konzeption einer „Metaphysik der Sitten" untersucht Georg Anderson, „Kants Metaphysik der Sitten, ihre Idee und ihr Verhältnis zur Ethik der Wolffschen Schule", in: Kant-Studien XXVIII, 1923, 41–61.
[34] *KrV*, B XLI.
[35] Man sollte vielleicht auch daran erinnern, daß Kants Freund Joseph Green 1786 starb. Jachmann, Kants erster Biograph, schildert uns, wie sehr dieses Ereignis den Philosophen mitnahm und den Ablauf seines täglichen Lebens beeinflußte.
[36] *KpV* 6 f.: „Nur eine ausführliche Kritik der praktischen Vernunft kann alle diese Mißdeutung heben."
[37] Wie wenig Kants „Bestätigung" überzeugen kann, ergibt sich auch noch aus folgendem. Kant betont, daß praktische Absichten zu der Unterscheidung zwischen Phaenomenon und Noumenon führen. Grundlegend für die kritische Philosophie ist der Begriff der Freiheit im Hinblick auf die Zurechenbarkeit von Handlungen (vgl. *Lose Blätter zur Preisschrift über die Fortschritte der Metaphysik*, XX 335; Reflexion 6339). In den *Fortschritten der Metaphysik* selbst (XX 311) modifiziert Kant indes diese Auffassung und stellt fest:
„Nun ist es mit der Metaphysik wirklich so bewandt, wenn die Vernunftkritik auf alle ihre Schritte sorgfältig Acht hat, und, wohin sie zuletzt führen, in Betracht zieht. Es sind nämlich zwey Angeln, um welche sie sich dreht: *Erstlich* die Lehre von der Idealität des Raumes und der Zeit, welche in Ansehung der theoretischen Prinzipien aufs Übersinnliche, aber für uns Unerkennbare, bloß hinweiset, indessen daß sie auf ihrem Wege zu diesem Ziel, wo sie es mit der Erkenntniß a priori der Gegenstände der Sinne zu thun hat, theoretisch-dogmatisch ist; *zweytens*, die Lehre von der Realität des Freyheitsbegriffes, als Begriffes eines erkennbaren Übersinnlichen, wobei die Metaphysik doch nur praktisch-dogmatisch ist."
[38] Brief an Schütz vom 22. 6. 1787 (X 490); Brief an Jakob vom 11. 9. 1787 (X 494).
[39] Vgl. *Lose Blätter zur Preisschrift über die Fortschritte der Metaphysik*, XXII 335. Daß dies in der Tat die Sachlage ist, ist die These Richard Kroners (Kants Weltanschauung, Tübingen 1914).

II DIE GRENZEN DER THEORETISCHEN VERNUNFT

[1] *Kritik der praktischen Vernunft*, 7; vgl. Reflexion 5019. 5036.
[2] *KrV*, B XVI.
[3] Dieses Thema wird in Kap. XI ausführlich diskutiert.
[4] Tatsächlich hatte Kant die Antinomien entdeckt, bevor er seine Erkenntnistheorie endgültig ausgearbeitet hatte. Wahrscheinlich war es die Entdeckung der späteren Antinomien, die Kant veranlaßte, die Position, die er in der *Inaugural-Dissertation* eingenommen hatte – die Überzeugung von der Möglichkeit metaphysischer Erkenntnis –, aufzugeben. In einem Brief an Garve vom 21. 9. 1798 erklärte Kant, die Entdeckung der Antinomien sei der Beginn seiner kritischen Philosophie gewesen (XII 257).
[5] Diese Auflösung der Antinomie gilt, streng genommen, nur für die dritte und vierte Antinomie, vgl. *KpV* 104.
[6] *KrV* B XXX.
[7] Dieser Übergang wird in Kap. X ausführlich diskutiert.
[8] Vgl. *KpV* 5: „Vorher muß dieses nothwendig inconsequent aussehen, so lange man einen solchen praktischen Gebrauch nur dem Namen nach kennt," d. h. solange man die praktische Vernunft für einen Spezialfall des Erkenntnisvermögens hält.
[9] Im Vorwort ist Kant vor allem damit beschäftigt, den Vorwurf zurückzuweisen, er habe diesen Urteilen den Rang von Erkenntnis zugeschrieben. Später (143 Anm.) beschäftigt er sich mit dem entgegengesetzten Einwand: die Postulate seien willkürlich und subjektiv, weil sie nicht kognitiv sind.

III DENKEN, HANDELN UND PRAKTISCHE VERNUNFT

[1] „... und wenn wir alle Erscheinungen seiner Willkür bis auf den Grund erforschen könnten, so würde es keine einzige menschliche Handlung geben, die wir nicht mit Gewißheit vorhersagen und aus ihren vorhergehenden Bedingungen als nothwendig erkennen könnten. In Ansehung dieses empirischen Charakters giebt es also keine Freiheit, und nach diesem können wir doch allein den Menschen betrachten, wenn wir lediglich *beobachten*, und, wie es in der Anthropologie geschieht, von seinen Handlungen die bewegenden Ursachen physiologisch erforschen wollen" (*KrV* A 550 = B 578).
[2] Faust I, Walpurgisnacht.
[3] *Grundlegung*, 448.
[4] Vgl. *KrV*, A 803 = B 831.
[5] Kant würde m. E. bis zu diesem Punkt mit unserer allgemeinen Darstellung der Struktur des Handelns einverstanden sein. Aber er würde behaupten, daß diese Definition des Interesses zu eng ist, weil es ein Interesse gibt, das nicht von einem Impuls abgeleitet ist, auch wenn es stets mit ihm auf irgendeine Weise verbunden ist (vgl. unten § 4).
[6] *Grundlegung*, 459 vgl. *KpV*, 79 und *KU*, § 2.
[7] *Grundlegung*, 412; *KpV*, 60; *KU*, §§ 4, 10.
[8] De anima 433 a 15 ff.; vgl. Politik 1333 a 18 ff.
[9] Thomas von Aquin, *In decem libros ethicorum Aristotelis ad Nichomachum expositio* § 1132.
[10] Thomas von Aquin, Summa theol. I 79, art. 11; II 2, 379, art. 2. Eine mittelhochdeutsche Übersetzung gibt *intellectus practicus* mit *daz würkliche ver-*

stand wieder; vgl. Middle High German Translation of the Summa theologica, ed. B. Q. Morgan und F. W. Strothmann („Stanford University Publications in Language and Literature", VIII 1, 1950, 371); vgl. auch Michael Grabmann, Mittelalterliches Geistesleben, München 1926, 434.

[11] Summa theol. II 2, 83 art. 1, ad 3.

[12] Baumgarten, Metaphysica §§ 669. 690.

[13] Wolff, *Psychologia empirica* §§ 880 ff.; vgl. auch *Vernünftige Gedancken von den Kräfften des menschlichen Verstandes* § 15, wo der Ausdruck *lebendige Erkänntnis* gebraucht wird.

[14] *Nachricht von der Einrichtung seiner Vorlesungen im Winter Halbjahr von 1765–66* (II 312); in Grimms Wörterbuch fehlt jedenfalls ein früherer Beleg. Mellin (Kunstsprache der Kantischen Philosophie, 1798, 283) erklärt, der Ausdruck „praktische Vernunft" sei vor Kant nicht üblich gewesen; man habe nur von „Verstand" und „Wille" gesprochen. (Den Hinweis auf diese Bemerkung verdanke ich Paul Schrecker.) Belege für den Gebrauch des englischen Ausdrucks „practical reason" vor Richard Burthogge (Organum vetus et novum, or Discourse on Reason and Truth, 1678, 61) fehlen. Soweit ich sehe, wurde dieser Ausdruck von keinem der britischen Moralisten, die Kant gelesen hatte, gebraucht. Die einzige Ausnahme findet sich bei Reid, *Essay on the Active Powers of the Mind*, III 3, 2; aber diese Schrift wurde erst 1788, also nach der *KpV*, publiziert.

[15] Wolff übersetzt *ratio* mit *Vernunft* und definiert sie als „Einsicht in den Zusammenhang der Wahrheit", mithin als die Kunst des Schließens. *Intellectus* wird mit *Verstand* übersetzt; er ist die Fähigkeit, das Mögliche klar vorzustellen. Reiner Verstand *(intellectus purus)* ist der Verstand „abgesondert" von sinnlicher Wahrnehmung und Einbildungskraft; menschlicher Verstand ist jedoch nie vollständig rein (vgl. Vernünftige Gedancken von Gott, der Welt und der Seele des Menschen, 1736, §§ 368. 381. 277. 282. 285). In der Logik entspricht dies sehr genau Kants Unterscheidung zwischen Vernunft als dem Vermögen des Schließens und dem Verstand als dem Vermögen der Begriffe. Aber die wichtige Kantische Unterscheidung zwischen dem realen und dem nur logischen Gebrauch der Vernunft des Verstandes und die ebenso wichtige Theorie des generischen Unterschieds zwischen Sinnlichkeit und den diskursiven Fähigkeiten hat Wolff nicht vorweggenommen.

[16] Vgl. Wolff, *Vernünftige Gedancken von Gott, der Welt, und der Seele des Menschen* § 492, und *Psychologia empirica*, 1737, § 880; Crusius, *Entwurf der nothwendigen Vernunftwahrheiten*, 1753, § 445. Bei diesen Auffassungen ist es entscheidend, daß zwischen *ratio* und *intellectus* nur ein gradueller Unterschied besteht.

[17] *KrV* A 633 = B 661: „Der praktische Vernunftgebrauch ist das, wodurch a priori erkannt wird, was der Fall sein soll." Hier wird auch zwischen theoretischer und praktischer Erkenntnis unterschieden.
KpV 66: Reine praktische Begriffe sind unmittelbar Erkenntnisse, sie sind nicht auf Anschauung angewiesen, um angewandt werden zu können.

[18] *KpV* 24; erste Einleitung in die *KU* XX 245 f.; KU Einleitung III (V 177.).

[19] *KpV* 5. Wir werden später, in Kap IX sehen, warum Kant in beiden Fällen von „Gegenständen" spricht.

[20] Kant wendet das Wort „rein" sowohl auf Erkenntnisse wie auf Vermögen an. In jenem Falle bezieht es sich (a) auf Erkenntnisse, die von der Erfahrung unabhängig sind, und (b) auf Erkenntnisse, in denen kein empirischer Inhalt gegeben ist. Bedeutung (a) ist äquivalent mit dem Begriff „a priori", und Kant

sagte später (nicht ganz korrekt), daß die *KrV* nur mit dem befaßt ist, was „rein" in dieser Bedeutung ist (*Über den Gebrauch teleologischer Prinzipien in der Philosophie* VIII 183 f.). In Bezug auf ein Vermögen bedeutet „rein", daß das Vermögen a priori gesetzgebend ist (*KU* V 179). Es ist wichtig, diese beiden Bedeutungen nicht zu verwechseln, obgleich sie eng zusammenhängen. Das moralische Gesetz ist rein in Bedeutung (a) und (b); der Begriff der Pflicht ist rein nur in Bedeutung (a); praktische Vernunft ist rein, oder sie kann rein sein, sofern sie ein a priori gesetzgebendes Vermögen ist und das Sittengesetz aufstellt.

[21] De anima 433 a 23.
[22] *Treatise of Human Nature* II 3, 3 (Selby-Bigge 415). Kant war nicht der erste, der erklärte, die Vernunft sei sowohl die notwendige wie die hinreichende Bedingung des Handelns. Seine Vorgänger waren in diesem Punkt Kritiker Hutchesons, John Balguy (*The Foundation of Moral Goodness*, 1728, Selby-Bigge, *British Moralists* II 92 f.) und Price (*Review of the Principal Questions of Morals*, 1758, VIII). Es gibt keine Beweise dafür, daß Kant Balguy oder Price kannte.
[23] Zu dieser Unterscheidung s. o. 19.

IV NAME, ABSICHT UND STRUKTUR DER „KRITIK"

[1] *Grundlegung* 391.
[2] *KU*. Einleitung III (V 179).
[3] *KU*. Einleitung III (V 179).
[4] *KrV* A 11 = B 25.
[5] *KpV* 3. 15. 45; Reflexion 7201. Die Antwort auf die Frage, wie Vernunft unser Handeln bestimmen kann, wird in der *Grundlegung* (426) irrtümlich der Metaphysik, nicht der Kritik zugeschrieben.
[6] *KpV* 3. 5. Hinsichtlich der Freiheit wird dieser Nachweis durch die Lehre vom „Kreditiv des sittlichen Gesetzes" (48) geführt. Die Realität der anderen Ideen wird von dort aus erschlossen. Die *KpV* „vollführt etwas, was ich der spekulativen versagt habe" (Brief an Schütz, 25. 6. 1787, X 490), nämlich den Schritt zu einer „praktisch-dogmatischen Metaphysik" als einem Teil der Metaphysik der Natur. Eine solche praktisch-dogmatische Metaphysik sollte von der Metaphysik der Sitten unterschieden werden, die eine „praktisch-moralische Vernunftwissenschaft" (Fortschritte der Metaphysik XX 293) ist. Zweck (2) und (3) können entsprechend auch so formuliert werden: (2') Propädeutik zu einer praktisch-dogmatischen Metaphysik von Gott, Freiheit und Unsterblichkeit; (3') Propädeutik zu einer immanenten Metaphysik der Sitten als einem System aller Grundsätze a priori der Sittlichkeit.
[7] *Grundlegung* 391.
[8] Ebda. 445. Diese Aufgabe hängt natürlich eng mit (1 a) zusammen.
[9] *The Critical Philosophy of Immanuel Kant* II 164.
[10] Vgl. *KrV* A 548 = B 576; *KpV* 15.
[11] *KrV* A 796 = B 824.
[12] *Grundlegung* 463; vgl. *KrV* A 393.
[13] § 76. In der *KrV* (A 816 = B 844) trägt Kant den Gedanken vor, die Einheit der beiden Gesetzgebungen sei auf die regulative Idee Gottes, als des Urhebers beider Gesetze, des theoretischen und des praktischen, zu begründen.
[14] Das praktische Analogon eines intuitiven Intellekts als eines möglichen Erkenntnisvermögens ist der heilige Wille (*KpV* 82). Beide sind möglich (denk-

bar), aber wir haben keinen Grund, die Existenz des einen oder des anderen anzunehmen, außer insofern wir Grund zu dem Glauben haben, daß Gott existiert. Aber als Konzeption sind sie beide wichtig; denn sie erlaubt es Kant, die Besonderheiten unseres theoretischen und praktischen Vermögens klarer herauszuarbeiten. Für einen heiligen Willen wäre der Begriff der Pflicht ohne Anwendung; denn Pflicht setzt voraus, daß es andere, von der Gesetzgebung der Vernunft verschiedene Entscheidungsgründe gibt, die mit ihr in Konflikt geraten können. Für einen heiligen Willen könnte der Unterschied zwischen Wollen und Sollen nicht entstehen. Ähnlich würde auch für einen intuitiven Intellekt der Unterschied zwischen dem Wirklichen und dem Notwendigen nicht aufkommen.

[15] *Grundlegung* 445.
[16] *Metaphysik der Sitten, Rechtslehre* § 6 (VI 249).
[17] *Reflexion* 7202 (XIX 282).
[18] *Grundlegung* 445.
[19] Ebda. 407.
[20] Dies ist äquivalent mit Zweck (1a).
[21] Vgl. oben S. 261 Anm. 21.
[22] *Grundlegung* 412.
[23] *Metaphysik der Sitten* VI. 216 f.
[24] Mit dem Fortgang seines „kritischen Geschäftes" und dem Zurücktreten des Systems bestritt Kant sogar einmal den propädeutischen Charakter der *KrV* und erklärte sie selbst für das System (*Erklärung in Beziehung auf Fichtes Wissenschaftslehre*, XII 370 f.). Diese, soweit ich sehe, in Kants gesamtem Werk einzig dastehende Äußerung versteht man am besten als polemische Wendung gegen Fichte, der das Werk, das sein Lehrer nur begonnen habe, vollendet zu haben prätendierte. Sie stellt daher m. E. die grundsätzliche Preisgabe seines architektonischen Ideals dar. Gleichwohl formuliert sie eine Ansicht, zu der man bei der Prüfung des tatsächlichen Inhalts der „kritischen" und der „systematischen" Schriften gelangen muß.
[25] *KrV* A 247 = B 303: Der stolze Name einer „Ontologie" muß durch den einer bloßen „Analytik" ersetzt werden. Aber in den *Fortschritten der Metaphysik* (XX 260) wird die Analytik „Ontologie" genannt.
[26] Zur Bedeutung von „Analytik" und zu den Gründen, warum die Teile der Analytik in der zweiten *Kritik* in umgekehrter Reihenfolge auftreten, vgl. Kapitel V §§ 1 und 2. Zum Begriff einer „Aesthetik" der praktischen Vernunft, vgl. Kapitel XII §§ 1 und 2. Zum Terminus „Dialektik" und zur Struktur der Dialektik der reinen praktischen Vernunft, vgl. Kapitel XIII §§ 1 und 2.
[27] Dies scheint wenigstens seine eigene Selbsteinschätzung gewesen zu sein (vgl. Brief an Reinhold vom 28. und 31.12.1787, X 514). Kants Biographen erwähnen häufig seine Abneigung gegen Widerspruch und Diskussion, wenn er auch anregenden Meinungsaustausch mit abweichenden Auffassungen schätzte. Doch mit zunehmendem Alter verlor Kant nach ihren Darstellungen mehr und mehr die Fähigkeit, mit Sympathie auf die Ansichten anderer einzugehen.
[28] Vgl. Briefe von Biester (11. 6. 1786), von Schütz (23. 3. 1787), von Bering (28. 5. 1787): X 457. 480. 488. Ferner *KrV* B XLIV.
[29] Brief an Schütz vom 25. 6. 1787 (X 490). Am 23. 3. hatte Schütz geschrieben: „Vortrefflich ist es, daß Sie sich gar nicht selbst mit Widerlegungen befassen, sondern Ihren Gang ruhig fortsetzen wollen" (X 480). Vgl. auch Kants Brief an Reinhold bei der Übersendung des Buchs am 28. und 30. 12. 1787 (X 514).

³⁰ „Sie wollen *beweisen*; so mögen sie denn beweisen, und die Kritik legt ihnen als Siegern, ihre ganze Rüstung zu Füßen" (5). Kant spielt hier auf Horaz, *Satiren* I 1, 19 an. Der Satz ist ein Echo der Herausforderung an Garve und Feder in den *Prolegomena* (IV 287. 368). Einige Wendungen hier und in der Rezension der *Eleuthereologie* von J. A. H. Ulrich, die Kraus auf der Grundlage ausführlicher Aufzeichnungen Kants veröffentlicht hat (VIII 453–460), bringen mich auf die Vermutung, daß sich Kant in diesem Absatz u. a. gegen Ulrich wendet, obgleich die *Eleuthereologie* anscheinend (aber nicht sicher) zu spät für Kant erschien, als daß er bei der Niederschrift des Vorworts sie schon gelesen haben konnte. Man muß sich indes erinnern, daß Kant viele Bücher vor ihrer Publikation zu Gesicht bekam und daß er zweifellos Ulrichs ähnliche Schrift *Institutiones logicae et metaphysicae* von 1785 kannte (vgl. Ulrichs Brief an Kant vom 21. 4. 1785, X 402 f.). Vaihinger, der den Kantischen Ursprung der von Kraus veröffentlichten Rezension des Buchs von Ulrich entdeckt hat, ist auf diese Kontroverse eingegangen. Aber er hat nicht darauf hingewiesen, daß Kant im Vorwort zur *KpV* Ulrich bereits als Gegner vor Augen haben konnte (vgl. H. Vaihinger, Ein unbekannter Aufsatz Kants über die Freiheit, in: Philosophische Monatshefte XVI, 1880, 192–209).
³¹ Von dieser Kritik wurde Kant berichtet, aber sie wurde von Jenisch in seinem Brief an Kant vom 14. 5. 1787 nicht bestätigt (X 485–487). Kant scheint auf diese Kritik in dem Absatz, der auf S. 8 der *Kritik* beginnt, anzuspielen.
³² *KpV* (10); ferner die wichtige Fußnote über die „neue Formel" (8), die sich auf G. A. Tittel, *Über Herrn Kants Moralreform* (Frankfurt und Leipzig 1786) bezieht. Vgl. auch *KrV* A 831 = B 859 und *KpV* 105.
³³ Allgemeine deutsche Bibliothek LXVI (1786, 447–463. 92 ff.).
³⁴ Tübinger gelehrte Anzeigen vom 13. 5. 1786. In der *Metaphysik der Sitten* (VI 207) kommt Kant noch einmal auf Flatt zurück. Er behandelt ihn mit besonders großem Respekt.
³⁵ *KpV* 8. Dieser „wahrheitsliebende Rezensent" wird im *Opus postumum* (XXI 416) mit noch vollerem Klang gepriesen. Man vergleiche damit den verächtlichen Ton, den sich Kant gegen Flatt erlaubt (*Kritik* 14).
³⁶ Die Rezension von Pistorius muß Kant vorgelegen haben, als er das Vorwort zur zweiten Auflage der *Kritik der reinen Vernunft* schrieb. Dort sagt Kant jedoch, nach dem ersten Kapitel der transzendentalen Dialektik habe er zu weiteren Änderungen keine Veranlassung gesehen, „weil ... mir in Ansehung des übrigen auch kein Mißverstand sachkundiger und unparteiischer Prüfer vorgekommen war" (B XLI). Pistorius stellte jedoch den Status der Ideen und die Unterscheidung zwischen Noumena und Phaenomena in Frage. Ich weiß nicht, wie Kant im April 1787 über Pistorius und seine Kritik gedacht hat. Vielleicht war seine Rezension, wenigstens teilweise, die Veranlassung, warum Kant das Paralogismen-Kapitel der ersten Auflage der *Kritik der reinen Vernunft* durch eine neue Fassung ersetzte, auch wenn der Hauptgrund nach allgemeiner Auffassung in der Rezension von Garve und Feder mit ihrer Attacke gegen den Idealismus gesehen wird. Doch wie dem auch sein mag, nur wenige Wochen später fand Kant, das Verständnis der transzendentalen Dialektik als ganzer sei so unangemessen, daß ihre Konzeption in der zweiten *Kritik* erneut dargelegt werden mußte. Es mag übrigens nicht unerheblich sein, daß Pistorius beide Male (vgl. Anmerkung 35) im Zusammenhang mit Einwand (c), nicht aber wegen Einwand (a) gelobt wird.
³⁷ Kant hatte den scheinbaren Zirkel in der Argumentation selbst erwähnt (Grundlegung 450); in einem Brief an Kiesewetter vom 20. 4. 1790 (XI 155)

kommt er noch einmal auf diese Frage zurück. Aber in der *Grundlegung* verteidigt er sich gegen diesen Einwand auf etwas andere Weise. Dort kommt es darauf an, daß die Erfahrung des Denkens selbst ein Bewußtsein der freien Spontaneität enthält, das unabhängig von der Frage nach der Gültigkeit des Sittengesetzes ist. Auch wer mit Worten die Realität der Freiheit leugnet, anerkennt die Freiheit als die Voraussetzung dafür, daß sein Argument irgendeinen legitimen Anspruch auf Gültigkeit haben kann. Diesen Gedanken wiederholt Kant in seiner Rezension der *Sittenlehre* von Schultz (VIII 13), aber es fehlt in der zweiten *Kritik*. Er hatte ihn indes nicht fallengelassen; denn im *Opus postumum* (XXI 93. 100) umfaßt der Ausdruck „Autonomie" sowohl die theoretische wie auch die praktische Vernunft.
38 *KpV* 8–9. Vgl. 62–64.
39 *Über Raum und Caussalität zur Prüfung der Kantischen Philosophie* (Göttingen 1787). Kant nennt in einem Brief an Schütz vom 25. 6. 1787 Feder als Verfasser (X 490).
40 Kant unterscheidet zunächst zwischen Hume, dem Genius, der die ursprüngliche Entdeckung gemacht hat und von dem er mit seiner charakteristischen und unveränderlichen Bewunderung spricht, und dem Epigonen, der jene Entdeckung nach seiner Meinung zu einer Absurdität reduzierte und den seine ganze Verachtung trifft. Man beachte, daß am Ende dieses Abschnitts (13 Anm.) Hume gegen die Einstufung als echter Empirist verteidigt wird; aber auch hier kann Kant der Versuchung nicht widerstehen, mit einem Seitenhieb auf Feder zu antworten, der ihn (Kant) als einen Idealisten etikettiert hatte (vgl. die entsprechende Fußnote in den *Prolegomena* IV 337 Anm.). Die Anspielung auf William Cheselden (1688–1752) bezieht sich auf jenen Arzt, der einen Blinden heilte und auf dessen Bericht über seine Heilung Herder (Vierter Wald, 1769, *Werke* Suphan IV 49) eingegangen war; diese Stelle ist vermutlich Kants Quelle.
41 Ich sehe keinen Grund für die Annahme, daß sich Kant an dieser Stelle gegen Tetens wendet, wie Cay von Brockdorff, *Die Deutsche Aufklärungsphilosophie* (München 1926, 105) meint.
42 Vgl. *Enquiry concerning Human Understanding* VII. An anderer Stelle sagt Kant freilich, Humes Auffassung führe unvermeidlich zum Skeptizismus auch hinsichtlich der Mathematik (*KpV* 53). Dieser scheinbare Widerspruch ist vielleicht so aufzulösen, daß Hume im *Treatise* gelegentlich tatsächlich einen Skeptizismus hinsichtlich der Geometrie vertritt, während Kants Bemerkung im Vorwort sich auf die *Enquiry* bezieht. Wahrscheinlich aber ist, daß Kants Urteil keine historische Tatsache behaupten soll, sondern vielmehr bedeutet, daß der Empirismus, wenn er einmal auf die Bahn des Skeptizismus gekommen ist, weder vor den Hauptzweigen der Erkenntnis, noch vor der gewöhnlichen Vernunft haltmacht, in die sich die Common-sense-Philosophen flüchteten, die ihren Skeptizismus gegen die rationalistische Metaphysik wendeten und an anderen Arten der Erkenntnis festzuhalten suchten, die ein echter und durchgängiger Skeptizismus zerstört haben würde.

V ÜBERBLICK ÜBER DIE ANALYTIK DER PRAKTISCHEN VERNUNFT

1 *KrV* A 60 = B 84.
2 Ebda. A 56 = B 60.
3 Ebda. A 64 = B 89.

⁴ *KpV* 38 f.: Die Anschauung des moralischen Sinnes würde ein „Gefühl eines Gesetzes als eines solchen" sein und „das zum Gegenstande der Empfindung machen, das nur durch Vernunft gedacht werden kann."
⁵ *KrV* A 21 = B 35.
⁶ Ebda. A 19 = B 33.
⁷ Es ist bereits oben darauf aufmerksam gemacht worden, daß in der *KrV* die Aesthetik vor der Logik steht und nicht deren Teil ist; diese beginnt vielmehr mit der Analytik. In der *KpV* ist der Systemteil, der der Aesthetik entspricht, ein Teil der Analytik, aber nach wie vor von der Logik getrennt; diese ist weiterhin ein Teil der Analytik (vgl. Kapitel IV § 7).
⁸ Vgl. die Bemerkung *KpV* 91.

VI DIE ANALYTIK DER EMPIRISCHEN PRAKTISCHEN VERNUNFT

¹ Vor allem am Anfang der *Kritik*, aber auch an anderen Stellen, verwendet Kant die beiden Wörter *Wille* und *Willkür*. Obgleich Kant in späteren Schriften zwischen ihnen unterscheidet und diese Unterscheidung wichtig wird, kann ich doch nicht einsehen, daß seine Wortwahl in der *Kritik* wirklich konsistent ist. Man kann im allgemeinen davon ausgehen, daß die praktische Vernunft *Wille* und das oben erwähnte „fast greifbare Organ der Entscheidung und Ausführung" *Willkür* ist. Später (Kap. IX § 2) werden wir versuchen, Kants Unterscheidung zwischen Wille und Willkür zu klären; im gegenwärtigen Zusammenhang wäre m. E. mit dieser Unterscheidung nichts gewonnen. In § 2 der Analytik scheinen die beiden Wörter synonym gebraucht zu sein.
² *Vorlesungen über Logik* § 32.
³ Praktische Sätze unterscheiden sich von theoretischen Sätzen nur durch ihre „Vorstellungsart", nicht durch ihren „Inhalt", mit Ausnahme der praktischen Sätze, die Freiheit unter Gesetzen betreffen (Erste Einleitung in die *KU* XX 196). Der Satz oben im Text gilt folglich für „technisch-praktische Sätze", aber nach Kant nicht für „moralisch-praktische Sätze". Dies ist indes nicht ganz korrekt. Wenn wir die Unterscheidung zwischen Imperativ und Gesetz strenger einhalten als Kant, so entspricht ein moralisch-praktischer Imperativ (d. h. der kategorische Imperativ) dem moralischen Gesetz, also einem theoretischen Satz über die Freiheit von Vernunftwesen im allgemeinen.
⁴ *Vorlesungen über Logik* § 34 (IX 110); vgl. auch *KrV* A 149 = B 188.
⁵ In diesem Falle wären sie Gesetze, aber Kant kann hier noch nicht behaupten, daß es praktische Gesetze gibt.
⁶ Nachdem Kant in aller Form den Ausdruck „Grundsatz" eingeführt hat, ignoriert er im folgenden mit charakteristischer Gleichgültigkeit häufig seine eigene Definition. (Man hat von Kant gesagt, es sei ihm gelungen, eine Fachsprache ohne Präzision zu gebrauchen.) Fast ohne Bedeutungsunterschied verwendet er an seiner Stelle auch das Wort „Prinzip"; obgleich beide Wörter für synonym erklärt werden (*Vorlesungen über Logik* § 34), ist dessen Bedeutung jedoch viel unschärfer. So heißt z. B. eine Vorschrift oft ein „Prinzip", ebenso aber auch ein wirklicher Grundsatz (z. B. § 4, S. 27). Wo die Klarheit dies fordert, werde ich daher in meinem Kommentar für „Grundsatz" in dieser strikten Bedeutung gelegentlich „fundamentales Prinzip" sagen, obwohl dies genau genommen pleonastisch ist.
⁷ Z. B. *KpV* 90, 4. Zeile v. u.
⁸ *KpV* 31. Dieselbe Bedeutungsgleichheit findet sich auch in der ersten *Kritik*; vgl. Paton, Kant's Metaphysics of Experience I 493.

[9] *KpV* 20, 2. Absatz.
[10] Reflexionen 5235–5238; vgl. *KrV* A 133 = B 173.
[11] In der *Grundlegung* 389 unterscheidet Kant zwischen „Regel" und „Gesetz", indem er die Regel mit den empirischen Bedingungen des Handelns in Verbindung bringt. Aber die eigentliche Unterscheidung ist die zwischen Regel und Grundsatz, und unter den Grundsätzen müssen die Gesetze von den Maximen unterschieden werden; Regeln fallen dann sowohl unter Maximen wie unter Gesetze.
[12] Dasselbe gilt für die Regeln der theoretischen Urteilskraft (vgl. *KrV* A 133 = B 172).
[13] Auf die Bedeutung von Umständen und Situationen für Regeln in der Ethik Kants ist in neueren Untersuchungen überzeugend hingewiesen worden; vgl. besonders H. J. Paton, *An alleged Right to lie: A Problem in Kantian Ethics*, in: Kant-Studien XLV, 1954; 190–203; ders., Kant on Friendship, in: Proceedings of the British Academy XLII, 1956, 45–66; Marcus J. Singer, *The Categorical Imperative*, in: Philosophical Review LXIII, 1954, 577–591; W. I. Matson, *Kant as Casuist*, in: Journal of Philosophy LI 1954, 855–890.
[14] *KpV* 26 Anm. In der *KU* (Einleitung I) heißen sie „technisch-praktische" Prinzipien, im Gegensatz zu „moralisch-praktischen" Prinzipien.
[15] Käubler (*Der Begriff der Triebfeder in Kants Ehtik* 41) vermutet, „Bedingung" sei ein Druckfehler an Stelle von „Bestimmung"; „Bestimmung" wird in dieser Bedeutung in der *Metaphysik der Sitten*, Einleitung (VI 212) gebraucht.
[16] *Vorlesungen über Logik* § 57 (IX 120); *KrV* A 322 = B 378. A 300 = B 337; vgl. *KpV* 90.
[17] *KpV* 90; *Metaphysik der Sitten* VI 437 f.
[18] *Grundlegung* 420 Anm.
[19] Vgl. *KrV* A 812 = B 840.
[20] *KpV* 26; *KrV* A 159 = B 198.
[21] „Praktisch" wird in diesem Satz in einer Bedeutung gebraucht, die weit genug ist, den praktischen (präskriptiven) Aspekt auch der theoretischen Systeme einzuschließen. In der *KrV* spricht Kant oft von „Maximen" spekulativer und naturwissenschaftlicher Untersuchungen; gemeint ist in diesem Falle eine Regel, die für die Untersuchung subjektiv notwendig ist, aber keine unmittelbare objektive Gültigkeit besitzt (vgl. *KrV* A 666 = B 694).
[22] Sie wird häufig übersehen, vgl. *KpV* 21. 30; *Grundlegung* 420, mit der dazugehörigen Anmerkung; *KrV* A 820 = B 830; *Metaphysik der Sitten*, Einleitung VI 222 f.
[23] Erste Einleitung in die *KU* XX 200; hier wird der Ausdruck „problematischer Imperativ" durch „technischer Imperativ" ersetzt. In der *Metaphysik der Sitten* VI 222 unterscheidet Kant lediglich zwischen technischem und kategorischem Imperativ.
[24] Eine ausführliche Diskussion findet sich in meinem Beitrag zur Paton-Festschrift *Apodiktische Imperative*, in: Kant-Studien XLIX, 1957/58, 7–24; wieder abgedruckt in meinen *Studies in the Philosophy of Kant*, der Rest dieses Paragraphen ist weitgehend jenem Aufsatz entnommen.
[25] Vgl. *Grundlegung* 417.
[26] Ebda. 417. In meinem Beitrag zur Paton-Festschrift übersah ich den folgenden Punkt: Kant sagt tatsächlich nur, der technische Imperativ sei, „was das Wollen betrifft", analytisch, während der pragmatische Imperativ analytisch *wäre*, „wenn es nur so leicht wäre, einen bestimmten Begriff von Glückseligkeit zu

geben" (ebda. 417). Aber es ist nicht ganz korrekt, wenn Kant diesen Unterschied macht. „Was das Wollen betrifft", so sind beide Imperative im angegebenen Sinne analytisch. Was das Erkennen, d. h. den kognitiven Inhalt in der Wahl besonderer Mittel zu einem angestrebten Zweck, betrifft, so sind beide synthetisch.

VII DIE ANALYTIK DER EMPIRISCHEN PRAKTISCHEN VERNUNFT

[1] *KpV* 9 Anm.; *Metaphysik der Sitten* VI 211. Im Anschluß an Wolff und Baumgarten unterscheidet Kant das Begehrungsvermögen vom Abscheuungsvermögen (*KpV* 58). Aber von dieser formalen Unterscheidung wird kein weiterer Gebrauch gemacht.

[2] „Neigung" wird nicht regelmäßig im Sinne einer habituell gewordenen Disposition gebraucht. Oft hat dieser Ausdruck dieselbe Bedeutung wie „Triebfeder", – es sei denn, daß von einer moralischen Triebfeder die Rede wäre. Zu Kants psychologischer Terminologie vgl. Käubler, *Der Begriff der Triebfeder in Kants Ethik* (1917).

[3] *Grundlegung*, 459; *Metaphysik der Sitten* VI 212 f.; *KU* §§ 2, 3.

[4] „Gegenstand der Neigung" und „Gegenstand des Interesses" sind vom „Gegenstand der praktischen Vernunft" verschieden. Dieser wird als das Gute oder Böse definiert. „Gegenstand der Willkür" hat bei Kant rechtliche Bedeutung und bezieht sich auf das, worüber ich nach Gefallen verfügen darf, d. h. auf das Eigentum (*Metaphysik der Sitten* VI 246) oder die Bedeutung „das, was ich wähle," (vgl. *KpV* 36).

[5] *KU* V 180.

[6] *KpV* 15; ähnlich *Grundlegung* 432, Z. 22. Es ist wesentlich für Kant, daß er das Wort „Gegenstand" in dieser ungewöhnlichen Weise gebrauchen kann; denn andernfalls wäre er gezwungen, dem moralischen Handeln einen Gegenstand, d. h. Interesse und Zweck abzusprechen. Wenn er erklärt, in allem Handeln sei ein Interesse gegenwärtig, das Interesse brauche hingegen nicht als die determinierende Ursache des Handelns angesehen zu werden, so spricht er von einem Interesse an der Existenz eines Gegenstandes (in der ersten Bedeutung). Aber es kann ein Interesse an der richtigen Entscheidung geben, mag nun die Entscheidung in der Welt realisierbar sein oder nicht. Dies ist beim moralischen Interesse der Fall, und sein Gegenstand ist eine bestimmte Willenshandlung, aus einem bestimmten Motiv zu handeln (vgl. *Grundlegung* 413 Anm. und *KpV* 33). Dies ist die Bedeutung von „Gegenstand" (Objekt) im zweiten Kapitel der Analytik, wo Kant das Objekt der reinen praktischen Vernunft diskutiert. Dies ist das Thema von Kapitel IX dieses Kommentars.

[7] *KU* § 4 V 209.

[8] *Metaphysik der Sitten* VI 22.

[9] *Anthropologie in pragmatischer Hinsicht* § 60.

[10] *KpV* 9 Anm. im Zusammenhang mit den aus der Psychologie entnommenen Definitionen.

[11] *Anthropologie* § 60.

[12] *Metaphysik der Sitten* Einleitung I; *KpV* 23; Erste Einleitung in die *KU* XX 226. Das Vermögen der Lust und Unlust wird mit dem „inneren Sinn" in Verbindung gebracht. Dies ist jedoch nicht der innere Sinn, von dem in der *KrV* die Rede ist, sondern der innere Sinn oder das Vermögen des Gefühls, das in der *Anthropologie* (§ 15) beschrieben wird.

[13] Hutcheson, dessen *Essay on the Nature and Conduct of the Passions and Affections* 1765 ins Deutsche übersetzt wurde, zitiert die scholastische Definition des *appetitus rationalis*: „eine beharrliche, natürliche Disposition der Seele, das zu begehren, was der Verstand oder die edleren Wahrnehmungen (the sublimer sensations) als etwas Gutes vorstellen". Hutcheson fügt hinzu: „Viele nennen dies den Willen, im Gegensatz zu den Leidenschaften" (Selby-Bigge, British Moralists I 400 A). Über den Begriff „Leidenschaft" und Kants Auffassungen zum Verhältnis von Leidenschaften, Gefühl und Vernunft, vgl. Karl Bernecker, *Kritische Darstellung des Affektbegriffs von Descartes bis zur Gegenwart* (Diss. Greifswald 1915).

[14] Wolff, *Psychologia empirica* § 584; Baumgarten, *Metaphysica* § 689 Baumeister, *Philosophia definitiva* §§ 849.852.891.

[15] Wolff a. a. O. §§ 887–890. Nach Wolffs Lehre ist das Bewußtsein einer Vollkommenheit notwendig mit Lust verbunden. Dies bestreitet Kant (Erste Einleitung in die *KU* XX 226). Nach seinem eigenen Selbstverständnis ist Wolff freilich kein Hedonist; denn die Vollkommenheit wird begehrt, weil sie gut, nicht weil sie lustvoll ist (vgl. *Vernünftige Gedancken von der Menschen Thun und Lassen*, §§ 14. 139; *Psychologia empirica* §§ 511. 558 f.). Manche Schüler Wolffs beachteten diese subtile Unterscheidung – sie erinnert ein wenig an Butler – nicht; sie wurden daher zu einem leichten Ziel der Kantischen Kritik.

[16] *KpV* 28; vgl. auch *Versuch den Begriff negativer Größen in die Weltweisheit einzuführen*, II 181 f. (gegen Maupertius).

[17] *Reflexion* 7251.

[18] Dies ist der entscheidende Punkt in Kants Lehre vom Typus des moralischen Gesetzes (s. u. Kapitel IX § 10).

[19] *Grundlegung* 430; *Religion innerhalb der Grenzen der bloßen Vernunft* VI 98.

[20] *KpV* 73. Kants Begriff der Selbstliebe in § 3 und sein Begriff in späteren Teilen der *Kritik* und in der *Vorlesung über Ethik* sind verschieden. In Kapitel III der *Kritik* und in der *Vorlesung* hat es Kant mit dem zu tun, was ich „Egoismus des Willens" nennen werde, während sein Thema in unserem Zusammenhang der „Egoismus des Gefühls" ist. Unter „Egoismus des Willens" verstehe ich nicht die selbstsüchtige Gewohnheit, sein eigenes Glück über das der andern zu stellen. (Dies ist die gewöhnliche Bedeutung von „Egoismus", die auch in § 3 zugrunde liegt.) Die als „Egoismus des Willens" verstandene Selbstliebe ist ein „Hang, sich selbst nach den subjektiven Bestimmungsgründen seiner Willkür zum objektiven Bestimmungsgrunde des Willens überhaupt zu machen" (*KpV* 74); Kant bezeichnet sie auch als „moralische Eigenliebe" und „eine Neigung mit sich selbst über das Urteil der Vollkommenheit wohl zufrieden zu sein" (Eine Vorlesung Kants über Ethik [hrsg. v. P. Menzer, Berlin 1924] 168). Beide moralischen Fehler treten ohne Zweifel zusammen auf, und wenn Kants Lehrsatz I richtig ist, so müssen sie zusammen auftreten. Gleichwohl handelt es sich um verschiedene Fehler. Der Egoismus des Willens nähert sich der moralischen Eitelkeit und Anmaßung; dies ist ein sehr viel ärgerer Fehler als die bloße Gewohnheit, seine eigene Glückseligkeit der anderer vorzuziehen.

[21] *KpV* 93; *Grundlegung* 399.

[22] *Vorlesung über Ehtik* 246: „Wir haben ... Instinkt zur Gütigkeit, aber nicht zur Gerechtigkeit." Vgl. auch *Grundlegung* 398.

[23] Kant konnte indes dieselben Lehren bei Wolff, *Vernünftige Gedancken von der Menschen Thun und Lassen* § 139, und Hume, *Inquiry concerning the Principles of Morals*, App. II finden.

²⁴ Da Kant, wie wir sahen, zwischen praktischer und kontemplativer Lust unterscheidet, trifft ihn nicht der Vorwurf der allzu groben Vereinfachung, den Butler mit Recht gegen den Hedonismus und Egoismus seiner Gegner erheben konnte. Was Butler von der Lust im allgemeinen sagt, sagt Kant nur von der Lust im Zusammenhang moralischen Handelns: Es gibt eine Lust am Handeln, aber das Interesse an der moralischen Handlung ist nicht ein Interesse an der Lust selbst (*KpV* 116. 160; *Metaphysik der Sitten* VI 378).

²⁵ *Grundlegung* 398; *KpV* 34.

²⁶ *Grundlegung* 435 f.

²⁷ Kant selbst spricht nicht von „heteronomen Imperativen", aber dieser Sprachgebrauch wird von Manfred Moritz *(Studien zum Pflichtbegriff in der Kantischen Ethik)* nahegelegt. Entscheidend ist hier freilich nicht die Terminologie, sondern die Sache: Ein Imperativ, der seinem Ursprung nach heteronom ist, kann gleichwohl der Form nach kategorisch sein (vgl. L. W. Beck, *Apodictic Imperatives*, in: Kant-Studien XLIX, 1957, 7–24).

²⁸ Vgl. Reflexion 6631. 6637; *Vorlesung über Ethik* 15 ff.; *Grundlegung* 441 f. Die Reflexionen sind zweifellos früh; ihre Klassifizierungen schließen Kants eigene Theorie ein. Sie müssen entstanden sein, bevor Kant die Unterscheidung zwischen Autonomie und Heteronomie formuliert hatte, die erst in der *Grundlegung* erscheint. Die Theorie, für die er sich später entscheiden sollte, erscheint in diesen Reflexionen als „Wahrheit", von der die moralischen Prinzipien als ihrem Ursprung abgeleitet werden sollten. Mit „Wahrheit" ist die Objektivität und Notwendigkeit der Maximen gemeint, die sich darin zeige, daß sie „offen bekannt werden können": „Dasjenige, dessen Maxime öffentlich kann gestanden werden, ist gut. Daher ist alles moralisch böse wider die Wahrheit, weil er tacite eine andere Maxime annimt, als er bekennt." (Reflexion 6642.)
Dies ist die Sprache Samuel Clarkes und William Wollastons. Es handelt sich um eine der frühesten Vorwegnahmen des kategorischen Imperativs und der „Maxime der Öffentlichkeit" in der Schrift *Zum ewigen Frieden*.
Die Klassifizierung der empirischen Prinzipien in den *Vorlesungen* stimmt mit der in der *Kritik* überein, auch wenn Mandeville als Repräsentant der Lehre vom physischen Gefühl und Hobbes als Vertreter der „Regierung" zitiert wird. Die intellektuellen Prinzipien in der Klassifikation der *Vorlesung* enthalten auch Kants eigene Theorie, daß die „innere Natur der Handlung als im Verstand enthalten" das gültige Prinzip ist. Da Kants eigene Theorie hier in die Klassifikation aufgenommen worden ist, handelt es sich genau genommen nicht um eine Klassifikation heteronomer Prinzipien allein.

²⁹ Vgl. *An Inquiry into the origin of moral virtue* (1723), in: Selby-Bigge, British Moralists II 353.

³⁰ *Vorlesung über Ethik* 15.

³¹ Charakteristisch ist Montaignes Ausspruch: „Man muß bei allem, was man uns lehrt und was wir lernen, sich vergegenwärtigen, daß da ein Mensch gibt und ein Mensch empfängt. Sterblich ist die Hand, die gibt, und sterblich, die es empfängt." (Essais II 12, p. 633 f., Ed. Pléiade, hrsg. Thibaudet.)

³² Brief Mendelssohns an Kant vom 25. 12. 1770 (X 114).

³³ Dies ist aber nicht möglich; vgl. *KpV* 23; *Metaphysik der Sitten* VI 376 f.

³⁴ Vgl. *Hutcheson Inquiry concerning the Original of Our Ideas of Virtue or Moral Good*, Einleitung (Selby-Bigge, British Moralists I 72).

³⁵ Vgl. ebda. II; sowie *Review of the Principal Questions of Morals* I 3 (Selby-Bigge, British Moralists I 92; II 124).

³⁶ *Grundlegung* 443.

³⁷ Schon in seiner *Vorlesung über Ethik* (28 f. 32. 47.) erhebt Kant gegen Baumgarten, Wolff und Cumberland den Einwand, aus dem Begriff der Vollkommenheit abgeleitete moralische Regeln seien „ontologisch". Wenn dagegen eine spezifisch moralische Vollkommenheit gemeint ist, so ist das Argument, daß Vollkommenheit der Ursprung der moralischen Prädikate sei, zirkulär; denn Vollkommenheit wäre nur durch diese moralischen Prädikate zu definieren.
³⁸ *Grundlegung* 443.
³⁹ Ebda. 390. Wolffs Begriff der Vollkommenheit findet sich in seiner Ontologia § 128.
⁴⁰ *Grundlegung* 443.
⁴¹ Crusius *Anweisung vernünftig zu leben* (1744) § 174.
⁴² Zum Verhältnis von Gewissen und Gehorsam gegen Gott vgl. ebda. §§ 132 f.
⁴³ *Grundlegung* 443.
⁴⁴ *Anthropologie in pragmatischer Hinsicht* § 14.
⁴⁵ *Metaphysik der Sitten, Tugendlehre*, Einleitung (VI 399 f.); *KpV* 38.
⁴⁶ *Grundlegung* 399; *KpV* 93.
⁴⁷ *Metaphysik der Sitten* VI 385 f. Wolff hingegen machte die Glückseligkeit zum bloßen Bewußtsein der Vollkommenheit und führte die Vollkommenheit anderer unter den Zielen auf, die auch eine Pflicht sind (vgl. Philosophia practica universalis II § 28).

VIII DIE „METAPHYSISCHE DEDUKTION" DES SITTENGESETZES

¹ Die Unterscheidung der beiden Aufgaben wird in der *Grundlegung* (vgl. 426. 445) weitaus sorgfältiger eingehalten.
² *KrV* B 38. Es ist auch bemerkenswert, daß die Analytik der Kritik der Urteilskraft formal in „Exposition" und „Deduktion" unterteilt ist.
³ *Grundlegung* 417.
⁴ Ebda. 407.
⁵ *KpV* 15. 45. 68.
⁶ *KU* § 7.
⁷ Die Bedeutung der grundlegenden Tatsachen der vergleichenden Anthropologie für ein allgemeines moralisches Kriterium, wie das Kantische, findet man in dem sehr lesenswerten Buch von A. Macbeath, *Experiments in Living* (London 1952). Aufgrund einer umfassenden Sammlung von Daten kommt Macbeath zu dem Schluß, daß Sitten und Gebräuche der Völker im Bewußtsein der Gruppenmitglieder erst dann einen anerkannten moralischen Standard darstellen, wenn sie Allgemeinheit *beanspruchen* und für das allgemeine Wohl der Gruppe (dies ist ein Schritt zur normativen Allgemeinheit) darstellen. So findet er etwas dem kategorischen Imperativ Vergleichbares als eine kulturelle Invariante in allen Lebensformen der Völker, und dies definiert für jede Kultur den Unterschied zwischen bloßen Sitten und Sittlichkeit. Ebenso wichtig für die Frage der Allgemeinheit ist der Abstraktheitsgrad des zu prüfenden Grundsatzes. Die „Ausnahmen von moralischen Regeln", die von ethischen oder ethnologischen Relativisten vorgeführt werden, sind für die Bewertung einer universalistischen Ethik wie der Kantischen irrelevant, wenn sie sich nicht etwa in Regeln wie „Manchmal ist es richtig, aus schlechten Motiven zu handeln" oder „Manchmal ist es richtig, andere als bloßes Mittel zu gebrauchen" formulieren lassen. Eine Regel wie „Manchmal ist es richtig, fremdes Eigentum, das einem nicht gehört, wegzunehmen" erfüllt diese Bedingung nicht.

[8] *KpV* 34. Es braucht sich nicht um ein empirisches Interesse an der Befriedigung eines sinnlichen Bedürfnisses handeln. Auch bei moralischem Handeln kann dieses empirische Interesse bestehen, und es muß nicht notwendig durch das Handeln gehemmt oder enttäuscht werden. Nur: Wenn wir entscheiden wollen, ob eine Handlung moralisch richtig ist, so dürfen wir auf das Interesse am Gegenstand „gar nicht Rücksicht nehmen" (vgl. ebda. 93; *Grundlegung* 413 Anm.; *Über den Gemeinspruch* ... VIII 278).

[9] *Grundlegung* 413 Anm. 459 Anm.

[10] *KpV* 37. – Die Anmerkung über Priestleys Auffassung von der Reue (98) bezieht sich, wie Natorp (Akademie-Ausgabe 509.) gezeigt hat, auf *The Doctrine of Philosophical Necessity* (1777), 86 ff.

[11] *KpV* 36; *Über den Gemeinspruch* ... VIII 286.

[12] *Grundlegung* 449.

[13] Da ein moralisches Interesse zu haben, nicht moralisch verpflichtend ist, so ist ein Wesen ohne moralisches Interesse nicht als moralisch schlecht, sondern als außerhalb der moralischen Normierung stehend zu verurteilen (vgl. *Metaphysik der Sitten* VI 400).

[14] Der Imperativ „Wenn du etwas versprochen hast, so halte es auch" ist hypothetisch in der Form, aber apodiktisch der Modalität nach; „Schließe die Tür" ist kategorisch der Form nach, aber problematisch seiner Modalität nach.

[15] Vgl. Kap. VI § 6, S. 90 f.

[16] Unter diesen Kritikern ist der bekannteste Max Scheler (*Der Formalismus in der Ethik und die materiale Wertethik*, Halle 1916). Seine Kant-Kritik läuft darauf hinaus, daß für Kant das Apriori leer sein muß, weil es rein formal ist. Aber da auch für Scheler ethische Prinzipien a priori sind, so muß es ein materiales Apriori geben, d. h. eine Intuition materialer Wertwesenheiten. Auf diese Weise glaubt Scheler, die „Subjektivität" und den „Intellektualismus" der Kantischen Ethik zu vermeiden, die aus Kants angeblichem „leeren Formalismus" folgen. Aber diese Kritik verfehlt den entscheidenden Punkt in der Kantischen Unterscheidung zwischen dem Objekt des Willens, das immer gegeben ist, und dem Objekt des Willens als Bestimmungsgrund des Handelns, das sich nur in einer empirischen praktischen Vernunft findet. In seiner eigenen systematischen Darstellung der Ethik hat Scheler kein rationales Kriterium für materiale Prinzipien, das die Rolle des formalen Prinzips in Kants Theorie übernehmen könnte. In dem unten im Text aufgeführten Schema plaziert Scheler das Apriori unter *a*, Kant unter *b*. Während *b* rein formal ist, ist es gleichwohl darum nicht leer; sein Inhalt ist *a*.

[17] Vgl. Reflexion 6633 (um 1770): „Die oberste principien diiudicationis moralis sind zwar rational, aber nur principia formalia. Sie determiniren keinen Zweck, sondern nur die moralische form jedes Zwecks; daher nach dieser form in concreto principia materialia vorkommen." Über die Prüfung einer Maxime durch eine andere vgl. Paton, *Der kategorische Imperativ*, 160 f.

[18] Dies geht aus der *Grundlegung* (432–444) hervor: Ein Wille, der eine materiale Maxime zu seinem Gesetz macht, würde noch ein weiteres Gesetz brauchen, um ihr die Form der Allgemeinheit zu geben.

[19] D. h. wenn der Gegner über den noch verbreiteteren Irrtum hinaus ist, Kant die Meinung zuzuschreiben, *b* habe mit *a* überhaupt nichts zu tun, d. h. a müsse verschwinden, um Platz für b zu machen.

[20] Vgl. *KpV* 92 f., wo Kant sein Vorgehen mit dem eines Chemikers vergleicht, der einen Stoff in seine Elemente auflöst. Dem entsprechen Kants Beispiele in der *Grundlegung*. Sie handeln z. B. von einem Menschen, der ohne Sympathie

aus bloßer „praktischer Liebe" handelt. Wenn man sich des Zwecks erinnert, den Kant mit diesen weithergeholten Beispielen befolgte, so wird man einsehen, welch ein Irrtum es ist, ihn zum Anwalt saurer Pflichterfüllung zu machen. Er besteht einfach darauf, daß *a* und *b* unterschieden werden müssen und daß wir *moralischen* Wert nicht *a* allein zuschreiben, sondern nur dann, wenn es wegen *b* in uns wirksam geworden ist. Welche anderen Werte *a* sonst noch haben mag, wird hier überhaupt nicht erörtert, vielmehr wird der besondere moralische Wert durch Kontrast (d. h. durch Beispiele von *a*, in denen *prima facie* der moralische Wert der einzige ist) sichtbar gemacht. Diese Beispiele dienen nicht der Nachahmung, sondern der Erläuterung. In Kapitel XII werden wir im Zusammenhang unserer Erörterung des Verhältnisses zwischen Kant und Schiller auf diese Frage zurückkommen. Es ist bedauerlich, daß diese Frage so ausführlich erörtert werden muß, aber es ist notwendig, weil Kant es versäumt hat, den Zweck seiner Beispiele durch wiederholte Erklärungen, die auch von seinen Gegnern nicht übersehen werden konnten, vollkommen klarzustellen. Hätte er dies nicht unterlassen, so wäre ein großer Teil der Literatur gegen seine Ethik überflüssig geworden und ihr Niveau erheblich gestiegen. Ich habe die Fehlinterpretation der Beispiele, die von der Vernachlässigung ihres polemischen Kontextes herrühren, diskutiert in: „*Sir David Ross on Duty and Purpose in Kant*", Philosophy and Phenomenological Research, XVI (1955), 98–107, jetzt in meinen *Studies in the Philosophy of Kant*.

[21] Dieser Fehler wird Kant u. a. von C. D. Broad (*Five Types of Ethical Theory*, London 1930, 128) zugeschrieben. Die Logik dieser Kontroverse analysiert Austin Duncan-Jones (*Kant on Universalization*, in: Analysis XVI, 1955, 12–14). Sie wird in Kapitel IX ausführlicher diskutiert werden.

[22] *KpV* § 7 (30). Die Auffassung, es handle sich um zwei Volitionen – eine für mein eigenes Handeln und eine andere für die Verallgemeinerung der Maxime der vorigen Volition – hat nicht einmal eine scheinbare verbale Rechtfertigung in den späteren Formulierungen des kategorischen Imperativs in der *Grundlegung*. Vgl. besonders die Formulierung des „Prinzips der Autonomie", „nicht anders zu wählen als so, daß die Maximen seiner Wahl in demselben Wollen zugleich als allgemeines Gesetz mit begriffen seien" daß der Wille durch seine Maxime sich selbst *zugleich* als allgemein gesetzgebend betrachten könne (*Grundlegung* 440).

[23] *Grundlegung* 447.

[24] Vgl. Wolff, *Vernünftige Gedancken von der Menschen Thun und Lassen* § 137: „Die Gesetze der Natur verlangen, daß wir das tun, was zu unserer Vervollkommenung beiträgt; unser Gewissen verlangt, daß wir nach den Gesetzen der Natur handeln; die Gesetze der Natur sind die Gesetze der Sittlichkeit und der Vernunft, die sie entdeckt." Ähnlich Crusius, *Entwurf der nothwendigen Vernunftwahrheiten* §§ 133. 137: „Es gibt eine eingeborene Idee des natürlichen Gesetzes, die Gott uns eingepflanzt und die von dem Gewissen anerkannt wird; sie ist keine theoretische Erkenntnis, sondern ein Grundtrieb, d. h. sie hat zu ihrer Grundlage einen Trieb des Willens".

[25] Darin folgte ihnen Kant in der *Preisschrift* (II 299).

[26] Vgl. *Idee zu einer allgemeinen Geschichte*, Thesis III (VIII 19).

[27] *Was heißt: sich im Denken orientiren?* VIII 144.

IX PRAKTISCHE BEGRIFFE UND URTEILSKRAFT

[1] *KpV* 67: Der Schluß des Satzes „Man wird ja bald gewahr, ..." legt sogar die Auffassung nahe, Kant habe während der Herstellung des Manuskripts die Reihenfolge der Teile vertauscht. Es gibt innere Gründe, warum in der ersten *Kritik* die Analytik der Grundsätze auf die transzendentale Deduktion der reinen Verstandesbegriffe folgen muß. Aber es gibt keinen Grund, warum in der zweiten *Kritik* die Untersuchung der Begriffe und Urteile auf die Deduktion folgen sollte, wenn es auch notwendig ist, daß die *Formulierung* des Grundsatzes der Begriffe vorangehen muß.

[2] Man findet in der *KrV* auch eine andere, positivere Auffassung von den Ideen, und diese wird in der *KpV* übernommen; in Kapitel XIII dieses Kommentars wird sie ausführlich erörtert.

[3] Als Antwort an Pistorius, vgl. *KpV* 62 f.

[4] Paton (*Der kategorische Imperativ, 38*; vgl. *In Defence of Reason,* 157–177) besteht mit Recht darauf, daß der Begriff des Guten in Kants Ethik für den der Pflicht grundlegend ist. Wir sind zu einer Handlung nur unter der Idee, daß diese Handlung gut ist, verpflichtet. Die Pflicht ist nur die Form, in der das Gute einem Wesen wie dem Menschen, das das Gute nicht notwendig begehrt und zu seiner Verfolgung genötigt werden muß, erscheint. Aber dies bedeutet nicht, daß der *Begriff* des Guten für den des moralischen *Grundsatzes* grundlegend ist. Der Begriff der Pflicht kann von dem einen wie von dem anderen abgeleitet werden; aber der Grundsatz ist für die Definition des Begriffs grundlegend.

[5] *KrV* A 304 = B 360 f.; *KpV* 90. An anderer Stelle (*Metaphysik der Sitten* VI 438) weist Kant der Vernunft die Fähigkeit des Schließens im praktischen Syllogismus zu; hier bezieht sie sich jedoch offensichtlich auf den logischen, nicht auf den realen Gebrauch der Vernunft. Die praktische Vernunft in ihrem realen Gebrauch – sie besteht in der Aufstellung des Grundsatzes in der Major – wird in diesem Zusammenhang „praktischer Verstand" genannt. In der *Grundlegung* (412) erklärt Kant, da zur Ableitung von Handlungen aus Gesetzen Vernunft erforderlich sei, sei der Wille nichts als praktische Vernunft. Auch hier handelt es sich um Vernunft in ihrem logischen Gebrauch, und Kant folgt hier Wolffs Terminologie (*Psychologia rationalis,* §§ 494. 528).

[6] *KrV* A 136 = B 175.

[7] *KpV* 60; *KrV* A 802 = B 576; *Über den Gemeinspruch ...* VIII 282; *Metaphysik der Sitten* VI 381.

[8] *KpV* 57; *Metaphysik der Sitten* VI 381. 384 f.

[9] Die „alte Formel der Schule" (*KpV* 59) kann ich nicht genau nachweisen, aber dem Sinn nach (zum Teil auch wörtlich findet sie sich bei Wolff *Psychologia rationalis* §§ 880. 881. 892 und Baumgarten *Metaphysica* §§ 661. 665). Baumgarten begeht den in Kants Text hervorgehobenen Fehler, wenn er die Vorwegnahme des Wohlgefallens am Gegenstande zu einem Bestimmungsgrund des Handelns macht: „Wenn etwas, das durch meine Anstrengung zur Existenz gebracht werden kann, im voraus mein Wohlgefallen erregt, so suche ich, es hervorzubringen. ... Daher kann ich vieles Gute und Schlechte *sub ratione boni* erstreben." (ebda. § 665)

Kant schreibt diesen Fehler natürlich auch Wolff zu, da Vollkommenheit ein materiales Prinzip ist, mithin auch keinerlei moralische Bedeutung hat, und alle materialen Prinzipien letztlich hedonistisch sind. Wolff bestreitet dies freilich, indem er erklärt, Vollkommenheit sei der Gegenstand des Strebens und Lust nur eine Wirkung des erreichten Ziels.

[10] *KpV* 57. Kant schrieb: „Unter einem Begriff der praktischen Vernunft verstehe ich die Vorstellung eines Objekts als einer möglichen Wirkung durch Freiheit." Vorländer emendierte dies zu: „Unter dem Begriffe *eines Gegenstandes* der praktischen Vernunft...".

[11] *Vorlesung über Ethik* 18 f. Sie entsprechen den drei Arten von Notwendigkeit in den *Vorlesungen über Metaphysik* (Pölitz 186).

[12] *KpV* 58; *KU* § 4 (V 208). Der Stoiker, den man auslachte, weil er in den heftigsten Gichtschmerzen zwischen den beiden Bedeutungen von „übel" unterschied (*KpV* 60), war Poseidonius (Cicero, Tusculanen II 25).

[13] Das sinnlich Angenehme stellt den Gegenstand lediglich in seinem Verhältnis zum inneren Sinn oder Gefühl dar; es ist daher kontingent. Es kann unter Vernunftgrundsätze gebracht werden, indem man den Begriff des Zwecks auf es anwendet. So ist es das Gute in einer seiner Bedeutungen, und Kant spricht in diesem Falle vom *Wohl*. Durch die Allgemeinheit des Begriffs, die in der Verwirklichung eines Zwecks enthalten ist, hat es das Merkmal eines notwendigen Wohlgefallens (vgl. *KU* § 4). Wenn etwas notwendig, aber ohne Begriff gefällt, so ist es nicht gut, sondern schön.

[14] *Metaphysik der Sitten* VI 377.

[15] Vgl. *Grundlegung* 437: „Handle so, als ob die Maxime deiner Handlung durch deinen Willen zum allgemeinen Naturgesetze werden sollte" (d. h. handle nach Maximen, die zugleich sich selbst als allgemeine Naturgesetze zum Gegenstand haben).

[16] S. o. Kapitel VIII § 4.

[17] *Über den Gemeinspruch* ... VII 278 f.; *KpV* 93.

[18] In Übereinstimmung mit Rousseau (vgl. *Mutmaßlicher Anfang der Menschengeschichte* VIII 117).

[19] *KpV* 61. Man hat Kant oft so verstanden, als ob er dies bestritte oder wenigstens nicht rechtfertigen könnte. So wird er zum Anwalt einer „saueren Pflichterfüllung" (vgl. *Metaphysik der Sitten* VI 214; s. o. 276 Anm. 20).

[20] *Grundlegung* VI 385–387.

[21] *Metaphysik der Sitten* VI 385 ff.

[22] Hierzu vgl. Fragmente 6, Reflexionen 7202 und 7204 (XVIII 278. 284).

[23] Über das allgemeine Problem des Verhältnisses von Kategorie und Regel, vgl. Vaihinger, *Commentar zu Kants Kritik der reinen Vernunft* I 222.

[24] *KpV* 31. 42; vgl. unten Kapitel X § 3.

[25] Die Bedeutung praktischer Begriffe reicht daher weiter als die kognitive Funktion theoretischer Begriffe. Hierauf bezieht sich eine bemerkenswerte Feststellung in der *Grundlegung* (411 f.), die schwerlich unabhängig von dem gegenwärtigen Zusammenhang verstanden werden kann: Die spekulative (theoretische) Philosophie macht ihre Prinzipien „von der besondern Natur der menschlichen Vernunft abhängig" (– „menschliche Vernunft " bezieht sich hier auf unser gesamtes Erkenntnisvermögen, dessen Anschauung nicht intellektuell, sondern sinnlich ist); alle Grundsätze der praktischen Philosophie hingegen beruhen allein auf reiner Vernunft als solcher. – Dies scheint indes kaum mit der früheren Auffassung in der *KrV* vereinbar zu sein, die die praktische Philosophie aus der Transzendentalphilosophie trotz der Reinheit ihrer Prinzipien ausschloß (s. o. 261 Anm. 21). Aber in der zweiten Auflage erklärte Kant, wie wir sahen, daß zur Definition des *Begriffs der Pflicht* empirische Begriffe benötigt werden.

Kants Auffassung läßt sich am besten so wiedergeben: Die Bestimmung des moralischen Prinzips ist von der besonderen Verfassung des menschlichen Geistes unabhängig und für alle Vernunftwesen gültig, mag nun ihr Intellekt diskursiv wie der unserige oder intuitiv, ihr Wille heilig oder nur tugendhaft sein. Der Begriff der Pflicht hingegen setzt Begierden voraus, und daher ist dieser Begriff nicht von unserer Konstitution unabhängig. Ebenso beruhen Begriffe von Gegenständen der Erkenntnis in ihrem kognitiven Gebrauch auf der Tatsache, daß sie Regeln der Synthesis von Anschauungen sind, die für uns Menschen unabhängig von diesen Begriffen gegeben sind, da wir eine anschauende Vernunft nicht besitzen.

[26] S. u. Kapitel XII §§ 6. 8.

[27] Kant drückt dies auf verschiedene Weisen aus, vgl. *KpV* 66. 92. 153; *Grundlegung* 404.

[28] Dieses Zitat ist eine Zusammenstellung von zwei Sätzen (66. 67); dabei wurden Teile, die *prima facie* miteinander unvereinbar sind, ausgelassen. Der volle Text und die Beziehungen zwischen diesen Teilen werden weiter unten erörtert, wenn die Erörterung der Kategorientafel abgeschlossen ist und ein Verständnis der wechselseitigen Beziehungen leichter möglich sein wird.

[29] Brief an Kant vom 23. 6. 1788 (X 541); vgl. XIII 219.

[30] Da die *Metaphysischen Anfangsgründe der Naturwissenschaft* entsprechend der Kategorientafel der ersten *Kritik* aufgebaut sind, konnte man darauf gefaßt sein, daß die Tafel der Kategorien der Freiheit der gesamten *Metaphysik der Sitten* in ähnlicher Weise zugrunde liegen würde. Einige wenige Fragmente lassen vermuten, daß die *Metaphysik der Sitten* einmal tatsächlich so geplant war (vgl. Vorarbeiten XXIII 218 und den nicht abgeschickten Brief an Jung-Stilling, der nach dem 1. 3. 1789 geschrieben sein muß, XXIII 495). Schon vor der Konstruktion der Kategorientafel machte Kant in der *Grundlegung* ausdrücklich von den Kategorien der Quantität Gebrauch (436), und in der *Metaphysik der Sitten* benutzte er später die Kategorien der Relation (Rechtslehre § 4). Ein (recht eigenwilliger) Gebrauch der Tafel findet sich in der *Religion innerhalb der Grenzen der bloßen Vernunft* VI 101 f..

[31] *Grundlegung* 438.

[32] Ebda. 436; vgl. *KpV* 28.

[33] *KpV* 67; *Metaphysik der Sitten* 436.

[34] Wir sind hier nicht mit der Herkunft der Gebote oder Ratschläge befaßt. Es kann sich um willkürliche Befehle, staatliche Gesetze, moralische Gebote oder Saucenrezepte handeln.

[35] *KrV* A 72 = B 97.

[36] Vgl. Zum ewigen Frieden VIII 347 Anm.

[37] *Metaphysik der Sitten* VI 441. Dies ist wichtig bei der Zurechnung eines Verdienstes (vgl. ebda. 228).

[38] Ebda. 469.

[39] Alle drei Bedeutungen zusammen scheinen sich in Reflexion 7211 (XIX 286) zu finden, wo Kant erklärt, die „Eitelkeit der Willkür" sei bedingt „nach dem Maas des Vermögens und eignen Glücks gegen einen oder andern".

[40] H. J. Paton schlug mir in einer persönlichen Mitteilung die folgende elegante Interpretation der Kategorien der Relation vor: Sie betreffen (a) die Beziehung zum *homo noumenon* (Personalität) unter dem Imperativ der Autonomie, (b) die Beziehung zum homo *phaenomenon* (Person) unter dem Imperativ des Selbstzwecks, (c) die Beziehung der Handlungen verschiedener Personen in einem Reich der Zwecke.

[41] *KrV* A 74 = B 99 f.
[42] Auch in *KpV* 11 Anm. weist er uns auf diesen Weg. Er würde zu den drei bereits anerkannten Begriffen des Guten, der *bonitas problematica, pragmatica* und *moralis*, geführt haben. Überdies spricht vieles für diese Einteilung, auch wenn Kant sie m. E. nicht durchgeführt hat, – so viel in der Tat, daß manche Interpreten, wie wir sehen werden, sie hier gefunden zu haben glauben.
[43] „Erlaubt" und „unerlaubt" werden definiert in *KpV* 11 Anm.; *Grundlegung* 439; *Metaphysik der Sitten* VI 222.
[44] *Encyklopädisches Wörterbuch zur kritischen Philosophie* IV 534; ähnlich bereits Bendavid, *Vorlesungen über die Critik der praktischen Vernunft* 29.
[45] Brief an Kant vom 23. 6. 1788 (X 541 f.). Schütz geht in diesem Brief auch kritisch auf den Versuch A. W. Rehbergs ein, die Tafel der Modalitätskategorien zu korrigieren (Allgemeine Literatur Zeitung III [1788] 353 ff.). Rehberg unterscheidet (a) das Erlaubte und Verbotene, (b) das Pflichtmäßige oder Tugendhafte und sein Gegenteil und (c) das Heilige und Unheilige. Eine Zusammenfassung seines Artikels fand sich unter Kants Papieren (XIII 219).
[46] *KrV* B 110.
[47] Wenn man Mellin zustimmt, so entsteht die dritte Kategorie aus einer Unterteilung der Kategorie „Pflicht"; aber „Pflicht" muß dann eine ethische oder rechtliche Bedeutung haben, die in Mellins Interpretation der zweiten Kategorie fehlt. Bendavid versuchte, die dritte Kategorie als Synthese der beiden ersten Kategorien zu interpretieren; dies mißlang völlig.
[48] Für Mellin (a. a. O. 537) sind, abweichend von Kants Auffassung, nur vollkommene Pflichten moralisch. Er kommt daher zu folgender Anordnung der Kategorien:
2. Wirkliches pflichtgemäßes Handeln nach einem in der Vernunft als solcher wirklichen Gesetz und diesem Gesetz zuwiderlaufende Handlungen
3. Pflichten gemäß einem in der Vernunft als solcher notwendigen Gesetz
   a) Pflichten nach einem notwendigen Gesetz, die durch einen apodiktischen Imperativ geboten werden: Pflichten gemäß dem Sittengesetz (z. B. die Pflicht, die Wahrheit zu sagen) = vollkommene Pflichten
   b) Pflichten nach einem kontingenten Imperativ, d. h. gemäß einem „kontingenten, in der Vernunft als solcher liegenden Gesetz (Regel)" (z. B. die Pflicht, als Philosoph die Wahrheit zu lehren) = unvollkommene Pflichten
Das hier vorgeschlagene Schema besagt hingegen:
2. Handlungen, die wirklich pflichtgemäß oder pflichtwidrig sind, d. h. rechtmäßige oder rechtswidrige Handlungen
3. Handlungen, die notwendig sind, *weil* sie pflichtgemäß sind, d. h. moralisch gute Handlungen
   a) vollkommene Pflichten
   b) unvollkommene Pflichten
Für die letztere Interpretation spricht vor allem, daß sie der Lehre von den vollkommenen und unvollkommenen Pflichten in der *Metaphysik der Sitten* entspricht. Beide Pflichten werden in dieser Schrift als apodiktisch notwendig angesehen; der Unterschied liegt nur darin, daß im einen Fall eine gewisse Handlung, im anderen eine Handlung unter einer bestimmten Maxime geboten ist.
[49] *Grundlegung* 421 Anm.; vgl. Reflexionen 7214. 7264. 7270. Nach der Schulmeinung konnten vollkommene Pflichten durch eine äußere Gesetzgebung erzwungen werden, unvollkommene Pflichten hingegen nicht. Bei Kants Unterscheidung kommt man zwar zu demselben Resultat, wie sich auch an Kants Unterscheidung zwischen Rechtspflichten und Tugendpflichten zeigt. In

Kants Lehre wird aber der Begriff der Gesetzgebung internalisiert; indem diese zu Autonomie wird, hört die Erzwingbarkeit auf, der entscheidende Gesichtspunkt zu sein.

[50] *Metaphysik der Sitten* VI 390.

[51] S. o. 140.

[52] *KrV* A 218 = B 265 f.

[53] *KpV* 31; s. u. Kapitel X § 2.

[54] Vgl. etwa R. M. Hare, *The Language of Morals* (Oxford 1952), 187–197. Wenn nur wenige Kant-Interpretationen die Kategorientafel zu enträtseln suchen, so fehlt es noch mehr an Versuchen, eine bessere Kategorientafel im Geiste der Kantischen Philosophie zu konstruieren. Der einzige mir bekannt gewordene Versuch stammt von J. Stilling, *Über das Problem der Freiheit auf Grund von Kants Kategorienlehre*, in: Archiv für die Geschichte der Philosophie XXI (1908), 518–534, XXII (1909), 1–27. Stilling gibt seine Arbeit (sie führt zu sechzehn „Kategorien der Freiheit") als eine Ausarbeitung der Ansätze Albrecht Krauses (*Die Gesetze des menschlichen Herzens dargestellt als formale Logik des reinen Gefühls*, Lahr 1876) aus.

[55] Urteilskraft ist auch die Kunst, für einen vorliegenden Fall eine Regel zu finden. In diesem Fall spricht Kant von reflektierender Urteilskraft, im Gegensatz zur bestimmenden Urteilskraft (*KU* V 179). In der *KpV* hat es Kant ausschließlich mit der bestimmenden Urteilskraft zu tun: Da der Grundsatz gegeben ist, handelt es sich darum, die Fälle zu bestimmen, auf die er anwendbar ist. M. C. Nahm (*„Sublimity" and the „Moral Law" in Kants Philosophy*, in: Kant-Studien XLVIII [1957], 502–524) erblickt darin eine fundamentale Unzulänglichkeit der Kantischen Ethik. Das schöpferische Wagnis eines persönlichen moralischen Urteils, das zu neuen moralischen Einsichten und neuen moralischen Grundsätzen führen kann, ist ein wichtiger, in der *Kritik* nicht eigens gewürdigter Aspekt der Ethik. Kants Bemühungen konzentrieren sich auf die Anwendung bekannter Grundsätze auf gegebene Fälle, nicht auf die Entstehung neuer Grundsätze aus den Problemen unseres Handelns. Bezeichnend ist Kants Bemerkung (*KpV* 8 Anm.): „Wer wollte aber auch einen neuen Grundsatz aller Sittlichkeit einführen, und diese gleichsam zuerst finden?"

[56] *KrV* A 133 = B 172.

[57] Ebda. A 141 = B 180.

[58] Ebda. A 144 = B 183.

[59] Es ist bekanntlich ein Irrtum zu glauben, es seien nur die Formen des analytischen Urteils, die die Kategorien hervorbringen. Man kann z. B. sagen „Geister bewirken Wunder", und dies ist ein synthetisches Urteil. Aber solange keine Anschauungen beigebracht werden können, die den Begriffen des Geistes und des Wunders entsprechen, und solange diese nicht dem Schema der Kausalität unterworfen sind, kann ein solches synthetisches Urteil nicht gerechtfertigt werden. Die einzige Art von Abhängigkeit, die rein begrifflich erkannt werden kann, ist analytische Abhängigkeit. Soll die behauptete Abhängigkeit synthetisch sein, so sind Anschauungen für das Schema erforderlich. Das hypothetische Urteil und die Kategorie der Kausalität sollen sich jedoch auf synthetische (kausale) Urteile, bzw. auf die synthetische Verknüpfung von Erscheinungen, bei denen das Auftreten der einen von dem Auftreten der anderen Erscheinung abhängig ist, beziehen.

[60] *KpV* 68. In der *KrV* (A 424 = B 453) erklärt Kant hingegen, die Moralphilosophie könne, wie die Mathematik, „ihre Grundsätze insgesamt auch in concreto, zusamt den praktischen Folgen, wenigstens in möglichen Erfahrungen

geben, und dadurch den Mißverstand der Abstraktion vermeiden". Aber der Widerspruch zwischen diesen beiden ist eher scheinbar als wirklich, wie man aus dem Zusammenhang des zweiten Zitats ersehen kann. Hier geht es Kant darum zu zeigen, daß die „skeptische Methode" (d. h. die Methode der Antinomien) besonders in der spekulativen Philosophie nützlich, in der Naturwissenschaft, der Mathematik und der Moralphilosophie hingegen unnütz ist, weil diese sich keine „selbst über das Feld aller möglichen Erfahrungen hinaus sich erweiternde Einsichten anmaßen". Die Moralphilosophie, die ihre Einsichten *in concreto* darstellt, ist eine bereits mit einem Typus der Urteilskraft ausgerüstete Philosophie (obgleich natürlich die Typik der reinen praktischen Vernunft später als der in Rede stehende Abschnitt der *KrV* formuliert wurde). Das *summum bonum* kann andererseits nicht *in concreto* als eine Erkenntnis der praktischen Vernunft dargestellt werden, und so kommt hier wieder die Methode der Antinomien zu ihrem Recht.

[61] Vgl. Paton, *Der kategorische Imperativ* 193 f. Das Wort „Typik" erscheint in Grimms Wörterbuch nicht; es ist jedoch klar, daß Kant zwischen einem Typus (des moralischen Urteils) und einer Theorie des Typus (Typik) unterscheiden möchte. Über Symbol und Schema vgl. *Fortschritte der Metaphysik* XX 279 f.; *KU* § 59. Kant benutzt die Ausdrücke „Typus eines Begriffs" und „Typus eines Grundsatzes" als gleichbedeutend (*KpV* 70).

[62] *KpV* 57: „Die Beurteilung, ob etwas nur ein Gegenstand der reinen praktischen Vernunft sei oder nicht, ist nur die Unterscheidung der Möglichkeit oder Unmöglichkeit, diejenige Handlung zu wollen, wodurch, wenn wir das Vermögen dazu hätten (worüber die Erfahrung urteilen muß), ein gewisses Objekt wirklich werden würde."

[63] Kant weist darauf hin, daß der Ausdruck „Schema eines Gesetzes" bedenklich ist (ebda. 68). Gelegentlich benutzt er jedoch selbst das Wort „Schema" in weiterer Bedeutung (Reflexion 5612); *Metaphysik der Sitten* § 45 (VI 468) bedeutet es kaum mehr als „Beispiel". In der *Grundlegung* ist weder von „Schema" noch von „Typus" die Rede; ein kurzer Hinweis auf das Problem findet sich jedoch unter dem Titel „Kanon der moralischen Schätzung" (424). Vgl. *Zum ewigen Frieden* VIII 420 („Kanon der moralisch praktischen Vernunft"); Reflexion 7260 („Analogon").

[64] *Grundlegung* 433.

[65] *Zum ewigen Frieden* VIII 372: Das Naturgesetz ist ein Modell für die Verfassungskonstruktion.

[66] *KpV* 69 f. Die Nichtbeachtung des Unterschieds zwischen dem Typus eines moralischen Urteils und dem Motiv eines moralischen Handelns hat manche Autoren zu der Auffassung gebracht, Kants kategorischer Imperativ sei im Grunde eine utilitaristische oder sogar egoistische Lehre (vgl. z. B. J. St. Mill, *Utilitarismus* I). Kant beging nicht diesen Fehler, sondern warnte vor ihm. Er wußte genau, daß nicht alle anderen Menschen lügen werden, wenn ich lüge, und daß die Furcht vor den Konsequenzen meiner Lüge daher nicht die Furcht vor den Konsequenzen einschließt, die sich in einer Welt einstellen würden, in der jeder lügt. Vgl. bes. *Grundlegung* 438.

[67] Kant ging in dieser Analogie zuweilen recht weit. Schon früh verglich er den guten Willen bei Rousseau mit dem Gravitationsgesetz bei Newton, weil in beiden Fällen ein organisierendes Prinzip eine Weltordnung hervorbringt (*Träume eines Geistersehers* II 330. 335; Reflexion 5429). In einem Brief an Mendelssohn (8. 4. 1766, X 72) interpretiert er dies als ein Beispiel dafür, wie weit man in der „Erdichtung" gehen kann, wenn Erkenntnis wegen fehlender

Daten unmöglich ist. Aber diese Analogie hatte offenbar doch eine gewisse Suggestionskraft für ihn; denn wir begegnen ihr erneut in der *Metaphysik der Sitten* (Tugendlehre § 24, VI 449) und im *Opus postumum* (XXI 35).

[68] Wenn diese Frage geklärt ist, erhalten natürlich auch Naturtatsachen mehr Gewicht, denn jede Handlung wird nach empirischen Erkenntnissen beurteilt. Diese liefern den Inhalt für den abstrakten Grundsatz, daß die Mittel einem gegebenen Zweck angemessen sein sollen.

[69] *Der kategorische Imperativ* 179 f. 194 ff. Nur in einem Punkt zögere ich, Paton in seiner exemplarischen und gültigen Darstellung zu folgen: Ich glaube nicht, daß nur die zweite dieser beiden Auffassungen vom Naturgesetz in der Typik eine Rolle spielt (vgl. a. a. O. 177). Wie ich im Text zu zeigen versuche, spielt der Begriff der kausalen Gleichförmigkeit bei Kant wenigstens eine Nebenrolle.

[70] Kant erklärt dies wiederholt. In der *Kritik* spricht er jedoch auch von der Verallgemeinerung von Handlungen. (Man beachte, daß Kant in den beiden ersten Formulierungen des kategorischen Imperativs in der *Grundlegung* (421) von der Verallgemeinerung der Maximen spricht, während er sich in der Typik auf die Verallgemeinerung der Handlungen selbst bezieht.) Dies ist eine ungenaue Redeweise in der *Kritik*. Wenn faktisch alle lügen, finde ich mich weitaus besser zurecht, als in dieser Welt, wo nur häufig gelogen wird. Wir brauchen bloß bejahende Sätze verneinend und verneinende Sätze bejahend zu interpretieren. Wenn es aber meine *Maxime* ist, einen anderen zu täuschen, so gelingt dies am besten, wenn ich bisweilen die Wahrheit sage und manchmal nicht.

[71] Diese Aussage gilt unabhängig von dem logischen Problem des Epimenides-Paradoxons. Angenommen, alle Menschen außer Epimenides lügen stets, so stellt sich das logische Paradoxon nicht ein. Vielmehr wäre der Erfolg des Lügens dahin. Es würde genügen zu sagen, daß Epimenides „ja" sagt, wo andere Menschen „nein" sagen; niemand würde getäuscht. Wenn Epimenides wollte, daß alle anderen Menschen lügen, so hätte seine Lüge keinen Sinn und keinen Zweck. Seine Maxime würde sich daher selbst aufheben, ebenso wie seine Behauptung, daß *alle* Menschen lügen, paradox ist.

[72] Die moralische Bedeutung dieser Auffassung ist bereits berührt worden (s. o. 101 und *KpV* 27 f.).

[73] *Grundlegung* 436.

[74] *KrV* A 808 = B 836.

[75] Zu Territorium und Reich vgl. *KU* Einleitung II.

[76] Vgl. z. B. Ross, *Kant's Ethical Theory* 47. – *KpV* 70 findet sich die Feststellung, die Maximen eines durch Selbstliebe bestimmten Willens könnten „allerdings zum ganz angemessenen Typus für das sittlich Gute" dienen. An anderer Stelle (28) heißt es hingegen, „wenn man der Maxime (Begierde zur Glückseligkeit) die Allgemeinheit eines Gesetzes geben wollte, (so würde) gerade das äußerste Widerspiel der Einstimmung, der ärgste Widerstreit und die gänzliche Vernichtung der Maxime selbst und ihrer Absicht erfolgen." Können diese beiden Thesen miteinander vereinbart werden? Allerdings, wenn wir den Nebensatz „wenn dieser (Wille) sich selbst zugleich zum allgemeinen Naturgesetze macht" hinzufügen. Denn er besagt, daß die Freiheit eines jeden durch die Freiheit der anderen beschränkt werden muß (vgl. 34 f.). Schon in der *KrV* (A 809 = B 837) hatte Kant erklärt, die wechselseitige Beschränkung des Willens würde in der Praxis mit Notwendigkeit zum größten Glück aller führen, und von einer „Vernunftidee" gesprochen. Dies ist die Idee eines Reichs der Zwecke, und sie ist ein legitimes moralisches Motiv, da unsere Maximen in

einem solchen Reich gesetzgebend sein würden. Aber die Idee einer allgemeinen Glückseligkeit ist nur der Typus eines solchen Reichs. Während Kant auf S. 28 davon spricht, daß die Maxime eines nicht modifizierten und beschränkten Egoismus den „ärgsten Konflikt" hervorruft, wenn sie verallgemeinert und zum Naturgesetz erhoben wird, bezieht er sich S. 70 auf die Maxime eines so modifizierten und beschränkten Egoismus.

[77] Vgl. Vorl. üb. d. Gesch. d. Philos., Dritter Band, WW, Jubil.-Ausg., XIX 592.
[78] Vgl. Wolff, *Vernünftige Gedancken von der Menschen Thun und Lassen* § 137.
[79] *KpV* 70. 94; *KrV* A 474 = B 502.
[80] *KpV* 85 f. Diese Schwärmerei auf dem Felde der Ethik ist mit dem Mystizismus verwandt (71).

X DIE „TRANSZENDENTALE DEDUKTION" DES PRINZIPS DER REINEN PRAKTISCHEN VERNUNFT

[1] Vgl. *KpV* 19.27.29.
[2] *KrV* A 807 = B 835.
[3] *KpV* 8 Anm.; vgl. *KrV* A 831 = B 859: „Aber verlangt ihr denn, daß ein Erkenntnis, welches alle Menschen angeht, den gemeinen Verstand übersteigen, und euch nur von Philosophen entdeckt werden solle? Eben das, was ihr tadelt, ist die beste Bestätigung von der Richtigkeit der bisherigen Behauptungen."
[4] „Ich bin selbst aus Neigung ein Forscher. Ich fühle den ganzen Durst nach Erkenntnis und die begierige Unruhe darin weiter zu kommen oder auch die Zufriedenheit bey jedem Erwerb. Es war eine Zeit, da ich glaubte, dieses allein könnte die Ehre der Menschheit machen und ich verachtete den Pöbel, der von nichts weiß. Rousseau hat mich zurecht gebracht. Dieser verblendende Vorzug verschwindet, ich lerne die Menschen ehren, und ich würde mich unnützer finden wie den gemeinen Arbeiter, wenn ich nicht glaubte, daß diese Betrachtung allen übrigen einen Werth ertheilen könne, die rechte der Menschheit herzustellen" (XX 44).
[5] *Grundlegung* 402.
[6] Ebda. 407.
[7] *KpV* 31. Hier tritt die Verwechselung von Gesetz und Imperativ zu Tage, auf die ich gelegentlich bereits hingewiesen habe. Kant hätte besser gesagt: „Sie gibt ein allgemeines Gesetz, welches wir das Sittengesetz nennen und das für alle Vernunftwesen gültig ist; für den Menschen ist es die Grundlage eines entsprechenden kategorischen Imperativs."
[8] *KrV* A 550 = B 578.
[9] *KpV* 42. Im folgenden Satz heißt es, dieses Faktum sei mit dem Bewußtsein der Freiheit des Willens identisch.
[10] Ebda. 47. Man beachte in diesem Satz das Wort „gleichsam". S. 6. 31. 42. 43 spricht Kant von einem „Factum"; S. 47. 55. 91. 104 findet sich „gleichsam ein Factum" oder ein gleichwertiger Ausdruck. Dies hat zu der Vermutung geführt, Kant habe diese unübliche Verwendung des Wortes „Factum" später bedenklich gefunden, nachdem er es zunächst ohne Vorbehalte verwandt hatte. Dies ist wohl die plausibelste Erklärung seines unterschiedlichen Sprachgebrauchs. In späteren Schriften hat Kant jedoch diese Vorsicht wieder aufgegeben; denn es finden sich folgende Stellen: Freiheit ist das Factum (*KU* 91, V 468); das praktische Gesetz der Freiheit ist ein Faktum (*Metaphysik der Sit-*

ten, Rechtslehre § 6, VI 252); „es ist *res facti* daß dieses Gesetz in uns und zwar das Oberste ist" (*Vorarbeiten zur Tugendlehre* XXIII 378); der kategorische Imperativ ist das Faktum der moralisch-praktischen Vernunft (Opus postumum XXI 21).
KrV (Vorrede B XXII. XXVIII) spricht Kant von „praktischen Data der Vernunft", und er erwähnt „praktische in unserer Vernunft liegende ursprüngliche Grundsätze als Data derselben a priori". Reflexion 7201 (= Duisburg Fragment 6) führt diese Lehre vermutlich zum erstenmal ein, ohne das Wort „Factum" zu gebrauchen; das moralische Gesetz wird hier mit Raum und Zeit als Anschauung a priori verglichen.

[11] *KpV* 31.47.
[12] Kants transzendentale Deduktion folgt nicht streng dem zweiten dieser Wege. Sie führt vielmehr eine unabhängige Begründung für den Grundsatz an: Die theoretische Vernunft kommt ohne die Annahme der Freiheit nicht aus. Daher fällt sie nicht unter die Zensur dieses Urteils (s. u. 166 f.). Daß das moralische Gesetz in eben derselben Weise ein „Faktum" ist, wie Mathematik und Naturwissenschaften „Fakten" sind, und daher ebenso gerechtfertigt werden können, ist die Interpretation Hermann Cohens (*Kants Begründung der Ethik* 224) und der Marburger Schule.
[13] Man könnte argumentieren, „sich bewußt sein" bedeute soviel wie „wissen" und müsse sich daher auf einen wahren Satz oder ein wirkliches Objekt beziehen. Bei diesem Verständnis ist selbst das erste der beiden Fakten nicht unbestreitbar. Bei diesem Verständnis wäre es besser zu formulieren: „Wir glauben, daß es ein moralisches Gesetz gibt." Diese Tatsache impliziert auch in der normalen Sprache nicht, daß es ein moralisches Gesetz gibt.
[14] Dies gilt, wie meine Analyse zeigt, selbst für hypothetische Imperative (vgl. Kapitel VI § 6). Kant geht sogar noch weiter, indem er erklärt: Indem wir uns Maximen des Handelns bilden, werden wir uns des moralischen Gesetzes bewußt. Dies soll m. E. bedeuten, daß jede Entscheidung über eine Lebensregel in den unter einem Grundsatz subsumierten Regeln Rationalität voraussetzt, und, konsequent entwickelt, Rationalität des Motivs sowie der Mittel voraussetzt (vgl. *KpV* 29).
[15] *KpV* 3; vgl. *KrV* B 430. (Dieser Text muß kurz vor der zweiten *Kritik* geschrieben worden sein.)
[16] *Grundlegung* 448 Anm.
[17] *KrV* A 84 = B 116.
[18] Ebda. A 87 = B 120 f.
[19] *Prolegomena* VI 258.
[20] *KrV* A 196 = B 241.
[21] Vgl. Ebda. A 807 = B 835.
[22] *Grundlegung* 447.
[23] Kant spricht nicht von einem „Ersatz für die Anschauung". Aber daß die Freiheit diese Rolle für ihn spielt, ergibt sich mit vollkommener Klarheit aus den Analogien, die er zwischen der Begründung eines synthetischen theoretischen Urteils a priori (mithilfe des Begriffs der Anschauung) und der Rechtfertigung eines praktischen Satzes a priori zieht. Am deutlichsten ist dies im *Opus postumum* XXI 420–422.
[24] *KrV* A 474 = B 502 f.
[25] Die spekulative Vernunft muß die Freiheit zugrunde legen, wenn sie ihre spekulative Aufgabe erfüllen will; aber dieses Bedürfnis ist willkürlich und hypothetisch; es hat nicht den Status eines Gesetzes (*KpV* 5). Dieser Begriff der

Freiheit ist zwar problematisch, aber absolut unentbehrlich für die spekulative Vernunft (ebda. 7).
[26] *KpV* 49; *KrV* A 288 f. = B 344 f.; A 255 = B 310; A 259 = B 315 u. ö. Dies ist eine von Kants Lieblingsmetaphern, die er in einer ganzen Reihe von Abwandlungen benutzt.
[27] *KrV* B XXIX. A 536 = B 564.
[28] Ebda. A 543 = B 571.

XI FREIHEIT

[1] Die genaue Bedeutung und die angemessene Übersetzung von „Willkür" ist umstritten. Born übersetzte dieses Wort, im Anschluß an Kants eigenen Hinweis, mit *arbitrium* im Unterschied zu *voluntas*. Barni verwandte in seiner Übersetzung *arbitre*, Picavet *libre choix* (vgl. dazu Khodoss, *Kant. La philosophie pratique*, Glossar S. 242). Capra übersetzte es mit *libero arbitrio*. Abbott benutzte *will* oder *choice* oder *elective will*; ich selbst leistete mit *free will* und *faculty of choice* meinen Beitrag zu dieser imponierenden Liste. Den Ausdruck *Willkür* gebrauchte Wolff (*Vernünftige Gedancken von Gott, der Welt und der Seele des Menschen* § 519): „Die Freyheit ist nichts anderes als das Vermögen der Seele durch eigene Willkür aus zweyen gleich möglichen Dingen dasjenige zu wehlen, was ihr am meisten gefället."
Das erste Register dieses Werks übersetzt *Willkür* mit *spontaneitas* und Baumeister (*Philosophia definitiva*, 1768, § 911) definiert im Anschluß an Wolff *spontaneitas*: „est principium sese ad agendum determinandi intrinsecum."
Eine Unterscheidung, die an diejenige zwischen Wille und Willkür erinnert, zieht Wolff (*Psychologia empirica* § 882): „Der Akt des Wollens selbst heißt *volitio* im Gegensatz zum Willen (*voluntas*), insofern dieser das Vermögen der Seele ist, jenen Akt zu bewirken."
Ähnlich Baumgarten (*Metaphysica* § 690): „Das vernünftige Begehren ist das Wollen (*volitio*). Ich will. Folglich habe ich das Vermögen des Wollens oder einen Willen (*voluntas*)."
Baumeister a. a. O. § 893): „Der Wille (*volitio*) ist der Akt des Wollens selbst..."
Volitio existiert im klassischen Latein in dieser Bedeutung nicht.
[2] *KrV* A 802 = B 830. (Kant gebraucht hier den Ausdruck „Willkür".) Der Wille wird erläutert, wenn auch nicht definiert, durch Rückgang auf das empirisch erkannte Vermögen des Wählens (*Metaphysik der Sitten* VI 226).
[3] *Vorarbeiten zur Tugendlehre* XXIII 378.
[4] Ebda. 383; *Metaphysik der Sitten* VI 226.
[5] *Grundlegung* 420 Anm.
[6] Zur allgemeinen Unterscheidung zwischen realem und logischem Gebrauch der Vernunft s. o. 19.79. Eine empirische praktische Vernunft ist stets nur logisch in ihrem Gebrauch. *KrV* A 800 = B 828 spricht Kant im Hinblick auf den „regulativen Gebrauch" der reinen praktischen Vernunft von einem logischen Gebrauch und stellt ihm den konstitutiven Gebrauch entgegen, bei dem die Vernunft gesetzgebend ist.
[7] Kant selbst hatte diesen Begriff, ebenso wie seine Vorgänger, 1755 in der *Nova dilucidatio* (Lehrsatz IX) noch für ausreichend gehalten.
[8] *KrV* A 569 = B 597.

⁹ *Metaphysik der Sitten* VI 226.
¹⁰ *Vorarbeiten zur Tugendlehre* XXIII 383. Die Autonomie des Willens wird der Heteronomie der Willkür entgegengesetzt; die Freiheit der Willkür, die Unabhängigkeit von der Materie des Begehrens, ist Freiheit in negativer Bedeutung, während die Gesetzgebung oder Autonomie des Willens Freiheit in positiver Bedeutung ist (*KpV* 33).
¹¹ *KpV* 43; vgl. *KrV* A 548 = B 576.
¹² *Prolegomena* VI 257 f.
¹³ Vgl. *Kritik der praktischen Vernunft* 3.48 und dazu Kapitel X § 3.
¹⁴ Theoretische Zwecke sind, wie Kant weiter ausführt, nicht nur praktischen Zwecken untergeordnet, sondern alle Zwecke der Vernunft sind letztlich praktisch (ebda. 121; *KrV* A 816 = B 444). Hier kommt es jedoch darauf an, daß ein Vernunftbegriff einem theoretischen Zweck dient, und nicht darauf, daß die theoretischen Zwecke selbst den praktischen untergeordnet sind.
¹⁵ *KrV* A 409 = B 435. Dies ist die Theorie der „kosmologischen Ideen", die sich wesentlich von der allgemeineren Theorie (A 299 = B 356) unterscheidet. Bei dieser wird der Ursprung der Ideen allein in der Kategorie der Relation und den Formen des Vernunftschlusses gefunden. Beide Theorien kommen in der *Kritik* nebeneinander vor. Kemp Smith (*Commentary on Kant's Critique of Pure Reason* 478) betrachtet die Theorie der kosmologischen Ideen als die frühere. Eine Anmerkung der zweiten Auflage (B 395) deutet einen Vorrang der Deduktion der Ideen von Vernunftschlüssen an. Glücklicherweise haben aber die Ideen von Gott, der Seele und der Freiheit in beiden Theorien ihren Platz, und es ist bemerkenswert, daß der systematische Ort der Freiheitsidee nach beiden Theorien derselbe ist, – sie gehört zur dritten Antinomie, die der Kategorie Ursache-Wirkung und dem hypothetischen Schluß entspricht.
¹⁶ *KrV* A 446 = B 474.
¹⁷ Ebda. A 480 = B 508; *KpV* 3.
¹⁸ *KrV* A 451 = B 479 (Anmerkung zur Antithesis).
¹⁹ Ebda. A 466 = B 494; A 471 = B 499.
²⁰ Dies ist freilich eine unzulässige Verkürzung. Das wirkliche Interesse der Ethik liegt nicht auf der Seite des Dogmatismus, sondern der Freiheit, die die Dogmatiker verteidigten (vgl. *KpV* 146 ff.; s. u. Kapitel XIII § 7).
²¹ *KrV* A 471 = B 499.
²² Ebda. A 472 = B 500.
²³ Ebda. A 474 f. = B 502 f.
²⁴ Dies ist der Grund, warum Kant erklärt, daß die Vernunft in ihrem theoretischen Gebrauch den Begriff der Freiheit benötigt (*Kritik der praktischen Vernunft* 3.7.48). Man könnte sagen, das erste Interesse der Vernunft sei die Auflösung der Antinomie; aber Kant nennt dies nicht ein „Interesse", da es geradezu die Bedingung dafür ist, daß es überhaupt eine Vernunft gibt (ebda. 120).
²⁵ Ebda. 107; vgl. *KrV* A 464 = B 492.
²⁶ *KrV* A 499 f. = B 527 f.
²⁷ Ebda. A 506 = B 534. In einem Brief an Garve vom 21. 9. 1798 (XII 257) schrieb Kant, es sei die Entdeckung der Antinomien gewesen, die ihn zu der Auffassung geführt habe, Raum und Zeit seien nur Formen der Erscheinungen (vgl. auch *KpV* 107). Man beachte indes, daß der Beweis der Antithesis die Gültigkeit der Kantischen Lehre von der Phänomenalität der Natur und insbesondere der zweiten Analogie der Erfahrung voraussetzt. Der Beweis der Thesis ist indes ein typisch rationalistisches Argument, das nicht auf spezifisch Kantischen Lehren beruht. Die Antinomie selbst kann daher nicht als Prämisse

für die Phänomenalität der Naturordnung dienen, auch wenn Kant selbst durch sie zu dieser Auffassung gebracht wurde. Die Tatsache, daß der Beweis der Thesis unabhängig von Kants Lehren über Raum und Zeit ist, hat beträchtliches Gewicht für die Beurteilung des Gebrauchs, den Kant von seiner Freiheitslehre machte oder machen konnte (s. u. § 8).

[28] *KrV* A 509 = B 537; vgl. auch *KpV* 48.
[29] *KrV* A 543 = B 571. Naturkausalität kann nicht gerettet werden, weil wir eine notwendige synthetische Verknüpfung nur insofern zugrundelegen können, als sie von der theoretischen Vernunft vorgeschrieben ist; die theoretische Vernunft kann sie aber nur für den Bereich der Erscheinungen vorschreiben. („Theoretische Vernunft" ist hier in weiter Bedeutung verstanden und schließt Verstand und Anschauung ein.)
[30] Ebda. B 431 f.
[31] Ebda. A 540 = B 568; *KpV* 133. 134.
[32] *KrV* A 541 = B 569; *KpV* 99.
[33] *KrV* A 550⁻B 578; vgl. auch *Idee zu einer allgemeinen Geschichte*, Einleitung (VIII 17 f.).
[34] *KrV* A 448 = B 476; vgl. *KpV* 3.
[35] *KrV* A 448 f. = B 476 f.
[36] Ebda. A 546 = B 574; vgl. *KpV* 49.99.100.
[37] *KrV* A 534 = B 562.
[38] Ebda. A 548 = B 576.
[39] Ebda. A 547 = B 575; „Es ist unmöglich, daß etwas (in der ganzen Natur) anders sein soll, als es in allen diesen Zeitverhältnissen in der Tat ist."
[40] Kants These ist, daß eine innere Bestimmung durch die Vernunft, die empirisch aufgewiesen werden kann, für die Ethik nicht genügt. Darin weicht er von fast allen Vorgängern und Zeitgenossen ab, und auch er selbst hatte früher (in der *Nova dilucidatio*) daran festgehalten, daß solche Akte frei sind, weil sie nicht die Passivität, sondern die Aktivität der Vernunft ausdrücken.

Man vertritt oft die Auffassung, Abschnitt I des Kanons der reinen Vernunft (in der Methodenlehre der *KrV*) lehre die Unabhängigkeit der praktischen Freiheit von der transzendentalen Freiheit; er weiche in dieser Hinsicht von der „kritischen Lehre" ab und sei daher „früh". Wenn auch der Kanon wahrscheinlich als einer der frühesten Teile der *KrV* geschrieben wurde, so möchte ich doch von dieser Interpretation abweichen dürfen. Der Zusammenhang des Textes dürfte ausreichen, uns die scheinbaren Diskrepanzen zwischen Kants Thesen zu erklären, ohne daß wir zu der Annahme gezwungen wären, er habe in diesem zentralen Punkt während der Niederschrift des Buchs seine Auffassung geändert. Mit „Kanon" meint Kant „den Inbegriff der Grundsätze a priori des richtigen Gebrauchs gewisser Erkenntnisvermögen überhaupt" (A 796 = B 824). Im letzten Absatz des ersten Abschnitts heißt es nun, es könne praktische Freiheit geben, auch wenn die transzendentale Freiheit nicht real wäre. Kant sagt lediglich, diese Frage gehe uns im Praktischen oder in einem Kanon, „da wir nur die Vernunft um die Vorschrift des Verhaltens zunächst befragen, nichts an"; denn hier ist der Nachweis nicht erforderlich, daß diese Vorschrift nicht auf ein Naturgesetz zurückführbar ist. „Für die Vernunft im praktischen Gebrauche gehört dieses Problem nicht." Dies bedeutet nicht, es sei für eine Kritik der praktischen Vernunft unerheblich; es bedeutet lediglich, daß es kein praktisches, sondern ein theoretisches Problem ist. Diese Auffassung wiederholt Kant in der *Grundlegung zur Metaphysik der Sitten* (448 Anm.) und in der Rezension von Schulz's *Sittenlehre*.

⁴¹ *KpV* 96 f. 98.101. Die Anspielung auf das *automaton spirituale* von Leibniz bezieht sich auf die *Theodizee* (§§ 52.403). Vaucansons Automaten hatte Kant vielleicht durch De la Mettrie (*L'Homme machine*) kennengelernt.

⁴² *KpV* 97; *KrV* A 545 = B 573; Reflexion 5608. – *KpV* 98. 100 spricht Kant jedoch von unserem Bewußtsein, unseren empirischen Charakter frei geschaffen zu haben. Damit scheint er kaum unter das Naturgesetz zu fallen oder in das Schema Ding an sich – Erscheinung zu passen.

⁴³ *KrV* A 454 = B 582. A 556 = B 584; eine ähnliche Stelle findet sich in *KpV* 99. Man kann mithin nicht einfach sagen, die Unterscheidung zwischen empirischem und intelligiblem Charakter falle mit der Unterscheidung von Willkür und Wille zusammen. Der intelligible Charakter handelt außerhalb der Zeit, er manifestiert seine Akte im Verhalten des empirischen Charakters. Der Wille handelt nicht, sondern er ist gesetzgebend für die Willkür, bzw. er ist das Gesetz der Willkür. Kant spricht auch von der Persönlichkeit (intelligible Persönlichkeit) als einem Archetypos und einem Gegenstand der Achtung, die die Willkür motiviert (ebda. 87). Die Freiheit des Willens wird von der der Willkür als *libertas noumenon* von der *libertas phaenomenon* unterschieden; diese kann nicht empirisch definiert werden (vgl. *Metaphysik der Sitten* VI 226; *Opus postumum* XXI 470); denn dies liefert nur komparative oder psychologische Freiheit. Kants Äußerungen sind so dunkel, daß sich kaum feststellen läßt, ob sie wirklich konsistent sind oder nicht.

⁴⁴ *KrV* A 553 = B 581.

⁴⁵ *KrV* A 550 = B 578; vgl. Kapitel III.

⁴⁶ *KU* §§ 70.76.

⁴⁷ S. o. Kapitel III. Die zweite dieser Maximen ist nicht unbedingt fiktionalistisch zu interpretieren, d. h. sie beruht nicht auf der Annahme, daß das „Als ob" eine Bedingung einführt, deren Negation tatsächlich gegeben ist. Ebensowenig gibt es einen Grund für die Annahme, die zweite Maxime sei im höheren Maße fiktiv als die erste oder die erste sei konstitutiv, während die zweite lediglich regulativ sei.

⁴⁸ *KrV* A 179 = B 222.

⁴⁹ Eine solche Interpretation der transzendentalen Analytik empfiehlt sich tatsächlich bereits aus rein erkenntnistheoretischen Gründen, auch wenn sie zweifellos Kants eigene Einschätzung des Verhältnisses von Verstand und Vernunft abändert.

⁵⁰ Vgl. *KU*, Einleitung II: Die Bereiche der theoretischen und der praktischen Vernunft begrenzen einander nicht in ihrer Gesetzgebung, wohl aber unaufhörlich in der Sinnenwelt.

⁵¹ *KrV* B 158. Anm.: „...so kann ich mein Dasein, als eines selbsttätigen Wesens, nicht bestimmen [d. h. durch Kategorien erkennen], sondern ich stelle mir nur die Spontaneität meines Denkens, d. i. des Bestimmens, vor, und mein Dasein bleibt immer nur sinnlich, d. i. als das Dasein einer Erscheinung, bestimmbar. Doch macht diese Spontaneität, daß ich mich Intelligenz nenne." Ähnlich *Grundlegung* 451; *KpV* 56.

⁵² In seiner vorkritischen Zeit glaubte Kant, es gebe eine intellektuelle Anschauung; dieser schrieb er das Selbstbewußtsein zu (vgl. Reflexion 4228. 4336. 6001). Seitdem er eine intellektuelle Anschauung des Menschen nicht mehr gelten ließ, hat er zur Erkenntnis der eigenen Spontaneität gleichsam keine offizielle Position mehr zu vertreten. Die Erfahrung selbst leugnete Kant hingegen nicht. Zur ganzen Frage und zur Quellenlage vgl. H. Heimsoeth, *Studien zur Philosophie Immanuel Kants* 245 ff.; Ingeborg Heidemann, *Spontaneität und Zeitlichkeit* 173 ff.

[53] Die theoretische Unbrauchbarkeit dieses Begriffs ist die Hauptthese im Paralogismen-Kapitel der ersten *Kritik*. Seine praktische Bedeutung wird indes auch dort anerkannt und bewahrt (B 431.). Vgl. ferner *Grundlegung* 448. 451 (über das Bewußtsein der Spontaneität). In seiner Besprechung von Schulz' *Sittenlehre* (1785) bemerkt Kant, der Determinist beanspruche in der Metaphysik Freiheit für sich selbst in der Tätigkeit seines eigenen Denkens, mithin erst recht in seinem Handeln (VIII 13). Vgl. auch *Beantwortung der Frage: Ist es eine Erfahrung, daß wir denken?* (XVIII 318), wo Kant leugnet, das Bewußtsein des Denkens sei eine „Erfahrung", und nur den Ausdruck „transzendentales Bewußtsein" zuläßt; ähnlich *KrV* A 117 Anm.

[54] *KrV* B XXXIII. B 430 f. *KpV* 42.

[55] Kant bringt *KpV* 30 ein Beispielpaar, das den Gegensatz zwischen einer ausnahmslos wirksamen natürlichen Nötigung und einer nicht immer wirksamen moralischen Nötigung herausarbeitet. Das Beispiel des Mannes, der von unbezwingbarer Wollust getrieben wird, erinnert an Rousseau: „Nehmen wir einmal an, ein liebestrunkener Mensch der seiner Sinne überhaupt nicht mehr mächtig ist, habe die Vorbereitungen zu seiner Hinrichtung vor Augen und sei gewiß, binnen einer Viertelstunde unter Qualen sterben zu müssen. Dieser Mensch würde nicht nur augenblicklich seiner Neigungen Herr werden; es würde ihn nicht viel kosten, ihnen zu widerstehen." (Emile IV. p. 403, Ed. Garnier, hrsg. Richard.) Das zweite Beispiel taucht so ähnlich wieder in der Methodenlehre auf (155 f.).

[56] VIII 458.

[57] *Grundlegung* 463.

[58] S. o. Kapitel X und *KpV* 31.

[59] Es dient auch als ein von empirischen Bedingungen unabhängiges Zeugnis für das Selbstbewußtsein und dient so dazu, nach dem Scheitern der rationalen Psychologie deren Stelle anzunehmen, freilich ohne zur theoretischen Erkenntnis irgendetwas beizutragen (vgl. *KpV* 105 f.; *KrV* B 430 f.).

[60] Ebda. A 553 = B 581; *KpV* §§ 5.6.8 (29.33).

[61] *KrV* A 569 = B 597. Die Vernunft schränkt die Willkür auch durch hypothetische Imperative ein, mithin in ihrem logischen wie in ihrem realen Gebrauch (Ebda. A 548 = B 576).

[62] *KpV* 31: Das moralische Gesetz würde „analytisch sein, wenn man die Freiheit des Willens voraussetzte". Vgl. *Grundlegung* 420 Anm. 426.

[63] *KrV* A 431 f.

[64] *Grundlegung* 448 Anm.

[66] Eine *prima-facie*-Verpflichtung kann nur durch eine andere *prima-facie*-Verpflichtung oder eine wirkliche Verpflichtung zurückgewiesen werden. Man kann sie nicht einfach leugnen und eine Art von moralischem Vakuum lassen.

[66] Kant hätte hier das Wort „Willkür" benutzen sollen; er tat dies jedoch in dem ganzen Abschnitt nicht.

[67] Dies gilt sowohl für Naturgesetze wie für moralische Gesetze (vgl. *KpV* 26).

[68] *Grundlegung* 455: Der gute Wille ist ein Gesetz für den schlechten Willen als Glied der sinnlichen Welt. Leider verwendet Kant an beiden Stellen das Wort „Wille".

[69] *KU* V 210. [70] *Metaphysik der Sitten* VI 221; vgl. *KpV* 30.

[71] *Grundlegung* 390.

[72] „L'obéisance à la loi qu'on s'est préscrite est la liberté" (Rousseau *Contrat social* I 8).

[73] Selbst der böse Wille ist autonom, insofern eine aus freiem Entschluß moralisch

böse handelnde Person in ihre Maxime eine Triebfeder aufnimmt und sie dadurch erst zu einer Regel macht, nach der sie handeln will (*Religion innerhalb der Grenzen der bloßen Vernunft* VII 24; s. u. § 12).

[74] Eine der berühmtesten Thesen Kants – „Du kannst, denn du sollst" – kommt in dieser Form in seinen Schriften nicht vor (vgl. David Baumgardt, *Legendary Quotations and the Lack of References*, Journal of the History of Ideas VII, 1946, 99–102 und L. W. Kahn, *Legendary Quotations*, ebda. VIII 1947, 116). Aber Äußerungen, die diesen Schluß weniger lapidar enthalten, finden sich häufig, z. B. *KpV* 30; *KrV* A 807 = B 835; *Über den Gemeinspruch*... VIII 287; *Metaphysik der Sitten* VI 380; *Streit der Fakultäten* VII 43 f.; *Vorlesungen über Metaphysik* (Kowalewski 600; *Opus postumum* XXI 16).

[75] Vgl. Kapitel XII dieses Kommentars.

[76] Man beachte, daß dieselben „Paradoxe" auch in Rousseau gefunden worden sind. War Rousseau der Vater eines unpersönlichen Faschismus oder eines wild gewordenen demokratischen Individualismus? Jede Seite dieser Alternative verrät ein ähnliches Mißverständnis Rousseaus, wie wir es hier bei Kant untersuchen.

[77] Vgl. Georg Santayana, *Egotism in German Philosoph* (1916; New York 1940², 50 f.).

[78] John Dewey ist für die extremen Varianten dieser Auffassung nicht verantwortlich; denn er ließ Kants „Individualismus" gelten. Er meinte, Kants „preußische" Philosophie beruhe darauf, daß die zwei Welten in seiner Philosophie zu weit voneinander entfernt sind und nicht durch die Restbestände einer idealistischen Geschichts- und Staatsphilosophie überbrückt werden konnten (vgl. *German Philosophy and Politics*, New York 1915, 122; zur Verteidigung Kants: Julius Ebbinghaus, *Interpretation and Misinterpretation of the Categorical Imperative*, Philosophical Quarterly IV 1954, 97–108; dazu: K. Kolenda, *Professor Ebbinghaus' Interpretation of the Categorical Imperative*, Philosophical Quarterly V, 1955, 54–77).

[79] *Zum ewigen Frieden* VIII 350 Anm.: „Was in Ansehung des erhabensten Weltwesens außer Gott, welches ich mir etwa denken möchte (einen großen Äon), das Prinzip der Gleichheit betrifft, so ist kein Grund da, warum ich, wenn ich in meinem Posten meine Pflicht tue, wie jener Äon es in dem seinigen, mir bloß die Pflicht zu gehorchen, jenem aber das Recht zu befehlen zukommen solle." Gott wird nur darum ausgenommen, weil der Begriff der Pflicht auf einen heiligen Willen nicht anwendbar ist; aber dasselbe Gesetz gilt für Gott und Mensch wie auch für den Machthaber und den Bürger.

[80] *Grundlegung* 448. Frei in dieser Bedeutung ist selbst die theoretische Vernunft; denn man kann sich „unmöglich eine Vernunft denken, die mit ihrem eigenen Bewußtsein in Ansehung ihrer Urteile anderwärts her eine Lenkung empfinge".

[81] *KrV* A 534 = B 562.

[82] *Religion innerhalb der Grenzen der bloßen Vernunft* VI 21.

[83] Ebda. 24. Weit entfernt davon also, die Zurechenbarkeit des Bösen zu leugnen, erklärt Kant alle Handlungen für zurechenbar. Denn solange sich ein Mensch durch Willkür zum Handeln bestimmt, richtet er sich nach Maximen, die entweder moralisch oder unmoralisch sind. Es gibt daher keine moralisch neutralen Handlungen (24). Sobald die Willkür vor der Macht eines blinden Triebs sich selbst aufzugeben gezwungen ist, sollten wir nicht mehr von Willkür sprechen, da wir unter solchen Umständen dieser Person Verantwortlichkeit nicht mehr zusprechen können.

[84] Ebda. 25; *KpV* 100.
[85] Die Freiheit „der Wahl der Maximen der Handlungen" ist nach Kant „absolute Spontaneität und ist *libertas noumenon*", von ihr kann man „nie einen Grund angeben, warum etwas Gesetzwidriges geschieht". Die Freiheit der Willkür hingegen, subjektive Freiheit oder *libertas phaenomenon*, ist Freiheit hinsichtlich der Wahl des Gesetzmäßigen oder des Ungesetzmäßigen (*Opus Postumum* XXI 470). Wenn man hinsichtlich der absoluten Spontaneität noch hinzufügt, daß sich auch niemals ein Grund angeben läßt, warum irgendetwas Gesetzmäßiges geschieht, da der Begriff der transzendentalen Freiheit keinen Einzelfall zu erklären vermag, so haben wir hier die Unterscheidung zwischen „neutraler Freiheit" und „moralischer Freiheit" (Henry Sidgwick, *The Kantian Conception of Free Will*, Mind XIII, 1888, 405–412).
[86] Z. B. *KpV* 100–103; *Religion innerhalb der Grenzen der bloßen Vernunft* VI 144; *Metaphysik der Sitten* VI 280 A; *Zum ewigen Frieden* VIII 361 Anm.; beiläufig auch *KrV* A 206 = B 251 f. Das Verhältnis des historischen Determinismus zur Freiheit in der Geschichte wird erörtert in den Schriften *Idee zu einer allgemeinen Geschichte* und *Streit der Fakultäten* (VII 41). Auf das Verhältnis des Freiheitsproblems zur Vorsehung und zur Freiheit im Kant-Laplace'schen Universum geht T. D. Weldon, *Kant's Critique of Pure Reason* 1958², 210 f. ein.
[87] Kant bezieht sich auf Mendelssohns *Morgenstunden*; vgl. *KpV* 101.
[88] *KpV* 101 f.; zum Verhältnis von Spinozismus und Fanatismus vgl. *Was heißt sich im Denken orientieren?* VIII 143.
[89] Vgl. *Zum ewigen Frieden* VIII 361 Anm.
[90] *KrV* A 556 = B 584.
[91] Einer der ersten Kommentatoren der *Kritik* (Brastberger, *Untersuchungen über Kants Kritik der praktischen Vernunft* 156), der Kant in den meisten Punkten aus vollem Herzen und fast unkritisch zustimmt, verwirft Kants Lösung dieses Problems und gesteht schließlich, nicht zu wissen, wie Kants Lösung dieses Problems eigentlich aussieht; Crusius, der in der Behandlung des Freiheitsproblems in so vielen Punkten Kants Lösungen vorwegnahm, erklärte diese Frage für unlösbar.
[92] *KpV* 4. Die Postulate „geben den Ideen der spekulativen Vernunft.im allgemeinen... objektive Realität" (132). In diesem Sinne kann man, wie es Kant tut, auch die Freiheit als ein Postulat betrachten.
[93] Ebda. 132. An anderer Stelle heißt es, die Freiheit in der negativen Bedeutung sei ein Postulat (*Zum ewigen Frieden* VIII 418).
[94] *KrV* B 395 Anm. – Albert Schweitzer (*Die Religionsphilosophie Kants*, Kapitel II und S. 134) vertrat die Auffassung, die zweite *Kritik* sollte nach ihrem ursprünglichen Plan die Lehre von den kosmologischen Ideen der ersten *Kritik* in der Reihenfolge ihrer Ableitung in der transzendentalen Dialektik wiederaufnehmen. Kant habe dann aber den besonderen Vorrang der Freiheitsidee entdeckt. Dies habe ihn dazu veranlaßt, sie aus dem ursprünglichen Plan der transzendentalen Dialektik der zweiten *Kritik* herauszunehmen und sie in die Analytik zu versetzen.
[95] *KU* § 91.
[96] *Fortschritte der Metaphysik* XX 295.

XII DIE „ÄSTHETIK" DER REINEN PRAKTISCHEN VERNUNFT

1 An diese praktische Funktion der Philosophie, auf deren „subtile Spekulation" man „im praktischen Felde... gar nicht Rücksicht nimmt", erinnert Kant *KpV* 108 und im letzten Satz des Buchs (163).
2 Ebda. 16.90. s. o. Kapitel IV § 7.
3 *KrV* A 21 = B 35.
4 S. o. Kapitel VII § 3.
5 *KrV* A 15 = B 29; s. o. 21 f.
6 Vgl. auch *KpV* 41; und oben S. 107 f.
7 *Preisschrift* II 299.
8 *Beobachtungen über das Gefühl des Schönen und Erhabenen* II 217.
9 *Träume eines Geistersehers* II 330.335; s. o. S. 283 Anm. 68.
10 S. o. S. 19 ff.
11 Brief an Herz vom Ende des Jahres 1773 (X 145). Die nicht genau datierten *Vorlesungen über Metaphysik*, die Pölitz 1821 herausgab, sprechen davon, daß die Triebfedern des Verstandes durch das moralische Gefühl zu einer bewegenden Kraft werden. Auch wenn Vorlesungsnachschriften zuverlässig datiert werden können, sind sie keine sichere Interpretationsgrundlage, sobald es sich um subtilere Fragen handelt, wie jeder akademische Lehrer aus bitterer Erfahrungen weiß.
12 *KrV* A 812 f. = B 840 f.
13 Ähnlich äußert sich Kant in einer Reflexion zu seiner Schrift *Über das Erhabene und Schöne*, wo er auf das rätselhafte Wirken zukünftiger Belohnungen und Strafen zur Hervorbringung der Sittlichkeit eingeht, und meint, diese könne trotz eines solchen Einflusses rein bleiben. Dort heißt es: „Wenn aber übernatürlicher Weise in ihm Reinigkeit gewirkt wird so haben die künftigen Belohnungen nicht mehr die Eigenschaft der Bewegungsgründe" (XX 28). So konnte sich freilich Kant in der *Kritik* nicht mehr helfen, auch wenn seine Schätzung der Reinheit der christlichen Moral und seine Zurückweisung einer hedonistischen Interpretation christlicher Motive bleibt (123 Anm).
14 Reflexion 7202 (XIX 276–282; Reicke I 9–16).
15 Der Ausdruck „intellektuelles Wohlgefallen" wird später zurückgewiesen (*KpV* 117).
16 Josef Bohatec (*Die Religionsphilosophie Kants* 141) bezieht sich auf die Lehre von Fragment 6 als „intellektuellen Eudämonismus".
17 Zum Sprachgebrauch s. o. 272 Anm. 2.
18 *KpV* 79: „Aus dem Begriffe einer Triebfeder entspringt der eines Interesse." Vgl. auch *Grundlegung zur Metaphysik der Sitten* 459 Anm.; *Vorarbeiten zur Tugendlehre* XIII 378; *Metaphysik der Sitten* VI 212.
19 *Grundlegung* 427.
20 Ebda. 462.
21 *KpV* 76. Die Behauptung „Das Gesetz selbst muß die Triebfeder sein" ist nicht ganz korrekt, sie wird daher präzisiert werden (s. u. § 7).
22 *Grundlegung* 499.455.
23 *Vorarbeiten zur Tugendlehre* XXIII 378.
24 *Erste Einleitung in die Kritik der Urteilskraft* XX 230 Anm.; *KpV* 9 Anm.
25 Dies hängt mit Kants Auffassungen über den philosophischen Gebrauch und die Gefahren der Definition zusammen (vgl. meinen Aufsatz *Kants Theory of Definition*, in: Philosophical Review LXV, 1956, 179–191).
26 Kant meint nicht Kategorien, sondern „Prädikabilien des reinen Verstandes"

(vgl. *KrV* A 82 = B 108). Aber selbst dies ist nicht korrekt. „Lust" ist nicht ein transzendentales, sondern ein empirisches Prädikat (Ebda. A 343 = B 401).

[27] S. o. Kap. VII § 4.

[28] *KpV* 24 f.; *Erste Einleitung in die Kritik der Urteilskraft* XX 246.

[29] Vernünftige Selbstliebe kann moralisch sein oder auch nicht. Jedenfalls ist sie nicht unmittelbar Grundlage einer Pflicht (vgl. *KpV* 93; *Religion innerhalb der Grenzen der bloßen Vernunft* VI 45 Anm.).

[30] Über die beiden Arten der Eigenliebe s. o. Kapitel VII § 7. Man kann sie eigentlich nicht beide „Neigungen" nennen. Es handelt sich mehr um ein System von Neigungen unter einer Maxime. Butler sprach sehr passend von „sentiment" (Gestimmtheit) im Gegensatz zu einer besonderen Leidenschaft (particular passion).

[31] Vgl. *KU* § 23.

[32] Vgl. *KpV* 86 f.; *Metaphysik der Sitten* VI 402 f.; *KU* § 27. In seiner Schrift *Über das Gefühl des Schönen und Erhabenen* (2. Abschnitt) hatte Kant in Anlehnung an Burke (*Inquiry into the Origin of Our Ideas of the Sublime and Beautiful* III 10 und 11) zwischen erhabenen und schönen Tugenden unterschieden. Über die lange Vorgeschichte dieser ästhetischen Begriffe in der Ethik vor Kant und in Kants früheren Schriften vgl. Giorgio Tonelli, *Kant. Dall'estetica metafisica all'estetica psicoempirica*, Memorie della Academia delle Scienze di Torino, 1955, 77–421, passim (vgl. Index).

[33] *KpV* 78; vgl. 85: „durch Achtung für dies Gesetz und aus Ehrfurcht für seine Pflicht".

[34] Vgl. ebda. 29: das Gesetz als Selbstbewußtsein der praktischen Vernunft.

[35] *Metaphysik der Sitten* VI 464.

[36] Selbst der Sünder, der das Gesetz übertritt, beweist durch sein Zittern vor der Majestät des Gesetzes diese Achtung (*KpV* 80). Vgl. *Religion innerhalb der Grenzen der bloßen Vernunft* VI 46 f.: „Die Wiederherstellung der ursprünglichen Anlage zum Guten in uns ist also nicht Erwerbung einer verlorenen Triebfeder zum Guten; denn diese, die in der Achtung vors moralische Gesetz besteht, haben wir nie verlieren können".

[37] *KpV* 75 (vgl. 23 f. 117).; ähnlich *KU* § 29 Anm. Dagegen steht *KpV* 25: „Reine Vernunft muß für sich allein praktisch sein, d. i. ohne Voraussetzung irgendeines Gefühls, mithin ohne Vorstellungen des Angenehmen oder Unangenehmen, als der Materie des Begehrungsvermögens, die jederzeit eine empirische Bedingung der Prinzipien ist, durch die bloße Form der praktischen Regel den Willen bestimmen können." Es fällt schwer, diese Äußerung mit den übrigen zu vereinbaren. Denn sie legt die Auffassung nahe, reine praktische Vernunft könne den Willen ohne den Wirkungszusammenhang bestimmen, der in diesem Kapitel untersucht wird.

[38] *Vorlesung über Ethik* 16.45.

[39] In dem wichtigsten Text (*KpV* 115–118) fehlt im Grunde nur der Ausdruck „moralisches Gefühl".

[40] *Metaphysik der Sitten* VI 399. Die anderen Vorbedingungen sind: Gewissen, Menschenliebe und (Selbst-)Achtung. Die *KU* (§ 86) gibt eine weitere Liste von „Gemütsstimmungen zur Pflicht": Dankbarkeit, Gehorsam und Demut (Hinnahme einer verdienten Strafe). Als Wirkung auf das moralische Gefühl werden § 91 Dankbarkeit und Verehrung einer unbekannten Ursache genannt, die aus der Bewunderung der Natur entspringen. Ein ähnlicher Gedanke findet sich *KpV* 160 in der Anekdote über Leibniz.

[41] Ähnliche Definitionen finden sich *Religion innerhalb der Grenzen der bloßen Vernunft* VI 27 und *Vorlesung über Ethik* 54.

[42] Der berühmten Stelle, wo Kant die Pflicht apostrophiert (86), mag eine Reminiszenz an Rousseaus Apostrophierung des Gewissens im *Emile* (ein Buch, das Kant bewunderte) zugrunde liegen. Zu Kants Text vgl. H. Romundt, *Vorschlag zu einer Änderung des Textes von der Kritik der praktischen Vernunft*, in: Kant-Studien XIII (1908) 313 f. (Mit Entgegnungen von B. Bauch und P. Natorp, ebda. 315 f.). Kant machte von der populären Stilform der Apostrophe wenig Gebrauch, da sie zur Sachlichkeit seines Stils wenig paßte. Eine Apostrophierung der Aufrichtigkeit findet sich in der Schrift *Religion innerhalb der Grenzen der bloßen Vernunft* VI 190 A.

[43] *Grundlegung* 400.

[44] Ebda. 449. 455; vgl. *KU* § 76.

[45] Für eine ausführliche Behandlung und Belegstellen vgl. Heimsoeth (*Studien zur Philosophie Immanuel Kants* 227 ff.).

[46] *KrV* A 365 f. (fehlt in B); vgl. B 431 f. (fehlt in A).

[47] *Religion innerhalb der Grenzen der bloßen Vernunft* VI 27 f. Diese Empfänglichkeit wird im nächsten Satz mit dem moralischen Gefühl im Sinne der *Metaphysik der Sitten* (VI 399), im Unterschied zur *KpV* identifiziert (s. o. 224).

[48] *Kritik der praktischen Vernunft* 84.

[49] Ebda. 127 Anm.; *KrV* A 315 = B 372; *KU* § 57 Anmerkung I.

[50] *Religion innerhalb der Grenzen der bloßen Vernunft* VI 36.

[51] *Grundlegung* 407.   [52] S. o. Kap. VIII § 4, Anm. 20.

[53] Ein heiliger Wille hat keine Triebfedern, keine Pflichten und keine Tugend. Er ist nur eine Idee oder ein Modell, nach dem wir menschliche Triebfedern, menschliche Pflicht und menschliche Tugend beurteilen. Der stoische Weise war, wie Kant bemerkt, so vollkommen, daß er „andern zwar Pflichten vorträgt, selbst aber über sie erhaben ist"; dies wäre aber nicht geschehen, „wenn sie sich dieses Gesetz in der Reinigkeit und Strenge, als es die Vorschrift des Evangelii tut, vorgestellt hätten" (*Kritik der praktischen Vernunft* 127 Anm.).

[54] Über „süße und sauere Pflicht" vgl. *Metaphysik der Sitten* VI, 377. 391; *Vorlesung über Ethik* 253.

[55] Selbst die Verfeinerung der Neigungen ist nichts Festes oder absolut Wertvolles: „Alles Gute aber, das nicht auf moralisch-gute Gesinnung gepfropft ist, ist nichts als lauter Schein und schimmerndes Elend" (*Idee zu einer allgemeinen Geschichte* 7. These VIII 26). In solchen Urteilen läßt Kant, bis in den Sprachgebrauch hinein, etwas vom Pathos Rousseaus erkennen.

[56] Diese positive Seite des moralischen Gefühls wird in der *Kritik der Urteilskraft* (§ 29, Allgemeine Anmerkung, V 271) mehr betont als in der *Kritik der praktischen Vernunft*. Hier wird in der Tat das Wohlgefallen an sich selbst nicht direkt mit dem moralischen Gefühl in Verbindung gebracht, und die ganze Erörterung findet sich nicht im Kapitel über die Triebfedern, sondern etwas später im Kapitel über das *summum bonum*. Immerhin ist auch hier klar, daß zum moralischen Gefühl eine Freude an der Sittlichkeit gehört, der die Demütigung des natürlichen Menschen vor dem Gesetz als eine notwendige Voraussetzung entspricht.

[57] *KpV* 118; Fragment 6 (Reflexion 7202).

[58] S. o. Kap. VII § 8.

[59] *Inquiry concerning the Principles of Morals* App. VI (Selby-Bigge 314).

[60] *KpV* 117; über Zufriedenheit vgl. Wolff, *Vernünftige Gedanken von Gott, der Welt und der Seele des Menschen* § 463.

⁶¹ *KpV* 152.157; vgl. *Grundlegung zur Metaphysik der Sitten* 410 f.; *Über den Gemeinspruch...* VIII 288.
⁶² *KpV* 118 (Hervorhebung v. Verf.); ähnlich *Grundlegung* 428. Vgl. dagegen *Religion innerhalb der Grenzen der bloßen Vernunft* VI 58 (über die Eitelkeit und die Sünde, von allen Neigungen frei sein zu wollen).
⁶³ *Über Anmut und Würde.* – Man beachte, daß Schiller von einem Mißverständnis der Lehren Kants spricht und daß Kant ihn als einen Bundesgenossen, nicht als einen Gegner betrachtete (vgl. *Religion...* VI 23 Anm.). Schillers berühmtes Distichon über Pflicht und Neigung kann nur als ein flüchtig hingeworfenes Wort gelten, das Schillers wirkliche Meinung über die Kantische Ethik nicht im Ernst widergibt. Es gab indes einen Punkt, über den ihre Auffassungen tatsächlich divergierten, obgleich er in ihrer Auseinandersetzung nicht klar herausgebracht wurde. Schiller betrachtete das Zusammenwirken rationaler und sinnlicher Elemente als wesentlich für die Tugend, während Kant darin höchstens eine unter vielen Pflichten erblickte (Kant, *Metaphysik der Sitten*, Tugendlehre § 48, VI 473: Tugenden und „Grazien" zu vereinigen, ist eine Pflicht). Die wohl beste und ausführlichste Untersuchung über die Kant-Schiller-Kontroverse und die weitverzweigte Literatur über diesen Gegenstand stammt von Hans Reiner (*Pflicht und Neigung*, Meisenheim, 1951, 28–49).
⁶⁴ Über Reue vgl. *KpV* 98.
⁶⁵ *Religion innerhalb der Grenzen der bloßen Vernunft* VI 23 f. Anm.
⁶⁶ Dr. Johnson war nicht einmal ein kompetenter und erst recht kein großer Philosoph. Aber er war, wie seine deutschen Zeitgenossen gesagt hätten, ein Mann von „gediegenem Verstand", dessen Zeugnis in Fragen des moralischen Urteils ein größeres Gewicht hat, als wenn er über eine philosophische Ausbildung verfügt hätte (die er weder besaß noch bewunderte). Als lebenskluger Laie kann er so bisweilen in philosophischen Auseinandersetzungen die Rolle eines unparteiischen Beobachters übernehmen. Boswell vermerkt: „Mein Herr (erklärte Mr. Johnson), ich kann jener instinktiven, zur Lebensgewohnheit gewordenen Gutartigkeit, die nicht auf Grundsätzen beruht, nur geringe Bedeutung beimessen. Ich gebe Ihnen gern zu, daß ein solcher Mensch ein ausgezeichnetes Mitglied der Gesellschaft sein kann. Ich kann ihn mir in einer Situation vorstellen, die ihn nicht in Versuchung führt, vom rechten Wege abzuweichen; und da die Gutartigkeit höchst schätzenswert ist, solange eine starke Versuchung fehlt, ihre Vorschriften zu überschreiten, so kann ich mir gut vorstellen, daß er nichts Böses tut. Aber wenn ein solcher Mensch dringend Geld brauchen sollte, so würde ich mich nicht auf ihn verlassen. Und so würde ich auch jetzt Mr. Dempster im Umgang mit jungen Damen nicht über den Weg trauen; denn eine Versuchung stellt sich immer ein" (*London Journal* 22. 7. 1763). Derselbe Ausspruch findet sich, leicht abgeändert, in Johnsons Biographie (Edit. „Modern Library" 268); vgl. auch Price, *Review of the Principal Questions of Morals* (hrsg. D. D. Raphael, Oxford 1948 191).
⁶⁷ *Über den Gemeinspruch...* VIII 276 f. u. ö.
⁶⁸ *Grundlegung 407; Idee zu einer allgemeinen Geschichte*, 6. These (VIII 23): „Wie kann man erwarten, daß aus so krummen Holze etwas völlig Gerades gezimmert werde?" (ähnlich: *Religion innerhalb der Grenzen der bloßen Vernunft* VI 100).
⁶⁹ *Das Ende aller Dinge* VIII 337 f. Eine ähnliche Aufgabe schreibt Kant dem Mitgefühl zu, eine „in uns von der Natur gelegten Antriebe, dasjenige zu tun, was die Pflichtvorstellung für sich allein nicht ausrichten würde" (*Metaphysik der Sitten*. Tugendlehre § 35). Gleichwohl ist es in der sittlichen Erzie-

hung nach Kant vorzuziehen, die Neigungen zu schwächen, statt sie mit dem Bewußtsein der Pflicht zu verbinden; denn diese Verbindung kann wohl bessere Handlungen, schwerlich aber bessere Menschen hervorbringen (Reflexion 6722; vgl. *KpV* 88). Es ist sogar bedenklich, andere Motive auch nur mit dem moralischen Gesetz zusammenwirken zu lassen (ebda. 72). Der Unterschied zwischen diesen Stellen ist unbestreitbar; aber offenkundig liegt in den praktischen Schriften zur Ethik der Akzent mehr auf einer Art von moralischem Synergismus, als in den rein theoretischen Untersuchungen.

70 Vgl. *KpV* 83 und *Das Ende aller Dinge* a. a. O.
71 Über praktische Liebe s. u. 299 Anm. 13 und *Metaphysik der Sitten* VI 449.
72 *Idee zu einer allgemeinen Geschichte* 3. These VIII 19 f.
73 *Mutmaßlicher Anfang der Menschengeschichte* VIII 115. Dieser Satz ist eine offenkundige Reminiszenz an den Anfang des *Emile*.
74 *Anthropologie in pragmatischer Hinsicht* § 14 VII 152 f.: „Alle menschliche Tugend im Verkehr ist Scheidemünze; ein Kind ist der, welcher sie für ächtes Gold nimmt. – Es ist aber besser, Scheidemünze, als gar kein solches Mittel im Umlauf zu haben, und endlich kann es, doch mit ansehnlichem Verlust, in baares Gold umgesetzt werden."
75 *KrV* A 748 = B 776.
76 *KpV* 70 f. 163; *Grundlegung* 405.
77 *Religion innerhalb der Grenzen der bloßen Vernunft* VI 47 f.
78 Ebda. 41.
79 Ebda. 47 f.
80 Ebda. 48; *KpV* 157.158.159.
81 Vgl. *Über den Gemeinspruch*... VIII 288.
82 *KpV* 86. Der Romanleser Kant warnt vor Romanen (ebda. 155.157.; Reflexion 7236).
83 *Metaphysik der Sitten* VI 376.
84 Vgl. die Beispiele *Metaphysik der Sitten* VI 480 ff. und die *Vorarbeiten* zu diesem Werk.
85 Kants Warnungen vor dem Gebrauch von Beispielen in der moralischen Erziehung beziehen sich auf die Gefahren eines *Hysteron-Proteron*, Heteronomie und „Sturm und Drang" (vgl. *Grundlegung* 408 f. u. ö.). Grundsätzlich jedoch sind Beispiele der Erziehung nützlich, da sie wirksamer als abstrakte Vorschriften sind (*Anthropologie* § 75).
86 *KpV* 160. Für diese „lebendige Darstellung", zitiert Kant (158 f.) Juvenal Sat. VIII 79–84, offenbar eine seiner Lieblingsstellen, denn er kommt auf sie auch in *Religion innerhalb der Grenzen der bloßen Vernunft* VI 49 und *Metaphysik der Sitten* VI 334 zurück.

XIII DIE DIALEKTIK DER REINEN PRAKTISCHEN VERNUNFT

1 *KrV* A 61 = B 85.
2 Ebda. A 63 = B 88.
3 Ebda. A 297 = B 353 f.
4 Ebda. A 423 = B 451.
5 Ebda. A 425 = B 453.
6 *Grundlegung* 404.
7 In diesem Sinne spricht die *Grundlegung* (405) von „Dialektik": Aus dem Widerstreit der Vernunft und der Sinne entsteht eine „natürliche Dialektik", d. i. ein Hang, wider jene Gesetze der Pflicht zu vernünfteln".

[8] *KrV* B XII.
[9] Ebda. A 805 = B 833.
[10] Ebda. A 810 = B 838, A 840 = B 868.
[11] Kant spricht auch unter anderen Titeln vom höchsten Gut. Es ist das „Reich Gottes" (128), die „intelligible Welt" (132), die „Existenz der natürlichen Wesen unter einem sittlichen Gesetz" (*KU* § 86), die „moralische Bestimmung des Menschen" (*KrV* A 840 = B 868). Diese Titel brauchen nicht eigens erörtert zu werden.
[12] *KpV* 109. – Das höchste Gut zum Gegenstand haben, bedeutet nicht *eo ipso* Heteronomie, da der Gegenstand nicht unabhängig vom moralischen Gesetz definiert ist (ebda. 64). Indes wäre Heteronomie die Folge, wenn das höchste Gut unabhängig vom moralischen Gesetz der Bestimmungsgrund wäre. Die im höchsten Gut enthaltene Glückseligkeit mag daher der Gegenstand des Willens, sie darf aber nicht der Bestimmungsgrund sein. Dem widerspricht der Satz nicht, daß das höchste Gut der Bestimmungsgrund ist, insofern es das moralische Gesetz als eine notwendige Bedingung enthält. Darauf besteht Kant in der Schrift *Über den Gemeinspruch...* VIII 280 Anm.
[13] In diesem Sinne ist es nicht möglich, daß wir unser ganzes Leben moralischen Maximen unterwerfen, wenn die Vernunft mit dem moralischen Gesetz nicht einen Erfolg verknüpft, der unserer Angemessenheit an die höchsten Zwecke genau entspricht (*KrV* A 812 = B 840; vgl. A 811 = B 839). Der sittliche Wille braucht das höchste Gut als „notwendige Bedingungen der Befolgung seiner Vorschrift" (*KpV* 132). „Der subjektive Effekt dieses Gesetzes, nämlich die ihm angemessene und durch dasselbe auch notwendige Gesinnung, das praktisch mögliche höchste Gut zu befördern, setzt doch wenigstens voraus, daß das letztere möglich sei" (ebda. 143). „Das Gesetz, was ihm bloß Achtung einflößt," genügt nicht dem Bedürfnis des Menschen, an seinem Zweck etwas zu finden, „was er lieben kann"; daher „erweitert (es) sich doch zum Behuf desselben zu Aufnehmung des moralischen Endzwecks der Vernunft unter seine Bestimmungsgründe", und diese synthetische Erweiterung des Begriffs des Gesetzes entsteht dadurch, daß es „auf die Natureigenschaft des Menschen, sich zu allen Handlungen noch außer dem Gesetz noch einen Zweck denken zu müssen, bezogen wird" (*Religion innerhalb der Grenzen der bloßen Vernunft* 6 Anm.). "Nun bedarf die Vernunft, ein solches abhängiges höchste Gut... anzunehmen, ... um dem Begriffe vom höchsten Gut objektive Realität zu geben, d. i. zu verhindern, daß es zusammt der ganzen Sittlichkeit nicht bloß für ein boßes Ideal gehalten werde, wenn dasjenige nirgend existirte, dessen Idee die Moralität unzertrennlich begleitet." (*Was heißt: Sich im Denken orientieren?* VIII 139.) Daß das höchste Gut notwendig ist, um der moralischen Gesinnung „Halt und Festigkeit, d. i. einen sicheren Grund und die erforderliche Stärke einer Triebfeder" zu verleihen, wird an anderer Stelle verneint (*Über den Gemeinspruch...,* VIII 279).
[14] S. o. 131 ff.
[15] *KpV* 114. An anderen Stellen wird dies nachdrücklich bestritten (vgl. z. B. ebda. 142 f.; *KU* § 87).
[16] Die Annahme eines höchsten Guts wird eindeutig der theoretischen Vernunft zugerechnet: *KrV* A 809 = B 837; *KU* §§ 83.84; vgl. auch *KrV* A 839 = B 867.
[17] *KrV* A 811 = B 889; *KpV* 114.
[18] S. o. 264 Anm. 4. In den *Prolegomena* (§ 52 Anm.) stellt Kant indes die Einzigartigkeit der theoretischen Antinomien heraus.

[19] Sowohl die Stoiker wie die Epikureer bestritten dies; sie unterschieden sich nur darin, daß die einen die Tugend, die anderen die Glückseligkeit zum *analysandum* machten (*KpV* 112).
[20] Ebda. 111. 113.
[21] Man beachte schon hier, daß diese beiden antinomischen Thesen sich nicht unmittelbar auf Kants Formulierung stützen. Die Interpretation des Textes ist, wie sich zeigen wird, umstritten.
[22] Ebda. 119. Kants Argument wird unterbrochen durch eine Erörterung der Verknüpfung von Glückseligkeit und Tugend, sofern sie nicht durch eine intelligible Welt vermittelt ist (115–119). Diese Absätze können als eine „Bemerkung" ohne Schwierigkeit im Text ausgeklammert werden. Wir haben sie bereits in Kapitel XII erläutert. Nach der *KrV* (A 810 = B 838) ist die Verknüpfung von Tugend und Glückseligkeit im höchsten Gut ohne die Vermittlung Gottes in einer intelligiblen Welt reiner Vernunftwesen möglich. Kant spricht hier von einem „System der sich selbst lohnenden Moralität". Aber für uns Menschen ist dies nicht hinreichend oder vielmehr: *Wir* genügen dieser Bedingung nicht.
[23] Eine Antinomie besteht aus zwei Urteilen, „deren (jedes) nicht allein an sich selbst ohne Widerspruch ist, sondern sogar in der Natur der Vernunft Bedingungen seiner Notwendigkeit antrifft, nur daß unglücklicherweise der Gegensatz ebenso gültige und notwendige Gründe der Behauptung auf seiner Seite hat" (ebda. A 421 = B 449).
[24] Diese Bemerkung stellt klar, daß Kant das Postulat der Unsterblichkeit nicht darauf gründet, daß Belohnungen im Jenseits das Verlangen nach Glückseligkeit befriedigen müssen. In dieser Welt findet jedoch die ausgleichende Gerechtigkeit nicht statt. Die vier Absätze, die ich als „Bemerkungen über das System der sich selbst lohnenden Moralität" auszuklammern vorgeschlagen habe, handeln nicht von der moralischen Selbstzufriedenheit in diesem Leben als der Glückseligkeit. Dies legt nahe, daß die Glückseligkeit des höchsten Guts nicht in der sinnlichen Welt, sondern in einem Jenseits erhofft wird. Schon bevor wir auf das Postulat der Unsterblichkeit eingehen, stoßen wir so auf eine Dunkelheit, die keineswegs die einzige in diesem Begriff bleiben wird (s. u. Kapitel XIV § 4).
[25] In Anlehnung an August Messer, *Kants Ethik* 88.
[26] Die von Kant (110) erwähnte Zweiteilung der Aufgaben scheint sich hierauf zu beziehen. Aber diese Einteilung dient nicht zur Gliederung der folgenden Abschnitte der transzendentalen Dialektik. Vielleicht hatte Kant ursprünglich eine ausgedehntere Diskussion des Freiheitspostulats vor der Behandlung der beiden anderen Postulate im Sinn. In diesem Falle hätte er seine Einteilung durchführen können.
[27] *KrV* A 475 = B 503.   [28] Ebda. A 470 = B 498.
[29] Kants Gebrauch des Wortes „Interesse" enthält eine Inkonsistenz. Dieses Wort bedeutet einmal den Zweck, zu dem ein Vermögen gebraucht wird, und zum anderen ein Prinzip, das den Gebrauch dieses Vermögens fördert. So ist das Interesse der theoretischen Vernunft einmal „die Erkenntnis des Objekts bis zu den höchsten Prinzipien a priori" und zum anderen die Festsetzung von Grenzen, in die die „Ungeheuer der Vernunft" nicht einbrechen können, um ihr geordnetes Fortschreiten zu stören. Das Interesse der theoretischen Vernunft ist in dieser letzteren Bedeutung die Beschränkung des „Unsinns oder Wahnsinns der Einbildungskraft" (*KpV* 120. 121). Jenes scheint dem dogmatischen Metaphysiker das Vernunftinteresse zu sein, dieses einem kritischen Metaphysiker wie Kant.

[30] *KrV* A 798 = B 826.
[31] Ebda. A 796 = B 824.
[32] Ebda. A 796 = B 824. „Die Vernunft ahnet Gegenstände, die ein großes Interesse für sie bei sich führen. Sie tritt den Weg der bloßen Spekulation an, um sich ihnen zu nähern, aber diese fliehen vor ihnen."
[33] Ebda. A 777 = B 805.
[34] Ebda. A 816 = B 844; *KpV* 121.
[35] Die einzelnen Postulate werden in Kapitel XIV besprochen.
[36] *KpV* 11 Anm.; vgl. *KrV* A 234 = B 287: „Nun heißt ein Postulat in der Mathematik der praktische Satz, der nichts als die Synthesis enthält, wodurch wir einen Gegenstand uns zuerst geben, und dessen Begriff erzeugen." Ähnlich *Vorlesungen über Logik* § 38 und Reflexion 4370.
[37] Ähnlich Wolff, *Philosophia rationalis sive logica* § 269 und Baumgarten *Acroasis logica* § 250.
[38] Vgl. Gottfried Martin, *Arithmetik und Kombinatorik bei Kant* (Itzehoe 1938) 19; vgl. auch 21.
[39] *KrV* A 732 = B 760; *Preisschrift* II 278 ff.
[40] *KpV* 134; vgl. auch 259 Anm. 1 und 2.
[41] Ebenso zwischen Voraussetzung und Postulat: „Wir werden künftig von den moralischen Gesetzen zeigen, daß sie das Dasein eines höchsten Wesens nicht bloß voraussetzen, sondern auch, da sie in anderweitiger Betrachtung schlechterdings notwendig sind, es mit Recht, aber freilich nur praktisch, postulieren" (*KrV* A 634 = B 662). Ähnlich *KpV* 142.
[42] Ebda. A 633 = B 661. Das Postulat wird entsprechend eine „notwendige Hypothese" genannt (*KpV* 11 Anm.).
[43] *KpV* 11 Anm.; *Was heißt: Sich im Denken orientieren?* VIII 141.
[44] *Was heißt: Sich im Denken orientieren?* VIII 141.
[45] *KpV* 146. In der Schrift *Zum ewigen Frieden in der Philosophie* (VIII 418 Anm.; nicht zu verwechseln mit der Schrift *Zum ewigen Frieden*) heißt es, ein Postulat sei ein Imperativ, der nicht auf einen Gegenstand gerichtet ist, sondern eine gewisse Maxime gebietet. Während dies mit Kants Feststellung übereinstimmt, daß das moralische Gesetz (im Sinne eines Imperativs) ein praktisches Postulat ist (*KpV* 46; vgl. aber 132), läßt sich diese isolierte Äußerung nicht mit den Lehren der *Kritik* als ganze vereinbaren. Sie ist sogar mit den Darlegungen der Schrift, in der sie steht, als ganzer unvereinbar, nach denen ein Postulat ein praktisch notwendiger theoretischer Satz über ein unerkennbares Objekt ist.
[46] „Alle Menschen könnten hieran (sc. Triebfeder zu Erfüllung unserer Pflicht) auch genug haben, wenn sie (wie sie sollten) sich bloß an die Vorschrift der reinen Vernunft im Gesetz hielten. Was brauchen sie den Ausgang ihres moralischen Tuns und Lassens zu wissen, den der Weltlauf herbeiführen wird? Für sie ist's genug, daß sie ihre Pflicht tun; mag es nun auch mit dem irdischen Leben alles aus sein, und wohl gar selbst in diesem Glückseligkeit und Würdigkeit vielleicht niemals zusammentreffen. Nun ist's aber eine von den unvermeidlichen Einschränkungen des Menschen..." (*Religion innerhalb der Grenzen der bloßen Vernunft* VI 6 Anm.). Vgl. *Grundlegung* 411 f., wo es heißt, die Moralphilosophie abstrahiere, noch mehr als die theoretische Philosophie, von der besonderen Natur der menschlichen Vernunft. Damit stimmt die Postulatenlehre offenbar nicht überein; die Behauptung in der *Grundlegung* bezieht sich auf die Formulierung des Gesetzes, nicht auf die Pflicht und die Postulate.

⁴⁷ Das Thema des VII. Abschnitts im zweiten Hauptstück der Dialektik ist eine Fortsetzung des zweiten Anhangs zum ersten Hauptstück der Analytik 50–57.
⁴⁸ „So werde ich unausbleiblich ein Dasein Gottes und ein künftiges Leben glauben, und bin sicher, daß diesen Glauben nichts wankend machen könne, weil dadurch meine sittliche Grundsätze selbst umgestürzt werden würden, denen ich nicht entsagen kann, ohne in meinen eigenen Augen verabscheuungswürdig zu sein" (A 828 = B 856).
⁴⁹ Ebda. A 829 = B 857.
⁵⁰ *KpV* 143. Auf diese Stelle stützt sich die fiktionalistische Kant-Interpretation. Aber Kant erfüllt die Eingangsbedingungen der fiktionalistischen Schule nicht: Der Satz von der Existenz Gottes ist nicht theoretisch falsch, und er soll nicht nur als eine praktische Fiktion anerkannt werden.
⁵¹ *KrV* B XXV.
⁵² Ebda. A 829 = B 857.
⁵³ *KpV* 126. 144. 146; *KrV* A 828 = B 856; *Was heißt: Sich im Denken orientieren?* VIII 141; *Grundlegung* 462.
⁵⁴ *KrV* A 822 = B 850.
⁵⁵ Ebda. A 825 = B 853; *Was heißt: Sich im Denken orientieren?* VIII 141. Philip Merlan (Hamann et les Dialogues de Hume, in: Revue de metaphysique et de moral, LIX 1954, 285–298) versucht zu zeigen, daß der Unterschied zwischen doktrinalem Glauben und Vernunftglauben eine Antwort Kants auf Hamanns Hume-Übersetzung darstellt.
⁵⁶ *Was heißt: Sich im Denken orientieren?* VIII 136 Anm.; vgl. *KrV* A 574 = B 503.
⁵⁷ *KrV* A 236 = B 295; vgl. auch A 395 f.
⁵⁸ Prolegomena § 59.
⁵⁹ *KU* § 87. Aber wer den Glauben nicht hat, muß auf einen Zweck verzichten, den er haben sollte. Spinoza dient Kant als Beispiel eines solchen nicht ans Ziel gekommenen Moralphilosophen.
⁶⁰ *Fortschritte der Metaphysik* XX 298.
⁶¹ *KU* § 91.
⁶² *Religion innerhalb der Grenzen der bloßen Vernunft* VI 116. 118 u. ö.; *Mutmaßlicher Anfang der Menschengeschichte, passim; Streit der Fakultäten* VII 38–47.
⁶³ *KrV* B XXX. Ähnlich äußert sich Coleridge: Die Existenz Gottes „hätte nicht intellektuell evidenter sein können, ohne moralisch weniger wirksam zu sein, ohne ihrem eigenen Zweck zuwider zu laufen und das Glaubensleben dem Weltmechanismus einer wertlosen, weil erzwungenen Zustimmung auszuliefern" (*Biographia literaria* X).
⁶⁴ *KrV* B XXX.
⁶⁵ *KpV* 5; vgl. Prolegomena IV 373 Anm.
⁶⁶ Vor allem Chamissos *Faust* (1803).
⁶⁷ Vgl. auch *KrV* A 476 = B 504; A 801 = B 829.
⁶⁸ *Einzig möglicher Beweisgrund...* Ende (II 163).
⁶⁹ Reflexion 4996; vgl. *KpV* 148.
⁷⁰ *Faust* Prolog im Himmel.

XIV DIE POSTULATE DER REINEN PRAKTISCHEN VERNUNFT

[1] *KpV* 134: „Also wird durchs praktische Gesetz, welches die Existenz des höchsten in einer Welt möglichen Guts gebietet, die Möglichkeit jener Objekte der reinen spekulativen Vernunft ... postuliert."

[2] Ebda. anschließend: „...weil praktische Vernunft die Existenz derselben zur Möglichkeit ihres, und zwar praktisch schlechthin notwendigen, Objekts des höchsten Guts unvermeidlich bedarf", ebda. 125: „Folglich ist das Postulat der Möglichkeit des höchsten abgeleiteten Guts (der besten Welt) zugleich das Postulat der Wirklichkeit eines höchsten ursprünglichen Guts, nämlich der Existenz Gottes."

[3] Vgl. vorige Anm.

[4] Ebda. 46; anders 132.

[5] Kapitel XI § 14.

[6] Wenn der Mittelbegriff ein Wertprädikat ist, so kann ein Seinssatz natürlich aus zwei Werturteilen als Prämissen gültig gefolgert werden.

[7] Dieser Sprachgebrauch ist zweifellos weiter als derjenige Kants. Denn Kant beschränkt die Bedeutung des Wortes transzendental auf die Rechtfertigung von synthetischen Erkenntnissen a priori, und er schließt folglich die Ethik aus der Transzendentalphilosophie aus (*KrV* A 15 = B 29). Es dürfte indes kein geeigneteres Wort geben, den Bereich dieser synthetischen, theoretischen Sätze a priori zu umschreiben, die nicht zur Struktur der theoretischen Erkenntnis als solcher gehören. Kant selbst weist auf Übereinstimmungen zwischen seiner Ethik und seiner transzendentalen Logik hin. Wolffs *philosophia practica universalis* verhält sich zu seiner Metaphysik der Sitten, wie er sagt, wie die allgemeine Logik zur transzendentalen Logik (*Grundlegung* 390). Das moralische Argument für die Existenz Gottes heißt in der *KrV* (A 589 = B 617) transzendentales Argument (ähnlich *KpV* 113).

[8] Die praktische dogmatische Metaphysik, die diesen Zuwachs erhält, ist ein Teil der Theorie, auch wenn ihre Sätze nur von einem praktischen Gesichtspunkt aus gültig sind. Sie unterscheidet sich so von der spekulativen Metaphysik, die überhaupt nicht Gültigkeit besitzt, und von der Metaphysik der Sitten, die ein Teil der praktischen Philosophie ist. Eine solche hybride Theorie und Praxis hat Kant, unnötig zu sagen, im Detail nie ausgearbeitet, aber an der Stelle, wo wir jetzt stehen, stoßen wir auf ihre Grundlegung. Von dem moralischen Argument für die Existenz Gottes heißt es in *Fortschritte der Metaphysik* (XX 305), es sei „hinreichend zu beweisen, und eine Theorie des Übersinnlichen, aber nur als praktisch-dogmatischen Überschritt zu demselben, zu begründen, also eigentlich nicht ein Beweis von seinem Dasein schlechthin (*simpliciter*), sondern nur in gewisser Hinsicht (*secundum quid*), nämlich auf den Endzweck, den der moralische Mensch hat, und haben soll, bezogen, mithin bloß der Vernunftmäßigkeit, ein solches anzunehmen, wo dann der Mensch befugt ist, einer Idee, die er, moralischen Prinzipien gemäß, sich selbst macht, gleich ob er sie von einem gegebenen Gegenstande hergenommen, auf seine Entschließungen Einfluß zu verstatten".

[9] Die Zitate und Anspielungen in diesem Absatz beziehen sich auf *KpV* 135; ähnliche Äußerungen finden sich auch auf der folgenden Seite.

[10] *KrV* A 334 = B 391; B 395 Anm.; vgl. *KU* § 91.

[11] In etwas anderem Zusammenhang treten sie auch als die Thesen der zweiten, dritten und vierten Antinomie auf.

[12] *KrV* A 796 = B 824.

[13] *Träume eines Geistersehers* II 373.
[14] Am bündigsten wird der Paralogismus erklärt *KrV* B 410 f. Eine weitere Widerlegung des von der Einfachheit der Seele ausgehenden Unsterblichkeitsbeweises richtet sich gegen Mendelssohn (B 414 f.), und wieder eine andere Widerlegung findet sich in der zweiten Antinomie (bes. A 443 = B 471).
[15] Ebda. B 424.
[16] Ebda.
[17] Ebda. B 421.
[18] Ebda. B 425 f.; vgl. A 827 = B 855. Da hier als Prämisse ein theoretischer Satz über die (moralische) Natur des Menschen dient, ist dies ein doktrinaler, kein moralischer Glaube. Vom moralischen Argument der zweiten *Kritik* weicht dieser analogische Analogieschluß durch einen subtilen, aber wesentlichen Unterschied ab. Das moralische Argument wurde, soweit ich sehe, von keinem anderen Autor antizipiert. Der sich auf die moralische Natur des Menschen stützende doktrinale Glaube hingegen stammt aus der platonischen Tradition und war im 18. Jahrhundert weithin anerkannt. Addison formulierte ihn im *Spectator* (Nr 111, 1711) und bemerkte dazu, er erinnere sich nicht, diesen „stärksten" aller Beweise für die Unsterblichkeit der Seele anderswo gefunden zu haben. Er findet sich ebenso bei Platner (*Philosophische Aphorismen*, 1782, §§ 1176–1179), Mendelssohn (*Phaedon*, 1769), Crusius (*Anweisung vernünftig zu leben* I, Thelematologie, 1744, §§ 218–221) und Lessing (*Erziehung des Menschengeschlechts*, 1780, §§ 79 ff.). Kant hatte alle diese Autoren gelesen.
[19] *KrV* A 813 = B 841; vgl. A 811 = B 839.
[20] Ebda. A 623 = B 651.
[21] Vgl. *Metaphysik der Sitten* VI 490.
[22] *KrV* B XXXII.
[23] S. o. Kapitel XIII § 3.
[24] *KpV* 110. Man beachte, daß der zweite Satz auf Seite 122 dem widerspricht.
[25] Ebda. 129: größte Glückseligkeit in vollkommenste Entsprechung mit dem höchsten Grad moralischer Vollendung. Ähnlich *Vorlesungen über Metaphysik* (Heinze 712 = Ak.-A. XXVIII 793, 22–24): „Beides macht das summum bonum aus, nämlich die moralische Vollkommenheit der Person und die physische Vollkommenheit des Zustandes."
In der *KrV* (A 810 = B 839) spricht Kant vom „Ideal des höchsten Guts". Da ein Ideal ein „einzelnes, durch die Idee allein bestimmbares oder gar bestimmtes Ding" ist (A 568 = B 596), bezieht sich dies auf das höchste Gut in der maximalen Bedeutung.
[26] *KpV* 122.
[27] *KpV* 123. Diese Erwartung enthält eine Hoffnung auf Seligkeit (ebda. 123 Anm., 127 Anm. 128 f.).
[28] *Das Ende aller Dinge* VIII 330.
[29] *KpV* 146; in dogmatisch-theologischer Form: *Religion innerhalb der Grenzen der bloßen Vernunft* VI 128 Anm.
[30] *KrV* A 688 = B 716.
[31] Ebda. A 692 = B 720; *KU* Einleitung V.
[32] S. o. Anm. 1 und 2. Kant benutzt das Wort „Möglichkeit" in doppelter Bedeutung. Manchmal sagt er daher, die *KrV* beweise die Möglichkeit der Ideen, manchmal hingegen, sie könne ihre Möglichkeit nicht beweisen (*KrV* A 558 = B 586; *KpV* 4. 132. 145). Im ersten Fall wird „Möglichkeit" im Sinne des „logisch Möglichen", d. h. des widerspruchsfrei Denkbaren oder des durch die (unschematisierten) Kategorien Denkbaren genommen. Im zweiten Falle ist

das „real Mögliche" im Sinne des ersten Postulats des empirischen Denkens überhaupt (*KrV* A 218 = B 266), d. h. das, was im Zusammenhang mit der Struktur der wirklichen Erfahrung steht, gemeint. Das Dasein Gottes ist in demselben Sinne logisch möglich wie etwa die Existenz von Lebewesen auf einem anderen Planeten. Anders steht es um seine reale Möglichkeit; denn das Dasein Gottes ist nicht mit Anschauungen verknüpft, sondern nur mit Begriffen. Zur Realmöglichkeit Gottes im Sinne der zweiten *Kritik* gehört (a) die logische Möglichkeit und (b) die notwendige Beziehung auf ein anderes Faktum (z. B. die Sittlichkeit), dessen Realität gegeben ist. So vertritt das Faktum der reinen Vernunft praktisch die Anschauung (s. o. 149 f. 165 f.), indem es bloße Begriffe des logisch Möglichen in die Erkenntnis verwandelt, daß das logisch Mögliche real möglich ist (*KpV* 66).

[33] *KrV* A 813 = B 841.

[34] Ebda. A 818 = B 846; A 589 = B 617; A 634 = B 662; *Reflexionen* 6110. 6236.

[35] Erst in der Schrift *Religion innerhalb der Grenzen der bloßen Vernunft* (VI 101) vermochte Kant einen Gottesbeweis vorzulegen, der sich ausschließlich auf die erste Komponente des höchsten Guts stützt. Das höchste moralische Gut, so erfahren wir dort, kann nicht durch ein vereinzeltes Individuum, sondern nur in einem moralischen Reich verwirklicht werden. Die Errichtung dieses sittlichen Reichs kann nicht das Werk des Menschen sein; der Mensch kann nur die Würdigkeit erwerben, Mitglied dieses Reichs zu sein. Die Errichtung dieses Reichs beruht auf der Gnade Gottes. Tugend ist die Würdigkeit, dieser Gnade teilhaftig zu werden (sie tritt jetzt an die Stelle der Würdigkeit, glücklich zu sein). Das höchste Gut ist das Reich Gottes, das durch Gott errichtet wird. Das moralische Gebot, nach dem Reich Gottes zu streben, erfordert daher, daß eine solche moralische Gesetzgebung existiere, und es rechtfertigt diesen Glauben und diese Hoffnung unabhängig von den Belohnungen, die man sich von einem solchen Gesetzgeber erwarten mag. In der *KU* (§ 87) hat Kant das moralische Argument zum letztenmal in seiner klassischen Gestalt, d. h. unter Benutzung beider Komponenten des höchsten Guts, vorgetragen. Es findet sich nur eine einzige Modifikation. Das natürliche Streben des Menschen nach Glückseligkeit gilt hier nicht als vorgängige Bedingung für die Definition des höchsten Guts; sondern das Dasein Gottes gilt als die Bedingung, unter der allein ein Mensch sich moralisch irgendeinen Zweck als notwendig setzen kann, selbst wenn die Verwirklichung dieses Zwecks nicht in seiner Macht steht. Dieser Zweck ist nicht die erstrebte Glückseligkeit, die nachträglich auf die moralische Bedingung der Würdigkeit, glücklich zu sein, beschränkt worden ist, sondern Glückseligkeit, insofern sie moralisch verdient ist. Ein ähnlicher Gedanke findet sich in der Schrift *Über den Gemeinspruch...* (VIII 280 Anm.).
Obgleich Kant, wie wir sahen, das moralische Argument vielfach umbildete, ließ er es doch nicht fallen (vgl. George A. Schrader, Kant's Presumed Repudiation of the Moral Argument in the *Opus postumum*, in: Philosophy XXVI, 1951, 228–241). Daß die „neuen" Lehren des *Opus postumum* neben denen des moralischen Arguments auftreten, zeigt auch Walter Reinhard, *Über das Verhältnis von Sittlichkeit und Religion bei Kant* (Bern 1929).

[36] S. o. 227 f.234.

[37] *KpV* 110. Die praktischen Konsequenzen dieser unparteiischen Vernunft liegen in der Konzeption, daß jeder Mensch ein Zweck in sich selbst ist. Sie werden 131 f. gezogen.

[38] Es liegt hier bei Kant nur scheinbar ein Zirkel im Beweis vor. Der Gottesbegriff wird nicht gebraucht, um den Begriff des höchsten Guts zu begründen. Der Begriff eines unparteiischen Beobachters ist wesentlich; es folgt dann, daß ein mit der erforderlichen Macht ausgestatteter unparteiischer Beobachter das höchste Gut verwirklichen würde.
Kant gebraucht den Begriff des unparteiischen Beobachters zu einem anderen Zweck in *Grundlegung* IV 393.

[39] *Metaphysik der Sitten* 482; vgl. auch *KU* § 91 (V 479), wo wir hören, das teleologische Argument sei eine erwünschte Bestätigung des moralischen.

[40] *KrV* A 623 = B 651.

[41] Ebda. A 817 = B 845; *KpV* 140.

[42] *KpV* 138 f., – offenbar ein Echo aus Humes *Dialogues concerning Natural Religion*. Der unvermeidliche Anthropomorphismus der physiko-theologischen Gottesauffassung ist *KrV* A 697–700 = B 725–728 beschrieben.

[43] *KpV* 137; vgl. ebda. 57 und *Grundlegung* 411 f. 425.

[44] In der *KpV* (140) verlegt Kant den Anfang dieser Entwicklung in die Zeit des Anaxagoras, während er ihn in der *KrV* (A 817 = B 845) anscheinend dem Christentum zuschreibt.

[45] *KpV* 131. Daß sich dies aus anderen Prämissen weitaus klarer und überzeugender ableiten läßt, sieht man in der *Grundlegung* 429.

[46] *KU* § 86 (V 442 f.).

[47] Ebda. und *Über den Gebrauch teleologischer Prinzipien* VIII 182 f.

[48] Vgl. *KrV* A 816 = B 844.

[49] Ebda. A 840 = B 868.

[50] *KU* § 91 (Schlußabsatz des Buchs).

[51] *Grundlegung* 408 f.; *KpV* 139.

[52] Kant, Brief an Jacobi vom 30. 8. 1780: „...wenn das Evangelium die allgemeine sittliche Gesetze in ihrer ganzen Reinigkeit nicht vorher gelehrt hätte, die Vernunft bis jetzt sie nicht in solcher Vollkommenheit würde eingesehen haben, obgleich, da sie einmal da sind, man einen jeden von ihrer Richtigkeit und Gültigkeit (anjetzt) durch die bloße Vernunft überzeugen kann."

[53] *KpV* 129; vgl. *KU* § 91 (V 481); *Metaphysik der Sitten* VI 487; *Streit der Fakultäten* VII 36.

[54] Dies richtet sich gegen Wolff, der die Pflichten in solche gegen uns selbst, gegen andere und gegen Gott eingeteilt hatte.

[55] *Metaphysik der Sitten* VI 227; *Religion innerhalb der Grenzen der bloßen Vernunft* VI 6 Anm. Kiesewetter, ein besonders anhänglicher Schüler Kants, dessen Äußerungen man gleichwohl mit Gewinn liest, mochte dies nicht einmal als einen Zuwachs betrachten. Am 3. 3. 1790 schrieb er an Kant (XI 137): „Ich bin überzeugt, ... daß der Grundsatz Ihres Moralsystems, sich mit den Lehren der christlichen Religion ganz wohl verträgt, vielleicht auch, daß wenn Christus Sie gehört und verstanden hätte, er gesagt haben würde, ja das wollte ich auch durch meine Liebe Gott sagen."

[56] Herbert Spiegelberg, Gesetz und Sittengesetz (Zürich und Leipzig 1935) 252. Dieses Buch enthält einen wertvollen Beitrag zur Entwicklungsgeschichte des Begriffs „moralisches Gesetz". Wenige Untersuchungen zeigen m. E. Kants Originalität in Begriffsbildung und Terminologie besser als diese Darstellung der allmählichen Entwicklung des Begriffs eines moralischen Gesetzes und seiner Abgrenzung vom Naturrecht und vom göttlichen Gesetz.

[57] *Streit der Fakultäten* VII 42. Die Gebote der Gottesliebe und der Nächstenliebe haben ebenfalls nur einen moralischen Inhalt (*KpV* 83). Mit den Deisten

teilt Kant die Auffassung, daß die Religion zum Inhalt der Ethik nichts Neues hinzufügt; was ihn vom Deismus trennt, ist die Auffassung, daß nicht die Naturphilosophie, sondern die Ethik die Grundlage der natürlichen Theologie bildet. So sagt Kant im „Streit der Fakultäten" (VII 36), es gebe keine materiale Differenz (Unterschied des Inhalts) zwischen Moralität und Religion, sondern nur eine formale Differenz. Für die deistische Position ist hingegen ein Wort von Tindal bezeichnend: Moralität ist Handeln nach der Ordnung der Dinge, wie sie an sich sind; Religion ist Handeln nach derselben Ordnung, wenn sie als ein Gesetz Gottes verstanden wird (*Christentum so alt wie die Schöpfung*, zit. nach Leslie Stephen, *History of English Thought in the Eighteenth Century* I 144).

[58] *Zum ewigen Frieden* VIII 367 Anm.: Es kann nur eine wahre Religion geben, weil es nur eine wahre Sittlichkeit gibt. Ähnlich *Religion innerhalb der Grenzen der bloßen Vernunft* VI 107 und *Streit der Fakultäten* VII 36: Es gibt nur eine Religion, und deren schlichteste Form ist das Christentum.

[59] *Allgemeine Naturgeschichte und Theorie des Himmels*, letzter Absatz; *Beobachtungen über das Gefühl des Schönen und Erhabenen* II 208 f.; *Träume eines Geistersehers* II 332; *Einzig möglicher Beweisgrund...* II 141. Auf eine ähnliche Verbindung bei Seneca, einem Lieblingsautor Kants (*Ad Helviam matrem de consolatione* VIII), hat Vaihinger (Ein berühmtes Kantwort bei Seneca?, in: Kant-Studien II, 1898, 491–493) hingewiesen. Aber die Seneca-Stelle klingt, wie Vaihinger mit Recht hervorhebt, mehr an Kants vorkritische Schriften als an die Stelle der *KpV* an.

[60] An der bekannten Stelle, wo Kant von seiner Ehrfurcht vor seiner Mutter spricht (Jachmann, *Immanuel Kant geschildert in Briefen an einen Freund*, 1808, Neunter Brief), heißt es, sie habe in ihm „die Saat des Guten gepflanzt und genährt" und „sein Herz den Eindrücken der Natur geöffnet", – dieselbe Verbindung wie in jenem berühmten Kantwort.

[61] *KU* § 26 (bes. V 256).

[62] Ebda. § 27 (V 257).

[63] Ebda. § 28 (V 264); *KpV* 117; *Beobachtung über das Gefühl des Schönen und Erhabenen* II 215.

[64] Eine ähnliche Analogie findet sich *Prolegomena* IV 366: „Die Kritik verhält sich zur gewöhnlichen Schul-Metaphysik gerade wie Chemie zur Alchymie, oder wie Astronomie zur wahrsagenden Astrologie."

[65] Vgl. *KpV* 108; *KrV* B XXIV.

BIBLIOGRAPHIE

I. Ausgaben der „Kritik der praktischen Vernunft"

Critik der practischen Vernunft von Immanuel Kant. Riga. bey Johann Friedrich Hartknoch, 1788 [sic]. 292 S.; zweyte, vierte, fünfte und sechste Auflage [n], 1792. 1797. 1808. 1827. (Anstelle der dritten Auflage erschien ein Neudruck der 2. Auflage.) Nachdruck: Neueste mit einem Register vermehrte Auflage. Grätz [sic] 1796. Weitere Nachdrucke: Frankfurt und Leipzig 1791. 1795. 1803.

Rosenkranz, Karl und Schubert, F. W., in Bd. VIII ihrer Kant-Ausgabe, Leipzig 1838.

Hartenstein, G., in Bd. IV seiner Kant-Ausgabe, Leipzig 1838 (= Bd. V der Ausgabe von 1867).

Kirchmann, J. H. von, in der „Philosophischen Bibliothek", Berlin 1869. 1870. 1882. 1897.

Kehrbach, Karl, in „Reclams Universalbibliothek" Leipzig [1878].

Vorländer, Karl, in der „Philosophischen Bibliothek" Leipzig 1906; 9. Auflage 1929.

Natorp, Paul, in: Kants Gesammelte Schriften, Bd. V, Königliche Preussische Akademie der Wissenschaften, Berlin 1908. 1913.

Kellermann, Benzion, in: Immanuel Kants Werke (Cassirer-Ausgabe), Bd. V, Berlin 1914. 1922.

Gross, F., in: Kants Sämmtliche Werke (Großherzog Wilhelm Ernst-Ausgabe), Leipzig (Inselverlag) 1920.

Weischedel, W., in: Kants Werke, Bd. IV, Leipzig (Inselverlag) 1957.

Kopper, Joachim, in „Reclams Universalbibliothek", Stuttgart 1961 u. ö.

II. Sekundär-Literatur

Acton, H. B., Kant's Moral Philosophy, London 1970.

Adickes, Erich, Korrekturen und Konjekturen zu Kants ethischer Schrift, in: Kant-Studien V (1901), 207–214.

Aster, Ernst von, Band V und VI der Akademie Ausgabe, in: Kant-Studien XIV (1909), 468–476.

Attisani, Adelchi, Metodo attivo e metodo speculativo nella metodica della ragion pratica di E. Kant, Messina 1951.

Ballauf, Theodor, Vernünftiger Wille und gläubige Liebe. Interpretationen zu Kants und Pestalozzis Werk, Meisenheim 1957.

Barnes, G. W., In Defence of Kant's Doctrine of the Highest Good, in: Philosophical Forum II (1971), 446–458.

Barni, Jules, Examen des Fondements de la métaphysique des moeurs et de la Critique de la raison pratique, Paris 1851.

Beck, Lewis White, Apodictic Imperatives, in: Kant-Studien XLIX (1957), 7–24.

—, Les deux concepts kantiens de vouloir dans leur contexte politique, in: Annales de philosophie politique IV: La philosophie politique de Kant, 1962, 119–137.

—, Das Faktum der Vernunft. Zur Rechtfertigungsproblematik in der Ethik, in: Kant-Studien LII (1961), 271–282.

—, Studies in the Philosophy of Kant, Indianapolis 1965.

—, Early German Philosophy, Cambridge (Harvard University Press) 1969, 426–501.

Bendavid, Lazarus, Vorlesungen über die Critik der praktischen Vernunft, Wien 1796.

Bohatec, Josef, Die Religionsphilosophie Kants in der „Religion innerhalb der Grenzen der bloßen Vernunft" mit besonderer Berücksichtigung ihrer theologisch-dogmatischen Quellen, Hamburg 1938.

Brastberger, Gebhardt Ulrich, Untersuchungen über Kants Kritik der praktischen Vernunft, Tübingen 1792.

Caird, Edward, The Critical Philosophy of Immanuel Kant, 2 vols., London and New York 1899. 1909.

Cassirer, Ernst, Rousseau, Kant, Goethe, Princeton 1945; London 1963.

Cohen, Hermann, Kants Begründung der Ethik, Berlin 1877.

Cook, Webster, The Ethics of Bishop Butler and Immanuel Kant, Ann Arbor (University of Michigan) 1888.

Delbos, Victor, La Philosophie pratique de Kant, Paris 1905. 1926.

Döring, A., Kants Lehre vom höchsten Gut, in: Kant-Studien IV (1898), 94–101.

Duncan, A. R. C., Practical Reason and Morality. A Study of Immanuel Kant's Foundations for the Metaphysics of Morals, Edinburgh 1957.

Düsing, K., Das Problem des höchsten Gutes in Kants praktischer Philosophie, in: Kant-Studien LXII (1971), 5–42.

England, F. E., Kant's Conception of God, London 1929.

Eucken, Rudolf, Über Bildnisse und Gleichnisse bei Kant, in: Zeitschrift für Philosophie und philosophische Kritik LXXXIII (1883), 161–193.

Fackenheim, Emil, Kant's Concept of History, in: Kant-Studien XLVIII (1957), 391–398.

Fervers, Karl, Die Beziehungen zwischen Gefühl und Willen bei Tetens und Kant, Diss. Bonn 1925.

Fouillée, Alfred, La raison pure pratique doit-elle être critiquée? in: Revue philosophique LIX (1905), 1–33.

Gahringer, Robert E., The Metaphysical Aspect of Kant's Moral Philosophy, in: Ethics XLIV (1954), 277–291.

Gelfert, Johannes, Der Pflichtbegriff bei Wolff und anderen Philosophen der deutschen Aufklärung mit Rücksicht auf Kant, Diss. Leipzig 1907.

Genova, A. C., Kant's Three Critiques. A Suggested Analytical Framework, in: Kant-Studien LX (1969), 135–152.

Grassi, Leonardo, Preludi storico-attualistici alla Critica della ragion pratica, Catania 1943.

Gregor, Mary J., The Law of Freedom. A Study of Kant's Method of Applying the Categorical Imperative in the Metaphysik der Sitten, Oxford 1963.

Guéroult, M., Vom Kanon der Kritik der reinen Vernunft zur Kritik der praktischen Vernunft, in: Kant-Studien LIV (1963), 432–475.

Gurewitsch, Aron, Zur Geschichte des Achtungsbegriffes und zur Theorie des sittlichen Gefühls, Diss. Würzburg 1897.

Haegerstrom, Axel, Kants Ethik im Verhältnis zu seinen erkenntnistheoretischen Grundgedanken systematisch dargestellt, Uppsala und Leipzig 1902.

Haezrahi, Pepita, The Avowed and Unavowed Sources of Kant's Theory of Ethics, in: Ethics LXII (1952), 157–168.

Hegler, Alfred, Die Psychologie in Kants Ethik, Freiburg 1891.

Heidemann, Ingeborg, Untersuchungen zur Kantkritik Max Schelers, Diss. Köln 1955.

–, Spontaneität und Zeitlichkeit. Ein Problem der Kritik der reinen Vernunft, (Ergänzungsheft LXXV der Kant-Studien) Köln 1958.

Heimsoeth, Heinz, Studien zur Philosophie Immanuel Kants: Metaphysische Ursprünge und ontologische Grundlagen, Köln 1956.

Henrich, D., Hutcheson und Kant, in: Kant-Studien XLIX (1957), 49–69.

–, Der Begriff der sittlichen Einsicht und Kants Lehre vom Faktum der Vernunft, in: Die Gegenwart der Griechen im neueren Denken, Gadamer-Festschrift, Tübingen 1960, 77–115.

Höffding, Harald, Rousseaus Einfluß auf die definitive Form der kantischen Ethik, in: Kant-Studien II (1898), 11–21.

Hommes, Ulrich, Kants Theorie des Praktischen, in: Proceedings of the Third International Kant Congress, Dordrecht 1972, 322–329.

Hutchings, P., Kant on Absolute Value, Detroit 1972.

Ilting, K.-H., The Naturalistic Fallacy in Kant, in: Proceedings of the Third International Kant Congress, Dordrecht 1972, 105–120, (dt. in: Manfred Riedel [Hrsg.], Rehabilitierung der prakt. Philosophie I, Freiburg 1972, 113–130.)

Jodl, Friedrich, Geschichte der Ethik als philosophischer Wissenschaft, Stuttgart und Berlin 1920.

Jones, Hardy E., Kant's Principle of Personality, Madison (University of Wisconsin Press) 1971.

Jones, William T., Morality and Freedom in the Philosophy of Kant, London (Oxford University Press) 1940.

Josten, Clara, Christian Wolffs Grundlegung der praktischen Philosophie, Leipzig 1931.

Kadowacki, T., Das Faktum der praktischen Vernunft, in: Kant-Studien LVI (1965), 373–384.

Käubler, Bruno, Der Begriff der Triebfeder in Kants Ethik, Diss. Leipzig 1917.

Khodoss, Claude (Hrsg.), Kant. La Raison pratique, Paris (Presses Universitaires) 1956.

Kiesewetter, Johann Gottfried Christian, Über den ersten Grundsatz der Moralphilosophie... nebst einer Abhandlung vom Herrn Prof. Jacob über die Freiheit des Willens, Berlin 1790. 1791.

Klein, H. D., Formale und materiale Prinzipien in Kants Ethik, in: Kant-Studien LX (1969), 183–197.

Knox, T. M., Hegel's Attitude to Kant's Ethics, in: Kant-Studien XLIX (1957), 70–81.

Körner, Stephan, Kant's Conception of Freedom, in: Proceedings of the British Academy LIII (1967), 193–217.

Kroner, Richard, Kants Weltanschauung, Tübingen 1914.

Krüger, Gerhard, Philosophie und Moral in der kantischen Kritik, Tübingen 1931.

Laska, Peter, The Problem of an Ultimate Determining Ground in Kant's Theory of the Will, in: Proceedings of the Third International Kant Congress, Dordrecht 1972, 387–392.

Lindsay, A. D., Kant, London (Oxford University Press) 1934..

Lippmann, E. O. von, Zu: „Zwei Dinge erfüllen das Gemüt...", in: Kant-Studien XXXIV (1929), 259–261; XXV (1930), 409–410.

Lorentz, P., Über die Aufstellung von Postulaten als philosophische Methode bei Kant, in: Philosophische Monatshefte XXIX (1893), 412–433.

Marty, Fr., La Typique du jugement pratique pur: la morale kantienne et son application aux cas particuliers, in: Archives de philosophie I (1935), 56–87.

Mellin, Georg Samuel Albert, Encyclopädisches Wörterbuch der kritischen Philosophie, Züllichau und Leipzig 1797.

–, Kunstsprache der kritischen Philosophie oder Sammlung aller Kunstwörter derselben, Leipzig 1798.

–, Marginalien und Register zu Kants Kritik der Erkenntnisvermögen. II. Kritik der praktischen Vernunft, Züllichau 1795. Neuherausgegeben von Ludwig Goldschmitt, Gotha 1902.

Menzer, Paul, Der Entwicklungsgang der kantischen Ethik in den Jahren 1760–1785, in: Kant-Studien II (1897), 290–322; III (1898), 40–104.

Messer, August, Kant's Ethik: Eine Einführung in ihre Hauptprobleme und Beiträge zu deren Lösung, Leipzig 1904.

–, Kommentar zu Kant's ethischen und religionsphilosophischen Hauptschriften, Leipzig 1929.

Michaelis, Christian Friedrich, Über die sittliche Natur und Bestimmungen des Menschen. Ein Versuch zur Erläuterung über I. Kant's Kritik der praktischen Vernunft, Leipzig 1796. 1797.

Michaelis, C. T., Zur Entstehung der Kritik der praktischen Vernunft, Berlin 1893.

Moritz, Manfred, Studien zum Pflichtbegriff in Kants kritischer Ethik, The Hague 1951.

Murphy, Jeffrie G., Kant: The Philosophy of Right, London 1970.

–, The Highest Good as Content for Kant's Ethical Formalism: Beck vs. Silber, in: Kant-Studien LVI (1965), 102–110.

Nahm, Milton C., „Sublimity" and the „Moral Law" in Kant's Philosophy, in: Kant-Studien XLVIII (1957), 502–524.

Neckien, Ferdinand, Die Lehre vom Gefühl in Kants kritischer Ethik, Diss. Leipzig 1938.

Paton, H. J., The Categorical Imperative: A Study in Kant's Moral Philosophy, London 1946; Chicago (University of Chicago) 1948 (dt.: Der kategorische Imperativ: Eine Untersuchung über Kants Moralphilosophie, Berlin 1962).

–, In Defence of Reason, London 1951.

Patzig, Günter, Die logischen Formen praktischer Sätze in Kants Ethik, in: Kant-Studien LVI (1965), 237–252; jetzt in: G. Prauss (Hrsg.), Kant. Zur Deutung seiner Theorie von Erkennen und Handeln, Köln 1973, 207–222.

Paulsen, Friedrich, Immanuel Kant. Sein Leben und seine Lehre, Stuttgart 1899.

Peach, Bernhard, Common Sense and Practical Reason in Reid and Kant, in: Sophia XXIV (1956), 66–71.

Porter, Noah, Kant's Ethics. A Critical Exposition, Chicago 1886. 1894.

Rätze, Theodor Gottlieb, Beilage zu Kants „Kritik der praktischen Vernunft", Chemnitz 1794.

Rosenthal, Gertrud, Kants Bestimmung des Erziehungsziels, Archiv für die Geschichte der Philosophie XXXVII (1926), 65–74.

Ross, Sir David, Kant's Ethical Theory. A Commentary on the Grundlegung zur Metaphysik der Sitten, Oxford 1954.

Ruge, Arnold, Die Deduktion der praktischen und der moralischen Freiheit aus den Prinzipien der kantischen Morallehre, Hab.-Schrift Heidelberg 1910.

Schilpp, Paul Arthur, Kant's Pre-critical Ethics, Chicago and Evanston 1938.

Schmidt, Karl, Beiträge zur Entwicklung der Kant'schen Ethik, Marburg 1900.

Schrader, George A., Review of Beck's Commentary on Critique of Practical Reason, Archiv für die Geschichte der Philosophie (1964), 102–117.

Schweitzer, Albert, Die Religionsphilosophie Kants in der Kritik der reinen Vernunft bis zur Religion innerhalb der Grenzen der bloßen Vernunft, Freiburg 1899.

Seidel, Arthur, Tetens Einfluß auf die kritische Philosophie Kants, Diss. Leipzig 1932.

Silber, John R., Kant's Conception of the Highest Good as Immanent and Trancendent, in: Philosophical Review XLVIII (1959), 469–492.

–, The Copernican Revolution in Ethics. The Good Reexamined, in: Kant-Studien LI (1959), 85–101.

–, The Importance of the Highest Good in Kant's Ethics, in: Ethics LXXIII (1963), 179–197.

–, The Metaphysical Importance of the Highest Good as the Canon of Pure Reason in Kant's Philosophy, in: University of Texas Studies in Literature and Language I (1959), 233–244.

–, Der Schematismus der praktischen Vernunft, in: Kant-Studien LVI (1965), 253–273.

Singer, Marcus G., Generalization in Ethics, New York 1961.

–, Review of Beck's Commentary on Critique of Practical Reason, in: Journal of Philosophy LIX (1962), 235–242.

Skorpen, Erling, Kant's Conception of the Autonomous Dual Self, in: Proceedings of the Third International Kant Congress, Dordrecht 1972, 528–534.

Snell, Friedrich Wilhelm Daniel, Menon oder Versuch in Gesprächen die vornehmsten Punkte aus Kants Kritik der praktischen Vernunft zu erläutern, Mannheim 1789. 1796.

Stange, Carl, Die Ethik Kants. Zur Einführung in die Kritik der praktischen Vernunft, Leipzig 1920.

Teale, A. E., Kantian Ethics, New York (Oxford University Press) 1951.

Teichner, Wilhelm, Die Intelligible Welt. Ein Problem der theoretischen und praktischen Philosophie Kants, Meisenheim a. Glan 1967 (Monographien z. philos. Forschg., Bd. 46).

Unger, Rudolf, „Der bestirnte Himmel über mir": Zur geistesgeschichtlichen Deutung eines Kant-Wortes, in: Festschrift zur zweiten Jahrhundertfeier seines Geburtstages, Leipzig 1924, 239–263.

Vidari, Giovanni, Sguardo introduttivo alla „Critica della ragion pratica", in: Rivista di filosofia XV (1924), 223–231.

De Vleeschauwer, H. J., La Déduction transcendentale dans l'œuvre de Kant, Paris 1937.

Vollrath, Ernst, Elements of Practice in Kant's Reconstruction of Experi-

ence, in: Proceedings of the Third International Kant Congress, Dordrecht 1972, 582–590.
Vorländer, Karl, Immanuel Kant. Der Mann und das Werk, Leipzig 1924.
Walsh, W. H., Kant's Moral Theology, in: Proceedings of the British Academy XLIX (1963), 263–289.
Ward, Keith, The Development of Kant's Ethical Theory, Oxford 1972.
Warnock, G. J., The Primacy of Practical Reason, in: Proceedings of the British Academy LII (1966), 253–266.
Webb, C. C. J., Kant's Philosophy of Religion, Oxford 1926.
Whittemore, Robert, The Metaphysics of the Seven Formulations of the Moral Argument, in: Tulane Studies in Philosophy III (1954), 133–161.
Wille, E., Konjekturen zu Kants Kritik der praktischen Vernunft, in: Kant-Studien VIII (1903), 467–471.
Williams, T. C., The Concept of the Categorical Imperative, Oxford 1968.
Witte, Johannes, Beiträge zum Verständnis Kants, Berlin 1874.
Wood, A. W., Kant's Moral Religion, Ithaca (Cornell University Press) 1970.
Wundt, Max, Kant als Metaphysiker. Ein Beitrag zur Geschichte der deutschen Philosophie im achtzehnten Jahrhundert, Stuttgart 1924.
Zeldin, Mary Barbara, Principles of Reason, Degrees of Judgment, and Kant's Argument for the Existence of God, in: The Monist LIV (1970), 285–301.
–, The Summun Bonum, the Moral Law, and the Existence of God, in: Kant-Studien LXII (1971), 43–54.
Zilian, Erich, Die Ideen in Kants theoretischer und praktischer Philosophie, Diss. Königsberg 1927.
Zwanziger, Johann Christian, Commentar über Herrn Professor Kants Kritik der praktischen Vernunft; nebst einem Sendschreiben an den gelehrten Herrn Censor, Leipzig 1794.
Zwingelberg, H. W., Kants Ethik und das Problem der Einheit von Freiheit und Gesetz, Bonn 1969.

INDICES

1. Zitate aus der „Kritik der praktischen Vernunft"

Akademie-ausgabe	Kommentar	Akademie-ausgabe	Kommentar
3	26.37.52.53.167.223.262.266.286.288.289	31	63.159.160.173.175.279.282.285.286.291
4	38.57.67.186.293.304	32	108.159.170
5	55.66.266.286.305.265.268	33	121.160.162.214.272.291
6	55.66.67.263.264.285	34	98.118.129.133.274.276.284
7	27.66.67.168.181.264.287.288.	35	57.192.284
8	54.56.60.61.62.112.220.268.269.282.285	36	272.276
		37	276
9	205.269.272.294	38	102.104.106.107.210.216.270.275
11	137.281.301		
12	67.162	39	270
13	31.105.269	40	104
14	268	41	108.224.294
15	42.53.266.272.275	42	279.285.291
16	64.70.126.223.256.266.294	43	132.155.165.182.285.288
19	285	44	165
20	156.271	45	266.275
21	87.98.116.271	46	111.301.303
22	48.96.100.274	47	164.186.285.286
23	48.96.97.210.272.295	48	167.266.288.289
24	106.265.295	49	287
25	100.295	51	173
26	49.153.271.291	52	31
27	128.270.284.285	53	174.269
28	121.273.284	54	174
29	121.161.187.280.285.286.291.295	55	48.170.175.285
		56	173.290
30	111.166.187.271.291.292	57	128.135.278.279.283.302

Akademie-ausgabe	Kommentar	Akademie-ausgabe	Kommentar
58	272.279	94	285
59	278	95	178
60	46.146.170.278.279	96	171.181.290
61	279	97	171.290
62	133.269.278	98	182.249.276.290.297
63	269.278	99	39.181.182.249.289
64	269.299	100	192.289.290.293
65	134.135.136.137	101	290.293
66	138.146.265.280.305	102	293
67	139.142.149.278.280	103	195.293
68	128.275.282.283	104	264.285
69	156.283	105	291
70	283.284.285.298	106	27.291
71	206.208.285.298	107	35.175.223.288
72	199.204.208.212.298	108	294.307
73	273	109	224.225.228.229.299.300
74	273	110	225.247.300.304.305
75	212.295	111	300
76	208.212.215	112	300
77	213	113	300.303
78	213.295	114	299
79	94.264.294	115	210.230.247.295.300
80	192.210.215.295	116	207.215.216.249.295.300
81	216	117	107.295.296.300.307
82	123.212.214.266	118	294.295.296.297.300
83	298.306	119	243.300
84	137.296	120	231.232.243.288.300
85	123.133.285.295	121	57.225.231.243.288.300.301
86	285.295.296.298	122	246.304.234.240
87	213.290.295	123	247.294.304
88	207.298	124	252
89	61.64	125	252.303
90	64.70.71.126.199.270.278.294	126	302
91	57.64.70.270.285	127	258.296.304
92	69.185.207.276.280	128	299.304
93	133.215.273.275.276.295	129	304.306

Akademie-ausgabe	Kommentar	Akademie-ausgabe	Kommentar
130	255	145	229.252.304
131	254.305.306	146	238.288.302.304
132	293.299.301.303.304.305	147	238.288
		148	288.302
133	241.289	151	56
134	235.289.301	152	104.297
135	303	153	280
136	235.303	154	119
137	306	155	291.298
138	253.255.306	156	291
139	250.306	157	297.298
140	306	158	298
141	236	159	298
142	299.301	160	274.295.298
143	227.234.236.246.264.299.302	161	28.62.221.258
		162	259
144	234.302	163	259.294.298

2. Personen und Sachen

Abbott, Thomas Kingsmill: 11.287
Abel, Jacob Friedrich: 66
Aberglaube: 237.259
Abscheuungsvermögen: 272
Absicht (Zweck): 94.128.201
Achtung: 63.116.139.206ff.210.213.221.259.299
Addison, Joseph: 304
Allgemeinheit des moralischen Urteils: 114f.
Altruismus: 102f.
Analogien der Erfahrung: 184.288f.
Analytik, transzendentale: 64.69f.72.183.199
– der praktischen Vernunft: 62f.64f.70ff.82.199
– der reinen praktischen Vernunft: 83.126f.
Analytisch: 69
Anaxagoras: 306
Anderson, Georg: 263
Anschauung: 30.32f.71.127f.138.152.174f.233

–, intellektuelle: 59.141.185.198.248.255.290
–, moralische: 126.160
Anthropologie: 20.93.264
Anthropologie in pragmatischer Hinsicht: 63
Anthropomorphismus: 235.254f.
Antinomie: 35f.283
– der praktischen Vernunft: 27.228ff.
– der theoretischen Vernunft: 58.223.229.244
–, dritte: 35ff.167.176f.177ff.179ff.183.184ff.189.200.229ff.230.288
„anwendbar", Bedeutung von: 197
A posteriori: 30.87.198
Apperzeption: 180
–, transzendentale Einheit der: 136.213.245
Appetitus: 47.96
A priori: 30.67.69.276
–, theoretisches und praktisches: 87
Aquin, Thomas von: 176.264
Architektonik: 12f.25.64f.125.177

316

Aristoteles: 47.50.133.176.179.217
Ästhetik, transzendentale: 64.70.178.
 200
— in *KpV*: 64.70f.73.Kap.XII
Astrologie: 259
„aufgegeben": 178
Aufklärung: 218.219.238
Ausnahmen: 86.144f.148.275
Autarkie des Willens: 196
Autonomie: 22.25.104.121ff.160.161.
 172.185ff.203.245.249.252.269.282

Balguy, John: 266
Barni, Jules: 11.287
Bauch, Bruno: 296
Baumeister, Friedrich Christian:
 273.287
Baumgardt, David: 292
Baumgarten, Alexander Gottlob:
 257.265.272.273.275.278.287.301
Bäumler, Alfred: 11
Beck, Lewis White: 11.271.274.277.
 287.294
Bedingung: 84.99
Befriedigung, moralische: 215ff.
begehrenswert, vs. begehrt: 130.136f.
Begehren, vernünftiges: 137
Begehrungsvermögen, unteres und
 oberes: 48f.96ff.
Begierden: 48.62.75ff.85.93ff.132f.
 205ff.261f.
Begriffe, ästhetische: 207.216f.295
 vgl. auch *Erhabenheit. Schönheit.*
Beispiele: 159.214.221.276f.291
Belohnung: 202
Bendavid, Lazarus: 281
Beobachter: 41ff.183
*Beobachtungen über das Gefühl des
 Schönen und Erhabenen:* 201.294.
 295
Bering, Johann: 24.267
Bernecker, Karl: 273
Bestimmung: 81.84.121
Bestimmungsgrund: 81.98
Bewußtsein, transzendentales: 291
Biester, Johann Erich: 267
Bohatec, Josef: 294
Boleyn, Anne: 220
Bonitas: 129.130.281
Bonum consummatum: 225. 227
Bonum supremum: 225.227.247

Born, Friedrich Gottlob: 263.287
Böse, das: 129.134.214f.292
—, das radikale: 192f.
 vgl. auch *Wille, schlechter.*
Boswell, James: 297
Brastberger, Gebhardt Ulrich: 293
Broad, C. D.: 277
Brockdorff, Cay von: 269
Burke, Edmund: 295
Burthogge, Richard: 265
Butler, Joseph: 273.274.295

Caird, Edward: 58
Calvinismus: 194
Canz, Israel Gottlob: 261
Capra, Francesco: 287
Cassirer, H. W.: 11
Causa noumenon: 178.180.181.
 182.185
Chamisso, Adelbert: 302
Charakter, empirischer und in-
 telligibler: 34.181.213.264
Cheselden, William: 269
Christentum: 218.237.249.257f.
 294.296.306
Cicero: 279
Clarke, Samuel: 274
Cohen, Hermann: 11.286
Coleridge, Samuel Taylor: 302
Constant, Benjamin: 83
Crusius, Christian August: 105.
 108.257.265.277.293.304
Cumberland, Richard: 275

Dankbarkeit: 156.295
Deduktion: 22.163
—, metaphysische: 63f.109ff.125.150f.
—, subjektive: 63
—, transzendentale: 63.109f.125
—, vs. Exposition: 111
— des Grundsatzes der reinen
 praktischen Vernunft: Kap.IX.
 X.27.62.109ff.112.116.125.163ff.
— in der *Grundlegung*: 60f.110.165
Definition: 294
—, transzendentale: 62.205.206
Deismus: 307
Dempster, Georg: 297
Demut: 259.295
Denken vs. Handeln: Kap.III.

Der einzig mögliche Beweisgrund zu einer Demonstration des Daseins Gottes: 250
Dewey, John: 217.292
Dialektik, transzendentale: 25.64f. 126.183.222f.
– der reinen praktischen Vernunft: 27.54.56.196.Kap.XIII u. XIV
– in der *Grundlegung*: 298
Ding an sich: 36.174.175.178ff. 195.231
Dogmatismus: 177.231.236.238
Dualismus: 37.182
Duncan A.R.C.: 11.262
Duncan, Jones Austin: 277

Earp, C.B.: 14
Ebbinghaus, Julius: 292
Egoismus: 96.102ff.
– vgl. auch *Selbstliebe. Selbstsucht.*
Ehrbarkeit (Wohlanständigkeit, decorum): 108
Ehrfurcht: 258f.
„Eigendünkel": 206
Einbildungskraft: 71
Empirismus: 18.53f.68.157.177.181
„enthalten": 81
Epikur: 105.106.177.210.216.228.232
Epimenides: 284
Erfahrung, sittliche: 164f.
Erhabenheit: 96.207.213.259
Erkenntnis, praktische: 49.50.201. 265
„erlaubt" vs. „verboten": 147f. 281
Erlaubungssätze: 144f.
Erziehung: 105f.218ff.
Ethik, angewandte: 261f.
–, reine: 63.262
–, und Transzendentalphilosophie: 19f.55f.200.261
Eudämonismus: 201f.215.244.294
Ewing, A.C.: 11
Exposition: 111.125

„Faktum der reinen Vernunft": 37f. 63.138f.149f.159ff.185.189.195
„Faktum für die reine Vernunft": 160ff.166
Fanatismus: 220.235.237.259
Faust-Tradition: 238

Feder, Johann Georg: 66.67.238
Fichte, Johann Gottlieb: 184.267
Fiktionalismus: 290.302
Flatt, Johann Friedrich: 67
„Flickwerk-Theorie": 28.260
Fontenelle, Bernard le Bovier de: 215
Form: 116.187
– vs. Inhalt (Materie): 98.132
Formalismus: 276
Formel: 268
Fortschritt: 218.246.248ff.
Fragment 6: 22f.27f.37f.41.57f.74. 139ff.143.Kap.IX.198
Freiheit: 22f.27f.37f.41.57f.74. 139ff.143.Kap.XI.198
–, Freude an der: 210.215f.
–, Kategorien der: 136.142ff.
–, komparative: 171.181.184.194.290
–, negative: 121f.172.181.185.191.195
–, neutrale: 121.161.165.172.181.186. 191.195
–, Postulat der: 195f.222.224.300
–, praktische: 179ff.
–, problematisches Urteil der: 37f.179
–, regulatives und konstitutives Prinzip der: 101.162
–, transzendentale: 128.172.180.200. 293
–, „wohlgeordnete": 203
–, „Zirkel" im Beweis der: 67.78.167
– als „Kreditiv des moralischen Gesetzes": 167f.
– in der *Grundlegung*: 170
– in der *Kritik der reinen Vernunft*: 37f.170.173ff.
– und Anschauung in der transzendentalen Deduktion des Sittengesetzes: 165f.
– und „Faktum der reinen Vernunft" 285f.
– und Gesetz: 171f.
Friedrich, Carl Joachim: 11
Friedrich der Große: 26
Friedrich Wilhelm II: 26

Garve, Christian: 66.67.260.264.268. 288
Gefühl: 18.26.71.95.208
–, moralisches: 71.102.105.106. 108.201ff.209ff.215f.
Gehorsam: 108.186.189.295

318

Gemeinschaft, moralische: 145
Generalisierbarkeit: 154f.156f.227
Gerechtigkeit: 145
Geschichtsphilosophie: 218f.
Geschicklichkeit: 107
Gesetz: 143ff.
—, Begriff
—, deskriptives vs. präskriptives: 50.86
—, empirisches: 85
—, naturwissenschaftliches: 86. 122f.154.209
—, regulatives vs. konstitutives: 120
—, vs. Regel: 99f.
 vgl. auch *Sittengesetz*
„Gestimmtheit" (sentiment): 295
Gewissen: 275.295
Glaube: 37.38.195.231.236ff. 294.304
Gleichheitsgrundsatz: 220
Glückseligkeit: 22.76.85.99ff. 122.133.202f.215
—, apriorische Form der: 203
—, als Moment des *summum bonum*: 225ff.249.252ff.
—, Idee einer allgemeinen: 285
—, moralische: 202.203
—, Würdigkeit: 202f.226.253.305
—, und Lust: 100
Glückseligkeit: 22.76.85.99ff.122. 133.202f.215
Goethe, Johann Wolfgang von: 238. 260
Gott: 22.34.123.188.244.256.275. 288.293
—, Gerechtigkeit Gottes: 247
—, Glaube an: 235.238
—, Postulat seiner Existenz: 195f. 241ff.
—, Reich Gottes: 248.299.305
—, Wille Gottes: 105f.108.224.257
— als moral. Richter: 202
— und die Einheit der Vernunft: 266
— und Freiheit 194 ff.
Gottesbeweis: 35.38.250ff.
—, kosmologischer: 250f.
—, moralischer: 236.239ff.253.254f. 304
—, ontologischer: 250
—, physiko-theologischer: 250.253
Grabmann, Michael: 265

Green, Joseph: 263
Grundlegung, Autonomiebegriff: 186
—, Aufbau der Schrift: 60f.87.111. 197
—, Beispiele: 156.276
—, Deduktion: 60f.110.165
—, Dialektik: 298
—, Freiheit: 170
—, Gesetz und Maxime: 84
—, Grenzen der praktischen Philosophie: 58
—, Heteronomische Prinzipien: 105
—, Imperative: 87ff.
—, Persönlichkeit: 212
—, Rezensionen: 66ff.
—, Triebfeder und Motiv: 203f.202
—, Verhältnis zur *Kritik der praktischen Vernunft:* 11f.21f.25f. 37f.53.57.262
—, Verhältnis zur *Metaphysik der Sitten:* 63
Grundsatz (Prinzip): 75.81ff.99.125. 270
—, tautologischer: 275
—, technischer: 89
— als Triebfeder: 203f.
— vs. Begriff: 67.70f.126.130ff. 142.166.199
— vs. Regel: 82f.142
Gute, das: 67.127ff.143.140
— vgl. auch *Bonitas. Wohl, das.*
Gut, höchstes: s. *Summum bonum.*

Hamann, Johann Georg: 302
Handeln, moralisches: 112ff.118. 132.150.224
—, Generalisierbarkeit: 155.156f. 284
— vs. Beobachten: 39ff.183ff.
Hare, R.M.: 282
Hedonismus: 95ff.100ff.102ff.130
Hegel, Georg Wilhelm Friedrich: 148.157.215
Heidemann, Ingeborg: 290
Heiligkeit: 108.246ff.
Heimsoeth, Heinz :290.296
Helvetius, Claude Adrien: 106
Heraklit: 219
Herder, Johann Gottfried: 19.28. 124.218.269
Heteronomie: 104ff.224.228.297.299

Heuchelei, erlaubte moralische: 219
Hobbes, Thomas: 103f.106.274
Hoffmann, Adolf Friedrich: 261
Hoffnung: 22.224.226.230.249
Horaz: 268
Hume, David: 13.21.31.33.50.67f.
  123.152.163f.173ff.199.216.260.
  273.302.306
Hutcheson, Frances: 18.105.107.
  216.260.273
Hypothese: 233.241.246

Ideal: 227.244.250.304
Idealismus: 67f.184.243.268
Idee: 22.34.38.56.57 ff.126.127.
  132.155.167.175.195.214.222.
  243f.
–, zwei Theorien über die: 243f.
– als Maxime: 244
Idee zu einer allgemeinen Geschichte: 219
immanent vs. transzendent: 58.132
Imperativ: 63.75.87ff.
–, apodiktischer: 91.116f.
–, assertorischer: 88.91
–, heteronomer: 112.122.274
–, hypothetischer: 75f.87ff.
  98.104.112.116ff.130.291
–, kategorischer: 75ff.90.116.270
–, pragmatischer: 88
–, seine Modalität: 90
–, technischer: 88
–, vs. Gesetz: 116.204.270
–, vs. Regel: 82
Inaugural-Dissertation: 19f.97.264
Individualismus: 189
Intellekt: 47
Interesse: 45f.94f.203.274.300
–, moralisches: 115.116.120
– der Vernunft (Vernunftinteresse):
  167.177.180.215.230f.

Jachmann, Reinhold Bernhard: 263.
  307
Jacobi, Friedrich Heinrich: 306
Jakob, Ludwig Heinrich: 263
James, William: 235
Jenisch, Daniel: 268
Johnson, Samuel: 297
Jung-Stilling, Johann Heinrich: 280
Juvenal: 298

Kahn, L.W.: 292
Kanon der reinen Vernunft: 21f.
  25ff.34f.289
Katechismus: 220.253f.
Kategorie: 32.34.109f.134ff.
  141.143.183f.205.222.243
Kategorien der praktischen Vernunft:
  128.134ff.
  Vgl. auch die einzelnen Kategorien
Käubler, Bruno: 271.272
Kausalität: 30f.33.36f.67.127.135.
  139.151.164.167f.173ff.177ff.
  194f.288
Kemp Smith, Norman: 11.288
Kiesewetter, Johann Gottfried
  Christian: 306
Klugheit: 112.145.191
–, Ratschläge der: 88.115
Kolenda, K.: 292
„Kopernikanische Wende": 31ff.124.
  172.174.188
Kopernikus: 31
Kraus, Christian Jacob: 268
Krause, Albrecht: 282
„Kreditiv des moralischen Gesetzes":
  167f.266
„Kritik", Bedeutung von: 20.52ff.
  261
„Kritik der reinen praktischen Vernunft" (geplantes Buch): 22ff.52ff.
Kritik der reinen Vernunft: Kap.II.
  53f.60ff.
–, Aufbau: 64
–, Bewußtsein der Spontaneität in
  der: 185
–, Deduktionen: 73.109f.163ff.
–, Dialektik in der: 222f.
–, Einteilung der philosophischen
  Disziplinen: 62f.
–, Entstehung: 16.20f.24ff.
–, Freiheitsproblem: 37f.170.173ff.
–, Gottesbeweise: 250ff.
–, Kanon der: 21f.289
–, Kategorien als regulative Maximen:
  183
–, Maximen in der: 183.271
–, Primat der praktischen Vernunft:
  232
–, Schematismus: 151f.
–, Systematischer Ort der Ethik:
  158.261f.

–, Triebfeder in der: 202ff.
–, Unsterblichkeit der Seele: 245f.
–, Verhältnis zu den *Prolegomena*: 61
–, Verhältnis zur *Kritik der praktischen Vernunft:* 55ff.65ff.
–, Verhältnis zur *Metaphysik der Sitten:* 21ff.62f.
–, Verhältnis zum „*System der Philosophie*": 267
–, Zwei Theorien über Vernunftideen: 243.288
Kritik der Urteilskraft: 58f.183f. 253f.296
„Kritik des moralischen Geschmacks" (geplantes Buch): 261
Kroner, Richard: 263

Lambert, Johann Heinrich: 18.261
La Mettrie, Julien Offray: 290
Leben, Begriff: 62.205
Lebensregel: 45f.50.80ff.
„Leerer Raum (Platz)": 168.236.242
Legalität: 83.120.191.199.206. 208.216
Leibniz, Gottfried Wilhelm: 194.289. 295
Leidenschaft: 96.295
Lessing, Gotthold Ephraim: 218.304
Libertas phaenomenon vs. noumenon: 290.293
Liebe: 217f.295.299
Locke, John: 93.174
Logik, allgemeine: 69.90.222.303
–, transzendentale: 69.71.222.303
– in der *Kritik der praktischen Vernunft:* 64.199f.
Lüge: 83.155
Lustkalkül: 96

MacBeath, Alexander: 275
Mandeville, Bernard de: 103.105.274
Manthey-Zorn, Otto: 11
Martin, Gottfried: 301
Materie vs. Form: 98.132
material vs. formal: 98.132.187
Mathematik: 18.30f.60f.163f.232f. 283
Matson, W.I.: 271
Maupertius, Pierre de: 273
Maxime: 75ff.84ff.94.143f.171

–, bloße: 85.92.97f.99.116.117.143
–, böse: 192f.
–, Stufen: 100.118
– als Regulativ: 183.271
– des unteren Begehrungsvermögens: 97ff.
– vs. Regel: 82ff.
Mechanismus: 178f.181.183.255f.
Mellin, Georg Samuel Albert: 142. 147.265.281
Mendelsohn, Moses: 106.194.260.262. 283.304
Merlan, Philip: 302
Messer, August: 11.300
Metaphysik: 62.266
–, Einteilung: 21
–, immanente vs. transzendente: 34f. 213.233f.244
–, kritische vs. vorkritische: 18ff. 20ff.31ff.202
–, praktisch-dogmatische: 213.227. 266.303
Metaphysik der Natur (als metaphysische Disziplin): 21.33.53.63. 262
Metaphysik der Sitten: 28.60.62f. 102.170.197.209.211f.221.253f. 262.263.280
Metaphysik der Sitten (als metaphysische Disziplin): 20ff.62f.227. 226.303
„Metaphysik der Sitten" (geplantes Werk): 19ff.22ff.27.56
Metaphysische Anfangsgründe der Naturwissenschaft: 24.63.280
Methode, analytische: 23.61.87.112. 260f.
–, skeptische: 223.283
–, sokratische: 110.220f.
–, synthetische: 23.87
Methodologie der *Kritik der praktischen Vernunft:* 198.218ff.
– der *Kritik der reinen Vernunft:* 26
Mill, John Stuart: 283
Modalität, Kategorien der: 139.146ff.
–, Grundsätze der: 149
Möglichkeit: 304f.
–, Kategorie der: 135.138f.
–, moralische: 131f.153
–, praktische: 135
– der Postulate: 239

Montaigne, Michel de: 105f.
„Moralgesetz", Ursprung des Ausdrucks: 257
Morgan, B.Q.: 265
Moritz, Manfred: 274
Motiv, Definition: 272
–, zwei vorkritische Theorien: 202
– als Gegenstand eines moralischen Urteils: 113
– vs. Typus: 154.157
Mystizismus: 220.285

Nachricht von der Einrichtung seiner Vorlesungen im Winterhalbenjahre von 1765–1766: 261
Nahm, M.C.: 282
Natur: 33
–, Reich der: 154
– als ethische Norm: 124
Natorp, Paul: 262.276.296
Natura archetypa: 171
Neigung: 93.206.262
Neukantianismus, Marburger Schule: 286
Newton, Isaac: 201.260.283
Nichtwissen: 236ff.
Noumena: s. *Causa noumenon. Erscheinung. Ding an sich*
Nützlichkeit: 130f.

Objekt (Gegenstand): 94f.
–, immanentes: 133f.
– der Idee: 242
– der Postulate: 242
– der praktischen Vernunft: 49f.70. 128ff.200.226.283
– des Begehrens: 94ff.205ff.
Objektivität: 32
Öffentlichkeit, Kriterium der: 274
Ontologie: 65.200
Orientierung: 236

Paradoxie in Kants Ethik: 122.189f.
Paton, H.J.: 11.154.260.270.271. 276.278.280.283
Person: 139.145.208.212.280
Personalismus: 212f.
Persönlichkeit: 148.181f.208.212ff. 246
Pflicht: 21.56.59.63.112f.148.187. 204.209.212ff.262.266.278.279. – vgl. auch *Verpflichtung.*

–, Prima-facie-: 76.291
–, „sauere": 277.279.296
–, vollkommene und unvollkommene: 114.145f.147ff.157
Philosophie, spekulative: 279f.
Picavet, François: 287
Pietismus: 159.220
Pistorius, Hermann Andreas: 27.67. 278
Platner, Ernst: 304
Platon: 47.177.304
Platonismus: 20.304
Poseidonius: 279
Postulate: 27.38.232ff.Kap.XIV.
–, Gesetze als: 239.301
–, mathematische: 232
–, Wahrheit der: 241f.
– des empirischen Denkens: 123.149. 251
– vs. Imperative: 301
vgl. auch *Freiheit. Gott. Unsterblichkeit.*
Pragmatismus: 184.235
Prädestination: 194
Preis-Schrift: 18.28.201
Preis vs. Würde: 212.220
Preußentum: 190
Priestley, Joseph: 276
Prinzip, materiales: 76.97f.104.118. 119.120.128f.131.201
–, Materie: 98.128f.276
Prolegomena: 60.61
Psychologia rationalis: 213

Qualität, Kategorien der: 144f.147
Quantität, Kategorien der: 143f.280

Rationalismus: 25.54.124.174.201. 244.261
Ratschläge der Klugheit: 88.115
Rechtslehre: 62
Regel: 75.80ff.82ff.87
– der Geschicklichkeit: 88
– des Tuns und Lassens: 144
– vs. Gesetz: 99
– vs. Grundsatz: 100.138.143.270
– vs. Kategorie: 136f.
„regulativ" vs. „konstitutiv": 22.183.287
Rehberg, A.W.: 281
Reich, 154.155f.

– der Gnade: 194
– der Natur: 154f.
– der Zwecke: 101.143f.155ff.213
–, moralisches: 101.305
Reid, Thomas: 265
„rein": 62f.265f.
Reiner, Hans: 297
Reinhard, Walter: 305
Reinhold, Karl Leonard: 267
Relation, Kategorien der: 145f.
 147.154.155.280
Religion: 218.256ff.
Religion innerhalb der Grenzen der bloßen Vernunft: 192ff.216f.
 253.257.298.305
Reue: 115.217
Romantik: 124
Romundt, A.: 296
Ross, Sir William David: 11.277.284
Rousseau, Jean-Jacques: 159.186.189.
 220.238.260.279.283.292.296.298

Santayana, George: 292
Seele: 34.213.244.288
–, Unsterblichkeit der: 22.35.38.
 195f.202.241.244ff.300
–, –, teleologischer Beweis: 248
Selbst: 180.185f.212f.
–, noumenales vs. phänomenales: 67
Selbstliebe: 76.92.99.102.118.148.
 203.210
Selbstsucht: 102.206
Selbstzufriedenheit: 107f.207.215f.
 221.296.300
Selbstzweck: 212.255.305
Seneca: 307
Shaftesbury: 18.20.106.260
Sidgwick, Henry: 293
Singer, Marcis: 271
Sinn, innerer: 272.279
–, moralischer (moral sense): 18.70.
 106f.126.209.216
Sinnlichkeit: 32.35.64.95.200
Sittengesetz: 116ff.
–, Bestimmung unseres Handelns:
 199.209
–, Deduktion: Kap. VIII und X
–, Formel: 75f.78.240
–, logische und soziale Kriterien:
 101f.
–, Reinheit: 266

– als ermöglicht durch das Summum bonum: 226f.229.235.252
– als Postulat: 301
– als synthetisches Urteil a priori: 38
– als Triebfeder: 206.208
– im Summum bonum: 226f.
– und Freiheit: 77f.
– und Einheit des Willens: 136
– vs. Imperativ: 81.120f.204f.285
– vs. Maxime: 84ff.92.96f.100.116.
 143.171
– vs. Regel: 82f.
„Sittengesetz": 257
Sitten und Sittlichkeit: 114.275
Skeptizismus: 31.37.54.68
Sollen: 59.77.147.150.166.180.187.
 240
– und Können: 133.180.217.292
– vs. Sein: 59.123.153.157.188.204.
 212
– vs. Wollen: 116.213
Sokrates: 209
Spiegelberg, Herbert: 306
Spinoza, Benedictus de: 194.302
Spontaneität: 170.176.180.184f.
 191.210.213.216
Strafen: 202
„subjektiv": 204.237
„sub ratione boni" 278
Summum bonum: 27.38.196.245ff.
 256.283
–, Analyse des: 225ff.228f.
–, Antinomie des: 228ff.251
–, Definitionen des: 247.299
–, Möglichkeit und Wirklichkeit des:
 229.239
–, Pflicht zur Beförderung des: 227.
 234.240f.248.253f.
– als Grundlage des Sittengesetzes:
 226f.229.235.252
Symbol: 157.283
Sympathie: 102.201.216.218
Syllogismus: 84.127.240.244
–, praktischer: 70.84.118.127f.
Synthesis: 32.109.129.137.174.199.
 233
Synthetische Einheit: 134
„System der Metaphysik" (geplantes Buch): 24
„System der praktischen Philosophie" (geplantes Buch): 24.25.63

„System der reinen Sittlichkeit"
(geplantes Buch): 21
„System der sich selbst lohnenden
Moralität": 300

Scheler, Max: 276
Schema: 71.127f.136.139f.151f.243f.
Schematismus: 71f.126.139.151ff.
Schiller, Friedrich: 216.218.277
Schönheit: 95.107.213.279
Schopenhauer, Arthur: 17.79
Schöpfung: 194f.
Schrader, George: 305
Schrecker, Paul: 265
Schultz, Johann: 67
Schultz, Johann Heinrich: 181.269
Schütz, Christian Gottfried: 23.28.
142.148.263.266.267.269
Schwärmerei: 124.285

Stange, Carl: 11
Stephen, Leslie: 307
Stil Kants: 11.16f.
Stoizismus: 105.208.258.279.296
Streit der Fakultäten: 195.257
Strothmann, F.W.: 265

Teleologie: 155.183.253.255f.
Territorium: 156
Tetens, Johann Nikolaus: 269
Theologie, moralische: 255.306f.
–, natürliche: 18.155.233.251.254.
258
–, rationale: 255
Thomasius, Christian: 257
Tindal, Mathew: 307
Tittel, Gottlob August: 158.268
Tonelli, Giorgio: 295
Totalität, Idee der: 177f.
Transzendentalphilosophie: 20ff.
53.55f.127.200.261f.279f.
„transzendent" vs. „transzendental":
58.69.157.242
vgl. auch *„immanent" vs. „transzendent"*
Träume eines Geistersehers: 201.238
Triebfeder: 72.80.93f.171.199.203ff.
206.220
Tugend: 107.132.136.214f.
Typik: 71.151ff.258
Typus: 71.154ff.273

*Über den mutmaßlichen Anfang
der Menschengeschichte:* 219.257.
*Über ein vermeintes Recht aus
Menschenliebe zu lügen:* 83.271
Ulrich, Johann August Heinrich:
181.185.268
Ursache, erste: 179
Urteil, ästhetisches: 114
–, analytisches vs. synthetisches: 30.
61.152
–, praktisches: 75.80ff.98.141
–, synthetisches, a priori: 11.30f.37f.
56.79.121.166.242
Urteilskraft: 127.151ff.Kap.IX
–, bestimmende vs. reflektierende:
256.282
–, praktische: 153ff.
–, Typik der reinen praktischen: 151ff.
Unlust (Schmerz): 95.206.262

Vaihinger, Hans: 11.268.279.307
Vaucanson, Jacques: 290
Vernunft: 47f.83
–, praktische: 39.46f.47ff.53f.71f.
79ff.91.132.135.138f.141.264
–, –, Begriffsgeschichte: 47f.
–, –, Erkenntnis der: 49f.231
–, –, empirische: 50.55.80ff.93ff.97
–, –, Kategorien der: 128.134ff.149ff.
–, –, Objekt der: 205
–, –, Postulat der: 202.232ff.Kap.XIV.
–, –, Primat der: 230ff.243
–, –, als höheres Begehrungsvermögen:
206
–, –, reine: 50f.52ff.55.77.111.119.
122.138
–, –, –, realer vs. logischer Gebrauch:
50.62.171.191.278.291
–, –, –, regulativer vs. konstitutiver
Gebrauch: 287
–, –, –, Selbstbewußtsein der: 161.295
–, –, –, und theoretische Vernunft: 22f.
26.55ff.168.227.256
–, theoretische (regulative): 34f.48f.
65.83
–, –, realer vs. logischer Gebrauch:
19.79.171.265
–, –, bei Wolff: 97.265
–, –, und praktische Vernunft: 22f.
26.55ff.168.227.256

Vernunft, Bedürfnis der: 234f.241
„verpflichtet", Bedeutung: 113
Verpflichtung: 77f.113.122.127.
    186f.188. – vgl auch *Pflicht.*
Verstand: 48.64.129
–, praktischer: 48.170.278
–, Wolffs Begriff: 96.265
– vs. Vernunft: 97
Vollkommenheit: 96.105.107f.
    122.188.224.247f.
Voraussetzung vs. Postulat: 301
Vorländer, Karl: 260.279
Vorlesungen über Ethik: 63.221.
    273.274
Vorschrift: 144.270

Wahl: Kap.III.129.132.184f.
Wahrheit, Kohärenztheorie der: 243
– als moralisches Prinzip: 274
Wahrnehmung: 95.129
Was heißt sich im Denken orientieren:
    277
Weldon, T.D.: 11.293
Welt, intelligible: 58.166.172.200.
    204.213.230.255.299.300
–, übersinnliche: 182
Weltplan: 250.253f.
Wert, innerer: 115
Wille: 26.49.71.Kap.XI.
–, Definition: 46.47.48.79
–, Einheit: 136ff.280
–, guter: 23.51.140.166.192.291
–, heiliger: 114.137.188.191.212.
    215.267
–, konative und kognitive Komponente: 42ff.49.75.80ff.84.85.88f.
    93.153.203

–, schlechter: 291
    vgl. *Börse, das*
– vs. Begierde: 94.170
– vs. Leidenschaft: 96
    vgl. auch *Freiheit. Gott. Wille.*
„Wille zu glauben": 235
Willkür: 128.137.170.211.270.272.
    280
Wizenmann, Thomas: 234f.236
Wlömer, Johann Heinrich: 260
Wohl, das: 131.144
Wohlgefallen, Lust: 62.95ff.99.130f.
    205ff.262.278
–, intellektuelle: 203
–, kontemplative: 95.274
–, negative: 207
–, pathologische: 211f.
–, praktisches: 95.211
Wolff, Christian: 63.96.97.107.122.
    157.202.257.261.263.265.272.273.
    275.278.287.296.301.306
Wundt, Max: 261
Würde: 212.220

Zelter, Karl Friedrich: 260
Zum ewigen Frieden: 274
Zum ewigen Frieden in der
    Philosophie: 293.301
Zustand: 145f.
Zwecke, die zugleich Pflichten sind:
    108.227
Zwecke, Reich der: 102.143ff.155ff.
    214.255
–, System der: 225.227
Zwei-Welten-Lehre: 36f.182

UTB FÜR WISSENSCHAFT

Auswahl Fachbereich
Philosophie

1252 Speck (Hrsg.): Grundprobleme der großen Philosophen – Philosophie der Neuzeit III
(Vandenhoeck). 1983.
DM 26.80, öS 209.–, sFr. 27.80

1307 Gripp: „Jürgen Habermas"
(Schöningh). 1984. ND 1991.
DM 19.80, öS 155.–, sFr. 20.40

1308 Speck (Hrsg.): Grundprobleme der großen Philosophen – Philosophie der Gegenwart VI
(Vandenhoeck). 2. Aufl. 1992.
DM 26.80, öS 209.–, sFr. 27.80

1320 Wuchterl:
Lehrbuch der Philosophie
(Paul Haupt). 4. Aufl. 1992.
DM 25.80, öS 201.–, sFr. 26.80

1379 Oelmüller/Dölle-Oelmüller/ Geyer (Hrsg.):
Philosophische Arbeitsbücher 7
Diskurs: Mensch
(Schöningh). 3. Aufl. 1993.
DM 36.80, öS 287.–, sFr. 37.80

1390 Wuchterl: Grundkurs:
Geschichte der Philosophie
(Paul Haupt). 2. Aufl. 1990.
DM 28.80, öS 225.–, sFr. 29.80

1401 Speck (Hrsg.): Grundprobleme der großen Philosophen – Philosophie der Neuzeit IV
(Vandenhoeck). 1986.
DM 26.80, öS 209.–, sFr. 27.80

1434 Marx:
Phänomenologie Edmund Husserls
(W. Fink). 2. Aufl. 1989.
DM 19.80, öS 155.–, sFr. 20.40

1600 Visker: Michel Foucault
– Genealogie als Kritik
(W. Fink). 1991.
DM 26.80, öS 209.–, sFr. 27.80

1609 Albert:
Traktat über kritische Vernunft
(J.C.B. Mohr). 5. Aufl. 1991.
DM 19.80, öS 155.–, sFr. 20.40

1615 Oelmüller/Dölle-Oelmüller/ Steenblock (Hrsg.):
Philosophische Arbeitsbücher 8
Diskurs: Sprache
(Schöningh). 1991.
DM 34.80, öS 272.–, sFr. 35.80

1623 Speck (Hrsg.): Grundprobleme der großen Philosophen – Philosophie der Neuzeit V
(Vandenhoeck). 1991.
DM 26.80, öS 209.–, sFr. 27.80

1637 Pieper:
Einführung in die Ethik
(Francke). 2. Aufl. 1991.
DM 32.80, öS 256.–, sFr. 33.80

1648 Wils/Mieth:
Grundbegriffe der christlichen Ethik
(Schöningh). 1992.
DM 29.80, öS 233.–, sFr. 30.80

1652 Hofmeister:
Philosophisch denken
(Vandenhoeck). 1991.
DM 39.80, öS 311.–, sFr. 40.80

Preisänderungen vorbehalten.

UTB FÜR WISSENSCHAFT

Auswahl Fachbereich Philosophie

1654 Speck (Hrsg.): Grundprobleme der großen Philosophen – Philosophie der Neuzeit VI
(Vandenhoeck). 1992.
DM 25.80, öS 201.–, sFr. 26.80

1661 Strombach: Einführung in die systematische Philosophie
(Schöningh). 1991.
DM 26.80, öS 209.–, sFr. 27.80

1666 Seiffert:
Einführung in die Hermeneutik
(Francke). 1992.
DM 32.80, öS 256.–, sFr. 33.80

1671 Irrgang:
Christliche Umweltethik
(E. Reinhardt). 1992.
DM 39.80, öS 311.–, sFr. 40.80

1675 Gräfrath:
John Stuart Mill: Über die Freiheit
(Schöningh). 1992.
DM 17.80, öS 139.–, sFr. 18.40

1683 Höffe (Hrsg.): Einführung in die utilitaristische Ethik
(Francke). 1992.
DM 32.80, öS 256.–, sFr. 33.80

1688 Waldenfels:
Einführung in die Phänomenologie
(W. Fink). 1992.
DM 19.80, öS 155.–, sFr. 20.40

1701 Pieper (Hrsg.):
Geschichte der neueren Ethik
Band 1: Neuzeit
(Francke). 1992.
DM 32.80, öS 256.–, sFr. 33.80

1702 Pieper (Hrsg.):
Geschichte der neueren Ethik
Band 2: Gegenwart
(Francke). 1992.
DM 32.80, öS 256.–, sFr. 33.80

1716 Teichert:
Immanuel Kant: „Kritik der Urteilskraft"
(Schöningh). 1992.
DM 17.80, öS 139.–, sFr. 18.40

1721 Homann/Blome-Drees:
Wirtschafts- und Unternehmungsethik
(Vandenhoeck). 1992.
DM 19.80, öS 155.–, sFr. 20.40

1724/1725 Popper:
Die offene Gesellschaft und ihre Feinde
(J.C.B. Mohr). 7. Aufl. 1992.
Je Band DM 27.80, öS 217.–, sFr. 28.80

1740 Musgrave:
Alltagswissen, Wissenschaft und Skeptizismus
(J.C.B. Mohr). 1993.
DM 29.80, öS 233.–, sFr. 30.80

1743 Gabriel:
Grundprobleme der Erkenntnistheorie
(Schöningh). 1993.
DM 19.80, öS 155.–, sFr. 20.40

1765 Irrgang: Lehrbuch der Evolutionären Erkenntnistheorie
(Reinhardt). 1993.
DM 36.80, öS 287.–, sFr. 37.80

1788 Adams (Hrsg.), Hamilton/Madison/Jay:
Die Federalist-Artikel
(Schöningh). 1994.
DM 39.80, öS 311.–, sFr. 40.80

Preisänderungen vorbehalten.

Das UTB-Gesamtverzeichnis erhalten Sie bei Ihrem Buchhändler oder direkt von UTB, Postfach 80 11 24, 70511 Stuttgart.